U0896845

本书系国家社科基金重大招标项目多卷本《西方城市史》（17ZDA229）阶段性成果

都市文化研究
Urban Cultural Studies

Architecture, Aesthetics and City

中文社会科学引文索引(CSSCI)来源集刊

建筑、美学和城市

上海三联书店

CONTENTS 目录

城市史

城市与社会

艺术中的都市文化

光启评论

城市史

罗马帝国晚期反异教法令及其有效性分析

焦汉丰

摘　要:《狄奥多西法典》(*Codex Theodosianus*)收录了公元 4 世纪到 5 世纪上半叶基督徒皇帝的反异教法令,但是法令的有效性在不同地区和不同阶层有较大的差异,大城市和上层人士受到了较大的影响,乡村地区和偏远城市的异教则持续了更长的时间,总体上来说法令缺乏广泛的执行力度,同一法律经常被反复重申。

关键词:罗马帝国晚期　狄奥多西法典　反异教　有效性

罗马帝国晚期是重要的宗教转型阶段。随着基督教的强势崛起,地中海世界原来传统的异教走向了衰微。虽然最近几十年来西方学界存在翻案风,开始强调当时基督教和异教的和谐共存,但是学者们也没有忽视那些明显的证据。一些狂热的主教和僧侣试图通过强硬手段限制和取缔异教崇拜,而基督徒皇帝们则试图通过立法的形式达成这一目的,但是这些法令的有效性又如何呢?

一　罗马帝国晚期的主要反异教法令

从公元 4 世纪到 5 世纪,罗马帝国的法律生动地展现了古代晚期基督教激进的反异教雄心,这可以从《狄奥多西法典》中窥见一斑。公元 429 年 3 月狄奥多西二世(Theodosius II)和瓦伦提尼安三世(Valentinian III)下达了编纂法令的命令，公元438年法典编纂工作正式完成。法典收录了公元312年到437年所有基督徒皇帝发布的法令，共16卷2500多条法令，其中也包括了皇帝们的反异教法令，特别是第16卷的主要条目基本都是反对异教和异端的法令。该卷第10部分标题就是《论异教徒、献祭和神庙》(*De paganis, sacrificiis et templis*)，名下共有25条反异教的法令，发布时间从321年到437年不等。

从具体时间顺序上来看，首先是公元341年君士坦提乌斯二世(Constantius II)明确禁止了公开的献祭仪式：

> 让迷信停止，将献祭的疯狂废除。对于任何敢于违抗神圣皇帝的法律、我们父亲的法律和我们宽厚命令而进行献祭之人，他将得到合适的并符合此决定的惩罚。[①]

公元356年君士坦提乌斯二世又宣布违法献祭者和偶像崇拜者可以处以死刑：

> 我们下令这些人必须处以死刑：那些继续进行献祭和崇拜偶像之人。[②]

公元346年君士坦提乌斯二世下令关闭异教神庙：

> 所有地方和所有城市的神庙必须立即关闭，我们下令所有人要停止献祭，在全面的警告之后，恶人将丧失犯罪的机会。但是如果有人犯了类似的罪行，那就让他受到复仇之剑的打击。我们下令，那些被处决之人的财产必须上缴城市，如果行省总督没能惩处这类罪行，他们也应以同样的

---

① 原文：Cesset superstitio, sacrificiorum aboleatur insania. Nam quicumque contra legem divi principis parentis nostri et hanc nostrae mansuetudinis iussionem ausus fuerit sacrificia celebrare, competens in eum vindicta et praesens sententia exeratur，详见 *Codex Theodosianus*, 16.10.2。

② 原文：Poena capitis subiugari praecipimus eos, quos operam sacrificiis dare vel colere simulacra constiterit，详见 *Codex Theodosianus*, 16.10.6。

方式被处罚。①

公元407年阿卡迪乌斯(Arcadius)和霍诺里乌斯(Honorius)联合发布法令,异教神庙的资金来源被切断:

神庙的年供应该被剥夺,那些年供将成为那些忠诚士兵的开销,这是让人高兴的事情。②

最后狄奥多西二世于公元435年下令摧毁异教神庙:

我们下令,他们所有的树林、神庙和领地,如果这些仍然存在,必须在城市长官的要求下被摧毁,并在其上树立基督教的宗教标志。③

但是具体到某些细节,有时候帝国的法律对待异教的态度又比较宽容,有些法令要求保护异教节日和游戏,比如公元346年君士坦提乌斯二世发布的法令:

尽管必须完全根除所有的迷信,但是我们希望,那些位于墙外的神庙建筑要完好的保留下来。因为一些游戏和角斗起源于一些神庙之中,这些建筑不能被摧毁,正是在这些建筑里,古老的娱乐表演被提供给罗马人民。④

---

① 原文:Placuit omnibus locis atque urbibus universis claudi protinus templa et accessu vetito omnibus licentiam delinquendi perditis abnegari. Volumus etiam cunctos sacrificiis abstinere. Quod si quis aliquid forte huius modi perpetraverit, gladio ultore sternatur. Facultates etiam perempti fisco decernimus vindicari et similiter adfligi rectores provinciarum, si facinora vindicare neglexerint,详见 *Codex Theodosianus*, 16.10.4。

② 原文:templorum detrahantur annonae et rem annonariam iuvent expensis devotissimorum militum profuturae,详见 *Codex Theodosianus*, 16.10.19。

③ 原文:Interdicimus cunctaque eorum fana templa delubra, si qua etiam nunc restant integra, praecepto magistratuum destrui collocationeque venerandae christianae religionis signi expiari praecipimus,详见 *Codex Theodosianus*, 16.10.25。

④ 原文:Quamquam omnis superstitio penitus eruenda sit, tamen volumus, ut aedes templorum, quae extra muros sunt positae, intactae incorruptaeque consistant. Nam cum ex nonnullis vel ludorum vel circensium vel agonum origo fuerit exorta, non convenit ea convelli, ex quibus populo Romano praebeatur priscarum sollemnitas voluptatum,详见 *Codex Theodosianus*, 16.10.3。

而在公元382年的一份敕令(constitutio)中,皇帝格拉提安(Gratian)、瓦伦提尼安二世(Valentinian II)和狄奥多西一世下令要求美索不达米亚地区奥斯诺恩(Osrhoene)①的一座神庙向公众开放,这样就能让他们欣赏其中的美学价值:

> 根据公民大会的权威,我们下令神庙继续向民众开放,神庙原先用于民众的集会之用,现在则是为了民众的日常之用,神庙内部放置着雕像,这些雕像应该根据它们的艺术价值得到衡量,而非它们所代表的神祇。我们绝不允许任何迷信来破坏这一情形。为了确保这座神庙被城市大众和人群所看到,你们要保留所有的节日庆祝活动,根据我们神圣皇帝的权威,你们要让神庙开放着,但是神庙开放了并不意味着就能在那里进行被禁止的献祭仪式。②

公元399年阿卡迪乌斯和霍诺里乌斯的两条法令要求保护异教的艺术品和建筑:

> 我们严禁献祭,我们也希望公共工程的装饰品得到保存。③
>
> 根据我们神圣的法令,任何人都不能去破坏那些已经没有违法物品的神庙。我们下令,那些建筑要保持完整状态,如果有人在献祭时被抓住,他应该根据法律得到定罪,地方当局要处置偶像,现在无用迷信的崇拜活动依赖的就是这些偶像。④

---

① 奥斯诺恩(Osrhoene)是美索不达米亚北部的王国,埃德萨为其都城,公元前132—公元244年期间一直保持着独立,公元244—公元608年为罗马的一个行省,属于东方行政区(Dioecesis Orientis),公元608年为萨珊波斯所占。

② 原文:Aedem olim frequentiae dedicatam coetui et iam populo quoque communem, in qua simulacra feruntur posita artis pretio quam divinitate metienda iugiter patere publici consilii auctoritate decernimus neque huic rei obreptivum officere sinimus oraculum. Ut conventu urbis et frequenti coetu videatur, experientia tua omni votorum celebritate servata auctoritate nostri ita patere templum permittat oraculi, ne illic prohibitorum usus sacrificiorum huius occasione aditus permissus esse credatur,详见 *Codex Theodosianus*, 16.10.8。

③ 原文:Sicut sacrificia prohibemus, ita volumus publicorum operum ornamenta servari,详见 *Codex Theodosianus*, 16.10.15。

④ 原文:Aedes illicitis rebus vacuas nostrarum beneficio sanctionum ne quis conetur evertere. Decernimus enim, ut aedificiorum quidem sit integer status, si quis vero in sacrificio fuerit deprehensus, in eum legibus vindicetur, depositis sub officio idolis disceptatione habita, quibus etiam nunc patuerit cultum vanae superstitionis impendi,详见 *Codex Theodosianus*, 16.10.18。

公元423年霍诺里乌斯和狄奥多西二世的一条法令则禁止基督徒骚扰那些遵纪守法的犹太人和异教徒，违者将被没收财产：

> 我们命令那些真正的基督徒或者那些自称是基督徒的人们，不得滥用宗教权威，不得攻击那些安静地生活和没有违背法律的犹太人和异教徒。如果这种基督徒行暴力，威胁到了他们的安全，或者偷窃他们的财物，那么他们将会被迫返还相当于三倍或四倍于被窃之物的金额。而那些行省总督、他们的僚属和地方的领导，如果他们知晓此类罪行或者允许此类罪行发生，那么他们将面临与那些犯罪者相同的惩罚。①

但是有时候又相当严厉，有些法令企图全面禁止异教仪式，甚至不准异教徒为家庭守护神(*penates*)挂上花环，或者为树木系上丝带，例如公元392年狄奥多西一世的一条法令：

> 不允许任何人在任何地方或任何城市将无辜的动物献祭给无生命的雕像。他不能秘密地进行地献祭，不能用火来崇拜拉瑞斯(Lares)，不能用酒来崇拜格尼乌斯(Genius)，不能用香料来崇拜家神。他不能为他们点上油灯，也不能在他们面前焚香，或者为他们挂上花环。②

二　法令的执行情况和实际效果

《狄奥多西法典》有很多反异教法令，笔者在这里只列举了几条比较有代表性的，皇帝的法令显示了他们反异教的雄心，但是法令的具体执行情况怎么

① 原文：Sed hoc christianis, qui vel vere sunt vel esse dicuntur, specialiter demandamus, ut iudaeis ac paganis in quiete degentibus nihilque temptantibus turbulentum legibusque contrarium non audeant manus inferre religionis auctoritate abusi. Nam si contra securos fuerint violenti vel eorum bona diripuerint, non ea sola quae abstulerint, sed conventi in triplum et quadruplum quae rapuerint restituere compellantur. Rectores etiam provinciarum et officia et provinciales cognoscant se, si fieri permiserint, ut eos qui fecerint puniendos，详见 *Codex Theodosianus*, 16.10.24.1。

② 原文：Nullus omnino ex quolibet genere ordine hominum dignitatum vel in potestate positus vel honore perfunctus, sive potens sorte nascendi seu humilis genere condicione ortuna in nullo penitus loco, in nulla urbe sensu carentibus simulacris vel insontem victimam caedat vel secretiore piaculo larem igne, mero genium, penates odore veneratus accendat lumina, imponat tura, serta suspendat，详见 *Codex Theodosianus*, 16.10.12。

样呢？下面笔者将讨论一下法令的执行和有效性问题。公元 423 年，狄奥多西二世发布的法令中有这么一句话："现在我们相信他们（异教徒）已经不存在了。"①这显示了皇帝对法令有效性的信心，但是现实情况又是如何呢？狄奥多西二世也许是受到了身边帝国官员的误导，当时不少传统人士希望缓和皇帝强硬的宗教政策，②后来进一步出现的反异教法令、文献记载和考古证据证明事实并非如此。

总的来说，主要的反异教法令始于君士坦提乌斯二世。在这些法令中，献祭仪式遭到禁止，神庙被勒令关闭，在一系列禁令的打儿下，公开的献祭仪式的确在君士坦丁堡、米兰、特里尔（Augusta Treverorum）、拉文纳（Ravenna）、尼科米底亚（Nicomedia）和安条克等皇帝经常巡幸的大城市销声匿迹了。③君士坦丁王朝时期涉及神庙修复的主要大型工程要远远少于四帝共治时期，④虽然君士坦丁本人有着模棱两可的宗教政策，但是自君士坦丁堡建城以来，城内从未执行过传统的献祭仪式。⑤根据阿米阿努斯·马塞林努斯的说法，君士坦提乌斯二世从未在罗马城的卡皮托尔神庙进行过献祭，他还在公元 357 年访问罗马时下令移除了元老院的胜利女神祭坛。⑥尤利安虽然试图复兴异教，但是由于在位时间短暂，两年的时间不足以使其宗教政策在异教建筑上体现出成果，⑦因此尤利安在位时期并没有出现相关的神庙建设和修复工程，他重振

① 原文：Paganos qui supersunt, quamquam iam nullos esse credamus，详见 *Codex Theodosianus*, 16.10.22。

② 狄奥多西二世作为深宫中的皇帝，他肯定不太了解行省居民的宗教状况，甚至对于宫墙外居民的信仰也所知甚少，他和其他皇帝一样都依赖于身边廷臣和顾问提供给他的信息，肯尼思·霍勒姆（Kenneth Holum）认为在狄奥多西王朝时期，皇帝的法令并非是他们性格的真实反映，详见 Kenneth Holum, *Theodosian Empresses: Women and Imperial Dominion in Late Antiquity*, Berkeley and Los Angeles: University of California Press, 1989, pp.124—126。

③ 法令对献祭仪式的具体影响可参阅 Alan Cameron, *The last Pagans of Rome*, Oxford: Oxford University Press, 2011, pp.33—92 和 Béatrice Caseau, "Late Antique Paganism: Adaptation under Duress", in Luke Lavan and Michael Mulryan(eds.), *The Archaeology of Late Antique 'Paganism'*, Leiden and Boston: Brill, 2011, pp.111—134。

④ 根据劳伦斯·理查德森（Lawrence Richardson）所列举的罗马城的公共建筑，详见 Lawrence Richardson, *A New Topographical Dictionary of Ancient Rome*, Baltimore: Johns Hopkins University Press, 1992, p.457。

⑤ Peter Brown, *The Rise of Western Christendom*, Oxford and Cambridge, Mass.: Wiley-Blackwell, 2013, p.85.

⑥ 转引自 Alan Cameron, *The last Pagans of Rome*, p.33，详见 Ammianus, *Res Gestae*, 16.10.13。

⑦ 尤利安在位时间其实不足两年，从公元 361 年君士坦提乌斯二世去世到公元 363 年尤利安远征波斯时因伤去世，总共只有 19 个月。

传统献祭仪式的雄心也没能实现，只是在东部地区进行了有限的推广。[①]君士坦丁王朝时期发布的法令虽然全面禁止了各种形式的献祭，但是这种禁令涉及面太广，异教又涵盖了太多的崇拜体系和繁杂的传统，因此在实际执行过程中肯定困难重重，[②]而法律的执行也取决于地方当局的意愿。“这里和那里……执行情况取决于各地的具体环境，特别是行省总督们的意愿”，J.伯里这样评价道。[③]在一个异教元素仍然浓厚的社会里，反异教法令不可能得到彻底的执行，特别是在帝国官僚队伍里的传统势力当中，当时很多贵族仍是传统的异教徒，他们在当地的威望与神庙及其相关的仪式联系密切，因此会极力避免去执行破坏神庙的法令，更不必说去禁止家庭内部的献祭和私下的崇拜活动。

在君士坦丁之后一代人的时间里，也就是公元4世纪中叶和下半叶，帝国的高层人士和大家庭中有很多人依旧是异教徒或异教的同情者，但是考虑到他们身处高位，他们通常不再进行献祭或者公开自己的宗教身份。地方官员的情况也是如此，尤那皮乌斯(Eunapius)提到了异教祭坛被重新安置了到萨迪斯(Sardis)的市中心，这一点得到了吕底亚(Lydia)总督的支持，后者当时仍是异教徒。[④]反献祭的法律对于帝国的精英和大城市的宗教活动的确产生了重大的影响，在法律的约束下，很多上层人士不再参加此类异教活动，他们通常在社会上有一定的名望，而在宫廷内也有自己的政敌，因此很容易因宗教问题而受到攻击。当时执行献祭仪式的罪名相当于叛国，特别是君士坦提乌斯二世的法令比较严厉，公元356年的法令更是规定献祭者可能被处以死刑。[⑤]尤那皮乌斯提及了公元370年左右有一批贵族被控从事巫术活动，但他又承认这其中涉及针对皇帝瓦伦斯(Valens)的阴谋，因此政治因素明显起更大的作用。[⑥]

---

① 关于尤利安恢复献祭仪式的具体情况详见 Scott Bradbury, “Julian's Pagan Revival and the Decline of Blood Sacrifice,” *Phoenix* Vol.49, No.4(1995), pp.331—356，以及 Garth Fowden, “Julian, philosopher and reformer of polytheism”, In Averil Cameron and Peter Garnsey(eds.), *Cambridge Ancient History. Volume XIII: The Late Empire, AD 337—425*, Cambridge and New York: Cambridge University Press, 1998, pp.543—548。

② Béatrice Caseau, “Late Antique Paganism: Adaptation under Duress”, p.117.

③ J.B. Bury, *History of Late Roman Empire*, New York: Dover Publication Inc, 1958, p.367.

④ Eunapius, *The lives of Philosophers and Sophists*, 23.2.7—23.2.8.

⑤ 见前文 *Codex Theodosianus*, 16.10.6 的译文。

⑥ Frank Trombley, *Hellenic religion and Christianization, c. 370—529*, Volume 1, Leiden and Boston: Brill, 1993, p.49.

瓦伦斯和瓦伦提尼安一世(Valentinian I)在位时期,帝国政府秉持着宗教宽容的政策理念,在《狄奥多西法典》收录的这一时间段的法令中,并没有任何反异教法令。阿米阿努斯·马塞林努斯对瓦伦提尼安评价为:"以宗教宽容而著称……他在不同信仰之间采取了中间姿态,从不会命令别人采取这个或那个崇拜方式。"[①]塞勒斯的狄奥多勒(Theodoret of Cyrus)在他的《教会史》中也有相似的评论:"瓦伦斯允许每一个人以他们希望的方式进行崇拜,以及尊崇不同的崇拜对象。"[②]狄奥多西大帝则是虔诚的基督徒,他在公元 379 年被格拉提安提拔为奥古斯都,此后更严厉的反异教法律相继出台,君士坦提乌斯二世时期严厉的反异教政策又得到了恢复,违令者有可能面临死刑。公元 380 年 2 月,狄奥多西一世、格拉提安和瓦伦提尼安二世一起发布了《全民法令》(*Cunctos Populos*),[③]就是收录在《狄奥多西法典》中的《塞萨罗尼基敕令》(*Edict of Thessalonica*)。该敕令将尼西亚正教定为国教,此后罗马帝国内主要城市的献祭活动逐渐开始消失。皮埃尔·许万(Pierre Chuvin)认为狄奥多西的政策明显是受到了安布罗斯的影响,在后者的压力下,他不得不为塞萨洛尼基大屠杀忏悔。[④]但是利巴尼乌斯(Libanius)也间接提到了在狄奥多西一世时期罗马和亚历山大城有部分异教徒仍然在进行公开的献祭:"不仅罗马城有献祭的遗留,塞拉皮斯的城市也是如此。"[⑤]在狄奥多西王朝时期,特别是在狄奥多西一世及其儿子霍诺里乌斯和阿卡迪乌斯强硬的宗教政策下,仍然信奉异教的各级官员面临着较大的压力。公元 391 年到 415 年的法令对帝国的上层人士产生了重要影响,很多仍然坚守传统的上层异教徒因此皈依了基督徒,或者说至少在名义上进行了皈依,但是彼得·布朗认为在实际中皇帝们还是没有将异教徒完

---

① Ammianus, *Res Gestae*, 30.9.

② Theodoret of Cyrrhus, *Ecclesiastical History*, 5, 20.

③ 原文:Cunctos populos, quos clementiae nostrae regit temperamentum, in tali volumus religione versari, quam divinum petrum apostolum tradidisse Romanis religio usque ad nunc ab ipso insinuata declarat quamque pontificem Damasum sequi claret et Petrum Alexandriae episcopum virum apostolicae sanctitatis, hoc est, ut secundum apostolicam disciplinam evangelicamque doctrinam patris et filii et spiritus sancti unam deitatem sub parili maiestate et sub pia trinitate credamus,详见 *Codex Theodosianus*, 16.1.2。

④ 详见 Pierre Chuvin, *A Chronicle of the Last Pagans*, translated by B.A. Archer, Cambridge, Mass. And London: Harvard University Press, 1990, pp.63—65 和 Richard Bayliss, *Provincial Cilicia and the archaeology of temple conversion*, Oxford: Archaeopress, 2004, p.33。

⑤ Libanius, *Oration*, 30.33—30.37.

全清洗出帝国的官僚队伍。[①]弗兰克·特朗布利(Frank Trombley)也在他的《公元370—529年的希腊宗教与基督教化》(*Hellenic Religion and Christianization C.370—529*)中提到了公元5世纪末政府人员中仍有少数异教徒,[②]但这应该是少数个例,只能说到了5世纪初大部分帝国官员已经基督教化了。公元392年的法令禁止了包括焚香和献花环等各种形式的私人崇拜,违者有可能被没收财产,但是此类私下的行为很难得到控制,因此无法从根本上禁止。

这些是罗马帝国大城市的情况,而在那些远离帝国宫廷的地区,特别是乡村地区的异教群体受到的影响比较小,他们继续以传统的方式崇拜诸神,比城市的异教多持续了一段时间。帝国的反异教法令并没有达到政府预期的效果,法令的再三重申也反映了其缺乏效力,有些法令本身也提及了当时的情况,当时有很多重复性法令。

公元391年狄奥多西向当时的埃及总督(Praefectus Aegypti)和埃及的罗马伯爵(Romanus Comes Aegypti)埃瓦格里乌斯(Evagrius)下达了一份法令:献祭的权力不能赋予任何人,任何人都不能在神庙周围走动,任何人都不能尊崇神庙,他们应该认识到,亵渎性地进入神庙已被我们的法令所禁止。如果有人试图进行任何涉及诸神和违抗禁令的宗教行为,他将会发现自己得不到任何怜悯。如果地方长官在他的行政任期内作为渎神者进入了受污染的地方,他将被迫向国库支付15重量的罚金,而他僚属也是同样的数目,除非他们联合起来反对他的行为。[③]

公元407年阿卡迪乌斯和霍诺里乌斯的法令:神庙内的那些雕像,如果它们曾接受过或正在接受异教徒的崇拜,它们必须从基座上撤下来,我们知道这一法令已经反复确认过了。[④]

---

① Peter Brown, *Authority and the Sacred: Aspects of the Christianisation of the Roman World*, Cambridge: Cambridge University Press, 1995, p.42.

② Frank Trombley, *Hellenic religion and Christianization*, *c. 370—529*, Volume 1, p.97.

③ 原文:Nulli sacrificandi tribuatur potestas, nemo templa circumeat, nemo delubra suspiciat. Interclusos sibi nostrae legis obstaculo profanos aditus recognoscant adeo, ut, si qui vel de diis aliquid contra vetitum sacrisque molietur, nullis exuendum se indulgentiis recognoscat. Iudex quoque si quis tempore administrationis suae fretus privilegio potestatis polluta loca sacrilegus temerator intraverit, quindecim auri pondo, officium vero eius, nisi collatis viribus obviarit, parem summam aerario nostro inferre cogatur,详见 *Codex Theodosianus*, 16.10.11。

④ 原文:Simulacra, si qua etiamnunc in templis fanisque consistunt et quae alicubi ritum vel acceperunt vel accipiunt paganorum, suis sedibus evellantur, cum hoc repetita sciamus saepius sanctione decretum,详见 *Codex Theodosianus*, 16.10.19。

公元423年霍诺里乌斯和狄奥多西二世的法令：以前颁布的法律将会抑制那些幸存的异教徒，尽管我们相信异教徒已经不存在了。[①]

公元423年的另一条法律：如果有人仍在向异教诸神献祭，一旦发现，这些幸存的异教徒将被没收财产和流放，虽然他们理应被处死。[②]

除了帝国的大城市之外，其他城市的公开献祭活动似乎一直持续到公元4世纪末和5世纪初。公元392年以后，除了黎巴嫩和叙利亚的内陆地区，其他城市似乎已无公开的献祭仪式。黎巴嫩和叙利亚地区的献祭可能一直持续到公元7世纪初，在提比略二世(Tiberius Constantine)和毛里斯(Maurice)时期，该地区还有异教徒进行公开献祭和发起暴动的例子。[③]但其他大城市的献祭仪式在政治动荡时期还是时有出现。[④]在佐西姆斯的《新历史》中，公元410年阿拉里克围困罗马期间曾有人提议恢复传统的献祭仪式，他们认为以祖先的方式进行祈祷和献祭就能驱逐蛮族的威胁。教皇英诺森一世(Innocentius I)默许私下的仪式："他认为城市的安全比他自己的信仰更重要，因此同意异教信仰进行私下的仪式。"[⑤]某些边疆地区也存在着公开献祭的例子，普洛科皮乌斯在他的《战争史》提到上埃及菲莱岛[⑥]的伊西斯神庙在6世纪仍然有献祭的现象："他们还保存着对伊西斯和奥西里斯以及在相当程度上对普里亚普斯的崇拜……这些蛮族把这些神殿保存到我的时期，但是皇帝查士丁尼却决定把它们毁掉。"[⑦]但是根据吉特塞·迪杰斯特拉的观点，伊西斯神庙的相关仪式在公元456/457左右就已经停止了，因为到目前为止所发现的相关铭文中，能够证实神庙仪式仍在进行的最后铭文是公元456/457年，因此如果6世纪仍有仪式活动，那么在80多年的时间里不可能没有

---

① 原文：paganos qui supersunt, quamquam iam nullos esse credamus, promulgatarum .... iam dudum praescripta compescant，详见 *Codex Theodosianus*, 16.10.22。

② 原文：paganos qui supersunt, si aliquando in execrandis daemonum sacrificiis fuerint comprehensi, quamvis capitali poena subdi debuerint, bonorum proscriptio ac exilium cohercebit，详见 *Codex Theodosianus*, 16.10.23。

③ 关于黎巴嫩和叙利亚地区的公开献祭和异教徒的暴动，详见 K.W. Harl, "Sacrifice and pagan belief in fifth and sixth-century Byzantium" *Past & Present* No.128(1990), pp.7—27。

④ 安布罗斯在他的信件中提到了尤金尼乌斯(Eugenius)叛乱时支持异教和恢复献祭的政策，详见 Ambrose, *Epistula*, 58。

⑤ Zosimus, *New history*, 5.41.

⑥ 位于尼罗河第一瀑布附近。

⑦ 普洛科皮乌斯：《战争史》上卷，王以铸和崔妙因译，商务印书馆2010年版，第77页。

任何痕迹留下。①另外普洛科皮乌斯在他的《建筑》中也有献祭仪式的相关记载，他提到了昔兰尼卡的奥基拉(Augila)②："两个城市有一个相同的名字，都叫做奥基拉……他们是古代的城市，居民保留着古代的习俗，到今天仍然受苦于多神信仰，从古代起那里就有献给阿蒙和亚历山大的神庙，本地人会向他们献祭，一直到现在的查士丁尼时期，这里还有大量的神庙奴隶。"③虽然从政府的法令来看，公开进行献祭在理论上要被处以极刑，但实际上违法献祭被处决的例子并不多。尤那皮乌斯曾提到，瓦伦斯在位时期，以弗所的马克西姆斯(Maximus of Ephesus)被皇帝处决，他在解释神谕时宣布皇帝瓦伦斯将会突然暴毙，他的尸骨将无安葬之处，但这起事件涉及了反对皇帝的政治阴谋，与宗教并无多大关系。④单纯因献祭而被处以极刑的例子要晚至6世纪末期，以弗所的约翰在他的《教会史》中提到了这个例子，大约发生于提比略二世在位时期，赫利奥波利斯(Heliopolis)⑤、埃德萨和安条克的多位异教徒因执行公开的献祭而被处死："在提比略统治的第二年，巴贝克(Baalbec)又名赫利奥波利斯，当地邪恶异教徒的消息传到了首都，他们是撒旦的崇拜者……不少异教徒被逮捕……一些被钉在十字架上，一些被剑砍倒。"⑥

而对于摧毁神庙的具体执行情况，公元400年左右，当时的帝国政府的确曾经试图派遣官员去关闭和摧毁帝国范围内的主要异教神庙或著名崇拜中心。奥古斯丁就曾在《上帝之城》中提到有帝国官员被派往迦太基，公元399年高登提乌斯(Gaudentius)和约维乌斯(Iovius)就曾到北非执行新的反异教法令。奥古斯丁在《上帝之城》中是这么叙述的："高登提乌斯和约维乌斯，皇帝霍诺里乌斯的专员，3月19日他们在非洲最有名和最著名的城市迦太基摧毁了伪神的神庙，砸碎了他们的偶像，谁都能看到在过去30年的时间里，基督徒到底增长了多少?"⑦而塞勒斯的狄奥多勒在他的《教会史》中提到了东部禁卫

---

① Jitse H.F. Dijkstra, "The Fate of the Temples in Late Antique Egypt", In Luke Lavan and Michael Mulryan(eds), *The Archaeology of Late Antique 'Paganism'*, Leiden and Boston: Brill, 2011, pp. 425—427.

② 即现在利比亚东北部的欧基拉(Awjila)，在古代是一个重要的绿洲城镇。

③ Procopius, *Buildings*, 6.2.14—6.2.20.

④ Frank Trombley, *Hellenic religion and Christianization, c. 370—529*, Volume 1, p.50.

⑤ 赫利奥波利斯(Heliopolis)，即巴贝克(Baalbec)，位于现在的黎巴嫩，其中的狄俄尼索斯神庙是保存状况较好的神庙之一。

⑥ John of Ephesus, *Ecclesiastical History*, 3.27.

⑦ Augustine, *De Civitate Dei*, 18.54.

军长官马特努斯·基内吉乌斯(Maternus Cynegius)在狄奥多西一世的授意下发动僧侣和军队摧毁了叙利亚地区的一些神庙,时间差不多在 390 年左右:"现在东部禁卫军长官也到了阿帕米亚①,他带来了他的保民官和军队,对军队的恐惧让民众害怕。他尝试破坏宏伟的宙斯神庙。"②利巴尼乌斯在他的《为了神庙》《*pro templis*》谴责了这一行为:"他是渎神的恶棍,诸神的敌人,卑鄙且贪婪。"③约翰·克里索斯托姆(John Chrysostom)也曾带着皇帝的命令前往腓尼基地区,塞勒斯的狄奥多勒提到了这一情况,"得知腓尼基亚仍然受难于恶魔仪式的疯狂,约翰选择了一些狂热的苦行者,派遣他们去摧毁偶像崇拜的神庙,并提供了授权此次行动的皇帝敕令",但是在执行过程中却遇到了极大的阻力,当地的异教徒还杀死了部分教会人员。④根据以上例子,可见皇帝派遣专员到地方执行破坏神庙的法令是的确存在的现象,但这不具有普遍性,相关情况在文献记载中只出现了 3 次,无论是皇帝还是教会都没有在帝国范围内系统地破坏神庙的计划。虽然皇帝们的法律在一定程度上鼓励了那些激进的基督教僧侣在没有得到政府许可的情况下去攻击神庙,利巴尼乌斯也提到了当时基督徒对乡村神庙的破坏,但他也强调了这种暴力行为的非法性:"虽然法律和皇帝还依然有效力……当第一座神庙躺在废墟之中时,很快就会有第二座、第三座。在违背法律的情况下他们的战利品越来越多。"⑤从总体上来看,罗马帝国针对神庙的宗教暴力并没有达到弗里德里希·戴希曼(Friedrich Deichmann)和加斯·佛登(Garth Fowden)等早期学者所设想的那种程度。⑥

---

① 阿帕米亚位于小亚的佛里吉亚,为塞琉古一世(Seleucus I Nicator)所建,以他的妻子阿帕玛(Apama)的名字命名。

② Theodoret, *Ecclesiastical history*, 5, 21.

③ Libanius, *Oration*, 30.8 和 Zosimus, *New History*, 4.36—4.37 都有提到马特努斯·基内吉乌斯,佐西姆斯的描述:"基内吉乌斯是东部禁卫军长官,他被派到埃及去禁止神灵崇拜,并关闭神庙……基内吉乌斯关闭了东部、埃及和亚历山大城的神庙,并禁止了古老的献祭和所有祖先的仪式",另外请参阅 Ramsay Macmullen, *Christianizing the Roman Empire: AD 100—400*, New Haven: Yale University Press, 1984。

④ Béatrice Caseau, "The Fate of Rural Temples in Late Antiquity and the Christianization of the Countryside" in William Bowden, Luke Lavan, Carlos Machado(eds.), *Recent Research on Late Antique Countryside*, Leiden and Boston: Brill, 2004, pp.105—144.

⑤ Libanius, *Oration*, 30.9.

⑥ 戴希曼的研究详见 Friedrich Deichmann: "Frühchristliche Kirchen in antiken Heiligtümern", *Jahrbuch des(kaiserlich) Deutschen archäologischen Instituts* 54(1939), pp.105—136;佛登的研究详见 Garth Fowden, "Bishops and temples in the eastern Roman empire A.D. *320—435*", *Journal of Theological Studies* Vol.29(1978), pp.53—78。

结　语

“在法典之外，这是一个社会流动性和社会多样性的世界，是传统和变革并存的世界，其宗教和社会的复杂性不能一般性地加以归纳，法典提供的细节不是可靠的向导，是对整体画面的片面反映。”①总的来说，《狄奥多西法典》中的许多法令都涉及了反异教内容，旨在消灭异教，全面推进罗马帝国的基督教化，但罗马帝国的反异教法令只是理论上的法律文献，并不是历史现实。公元4、5世纪的法律展现了罗马帝国基督教化的过程似乎在稳步前进，但是其他文献记载和考古证据证明这是一个极为缓慢的进程。法律的有效性和执行力度受制于一系列因素，其影响力也视地区和阶层而异：上层人士和核心城市似乎更多的受到了反异教法令的影响，帝国的高层官员们要确保自己与异教保持一定距离，公开的向诸神献祭是极其冒险的行为，不过法令在实际执行中很少有人被处死，除非与政治阴谋有关；而小城市和偏远的乡村地区又是另外一个局面了，异教传统和仪式在这里延续的最久，当地居民仍然保留着古老的仪式和习俗，相关法律的一再重申也反映了其缺乏效力。整个帝国范围内神庙破坏现象也并不普遍，只有少数建筑遭到了基督徒的亵渎和破坏，狂热的信徒和执行者毕竟只是少数，教会和政府并不存在系统地的根除异教神庙的计划，很多异教神庙因其艺术价值而得到了保留。原来传统的帝国法令和圣徒传记给我们留下了这样的映像，这似乎是一个充满宗教暴力和戏剧性变化的时代。其实从整体上看，公元6世纪之前的地中海世界是一个文化多元化和宗教多样性的社会，异教继续存在了一段较长的时间，在这样的背景下，异教的衰弱和罗马帝国的基督教化是一个复杂且相对缓慢的过程，直到查士丁尼时代随着帝国的进一步基督教化，地中海世界才逐渐失去了原来的宗教多样性。

---

① Jill Harries and Ian Wood(eds.), *The Theodosian Code: studies in the Imperial law of late antiquity*, London: Bristol Classical Press, 1993, p.95.

An Analysis of anti-paganism Laws and their effectiveness in the late Roman Empire

Abstract: The *Theodosius Code* contains anti-pagan laws of the Christian emperors from the fourth century to the first half of the fifth century, but the effectiveness of these laws varied greatly in regions and social classes. Law against paganism did have a measurable effect on the imperial elite and major cities, but paganism in rural areas and remote towns continued for a longer period of time, and these laws seemed to lack of universal implementation, as frequent repetitions of the laws demonstrated.

Key words: Late Roman Empire、Theodosian Code、anti-paganism、effectiveness

作者简介:焦汉丰,复旦大学世界史博士后流动站在站博士后。

奥古斯都时期罗马城的建设与政治形象塑造①

鲍红信

摘　要:共和晚期以来罗马社会发生重要变化,如何使由一个城邦发展出来的统治机器符合一个正在扩张的帝国需要,考验着统治者的智慧。在风雨飘摇中上台执政的奥古斯都,一方面面临着解决动荡不安的局势巩固自身统治,另一方面需要摆脱困境建设新的和平秩序。奥古斯都将城市的建设作为有力的"抓手",通过在罗马城新建公共工程、建设城市基础设施、美化城市环境等措施,将城市的改造建设与建构君主形象结合起来,美化着自己的统治,塑造着神圣伟大的政治形象。

关键词:罗马城　城市社会　政治形象　城市建设

芝加哥学派的帕克指出,城市绝非简单的物质现象和人工构筑物,城市是人类属性的产物。②斯本格勒在那本影响深远的《西方的没落》中明确提到人类所有伟大文化都是由城市产生的。国家、政府、宗教等,无不是从人类生存的这一基本形式——城市——中发展起来的并附着其上的。③事实上,两者观点的共同之处在于都认识到城市是人的创造,城市推动着人类的文明进程。城市的发展变化是古代历史上一种重要现象,从其发展变化的轨迹中,可以帮

---

① 本文为安徽社科规划项目(AHSKY2019D059)项目研究成果、马克思主义重点学科建设成果。

② 帕克,伯吉斯,麦肯齐:《城市社会学:芝加哥学派城市研究》,宋俊岭,郑也夫译,商务印书馆 2012 年版,第 4 页。

③ 斯本格勒:《西方的没落》,齐世荣等译,商务印书馆 1991 年版,第 200 页。

助我们理解人们是怎样在城市中生产生活，以及怎样塑造着城市形象。共和晚期罗马社会政治生活发生急剧的变化，作为该时期关键性人物，奥古斯都面临着一系列繁杂的任务：如何恢复罗马国家的安全稳定则是最大的难题。为此，奥古斯都作出了艰苦卓绝的努力，也取得了成效，开创了“罗马和平”的盛世。国内外关于该方面的相关研究已经比较丰富。[①]本文则试图另辟蹊径，借助相关的城市理论，分析奥古斯都如何将城市的建设治理与王权的加强、政治形象的塑造联系起来，从而有效地巩固其统治。

一、罗马社会的变化与共和政体危机

公元前 3 世纪中叶以后，随着一连串战争的进行，罗马的疆域不断拓展、大量的财富和人口纷纷流入。公元前 2 世纪早期罗马国库年税收额是 6000 万塞斯特斯，到公元 60 年上升到 3.4 亿塞斯特斯。公元前 2 世纪后期，仅西班牙行省上缴的金银就比公元前 2 世纪前期的全部战争赔款与战利品的总和还多。[②]老普林尼因此惊叹道：“共和国从来没有如此富有过！”与此同时，外来人口也迅速增加。[③]公元前 167 年，罗马取得马其顿战争的胜利，将希腊地区 70 座城市的 15 万居民卖为奴隶，带回罗马本土。[④]奥古斯都时代，奴隶人数 200 万，占总人口的 33%。[⑤]战争掠夺改变了罗马世界，带来了深刻的新变化。

1. 新阶层的兴起。罗马是个以农业为本的国家，轻视商业贸易是社会的传统。元老贵族对贸易几乎毫无兴趣，至于赚钱谋利更被认为是和元老的身份不相符。不仅如此，为了防止商业贸易对元老贵族的腐蚀，法律也遏制他们

---

① 国外学术界引介相关内容的代表性著作有：Paul Zanker, *The Power of images in the Age of Augustus*, University of Michigan Press, 1990; Andrew Lintott, *The Romans in the Age of Augustus*, John Wiley & Sons, 2010; Karl Galinsky, *The Cambridge Companion to the Age of Augustus*, Cambridge University Press, 2005; Werner Eck, *The Age of Augustus*, blackwell publishing Ltd, 2007.国内的相关论文：乔琴生：《奥古斯都文化方略探析》，复旦大学 2007 年博士论文；徐龙华：《论奥古斯都道德法及其影响》，陕西师范大学 2016 年硕士论文等，分别从文化、法律、宗教等方面论述奥古斯都的统治政策，从城市建设的视角对此展开论述的，尚无专文。

② T. Frank, *An Economic Survey of Ancient Rome 5*, Baltimore, 1959, p.263.塞斯特斯(sesterces)：古罗马货币，初为银铸，后为铜铸。

③ 弗兰克估计罗马人从马其顿和希腊取得的战利品全部价值，从公元前 200—149 年约合三亿赛斯特斯。T.Frank, *An Economic Survey of Ancient Rome 5*, Baltimore, 1959, pp.264—266. 264—265 页。

④ 李维：《建城以来史》，穆启乐等译，上海人民出版社 2005 年版，第 34 页。

⑤ Keith Hopkins, *Conquerors and Slaves*(*Sociological Studies in Roman History*, *Vol.1*), Cambridge University Press, 1978, p.7.

涉入其中。于是开发新商机的机会落入骑士阶层之手,他们慢慢地变成了一个独立而重要的阶级。

2. 新土地所有制的产生。帝国的扩张使得大地产制盛行。共和国早期,罗马的土地所有制基本分为三种形式:一是国有土地和牧场;二是公民占有的份地;三是贵族占有的土地。随着罗马共和国的发展,这三种土地所有制形式不断发生变化。由于罗马公民长期奋战在战场上,使得他们的份地得不到耕种,导致土地荒芜,农民与土地相脱离,小农经济破产,不得不投靠贵族门下,他们的土地自然成为贵族的囊中之物。①失去土地的农民一方面成为廉价的劳动力,另一方面进入城市成为闲散的无业游民。

3. 新军事制度的建立。进入公元前2世纪罗马大规模向外扩张的势头几乎达到了顶峰,然而大规模的扩张使得罗马公民纷纷破产,兵员枯竭。公元前104年至前100年盖尤斯·马略废除从军需要财产的资格限制,事实上确立了募兵制代替征兵制,然而也引发了军队和指挥者之间的"恶性关系":军队依靠指挥官,士兵依赖战利品,两者相互依赖。由此,马略确立了军事独裁制度。紧随其后的苏拉在战斗中攻打罗马城,确立军事独裁,把自己的支持者送进了元老院。苏拉的军事独裁敲响了共和制的丧钟。

4. 新宗教的传入。共和国最后的100年中,由于政治和社会原因,部分罗马人对古老宗教中的宗教和准则采取了冷漠或敌视的态度,国教所保有的罗马式思想感情有所丧失。此时东方的宗教开始传入。这些宗教大部分是个人性质的宗教,强调神和皈依者的关系,引起一些人的兴趣。因为它们提供了某种以往宗教缺乏的情感性因素和某种刺激性因素。

5. 新统治方式的出现。随着领土的扩大,行省总督拥有至上权力,然而却没有同僚掣肘,制约他的手段就是总督任期为一年,或者与其毗邻的行省总督拥有相等的权力。但是罗马人自己取消了短期任职这一制约机制。

也许世界变化得太快,罗马社会似乎没有来得及做好准备,但是伴随着这种新变化而来的一系列问题却开始出现,这些问题包括中央和行省管理、防卫、经济及土地分配、军队支持的军事领袖公开与国家对抗等诸多方面。②所有这些问题的焦点最后都集中表现在共和政体的危机愈来愈严重。

---

① *The Fall of the Roman Republic and Related Essays*, Oxford University Press, 1988, p.248.

② 巴洛:《罗马人》,黄韬译,上海人民出版社2000年版,第22页。

人们在寻求解决之道之时,发现解决罗马共和国问题的唯一方法:是由一个人永久或半永久地管理政府。但是从传统的观点来看,这个观念非常令人憎恶,部分原因是他们担心个人统治者必定会妨碍他人的自由。所以人们看到解决问题的方法和目的之间总是充满着矛盾和刀光剑影。苏拉利用独裁官一职展开许多改革,但是他的改革在本质上和执行上都有强迫性,激起人们的厌恶,注定了改革的失败。凯撒在夺取政权以后施行了一系列"新政":将许多非贵族出生的军人,被释奴隶以及其他行省的贵族等送进元老院;向行省居民授予罗马公民权等。但是改革引起了保守分子的敌视,凯撒倒在了血泊之中。共和国这艘巨轮再也无力行驶。

如何使由一个城邦国发展出来的统治机器,符合一个正在扩张的庞大帝国的需要,考验着统治者的智慧。在风雨飘摇中上台执政的奥古斯都,一方面要面临着巩固自身统治解决动荡不安的局势,另一方面就是需要摆脱困境建设新的和平秩序。①面对着人们的怀疑和高度的期望,他需要展现出他能够处理导致罗马遭受困扰的病因,也能够重建罗马的新社会。②于是在种种复杂的抉择中,奥古斯都把治理和建设罗马城作为有力的"抓手",将城市的改造建设与塑造君主形象结合起来,美化自己的统治,创造罗马的和平。

二、建设大理石之城

历经几个世纪势力的扩张,罗马城的人口和城市面积快速的膨胀。③不过此时的罗马城与东方的一些城市亚历山大、帕加马相比,却显得破败不堪。这些城市有伟大的遗迹、庄严宏伟的设施。罗马人不得不承认他们自己的首都——罗马城:不阔气的外表、弯弯曲曲的道路、没有规划的建筑。④李维记录了马其顿朝臣公开嘲笑罗马人取得的受限制的成就和"就城市的外表来看,无论是公共场合还是私人区域都不美观"。⑤这些外来的批评以及现实的落后引

① John E.Stambaugh, *The Ancient Roman City*, Johns Hopkins University Press, 1988, p.49.

② Paul Zanker, *The Power of images in the Age of Augustus*, University of Michigan Press, 1990 p.101.

③ 公元前后罗马城人口约百万是当时世界最大城市之一。Chester G.Starr, *The Ancient Romans*, Oxford University, 1971, p.134. Keith Hopkins, *Conquerors and Slaves*(*Sociological Studies in Roman History*, *Vol.1*), Cambridge University Press, 1978, p.2.

④ Andrew Lintott, *The Romans in the Age of Augustus*, John Wiley & Sons, 2010, p.107.

⑤ Karl Galinsky, *The Cambridge Companion to the Age of Augustus*, Cambridge University Press, 2005, p.244.

起了罗马人的反思和警醒。罗马迫切需要改变这座城市，从而取得外界的认同！

扩大罗马的努力是断断续续的，在公元前2世纪和1世纪早期，有能力的人在台伯河边建造了许多纪念碑，特别是对于凯旋归来的将军，期望献出他们一部分的战利品来支持都城建设，装饰城市的建筑物。不过，在一个近百万人口的城市，这种时断时续行动的局限性也很明显。只有当权力集中于一个人来考虑罗马全部的城市形象时才可能成功。尤利乌斯·恺撒是第一个用整体观点考虑建设罗马的统治者。在他获得统治的力量后，开始着手于几个大工程的建设：朱里亚神庙；一个新的元老院；一个“比其他任何都好”的战神殿。不过由于公元前44年凯撒被谋害而成了一纸草图。让罗马成为一个世界都市的任务留给了奥古斯都。

此时的罗马城：失业的人们充斥于每个公共场所，许多建筑摇摇欲坠，交通堵塞，城市建筑物随意地扩张。改变整个城市形象的任务摆在奥古斯都面前，这是一个巨大的工程，需要丰富的资源、大量的精力和时间、最重要的是持之以恒的积极性和理性的政治智慧。①

其一，新建公共工程。奥古斯都很清楚，罗马城除了遭受水灾以外，从建筑的角度，作为帝国的首都并不合格。②他需要尽可能地用长远的目光来处理有关城市建设的问题，以防罗马将来的不测。无疑，奥古斯都对这一事实的认可，从他赋予建筑工程以优先地位的记录中得到印证。奥古斯都重新修建了许多公共建筑，努力改善城中的便民设施和服务，新建了一系列令人震惊的建筑群。

神庙作为献给神的礼物，在罗马人的心中占有重要地位，而且罗马城又是一个事神甚恭的城市。奥古斯都明白造出诸神是为国家服务的，因此，他把神庙的修建作为其摆脱困境、凝聚人心恢复信仰的重点内容。局势稍微稳定下来，他着手建成了早期承诺建造的太阳神神庙和凯撒计划建造的神庙，并且修建了下列建筑物：元老院会堂和与之相连的卡尔齐边大殿，帕拉丁山上的阿波罗神庙及其柱廊；神圣朱理亚庙、卢佩卡尔什神龛、弗拉米尼竞技场的柱廊、大竞技场的观礼台、卡皮脱尔山上的“打击者朱庇特”和“雷轰者朱庇特”神殿、

---

① Karl Galinsky, *The Cambridge Companion to the Age of Augustus*, Cambridge University Press, 2005, p.237.

② 苏维托尼乌斯：《罗马十二帝王传》，田丽娟、邹恺莉等译，上海三联书店2010年版，第60页。

奎里努斯神庙；阿芬丁山上的米涅娃、朱诺天后和解放者朱庇特神庙；位于神圣大道起点的拉瑞斯神庙、维利亚山头的培娜戴斯神庙、帕拉丁山上的青年神庙和大母神庙。用奥古斯都自己的话说："在我第 6 次任执政官时，我遵照元老院的决议，在罗马城修复了 82 座神庙，当时待修的神庙没有一座被忽略。"①

奥古斯都在罗马城的建设中最有代表性的公共工程体现在城市广场。他花费大量的钱美化罗马广场，为凯撒和他自己名字命名的的广场提供额外的建设空间。他对广场进行了重新布局，把凯撒扩建广场的工程予以完成，同时又添加许多新的项目，使广场变得更加完整、美丽。②其中主要有西端的朱理亚会堂和元老院会议厅，在按计划完成朱理亚会堂的全部结构之后，还加上更为豪华的装修；他给元老院会议厅加以朱理亚之名，不仅表示此厅有皇帝一家建成，而且意味着元老院已是皇家的工具。广场西端有这两大建筑后，东端就显得零乱了，于是奥古斯都大力改建这一侧的建筑，把面对朱理亚会堂的埃米利乌斯会堂改建为大理石的门面，以华丽的拱廊装饰上下层，两大会堂互为呼应，使广场面貌焕然一新。在东端兴建一座重要的建筑：神圣的朱理亚大庙，在此庙旁边、圣道入口处修建了一座凯旋门。③这样一来整个罗马广场便显得气宇轩昂，环顾四周但见庙宇林立、拱廊连绵，又有纪念柱、纪念碑、纪念雕像穿插其间，宏伟之余又添富丽，足以担当起帝国橱窗的重任了。

由于共和时期的城市建设没有规划，以至于建筑密集不利于城区的发展。奥古斯都通过改进排水设施，建立新的排水渠，使战神广场成为了可以建设的有用之地。奥古斯都和他的助手们在此建设了二十多个永久性建筑，包括大型的绿地、圆形大剧院、图书馆以及罗马第一座公共浴场。其中大多数工程都有娱乐作用。新的建筑沿袭了早期庙宇建设的大致方位。井然有序的建设区域和共和时期的布局形成了鲜明对比。这些建筑成就吸引了外国大使和在此等待寻求进入许可的将军们特殊的目光：看看纪念碑、便利设施和充满凝聚力的公共广场。斯特拉博说："这里给人们的印象是感觉其他地方只是陪衬"。④

---

① 李雅书选译：《罗马帝国时期》，（上册），商务印书馆 1985 年版，第 9 页。

② David Watkin, *The Roman Forum*, Harvard University, 2009, p.21.

③ Paul Zanker, *The Power of images in the Age of Augustus*, University of Michigan Press, 1990, p.143. p.144.

④ Karl Galinsky, *The Cambridge Companion to the Age of Augustus*, Cambridge University Press, 2005, p.258.

作为一种建筑形式,荣誉拱吸引力非常明显,荣誉拱是绝佳的广告牌和有用的城市标志,并且和特殊重要的事件相联系。奥古斯都有效地利用了它们。在他统治时期荣誉拱的数量有非常大的增加。公元前19年,一个纪念帕提亚战争胜利的荣誉拱在公共广场上树立了起来。在朱理亚神庙的一侧,这个精心修筑的拱是中央广场的正式入口,显示了凯撒和他自己的成就。刻在神庙一侧的是所有罗马主要行政官和自共和时期以来有功绩人的名字,借此强调了国家的稳定和伟大历史。①

其二,建设市政设施。在古代城市,饮水的问题和市民密切相关,也是市民日常生活最为关心的问题之一。首先,奥古斯都拓展了水源,修复了因年久失修而多处损坏的水道,还把一条新的源泉引入称为马尔齐亚的的水道,从而使其水量增加了一倍。②其次,为了维护城市用水的方便与安全,奥古斯都设立了水务理事的机构和水利专员职位;水务理事的职能包括定期检查城外的输水道和私人的取水量、保障贮水池和公共喷泉水流日夜畅通无阻等;罗马的水利专员主要负责监督水的供应,有着特殊的职权,任何人在未经授权的情况下不得使用公共供水,并派专人计算和控制水的流量,保障城市供应。此外奥古斯都还颁布法令保护水质,水源周围15尺范围内禁止修建任何建筑,以保持干净,对破坏者予以严惩。为了保证城市市民能够喝到安全的水,保证公共喷泉的水日夜不会中断,他任命他的助手阿格里帕全面负责城市的供水,对饮水、浴场用水、公共喷泉、花园、蓄水池、公共建筑用水以及私人用水等进行分配和管理。③

城市建设的过程中,奥古斯都对街道建设也进行了初步规划,街道的宽度大约16～24英尺,专门铺设了人行道。罗马城内除了东西两条主干道以外,还建有各种小街道与之相连,形成网状的交通格局,方便人们来往。道路建设得极其牢固,用表面光滑的长方形石条铺成,石条之间连接完整几乎没有缝隙。为了行人雨天出行便利和排除路面积水,特地将人行道部分建得比中间路面略高,路的两侧都建有排水沟。为了保障道路的畅通无阻,奥古斯都重修

---

① John Elsner, Cult and Sculpture: Sacrifice in the Ara Pacis Augustae, *The Journal of Roman Studies*, Vol.81(1991), pp.50—61.

② 李雅书选译:《罗马帝国时期》,(上册),商务印书馆1985年版,第9页。

③ Gregory S. Aldrete, *Daily Life in the Roman City Rome, Pompell, And Ostia*, Greenwood Publishing Group, 2004, p.29.

了弗拉米尼亚大道，从罗马城直到阿里米努母，也重修了除穆尔维桥和米努齐桥外所有的桥，还颁布了相关道路管理法律。法律规定："你在公共道路上所做的工程或在公共通道上堆放的物，造成该道路或该通道恶化或将变得恶化的，你要恢复原状，否则就要以危害交通设施处以惩罚。"①公元前 6 年，奥古斯都又任命街道专员管理街道负责清除街道障碍物，同时对街道周边多年堆积的垃圾进行清除。②

其三，美化城市环境。希腊城市亚历山大绿树成荫的街道和令人印象深刻的城市公园为罗马人所向往。奥古斯都也意识到和其他建筑相比，公园的造价较低而且能够迅速地改变城市环境。为此，奥古斯都在罗马城大量实施绿化工程。奥古斯都向公众开放了他陵墓周围的公园和其他一些绿地。他要求他的助手阿格里帕和米西纳斯重新规划了战神广场中心的景物，并且在埃斯奎林山建造了一个有游泳池和花园礼堂的美丽公园，为市民提供了在拥挤的住处和工作之外的一个休闲之地。受到奥古斯都城市绿化工程的积极影响，富有的罗马人开始不再热衷于建设奢华的房子，却在城外的空地上建造美丽的公园。这些公园由外地流入罗马城的供水系统所支持，郁郁葱葱的公园环绕着罗马城形成了一个绿化带，美化了城市。

奥古斯都认为城市的装饰会不同寻常地影响着城市声望。他为罗马的城市设立着新的标准，使用伟大的建筑材料、富丽堂皇的门廊和柱廊来装饰这个城市，以表现雄伟壮丽的主题。诚如西塞罗所指："罗马人鄙视个人领域内的奢华，但是享受公共场所里的华丽展示。"③共和时期只有少量的城市建筑用大理石装饰，但是当奥古斯都居住的地方被雷击中以后，他宣布该地为神圣的地方，在此建立了一个献给阿波罗的神庙，这是第一座完全用大理石建成的神庙。④从此以后，精美的白色大理石源源不断地从希腊世界运到罗马，奥古斯都时代大理石被更加被广泛的运用。大理石有其独特的优点，坚硬的石质可以雕刻得很精致，多彩闪亮的颜色可以吸引人们的目光。

使用新的建筑技术和观念来装饰城市也是美化城市的有效方法。在奥古

---

① 桑德罗·斯奇巴尼选编：《债·私犯之债(II)和犯罪》，徐国栋译，中国政法大学出版社 1998 年版，第 130 页。

② O. F. Robinson, *Ancient Rome: City Planning and Administration*, Routledge, Inc., 1992, p.74.

③ Werner Eck, *The Age of Augustus*, blackwell publishing Ltd, 2007. p.139.

④ Werner Eck, *The Age of Augustus*, blackwell publishing Ltd, 2007. p.141.

斯都广场，罗马人还采用了女像雕柱而非圆柱，这是相当大胆的。圆柱本来只限于神庙的门廊，它用木材做的，外面裹上红土，但现在却延伸到神庙的侧面与背面。朱利亚会堂是罗马当时的最大会堂，它使用交错的拱顶证明了奥古斯都时代的技术已经达到了新的高度，也表明了奥古斯都时代的罗马建筑师摆脱了伊特鲁里亚人与希腊人对他们的束缚。

三、奥古斯都城市建设的特点

奥古斯都的城市建设是其治国理政的重要组成部分，综观他的城市建设呈现出以下几个特点：

1. 重视共和政体和维护罗马历史传统。传统观念在民众中根深蒂固，奥古斯都深知要解决混乱的局面恢复安定的政治秩序，需要在共和的外衣下进行积极的行动，从而让人们从感情上接受他。①与此同时，他也认识到建筑像其他领域一样与政治发生着联系，通过精心制作的建筑意象可以体现出他对共和传统的尊重。②

毫无疑问，神庙与历史传统存在关联。罗马的公民对诸多的庙宇怀有无线崇敬之情，经常花大量时间参与神庙的公共活动，因而奥古斯都通过建设诸多神庙来强调他重视共和政体和维护历史传统，让饱受内战之苦的民众安心。在《神圣奥古斯都功业录》中他提道：基里努斯神庙将罗马最初的创建者及后来的创建者联系起来；圣母庙表现了罗马城和特洛伊城与奥古斯都和伊尼阿斯之间的直接联系；自从奥古斯都在西班牙躲过雷击之后，雷神朱庇特就成了他的最爱。其中，战神马尔斯是奥古斯都的本位神，爱神维纳斯是凯撒家族的守护神。奥古斯都借还愿将这三位供奉在广场的神庙中的意图是很明显的：自己受神的庇护，自己的家族受神的庇护，自己的事业受神的庇护，体现了权力的“王权神授”。③也表明他的建筑物的设计和规划深深地植根于罗马的传统之中。④

与此同时，奥古斯都认为罗马能够从卑微渺小发展成为强国，除了敬畏神

---

① Karl Galinsky, *The Cambridge Companion to the Age of Augustus*, Cambridge University Press, 2005, p.250.

② Werner Eck, *The Age of Augustus*, blackwell publishing Ltd, 2007. p.138.

③ 戴维·肖特：《奥古斯都》，杨俊峰译，上海译文出版社 2001 年版，第 76 页。

④ Peter Connolly, *The Ancient City Life in Classical Athens & Rome*, Oxford University Press, 1998, p.111.

灵以外，最尊敬的就是在这一过程中作出贡献的市民们。为此他修复了那些由具有这种贡献的人建立的建筑物，还在自己广场的柱廊上为他们塑像。他宣称："这么做是要让我的同胞市民认识到无论是我、还是我的继承者，都要坚定地遵循我们伟大的先人所树立的典范。"①对元首来说，保持普通百姓庇护者的角色，是相当重要的。建造用于公共娱乐的重要建筑物，如剧场、竞技场，既给予民众面包也给予民众竞技，以满足罗马人对娱乐活动的传统追求。②比如他提及自己"26次以我自己的名义，或以我诸孙的名义，在竞技场、广场和圆形剧场举行追猎非洲野兽的表演"。③不仅如此，还有他以亲戚或者位高权重市民的名义修建的各种娱乐设施：例如以他外甥马塞卢斯的名义修建的剧院和科涅利乌斯·巴尔布斯修建的剧院；斯塔提里乌斯·陶鲁斯建造的一个圆剧场以及他的助手阿格里帕建造的各种各样的宏伟建筑。④

2. 维修和重建城市基础设施，则更为直接地体现了庇护者的角色。例如奥古斯都和他的助手阿格里帕在公元前33年修建的朱利亚输水道，每天运送31000立方米的水。⑤公元前19年修建的第二条输水道维戈输水道主要供水给台伯河沿岸的商店和产业区。第三条奥西提亚输水道建成后，阿格里帕重建和增加了分配网络，包括建成700个澡堂、500个公共喷泉和130个分配水槽。⑥除此以外，奥古斯都时期还修建了许多公共澡堂，有的澡堂面积甚至达到几条街道。⑦喷泉和澡堂遍及城市的每个角落，从公共喷泉取水甚至进入大型澡堂都是免费的。

3. 强调新的开端。凯撒被刺后的十五年内，许多建筑物开始建设，然而罗马的城市形象并没有得到很大的改变。卡西乌斯·狄奥描述了奥古斯都所给出的建议："用大量的财富来装扮都城，让它对任何的节日都有意义。在各个方面统治者要超越所有的人，要明智做到这一点，让我们的同盟尊敬我们，让

---

① 苏维托尼乌斯：《罗马十二帝王传》，田丽娟、邹恺莉等译，上海三联书店2010年版，第63页。

② Paul Zanker, *The Power of images in the Age of Augustus*, University of Michigan Press, 1990, p.139.

③ Paul Zanker, *The Power of images in the Age of Augustus*, University of Michigan Press, 1990, p.143.

④ 苏维托尼乌斯：《罗马十二帝王传》，田丽娟、邹恺莉等译，上海三联书店2010年版，第61页。

⑤ Dio Cassius, *Roman History*, *The Loeb Classical Library*, Harvard University Press, 1982, 49.42.2.

⑥ Gregory S.Aldrete, *Daily Life in the Roman City Rome*, *Pompell*, *And Ostia*, Greenwood Publishing Group, 2004, p.35.

⑦ Lionel Casson, *Everyday Life in Ancient Roman*, Johns Hopkins university, 1998, p.42.

敌人畏惧我们。"[①]

因此，奥古斯都的城市建设一方面调和伊特鲁里亚人与希腊人的古典风格，吸收他们的观念，另一方面又善于利用新观念、新技术。例如，共和时期的罗马大会堂是典型的多用途建筑，由一个大型廊柱把大厅内部分化。奥古斯都重新修建了公共广场上的两个长方形会堂，把它们变成令人印象深刻的城市纪念物，让许多重要的政治活动在此进行，以容纳不断发展的帝国政治需要。此外，奥古斯都时代建筑物的另一项特色是放弃使用晒干的砖块等早先的材料，转而使用砖块和混凝土，以及在外表上铺贴大理石。同时，混凝土技术也被大胆使用，改变了由于技术限制的希腊剧场只能在山谷或山腰上建造的情形。从此，罗马剧院一排排的座位能够以一个互相交错的系统来支持，这个系统有许多圆形的、同心的、混凝土的圆环构成。以圆顶和穹顶的房间形状和砖包混凝土的广泛使用为代表的大规模纪念性建筑，成为独特的奥古斯都建筑风格的标记。

从整体来说，奥古斯都尽心建设的"大理石之城"突出强调了一个新的开端以及罗马在世界的地位与责任。这个新的开端与传统保持了密切联系，表明奥古斯都恢复共和在实质上延续了罗马过去的伟大，现在又因奥古斯都的雄才大略而进一步提高。[②]经过几十年精心建设的罗马城终于成为一个拥有雄伟宫殿、神庙和其他公共建筑的美丽城市。在代表性建筑的奥古斯都广场，到处是冠彩照人的白色大理石的柱廊、规整的神庙、高大台阶上排列的八柱门廊、大理石刻成的三角形山墙。当罗马人看到广场与殿堂时，在心旷神怡之余，会油然而生一种帝国主人的自豪，何况柱廊间、殿堂里、独出心裁的半圆形凹廊的优美空间中，还排列一系列罗马历史名人的雕像。[③]

四、权力的表征与表征的权力

"这个城市没有帝国所需要的声望"的声音刺激了奥古斯都，他决心要把罗马城建成"众城之城中的伟大奇迹"[④]。经过长期的努力，罗马城落后的形象终于发生了明显改变：作为一个帝国的首都，大规模的建筑群、华丽的架构

---

① Karl Galinsky, *The Cambridge Companion to the Age of Augustus*, Cambridge University Press, 2005, p.242.

② 戴维·肖特：《奥古斯都》，杨俊峰译，上海译文出版社 2001 年版，第 84 页。

③ 朱龙华：《罗马文化》，上海社会科学院出版社 2003 年版，第 167 页。

④ 理查德·詹金斯：《罗马的遗产》，上海人民出版社 2002 年版，第 498 页。

和规划的城市布局开始被人们所欣赏。正如奥古斯都自己所说:“我接手了一个泥砖建造的城市,却留下了大理石建造的城市。”①

毫无疑问,他从苏拉、凯撒以及其他领导人的身上学到了很多。他领会到控制权力并同时重建共和制度的外在形式是可能的,而这一点以前的领导人并没有意识到。总之,奥古斯都通过努力拯救并改造了罗马世界,他成功了。

成功在于他的城市建设为他对共和国及其诸多方面的重建提供了一种手段。有形的重建本身就印证了衰败已经制止,罗马重新站起来了。建造一座称得上帝国中心的城市,本身即是宣传运动重要的一环,因为它展现出罗马在一个强盛、统一与和平的帝国下所获得的进步。

成功在于他从人们熟悉的建筑类型、材料以及装饰内容中塑造了城市形象。他所建设的所有建筑都很复古、雅致以及和谐。公元前一世纪希腊地理学家斯特拉博描述了奥古斯都的成果:

> 在通向旧的公共广场,会看到在一边的另一个广场,长方形会堂,神庙,还有庞特神殿,你置身于此会忘记身外之事,这就是罗马。公共广场,长方形会堂,神庙的样式都很相似。那么,是什么使旁观者忘记了其他的城市?或者简单一点说,是什么组成了奥古斯都时期的城市?②

罗马城逐渐成为世界舞台的中心。在城市新的剧院和公共广场,大型的活动频繁的举行并且有意识地向公众开放;通过活动把不同地点的建筑联系在了一起;游行的队伍把不同的街道联系在了一起。塞内卡写道:“来吧,看城市的这群人,他们中的大部分离开了出生地,从不同的地方聚到了一起。”③正如维特鲁威在《建筑十书》中所说:“帝国的威严从罗马建筑的尊严中体现出来。”奥古斯都造就了不可逆转的城市形象,他向同时代的人展现出他恢复了共和传统和重建了城市,就相当于第二个罗慕路斯。④后来的皇帝试图改造这个城市,然而他们的做法从来没有如此重大的影响。

---

① John E. Stambaugh, *The Ancient Roman City*, Johns Hopkins University Press, 1988, p.51.

② David Watkin, *The Roman Forum*, Harvard University, 2009, p.29.

③ Karl Galinsky, *The Cambridge Companion to the Age of Augustus*, Cambridge University Press, 2005, p.259.

④ Werner Eck, *The Age of Augustus*, blackwell publishing Ltd, 2007. p.144.

现在,整个的地中海流域都认为罗马城是整个帝国的首都,成为他们效仿的对象。①市民们使用尊称"Augusta"或者是"Caesarea",而不是重复着都城的神圣之名,从而表明他和他的家人没有侵犯罗马的唯一性。贵族和市民们效仿都城的建筑来建设。罗马在前 45 年至前 8 年间建立的 100 多个海外殖民地,他们的城市外观纷纷仿效罗马城,城内通行的所有法律条文来源于罗马法,成为罗马城在异地的复制品。②奥古斯都时期所建立的建筑形式、风格和装饰亦成为罗马城市世代的象征。

奥古斯都对罗马城建设的成功使其影响力无处不在。奥古斯都广场的开敞式座谈间被图拉真广场效仿,奥古斯都的陵墓给哈德良的陵墓建设带来启发。广泛使用的五彩大理石成为罗马帝国建设的标志。奥古斯都的建筑特色堪与维吉尔、李维与贺拉斯的作品齐名。③文学诗歌描述新建筑物所使用的闪光材料表达了一个黄金般的时代。④经过几十年的分裂后,罗马人感觉到了团结的声音四处弥漫,每个人都觉得自己负有责任守护罗马城,每个人似乎都能理解奥古斯都的所作所为。作为国家元首,奥古斯都的角色遍及社会所有方面并获得人们的长久支持,他的名字和形象以各种形式突出在各个地方,甚至在硬币上。⑤

结　语

总之,城市是巩固权力的关键场所,也是一个表征的场所和合法化的工具。奥古斯都对罗马城的建设是作为其新生政权建设的一部分处理的。用建筑装饰罗马城不仅能够显示自己的财富,而且是赢得政治支持、实现政治统治的重要手段。罗马城"成为了一个人的陈列柜和炫耀的焦点,而不是很多人一起的。在这个过程中它变得更加统一了"。⑥通过城市建设的手段,奥古斯都

---

① 维特鲁威:《建筑十书》,高履泰译,知识产权出版社 2001 年版,第 3 页。

② 拉尔夫等:《世界文明史》,赵丰等译,商务印书馆 1999 年版,第 182 页。

③ 戴维・肖特:《奥古斯都》,杨俊峰译,上海译文出版社 2001 年版,第 82 页。

④ Karl Galinsky, *The Cambridge Companion to the Age of Augustus*, Cambridge University Press, 2005, p.260.

⑤ Paul Zanker, *The Power of images in the Age of Augustus*, University of Michigan Press, 1990, p.163.

⑥ Janet Huskinson, *Experiencing Rome Culture, Identity and Power in the Rome Empire*, Routledge, 2000, p.76.

营造出共和传统的回归和过往的联系，使罗马城焕发出耀眼的光芒，赢得“大理石之城”的美誉，成为帝国城市的象征。既抬高了自己的君主形象，又有助于其政治权力的确立和巩固！城市的建设从来就非单纯的建筑建设，还是权力空间的营造场所，是以建筑形式呈现的一种政治文化。依此而言，城市既是权力的表征，也是表征的权力。

The Construction of Rome in Augustus' time and political image building

Abstract: Rome society had undergone important changes since the late Republic. It tested the wisdom of the rulers how to make the ruling machine developed by a city-state conform to the needs of an expanding Empire. In the precarious power of Augustus, he needed to consolidate their rule and construct new order. Augustus focused on the construction of the city, including the new public works, construction of city infrastructure, beautify the city environment in Rome City, combining the city's construction with the image of monarchy in order to beautify his rule and shape the great political image.

Key words: the city of Rome、urban society、political image、urban construction

作者简介：鲍红信，池州学院家风文化研究中心副教授，博士，研究方向为西方城市史。

1870—1940年欧洲城市化进程析论[①]

孟亚莉

摘　要:1870—1940年是欧洲现代城市化的关键阶段,欧洲各国在此期间基本完成了现代世界的第一波工业化。它身前连接着漫长的前工业化和城市化阶段,身后承继着二战后新技术条件下深度工业化和城市化,因此对当代"都市欧洲"的形成具有举足轻重的作用。欧洲地域广袤,国家或地区的经济社会发展水平和形态迥异,城市化的过程以及城市的组织和治理形态差异较大。但作为率先实现了城市化的地区,欧洲的城市化进程在具有差异性的同时,也具有共性。本文主要从城市化带来的城市空间、城市体系、城市组织、城市治理以及经济社会形态等方面,观察此一阶段欧洲城市化所体现的一些基本特质。

关键词:欧洲城市史　城市化　城市规划　城市空间

欧洲的城市化进程,可追溯到公元11世纪开始的经济社会复兴。当代欧洲的绝大多数城市以及城市网络在这个时期重新萌发和形成。但是,在前现代社会,经济社会的发展时常受到瘟疫、饥荒、战争的侵袭而中断和倒退,城市化进程亦复如此。而且,在前工业社会,城市也不易界定,究竟多少人口或何种经济社会形态算作城市,各国或各地区的标准各不相同,城镇与农村的生产和生活界限并不那么明确,因此一直是城市史研究中难以面对的基础性难题。直到今天,20世纪60年代兴起的新城市史,仍然难以对什么是

① 本文为国家社科重大项目"多卷本《西方城市史》"(17ZDA229)子项目阶段性成果。

城市和什么是城市史做出清楚的界定。譬如马塞尔·龙卡约洛(Marcel Roncayolo)就说:“城市的名称下积累的历史经验远远超越一个精确的概念所涵盖的内容。”①

然而,19世纪肇始的工业化与现代城市化进程,在近千年里散落在广袤农业社会里的城市里获得了飞速的发展,“都市欧洲”从这个时候开始大踏步前进。无论城市如何界定,有一点可以明确,即城市是浓缩了经济、社会、政治、文化、技术、想象的整体现象。任何只注重某一个方面而忽略其他方面的方法都是割裂的,都是不中肯的。诚如贝尔纳·勒佩蒂(Bernard Lepetit)所说,历史分析法则要求综合解读,能更好地考虑相互关系的影响。②纵观19世纪以来的欧洲现代城市化历程,大体可分为三个阶段:一)1800年到1870年代,这个时期欧洲城市化加速发展,但局限在小部分率先发生工业革命的区域;二)从1870年代到二战,城市化伴随着工业革命的扩散,全面综合地扩张,欧洲基本完成了第一波的城市化;三)战后恢复到20世纪末,电子信息技术革命的来临以及新技术条件下经济的复兴,推动欧洲城市化朝纵深发展,但也伴随着选择性的逆城市化(de-urbanization)。③

可以说,1870年代开始的第二阶段欧洲城市化,是第一阶段的扩展与深化,同时亦是第三阶段的发展基础。但是,欧洲地理范围广阔,国家或区域的经济社会和城市发展存在巨大差异,因此并不存在标准的欧洲城市。现代欧洲城市的运转、模型和体系各有不同,城市组织、市民行为和治理政策有着多样形态。但作为现代工业化社会的结果,它们也存在着“城市”的共性特征。本文不揣浅陋,拟对1870—1940年间的欧洲城市化之基本形貌和特质做一简略的分析,因为此一时期正是现代都市欧洲形成举足轻重的阶段。

一

根据大英百科全书的界定,“城市化”是大量人口愈益聚居到面积相对较

① Marcel Roncayolo, *La Ville et ses Territoires*, Paris, Gallimard, 1990, p.28.

② Bernard Lepetit, 《La ville: cadre, objet, sujet. Vingt ans de recherches françaises en histoire urbaine》, *Enquête*, *anthropologie*, *histoire*, *sociologie*, n°4, 1996.

③ 彼得·克拉克:《欧洲城镇史》,宋一然等译,商务印书馆2015年版,第222—223页。笔者根据自己对历史的理解,将第二阶段的时间节点调整为二战前,而非原书的1960年代。因为二战是一个转折点,它催生的新技术以及战争后的经济恢复,可看作是1960年代开始的第三阶段深度城市化的准备阶段。

小的地方，形成城市。[①]这些聚居的人群，基本脱离农业生产，主要以非农活动服务于社会。[②]按照这个定义，现代欧洲的城市化进程，可以追溯到公元 1000 年左右欧洲经济社会再次复兴之时。自此而后，虽然其间经历了缓急不同和顿挫倒退，但基本上可以将其视之为一个连续的过程。11—13 世纪，欧洲人口增长迅速，西欧和中欧地区发生了显见的城市化进程，但 14 世纪的瘟疫中断了该进程。此后三个世纪，在周期性危机和瘟疫的侵袭之下，欧洲的城市化进程在艰难的恢复和微弱的发展中艰难前行。[③]直至工业革命的发生，欧洲的城市化进程才真正突破前现代社会的种种掣肘因素，正向连续爆发式的往前发展，几经变化形成了今天城市欧洲的局面。

欧洲城市化进程，启动于 19 世纪左右，到一战前夕，传统发达的西欧和中欧地区大多数国家都基本完成了第一波的城市化，但俄罗斯、葡萄牙或芬兰的城市化到两次世界大战之间才加速发展。在这一时期，欧洲城市人口 1800 年约为 2000 万，1900 年约 1.5 亿，二战后达到 3.44 亿；城市化率，即城市人口占总人口的比例，19 世纪初为 1/10，20 世纪中期上升至 1/2—2/3。[④]也就是说，到二战前夕，欧洲地区基本完成了现代世界的第一波城市化进程。战后的深度城市化，是在此基础上的发展和深化。因此可以说，这个时期的城市化，对形成“都市欧洲”的基本形态具有关键性的作用。

总的看来，从城市空间与城市体系的角度，19 世纪后期到二战前的欧洲城市化，具有如下几点显著的特征：

首先，欧洲现代城市化最显见的变动，是促动了城市空间形态的变化。中世纪以来，只有具备护城河、城墙和城垛的才被认为是城市。[⑤]随着工商业的发展，围圈起来的城市逐渐难以适应人口的增长，阻碍了城市的工商业活动，因此从 18 世纪开始，诸如巴黎等大城市开始拆除城墙，但依旧在新的边界建上木栅栏作为入城的关口。19 世纪工业化带来经济社会的急剧丰富和扩展，

---

① 参词条“urbanization”，in *Britannica*. urbanization—Britannica Academic(cnpeak.com)，访问日期：2021 年 2 月 10 日。

② 俞金尧：《城市发展和经济变革》，江西人民出版社 2012 年版，第 5 页。

③ Paul M.Hohenberg & Lynn Lees, *The Making of Urban Europe, 1000—1994*, Havard University Press, 1995, p.9

④ Jean-Luc Pinol et François Walter, *La ville contemporaine jusqu'à la Seconde Guerre mondiale*, Paris, Editions du Seuil, 2012, p.19.

⑤ Georges Duby, *Histoire de la France urbaine*, tome 3, Paris: Seuil, 1983, p.25.

惟有开放的城市边境才能满足日新月异的变革，因此掀起了城墙拆除的浪潮。在最初阶段，城市是通过简单合并的方式实现边界的延展；到两次世界大战之间，由于住房和城市规划的紧密联系，城市被分解成多个不连续的空间。在此过程中，由于城市的影响范围扩大，新的经济空间与行政边界未必重合，形成了嵌入式的城市区域，而不再是并列区域；城市亦不再像前现代那样是一个静止的中心区域，而是形成了一个动态的网络。

在中世纪晚期以降形成的城市网络的基础上，欧洲的城市密度因为工业化进一步加大。但对于不同地区来说，城市密度高低主要取决于国家面积、城市数量和经济发展水平。城市间平均距离最小的国家是荷兰、比利时、英国和意大利，包括有古老城市传统和工业化起步较早的城市。平均间距最大、城市分布最松散的国家是罗马尼亚、瑞典、挪威、芬兰和俄罗斯。首要指数是第一大城市人口和第二大城市人口之比。在平均城市间距较小的国家，首要指数普遍较低，而且有随着城市发展而缩减的趋势。在城市网络分布密集的国家，没有压倒性的超级大城市。法国、比利时和荷兰北部以及德国西部莱茵河两岸并不存在真正的首要城市，形成了功能平等或互补的城市集团。西班牙和俄罗斯的低首要指数则反映了两大城市相似的支配地位。①

其次，城市根据其功能得到新的定位。随着经济和社会的转型，城市成为大量人口居住和工作的联合体。古代城市的法律定义无法适应新的形势。19世纪欧洲范围内普遍采用的做法是，对城市事实进行行政分类，城市的法律地位与被视为城市的功能密切相关。城市被赋予不同于农村的行政地位，使得欧洲城市在现代史中获得独特的自治程度，具体可以区分三大类：1.在以德国、奥地利和波兰为代表的大部分欧洲中部国家，城市享有独特的法律地位，与农村严格区分开来；2.在法国、瑞士、荷兰等地，出现中央集权国家的城市均质化，具体解决方案因政治传统而异，但都考虑到城市在领土范围内解散的演变趋势；3.在先发的城市化国家英国，则出于实用主义考虑，旨在提高公共卫生管理效率。②

更重要的是，随着欧洲民族国家建构进程的完成，城市的政治权力被置于国家行政权力的框架之下，它的权力及其行使方式须在民族国家的框架下重

---

① Jean-Luc Pinol et François Walter, *Histoire de l'europe urbaine*, tome 4, Paris: Seuil, 2003, pp.47—58.

② Jean-Luc Pinol et François Walter, *Histoire de l'europe urbaine*, tome 4, pp.27—34.

新定位。城市干预的领域拓宽，城市基础设施日渐完善并实现现代化，城市致力于实现财政自治，但面临财政困境。

城市的政治权力及其行使条件取决于“国家与地方的关系、城市是否拥有自主权、市政当局的任期及其权限范围”。[①]日耳曼国家提供了一种以市镇自治为规则的制度的多种变体，赋予地方当局广泛的特权，市长同时体现政治和行政职能。在瑞士、比利时、荷兰和英国也存在这类保持市政自治传统的城市。在法国、意大利、奥匈帝国、俄罗斯等国，市政的自治实践在高度集中的行政制度下进行，国家发挥政治行为者的作用。但总体而言，欧洲各国陆续普遍建立选举议会体系；地方权威总是通过责任的个人化（即市长）来实现，无论其产生于同级还是上级机关，市长具有广泛权力，在任期内采取个性化的行动。

城市干预领域增多。除去战争、局部冲突、自然灾害等特殊情况，城市在社会安全、建筑工程监督、道路和城墙维护、外来人口管理等方面发挥作用，尤其越来越多干预救济和教育领域，从储蓄银行到社会基础设施建设。出于卫生原因，市政府越来越多管制开放市场和屠宰场，关心墓地选址，设立食品检查和水质量分析机关。19 世纪末 20 世纪初，最重要的城市设立卫生办公室、细菌办公室、对抗陋室和不卫生住房办公室。[②]尤其在两次世界大战之间，部分城市致力于实施社会住房项目。在此过程中发展出市政干预主义，被视为福利国家的试验场。

城市以实现独立于中央政权的财政自治作为政治目标之一，其财政来源仍是脆弱的。在英国，地方行政收入全部来源于不动产非累进税，荷兰、瑞士的少数城市将收入税作为地税基础，维也纳和布达佩斯等城市将不动产税作为地税基础。除此之外，大部分城市保留了间接税和多种税收的传统征税体系，财政收入主要来源于间接税，如通行税、储藏税、关税、港口吊车税、尤其是入市税，对谷类、红酒、啤酒、肉类、烟草等商品征收的消费税；对不动产、收入和住宅征收的直接税收经常占很小比例，且增长缓慢；尤其还有针对新资产阶级、新驻居民或者犹太人等移入居民征收的税收。19 世纪最后 25 年，公共服务经常成为城市增加收入的唯一可能途径。

---

① Jean-Luc Pinol et François Walter, *Histoire de l'europe urbaine*, tome 4, p.236.

② Jean-Luc Pinol et François Walter, *Histoire de l'europe urbaine*, tome 4, p.253.

二

在近200年的城市化进程中，从区域的宏观范围来看，由于国与国之间以及区域与区域之间，因为工业化的程度、模式各有不同，所以欧洲城市化的进程也各有不同，呈现出多样性的特征。因此，此一阶段欧洲城市化最显著的特点就是工业化影响的多样性。农产品交换和贸易、交通网络（尤其是铁路网络）、旅游和娱乐都是影响19世纪城市化的因素，但工业化自然是非常重要的因素。工业与城市之间的关系模型可简化为两大过程：一是扩展周边空间，强化原有城市框架；二是通过发展工业村或从零起步，建立区别于原有城市体系的新体系，多出现在钢铁工业区，如勒克鲁索、米德尔斯堡或马格尼托哥尔斯克。

然而，值得指出的是，在现代城市发展史上，工业化与城市化的关系不如人们通常想象的那样紧密。譬如在法国，工业化虽然对城市等级底层的城市发展具有决定作用，但几乎没有从总体上改变城市结构。与19世纪肇兴的工业化大踏步往前相比，城市化是日积月累的。①大多数欧洲城市，从古希腊罗马时期就已存在，欧洲的城市网络在中世纪晚期就已成型。②而且，工业化对城市地域的影响也呈现出多样性。19世纪上半叶，工业化主要发生在原工业化地带，其轴线从英国延伸到瑞士北部。在向化石燃料转化的关键阶段，地区发展的差异更加明显。在欧洲大陆，原工业化地区成为化石能源技术的锚点，以英国模型为基础，从最近向最远的地方呈波浪状扩散。煤田区经历了城市集中化和壮观的发展过程，以鲁尔、博里纳日和黑郡为代表。部分旧工业区被新的机械化生产深刻地改造，例如以苏黎世为中心的瑞士高原、以里昂和圣艾蒂安为首的罗纳-阿尔卑斯地区等。部分夕阳产业区朝去工业化的方向发展，如佛兰德和爱尔兰的亚麻逐渐被更能适应蒸汽的棉取代。③

其次，工业化改变了城市经济活动的条件，生产方式和消费方式同时发生变化构成了城市化进程的强大动力，但像前工业化时代一样，城市功能与活动的多样性依然是该时期欧洲城市化的另一显著特点。城市功能和活动的多样

---

① Georges Duby(dir.), *Histoire de la France urbaine. La ville de l'âge industriel. Le cycle haussmannien*, Paris, Editions du Seuil, pp.47, 55.

② 布罗代尔：《法兰西的特性：空间与历史》，顾良、张泽乾译，商务印书馆1994年版，第156页。

③ Jean-Luc Pinol et François Walter, *Histoire de l'europe urbaine*, tome 4, pp.83—95.

性与城市规模的大小密切相关。在人口不足5000人的城市,从事农业活动的人口比例要远高于人口超过100,000的城市。对于任何规模的城市,主要的经济支柱都是采矿和工业,但在5000—100,000人口的城市,其所占比重最大。在10万人口以上的大城市,商业活动和服务业的比重则更高。这导致了20世纪大城市的去中心化:中小城市承接了第二产业的就业,人口较多的城市则经历了更高程度的第三产业化。不过,即使在工业化大幅推进城市化的阶段,城市传统也继续发挥作用。例如,意大利南部的大部分城市依旧是行政和商业中心,服务功能优先于生产功能;普利亚和西西里岛的若干农业中心仍保持惊人的活力;罗马是未经历工业集中化的特例,因为受到法国巴黎公社的影响,城市当局出于对革命无产阶级的恐惧,推行反工业聚集的政策。①

再次,城市化的进程在欧洲各国或各地区也呈现不同的阶段性,大体说来是从西往东渐次发展,越往东城市化启动时间越晚,城市化程度越低。19世纪上半叶,城市化主要集中在最先启动工业化的英国,稍后是在地缘上最接近英国的比利时等低地国家。19世纪中期左右,工业化在欧陆大规模传播扩散,德国、瑞典和挪威都出现了实现强劲的增长。以与城市化密切相关的基础设施和住房问题为例,1870—1900年,西欧大多数大中型城市配备了现代供水系统,东欧在这方面远远落后了一步,直到19世纪末,俄罗斯大城市才关注供水,而晚至20世纪初,保加利亚的部分城市仍从多瑙河引水,在大桶中煮沸使用。西欧许多城市在19世纪上半叶实现了公共照明,19世纪末多地实现了交通线路的电气化,而在东欧和俄国等城市,时间要晚得多。20世纪20年代末的伤寒死亡率是衡量卫生设施质量的指标,英国、德国、荷兰或瑞士的城市位于设施最完善区域的中心,而情况随着向东部和南部延伸而恶化。基于对20世纪30年代中期的城市住房调查显示,英国、瑞士、荷兰、瑞典的大城市住宅相对较大,少见拥挤,而意大利情况则截然相反,都灵、米兰、那不勒斯的情况尤其突出。此时的苏俄正处于城市发展最阵痛的阶段之一,住房问题变得更加严重。

第四,工业化进程、模式的不同,也带来了城市人口结构的多样性。城市人口的增长是自然平衡(出生和死亡的平衡)和移民平衡(迁入和迁出的平衡)综合的结果。在很长一段时间内,除了英国,其他国家城市的发展主要得益于

---

① Jean-Luc Pinol et François Walter, *Histoire de l'europe urbaine*, tome 4, pp.96—104.

不断进入城市寻找工作的移民。到了19世纪末，大多数欧洲城市的发展是自然平衡和移民平衡共同作用的结果。移民大多来自平地，除从事与农村生产的组织、分配和商品化等职业外，还有缺乏技能的移民，成为仆人、日工、非技术工人，甚至从事柜台或出纳职业。城市人口构成速度越快，越是基于单一工业部门的发展，人口失衡就越明显。工业城市年轻人居多，性别和年龄的不平衡与就业部门有关，并影响出生率。

第五，城市景观和形态的多样性。城市的不同面貌是"建筑材料、占地和空地之间的关系、建筑密度和居民密度"共同作用的结果。①西欧城市普遍减少木材的使用，建筑密度较高，而在北欧和东欧城市，木质仍占主导，建筑密度倾向减小。西欧城市的紧凑性在19世纪上半叶尤为明显，之后随着城市空间的延展而降低，城市超越物理界限或政治界限，延伸到原址之外；由于市郊的发展和城市功能的转变，市中心人口减少，市区活力缺失。城市越是延展，人口密度从中心向郊区的降低越是渐进的。整体来说，西欧多数大城市是延展城市，而俄罗斯大城市延展度不高，城乡具有连续性，市郊差异不明显；西欧中型城市的中心人口密度不一定过于高出郊区，与俄罗斯、芬兰的中型城市相比，平均人口密度相对较低。

三

19世纪，社会对城市的想象喜忧参半。从19世纪下半叶开始，悲观态度逐渐让位于乐观态度。与此同时，从卫生学到社会科学和城市规划也存在多种独立于意识形态的解释性工具。卫生处于这一过程的中心位置，从实验细菌学领域过渡到社会卫生学和种族卫生学。与18世纪在空间中寻找城市病理学的解释不同，19世纪致力于从社会角度理解城市空间的机能障碍。②

19世纪科学的不确定性使得传染主义理论与疫气理论长期对立。前者侧重人与人之间的传播，后者将解释建立在存在一个疫气发源地的基础上。疫气理论在很长一段时间内对19世纪的医学产生负面影响。要等到1848年才证明霍乱是通过水传播，而直到19世纪末20世纪初该观点才被大众接受。从19世纪80年代开始，随着巴斯德细菌学说的发明，微生物取代了疫气，这

---

① Jean-Luc Pinol et François Walter, *Histoire de l'europe urbaine*, tome 4, p.61.

② Jean-Luc Pinol et François Walter, *Histoire de l'europe urbaine*, tome 4, p.168.

对思考城市病理的方式产生了不可忽视的影响。新的化学消毒方法取代旧的除臭技术,关注点聚焦在微生物的传播媒介(即水)上。20 世纪初,出现了侧重社会和政治的卫生学,研究导致婴儿过高死亡率、结核病或性病、酗酒和精神疾病出现的条件。这种观点很容易被纳入 20 世纪上半叶流行的环境悲观主义流派,后者基于对城市生活对人的生理和心理产生负面作用进而影响种族演变的观察。社会卫生学认为身体疾病是恶劣的社会环境所致,包括不卫生的住房、职业事故或营养不良。其解决方案是社会变革或政治改革,社会忧虑和不满情绪聚焦在住房问题上。

在某种程度上,19 世纪上半叶的卫生问题是城市化进程中面临的严峻挑战,并影响了城市干预。卫生学家、专业学会和国际卫生大会都为市政卫生问题和应对之策出谋划策。尤其在 1870—1914 年,卫生改革成为市政当局的协调战略,以立法约束为基础。水和住房成为卫生政策的两个重要方面。两次世界大战之间花园城市的盛行促进了住房与城市规划政策的紧密结合。

从 19 世纪末开始,专家建议深层泵采地下水,鼓励对水进行过滤。与此同时,排水方面则开启了以配备冲水马桶的厕所为代表的健康革命。从卫生技术的角度来看,19 世纪通过引入两种疏散粪便和废水的系统进行创新,或是包含分水装置的木桶系统、或是粪便污水直通下水道的排水系统。后者从英国吸取灵感,并于 20 世纪初普及,但在德国以外传播缓慢;在法国,霍乱盛行期间,混合系统受到指责,强制实施粪便污水直通下水道的排水系统。

自 19 世纪上半叶开始,住房问题就成为城市卫生状况重点关注的对象。查德威克于 1848 年发表的《大不列颠劳动人口卫生状况报告》,是最早关注不稳定住房的社会成本的报告之一。在德国,各类协会积极组织住房调查,关注广义的社会改革,并将社会问题引入城市规划问题。

1914 年以前,房屋建造的主要力量是私人,传统业主、开发商和房产公司受市场规律的引导,干预措施仅局限在城市等级的顶端,这导致建成住房和刚需住房之间的失调。19 世纪下半叶,尽管改革者做出努力,但大部分市民并未从其制定的标准中受益,大众阶层普遍住在狭小而昂贵的地区。一战前,住房问题就已成为重大的政治挑战,在某些情况下甚至影响选举。它不仅对公共健康构成挑战,而且由于大部分工人阶级租房,也严重影响业主和租客的关系。一战加剧了住房危机,各地住房紧缺达到前所未有的水平,战后公共权力加大对社会住房计划的支持。在城市化程度最高的欧洲地区,甚至出现私人建造垄断的终结，住房协会或地方权力加大干预力度，房地产供给数量因此大幅增加。

雇主住房、慈善和社会住房、花园城市成为住房问题的解决方案。其中，英国霍华德的花园城市模型成为20世纪上半叶欧洲社会空间的范式。花园城市模型既是空间计划，也是社会计划，集合了卫生学家、城市规划师和市政管理者，似乎能够解决所有住房、卫生和社会问题。1910—1930年代，花园城市理念引导了改革思想和行动，大大改变了城市面貌，导致住房与城市规划的紧密结合。花园城市理念在抵抗大城市和城市化的背景下产生，在某种程度上，迎合了“去城市规划”运动，是一种回归自然的方式。尽管花园城市被某些社会主义流派批判为某种空想业余爱好的象征，但受到年轻人、素食主义者、禁酒主义者、甚至自然主义者的认可。[①]尽管其最初主要是一种文化主义模型，但也借助了进步主义模型。文化主义和进步主义模型是弗朗索瓦·肖艾(François Choay)所说的19世纪前城市规划时期的基本类型。两者均产生于对城市空间发展形式的批评。进步主义模型受到卫生学家的启发，相信理性城市秩序的效能，认为城市应通风、健康，具有简单几何美学、功能空间组织。文化主义模型则更多受到美学启发，沉迷于对某种理想化的前工业化城市的怀旧，提倡利于集体生活的不规则、不对称的小城市。[②]多数情况下，实践偏离了倡导者的理念，本该新建的城市被简化为平庸的市郊—宿舍—花园。

然而，花园城市的理念遭到现代派的冲击。战后新一代的城市规划师推动进步主义城市规划的复兴，倾向于摆脱文化主义的模式。功能城市、建筑工业化成为争论的焦点。建筑不再是一种艺术，而成为一种“实践”；建筑师的职能不再是建造住房，而是生产住房。金属骨架和混凝土建筑元素的使用能够实现前卫立体主义和纯粹主义的大胆外观，普及平屋顶，用架空柱子或支柱延长非承重墙面的窗户。1930年代，功能主义在欧洲就已被接受，甚至享有一定的声誉，尤其在德国。1930年在布鲁塞尔召开的国际现代建筑大会认为社会住房的解决办法是高层建筑，最佳状态是10—12层楼。居住形式从此明显区别于私人住宅，重视小户型住房，条件舒适，配有厨房、小面积房间和公共绿地。[③]

---

① Jean-Luc Pinol et François Walter, *Histoire de l'europe urbaine*, tome 4, p.196.

② Jean-Luc Pinol et François Walter, *Histoire de l'europe urbaine*, tome 4, p.192.

③ Jean-Luc Pinol et François Walter, *Histoire de l'europe urbaine*, tome 4, pp.222—224.

四

1. 城市空间的改造

人们可以在欧洲国家观察到从对卫生和住房的认识过渡到对城市发展进行更全面的反思。自 20 世纪起，城市规划学应运而生。与受各国传统影响的描述性知识相比，自成立之日起它就是一门非常国际化的技术学科，即对空间的协同管理，城市组织被视为领土政策的实验室。无论是国家还是市政当局，都必须通过土地征用或土地储备的方式实现对城市土地的控制，为采取介入城市空间的措施创造必要的先决条件。面对尊重财产私有制的原则，只能引入高于个人权利的公共利益的概念。

城市规划固然对欧洲城市的发展产生了重大影响，但需要认识到城市规划并不是理解和掌控城市机制的唯一方式，不能夸大其重要性。实际上，欧洲的城市化常是自发行为，土地的不同用途高度依赖于私有权和参与者对城市优势的评估。城市空间的生产是“所有权形式、土地大小和形状、建筑公司的组织结构、建筑材料和技术、当局管理和干预形式”等综合因素相互作用的结果。城市空间的改造包括城市规划和小规模的干预措施。后者对城市的日常面貌起了根本性的作用，通常由小企业主导，优先使用传统材料和技术；或者居民自建，面对人口大量涌入造成的住房问题，自建房经常是居民的唯一解决办法。①

早在城市规划一词出现之前，就已经存在城市空间的集体自愿的协商性管理模式。首都城市成为实验室，甚至成为典范。法兰西第二帝国时代巴黎的奥斯曼化开启调节性城市规划的时代，巴黎和维也纳模式极大影响了 19 世纪下半叶的城市规划。从 19 世纪末至两次世界大战之间，德国城市规划具有很高的威望。德国模式高效，具有高度干预主义的特征，其新颖之处在于司法手段的尝试。市政府的法律地位对于理解城市获得管辖权和规划新道路的特权至关重要。它首先针对道路预测系统，城市扩张基于交通道路组成的架构，工程师主导负责实施的机构，后来引入区域划分。与之相比，英国模式体现出极强的实用性，并长久地改变了欧洲的观念。英国城市规划与住房问题紧密相连，对住房和居民的关怀胜过城市整体的观念。公共权力的介入主要以为

---

① Jean-Luc Pinol et François Walter, *Histoire de l'europe urbaine*, tome 4, p.281.

劳动阶层提供卫生且有吸引力的住房为基础。①随着一战后功能城市理念的发展，1928年在首届国际现代建筑大会上，勒柯布西耶对城市规划进行了改革，将之定义为对"各种地方和场所的整治，这些地方应为物质、情感和精神生活的发展提供不同形式的庇护，无论是个人的还是集体的"。他认为，城市规划的本质是"功能"，必须保证居住、工作和娱乐这三大基本功能的实现。②

此外，两次世界大战之间的一些国家提供了关于城市规划的独特经验。在苏联，虽然展开了关于限制大城市发展的辩论，但鉴于农民大幅流入城市的现实，最终还是做出了有利于大城市而不利于小城市的决策：对城市实行分区；城市规划与区域规划相联系，后者隶属于经济领域规划。在意大利和德国，宣传一种反城市的官方意识形态，城市和纪念建筑旨在打上法西斯主义的烙印。

日常城市的小规模干预主要受到建筑材料、市民自发建造、土地投机等因素的制约。19世纪，与斯拉夫世界、北欧平原情况不同，西欧木材衰落，砖成为首选建筑材料。尽管依靠生铁、钢铁或玻璃等材料的新技术得到发展，但仅在城市建筑中占很小比例。由于建筑材料成本对小型企业起着至关重要的作用，长期以来城市的修补、自建房、紧急住房或临时住房仍使用技术要求和成本较低的传统建筑材料。19世纪末为解决住房紧缺问题，往往忽视卫生规则和规章制度，加剧了低劣建筑建造和土地投机行为。公共权力为此制定了符合卫生学家建议的规章制度。但市政规章制度似乎受制于私人行为的摆布，其功能最多也就是通过调解私人利益纠正已经现实化的趋势。

2. 城市空间的适应

首先，城市社会的组织。城市空间内可能存在两种形式的社会区隔：纵向区隔和横向区隔。当地位迥异的人居住在同一建筑物，尤其在地下室和阁楼被占用的情况下，这便符合部分人所说的纵向区隔。横向区隔常被视为19世纪工业化和大众运输相结合的城市变革的产物，显示等级在空间上相分离的趋势。居民的流动性与社会空间有关，住宅流动部分反映了社会流动，事业有成者往往想改善居住条件，搬到更舒适或更有名望的小区，而境况恶化者则搬到更小、更廉价的小区。但社会流动不是普遍的，也并非世代相同的。在伯吉

---

① Jean-Luc Pinol et François Walter, *Histoire de l'europe urbaine*, tome 4, pp.206—210.

② Jean-Luc Pinol et François Walter, *Histoire de l'europe urbaine*, tome 4, p.224.

斯的模型中，社会等级与距离中心的远近成正比，认为最富有的阶层应搬到城市外围以获取新建住房，进而获取空间权利。这种模型适用于英国的城市、汉堡，但罗马、巴塞罗那、维也纳等城市的组织模式大不相同。事实上，社会群体在城市空间中的分布并不均匀，性质也并非一成不变。促使精英改变居住地的因素既可能是邻近城市底层群体，也可以有出现更有声望或条件更舒适的新社区。并非所有移民都集中在同一个街区，他们在城市空间分布上有分散的趋势。在职场，长期以来，换工作意味着搬家，以尽量减少通勤时间。当城市系统重组时，区位的社会价值也会发生变化。不同的社会阶层虽有共享的社交空间，如散步场所，但通常情况下，社交空间是隔离的。资产阶级的优选场所是沙龙和俱乐部，并延伸到人与人之间的交流领域与相互关系和网络，社会关系具有性别差异化的趋势。工人阶级的社交空间是街道、酒馆、咖啡馆、小花园协会，以及雇主节、民间游乐会、展览会、市集日等传统节日。中产阶级则选择街道，退回家庭，客厅甚至成为社交生活重要的部分。

其次，政治和社会斗争的空间。19 世纪欧洲城市先后成为街头骚乱、暴动、夺取政权、血腥镇压和游行示威的场所。从 19 世纪下半叶开始，政治行动主义被嫁接到社会问题上，薪资、住房和失业为三大焦点问题。

最后，城市文化。城市最初致力于优先投资具有纪念性和象征性的著名建筑，集中颂扬国家历史的大型艺术博物馆和历史博物馆，得益于其场馆的著名建筑，从而有助于提升所在城市的声誉。交响乐和抒情音乐仍保留非常精英化的特征。出现前卫的文学或绘画流派，如慕尼黑的表现主义、巴黎的野兽主义和立体主义、莫斯科的至上主义、米兰的未来主义。同时，城市也在大众文化的构成中发挥重要作用，如咖啡音乐会、电影院、体育等。

结　语

19 世纪，欧洲的城市问题从一开始就不仅仅是国家的，也是跨国经验交流和互鉴的结果。最初，城市技术或政治负责人自发组成考察团，对其他城市采用的方法有了直接的认识，后来各专业协会开展更为系统的经验交流。1890—1914 年，帝国主义竞争的加剧并未阻止有关城市问题的思想交流以及城市规划运动的共同开展。国际会议和大型国际展览都是在欧洲传播在各个国家或地方范围内试行的解决方案的契机。国际城市联盟定期组织大会，方便城市间信息交流，开发便于比较研究的统计工具。国家协会卫生办公室公布了以地图为支撑的城市，尤其是欧洲城市的结核病危害的研究。对两次世界大战之间几十个欧洲城市死亡率的比较迫使人们重新思考城市史的部分问题，因为空间分布是城市技术、管理和卫生逻辑的反映。

在此背景下，产生了乔治·埃斯皮纳斯(Georges Espinas)于 1930 年代中期倡导的城市通史和比较史。它之所以出现，是因为城市处于“危机”中，人们质疑城市的未来，希望和忧虑成为辩论的对象。二战后这一学术传统被遗忘。从某种意义上来说，20 世纪六七十年代再次肇兴的新城市史，赓续了该学术传统，城市重新成为研究对象，城市史的研究不再仅是经济社会史的附属；相反，它适应此一时期历史认识论和方法论的转变，实现了历史叙事从民族国家历史到区域史、到世界史、再到全球史的转向，也迎合了人文社会科学研究的“空间转向”。

新世纪以来，城市比较史进行了新的尝试，超越并列专题著作的传统比较史，采用关注知识和技术转移的跨历史方法，用归纳、反思和实用的逻辑对交叉、结构和不对称进行思考，详细探讨文化转移机制，可以使我们摆脱比较先验论。“这类研究主要集中在 19 世纪末城市问题的国际化上，全国和国际大型协会的成立以及定期召开的全国和国际大会至少在专家层面显示了技术解决方案传播的频率和效率。”①除此之外，城市史的研究领域得以扩展，如城市中的少数群体、公共设施和城市管理、城市史和新技术、城市和环境史等。新问题的提出丰富了研究方法，也将阐释复杂化，城市史的书写仍有待更新。

An analysis of the urbanization process in Europe, 1870—1940

Abstract: The period 1870—1940 was a crucial stage of modern European urbanization, during which European countries basically completed the first wave of industrialization in the modern world. It was the continuation of the previous urban phase and the basis for the deep industrialization under the new technological conditions after World War II, and therefore played a pivotal role in the formation of the contemporary “urban Europe”. The process of urbanization, as well as the organization and governance of cities, differed considerably due to the

① Jean-Luc Pinol et François Walter, *Histoire de l'europe urbaine*, tome 4, p.378.

vast territory of Europe and the different levels and patterns of economic and social development of countries and regions. However, as the first region to achieve urbanization, the urbanization process in Europe has differences as well as commonalities. This paper focuses on some of the basic qualities of European urbanization embodied in this phase, in terms of urban space, urban systems, urban organization, urban governance, and economic and social patterns brought about by urbanization.

Key words: European urban history、urbanization、urban planning、urban space

作者简介:孟亚莉,上海外国语大学法语系和法国图卢兹大学联合培养博士,浙江外国语学院法语系讲师。

美国城区高速公路拆除与改建现象评析①

董　俊

摘　要:20 世纪 70 年代起,美国有部分城市开始了高速公路拆除活动。美国的公路铺设对中心城市造成了伤害,在铺设过程中即引起了大规模的抵制高速运动。当部分城区公路年限已至,或者结构老化、损毁时,有些城市便选择了拆除高速公路,创造新的空间用于城市再开发。最先被拆除的路段大多在抵制高速公路运动中遭遇过抵制,拆除的路段以割裂市中心的高架高速公路为主。成功拆除高速公路、并且完成空间重建的城市起到了示范性效应,有更多的城市开始考虑拆除城中不受欢迎的公路段。城市公路拆除得到了新城市主义的大力提倡,部分城市的公路拆除项目甚至得到了美国交通部的资金支持。

关键词:抵制高速公路运动　高速公路拆除　新城市主义　城市再开发

美国被誉为“车轮子上的国家”是与其四通八达的高速公路系统密不可分的,20 世纪上半叶便出现了零散的高速公路建设,不过系统、大规模的高速公路修建始于《1956 年联邦援建公路法》。该法案提出的铺设 4.1 万英里州际高速公路系统,适应了汽车的发展,对美国交通、经济和生活方式都产生了深远影响,极大地改变了整个国家的城市和郊区景观。不过在高速公路修建之后的几十年里,美国出现了拆除和改建城区高速公路的现象,波特兰、纽约、波士顿、旧金山等城市都选择了拆除和改建城内的部分公路段。近年来,拆除城区

①　本文为国家社科基金重大项目“20 世纪世界城市化转型研究”(16ZDA139)阶段性成果。

高速公路的呼声越来越大，有更多的城市开始讨论是否要拆除城市里的特定公路段，甚至被称为“拆除高速公路运动”(Expressway Teardown Movement)①，当然，称其为“运动”未免有夸大之嫌，但是它的影响力也不容小觑。

城区高速公路的拆除和改建引起了学术界的注意，目前学界关于拆除城市高速公路的研究主要可以分为三类：第一类研究拆除高速公路的必要条件②，多为学位论文；第二类探讨拆除城市高速公路的影响③，主要为积极的经济影响；第三类将拆除高速公路放在更广泛的背景之下讨论④，反思高速公路政策。这些研究对于我们认识和了解城市公路拆除现象有很大帮助。但是有些城市的高速公路拆除改建项目尚在进行或者讨论当中，所以城市公路拆除现象需要进一步关注。而且城市拆除公路的共性以及如何评价公路拆除等问题尚有讨论的余地。本文试图将公路拆除现象放在美国交通政策与城市发展的历史进程中讨论，对城区公路拆除现象的起源、进程、原因和影响进行介绍

---

① Raymond Mohl, “The Expressway Teardown Movement in American Cities: Rethinking Postwar Highway Policy in Post-Interstate Era”, *Journal of Planning History*, Vol. 11, No. 1 (2012), pp.89—103.

② 如：Francesca Napolitan, “Shifting Urban Priorities: The Removal of Inner City Freeways in the United States”, Master's Thesis, Massachusetts Institute of Technology, 2007.; Kim Tucker Henry, “Deconstructing Elevated Expressways: An Evaluation of the Proposal to Remove the Interstate 10 Claiborne Avenue Expressway in New Orleans, Louisiana”, University of New Orleans, Master's Thesis, 2009.; Alexander Snyder, “Freeway Removal in Milwaukee: Three Case Studies”, The University of Wisconsin-Milwaukee, Master's Thesis, 2016.; Doddy Aditya Iskandar, “Assessing Urban Freeway Deconstruction: A Survey of 21 Cities with Case Studies of San Francisco and Milwaukee”, University of Louisville, Doctor's Dissertation, 2014。

③ 如：Robert Cervero, Junhee Kang, and Kevin Shively, “From Elevated Freeways to Surface Boulevards: Neighborhood and Housing Price Impacts in San Francisco”, *Journal of Urbanism*, Vol.2, No.1(2009), pp.31—50.; Jason Billings, “The Impacts of Road Capacity Removal”, University of Connecticut, Master's Thesis, 2011.; Jason Billings, Norman W. Garrick, and Nicholas E. Lownes, “Changes in Travel Patterns Due to Freeway Teardown for Three North American Case Studies”, *Urban Design International*, Vol.18, No.2(2013), pp.165—181。

④ 如：Raymond Mohl, “The Expressway Teardown Movement in American Cities: Rethinking Postwar Highway Policy in Post-Interstate Era”, *Journal of Planning History*, Vol. 11, No. 1 (2012), pp.89—103.; Jessica Kraft-Klehm, “21st Century Futurama: Contemplating Removal of Urban Freeways in the World of Tomorrow”, *Journal of Law & Policy*, Vol.45(2015), pp.205—233.; Robert Cervero, “Transport Infrastructure and Global Competitiveness: Balancing Mobility and Livability”, *The Annals of the American Academy of Political and Social Science*, Vol. 626, No. 1 (Nov., 2009), pp.210—225.; Joseph F.C. DiMento and Cliff Ellis, *Changing Lanes: Visions and Histories of Urban Freeways*, Cambridge: The MIT Press, 2013。

和分析。

一、美国高速公路的建设及其存在的问题

美国的公路建设可以追溯到19世纪末的“公路改良运动”(Good Roads Movement)①,最初是自行车骑手要求改善乡村道路,后来联邦政府开始为乡村邮路提供小规模的援助。《1916年联邦援建道路法》确立了联邦与州合作修建公路的理念,授权农业部长通过州公路部门与各州合作,共同负责乡村邮路建设。②1929年经济危机爆发以后,联邦政府开始更多地参与经济事务,计划修建公路来缓解失业,并将城市公路也纳入考虑范围。1938年,国会通过了《1938年联邦援建公路法》,要求公共道路局提交建立从东到西、从北到南各3条收费高速公路的可行性报告。③

《1944年联邦援建公路法》将城市道路纳入援建范围之中,明确表示要建立4万英里的“国家州际高速公路系统”(National System of Interstate Highways),连接主要的大都市区、城市和工业中心,以及为国防服务。④此时美国城市处于由传统城市化向新型城市化转型的阶段,城市环境恶化、人口与工商业外迁,城市自身也在考虑通过修建公路来实现复兴。在城市商业群体和市政官员们看来,修建高速公路不仅能够缓解交通拥堵这种城市顽症,还有助于中心城市的复兴,可谓一箭双雕。⑤这与联邦的公路计划不谋而合。

到50年代,建立全国性高速公路系统的必要性与重要性日益凸显:从国际方面来说,二战后美苏冷战,德怀特·艾森豪威尔总统认为利用高速公路进行临战疏散是应对核威胁的明智选择,他在二战时期充分认识到了德国高速公路(autobahn)对于国防的价值;⑥从国内方面来说,汽车的普及、轨道交通的

---

① 孙群郎:《美国城市郊区化研究》,商务印书馆2005年版,第128—130页。

② Federal Aid Road Act of 1916, 39 Stat. 355.

③ Federal Aid Highway Act of 1938, 52 Stat. 633, SEC. 13.

④ Federal-Aid Highway Act of 1944, 58 Stat. 838.

⑤ Mark H.Rose, *Interstate: Express Highway Politics, 1939—1989 (Revised Edition)*, Knoxville: The University of Tennessee Press, 1990, pp.55—56.

⑥ Tom Lewis, *Divided Highways: Building the Interstate highways, Transforming American Life*, Ithaca: Cornell University Press, 2013, pp.89—91.; Eisenhower's Army Convoy Notes 11-3-1919, U.S. Department of Transportation, Federal Highway Administration, Jun.27, 2017, https://www.fhwa.dot.gov/infrastructure/convoy.cfm. 2018年4月1日。

衰落以及郊区化都增加了对于良好道路系统的需求。1950—1960 年间拥有汽车的郊区家庭占家庭总量的比例从 60%增加到了 70%,二战前建成的公路无法满足日益增长的汽车交通的需求,那些道路在前所未有的汽车交通(包括重型卡车)的压力下岌岌可危。①而且,在 50 年代,“包括汽车制造商协会、各州的公路官员、公共汽车司机、美国卡车协会”等组织在内的公路游说团体已经发展壮大到不可忽视的地步,他们极力提倡修建高速公路系统。②美国大规模高速公路项目经过了几十年的探讨,最终在 50 年代中期迎来了结果,《1956 年联邦援建公路法》的通过开启了美国大规模修建高速公路的时代。

1956 年法案批准 248.25 亿美金、计划在 13 年内(1957—1969)铺设 4.1 万英里的“国家州际及防御高速公路系统”(National System of Interstate and Defense Highways),联邦政府对于公路的资助份额高达 90%。法案批准建立了高速公路信托基金(Highway Trust Fund)用于管理高速公路建设资金,资金主要来自对汽油、轮胎、特殊燃料等与机动车辆相关项目的税收。③联邦政府资助修建州际公路有多重目的,概括起来是为了促进经济、提升交通安全、缓解交通拥堵以及满足国防需要,州际公路在一定程度上达成了这些目的,对美国产生了多重影响。不过这种影响在空间上是有差别的,其积极的影响通常集中在郊区,却对中心城市造成了巨大的打击,让在大都市区化过程中的中心城市衰落问题更加棘手。城市史专家刘易斯·芒福德曾评论称:美国人通过高速公路项目时并不知道他们自己到底在做什么,等他们意识到的时候,高速公路对城市与农村的破坏已经难以挽回了。④这些问题主要表现在以下几个方面:

首先,联邦政府的交通政策过分迎合汽车的需要,忽视了其他的交通模式。《1956 年联邦援建公路法》提供的 90%的援助只能用于高速公路建设,不适用于非高速公路建设项目。为了拿到联邦援助资金,地方纷纷规划高速公路项目,而有些地方可能更适合发展地铁、轻轨等公共交通项目,或者是把公

---

① Tom Lewis, *Divided Highways: Building the Interstate Highways, Transforming American Life*, Ithaca: Cornell University Press, 2013, pp.81—82.

② [美]肯尼思·杰克逊:《马唐草边疆》,王旭等译,商务印书馆 2017 年版,第 418—419 页。

③ Federal-Aid Highway Act of 1956, 70 Stat. 374.

④ Lewis Mumford, *The Highway and the City*, New York: Harcourt, Brace & World, Inc., 1963, pp.234—246.

共交通与高速公路结合起来,但是直到1970年联邦政府才开始对公共交通进行大规模援助,如此导致了公路铺设的狂热与其他交通模式的不均衡。[①]也造成了对私人汽车交通的过分依赖,进而带来了交通拥堵、社会不公、环境污染、土地浪费等社会与环境问题。[②]

其次,公路的铺设过程中也问题不断,主要集中在城市区域。在州际公路系统中,有5000英里位于城区,主要是环城公路和辐射状公路。[③]但是在城市修建巨大的公路结构势必会损伤城市肌理,对城市环境造成破坏。而且,在高速公路的修建过程中,公路部门有意让路线穿过经济地位低下和少数族裔的社区(通常是非裔美国人社区),让少数族裔承受了大量伤害。在公路的修建过程中,还因为社区拆分、房屋搬迁、环境破坏等问题引起了民众反对,形成了声势浩大的抵制高速公路运动(freeway revolts),有些路线因市民反抗遭到了取缔。但是这也产生了新的问题,城市因公路抵制取消了规划里的部分线路,这样剩下的线路就无法按照原计划组成一个公路系统,也因此无法被充分使用。例如,密尔沃基市原本计划修建一个围绕中央商业区的内环路,后因公路抵制停止了建设,只有公园东高速(Park East Freeway)的部分路段完成了修建,但是由于无法和其他道路相连,不能被充分利用,还割裂了市中心,形成了视觉和物理上的双重障碍,并且降低了周围的地价。[④]这部分路段该作何处理?此外,还有一些公路在修建之时就不受欢迎,如旧金山的恩巴卡德罗高速(Embarcadero Freeway, I-480),当这些路段老化或者受到损毁的时候,如何处理也成为了一个新的问题。

最后,高速公路铺设过程中以及铺设之后,空气污染、中心城市继续衰败、郊区蔓延、交通不公等环境与社会问题逐渐显现。因为这些问题,自70年代中期起,波特兰、旧金山、波士顿等城市开始了高速公路拆除活动,或者对公路实施改建,此举动得到了"新城市主义大会"(Congress for the New Urbanism)的积极支持。在2009年美国交通部开始推行的"以交通投资促经济复苏"

---

① Charles Martin Sevilla, "Asphalt through the Model Cities: A Study of Highways and the Urban Poor", *Journal of Urban Law*, Vol.49, No.2(1971), pp.301—303.

② 孙群郎、刘洋:《当代美国汽车交通的危害与轨道交通的复兴》,《吉林大学社会科学学报》2011年第51卷第6期,第51—57页。

③ 孙群郎、韩宇:《美国现代城市郊区化及其原因》,《安徽大学学报》(哲学社会科学版)2002年第26卷第5期,第65页。

④ Seattle Urban Mobility Plan, "6 Case Studies in Urban Freeway Removal", 2008, p.6k-1.

(Transportation Investment Generating Economic Recovery，TIGER)项目对部分高速拆除项目实行补贴之后，这一势头发展加快。

二、美国城市高速公路拆除现象的出现及其发展

截止到2018年，美国有7个已经完成公路拆除和改建的案例，有8个正在进行中的项目，有18个尚在讨论中的公路拆除项目。这些案例分布于全国东北部、中部和西部的29个城市，以东北部最多。要对目前的城市高速公路拆除现象进行统一分析，就需要对个案进行梳理。美国已经完成公路拆除和改建的案例如下表①所示：

公路名称/拆除日期	是否是高架结构	是否受到抵制高速公路运动影响	是否靠近河流/海岸	主要拆除原因/目的	拆后重建
波特兰海港高速(Harbor Drive Freeway，1974)	否	是	是	振兴滨水区、市中心开发	滨水公园、市中心开发
纽约西侧高速(West Side Highway，1977)	是	是	是	结构老化	道路改善、公园、自行车道
旧金山恩巴卡德罗高速(1991)	是	是	是	地震导致结构损坏、滨水区开发	林荫大道、区域开发
波士顿中央大道(Central Artery，I-93，1991)	是	是	是	交通拥堵、割裂市区	地下隧道、区域开发

① 资料来源于对以下材料的统计：Doddy Aditya Iskandar，“Assessing Urban Freeway Destruction：A Survey of 21 Cities with Case Studies of San Francisco and Milwaukee”，Doctor's Dissertation，University of Louisville，2014，p.27.；Kim Tucker Henry，“Deconstructing Elevated Expressways：An Evaluation of the Proposal to Remove the Interstate 10 Claiborne Avenue Expressway in New Orleans，Louisiana”，Master's thesis，University of New Orleans，2009，p.49.；Raymond Mohl，“The Expressway Teardown Movement in American Cities：Rethinking Postwar Highway Policy in Post-Interstate Era”，*Journal of Planning History*，Vol.11，No.1，2012，pp.89—103.；Joseph F.C. DiMento and Cliff Ellis，*Changing Lanes：Visions and Histories of Urban Freeways*，Cambridge：The MIT Press，2013，pp.220—230.；Removing Freeways-Restoring Cities，http://www.preservenet.com/freeways/index.html. 2018年7月24日；Congress for the New Urbanism，Highways to Boulevards，Model Cities，https://www.cnu.org/our-projects/highways-boulevards/model-cities. 2018年7月24日。

续 表

公路名称/拆除日期	是否是高架结构	是否受到抵制高速公路运动影响	是否靠近河流/海岸	主要拆除原因/目的	拆后重建
密尔沃基公园东高速(Park East Freeway, I-43, 2002)	是	是	是	市中心开发	林荫大道、市中心开发
旧金山中央高速(Central Freeway, I-80 Spur, 2003)	是	是	是	地震导致结构损坏	林荫大道、区域开发
查特怒加滨水公园路(Riverfront Parkway, 2004)	否	否	是	交通量下降,区域开发	林荫大道、区域开发

通过列表分析,可以发现目前已经拆除的高速公路大多受到20世纪六七十年代抵制高速公路运动的影响,以高架结构为主,都临近河流或者海岸,区域开发在这些公路的拆除进程中占据重要角色。美国第一个城市高速拆除案例是波特兰的海港高速,这条公路建于1942年,沿着威拉米特河,将一个工业街区、奥斯威戈湖和波特兰下城的南部区域连接起来,是一条3英里长、4车道的地面道路,每天承载2.5万车辆流通。1974年波特兰为了开发市中心河滨区域、振兴城市,将海港高速拆除,并在其旧址上建立了汤姆·麦考尔滨水公园。此外,波特兰还对其市中心的街道网络和交通模式进行了改造,例如将市中心的街道都改成了单行道、降低时速限制等。海港高速的拆除开放了通往威拉米特河的通道,并释放了73英亩的空地,为波特兰市中心再开发提供了额外的空间,成为波特兰市中心滨水区域再开发的催化剂。①

波特兰的高速公路拆除与区域再开发项目十分成功,既开了拆除城市高速公路的先河,又为城市再开发提供了宝贵经验。不过70年代,拆除公路的案例较少。本文主要以旧金山恩巴卡德罗高速公路为例,对公路拆除进行详

① Seattle Urban Mobility Plan, *6 Case Studies in Urban Freeway Removal*, Jan. 2008, p.6B; Raymond Mohl, "The Expressway Teardown Movement in American Cities: Rethinking Postwar Highway Policy in Post-Interstate Era," *Journal of Planning History*, Vol.11, No.1(2012), pp.91—92.

细论述。选取该案例是因为美国50年代末兴起的抵制高速公路运动即是起自于这条公路,而已经完成的公路拆除项目大都受到抵制高速公路运动的影响。用恩巴卡德罗高速作为公路拆除案例在论述上更加连贯。

恩巴卡德罗高速公路是双层高架结构,沿着码头,旁边是旧金山著名的地标性建筑轮渡大厦(Ferry Building),始建于1953年,《1956年联邦援建公路法》通过之后,被编入州际公路系统,成为480号州际公路。但是在修建过程中因为穿过居民区、破坏滨海美观而遭到居民和环保主义者反对,进而引发旧金山市民对其他公路建设的抗议,最终迫使该市在1959年取消了7条公路线。①但是人们对高速公路抵制只是阻止了一部分公路线的修建,并没有说明已经建成的、但不受欢迎的路段要如何处理,也没有对受到影响的海滨区域提出解决方案,成为了历史遗留问题。

在恩巴卡德罗高速第一部分开放后不久,就有人提议将其拆除。《旧金山纪事报》就曾发文称:在轮渡大厦前面遮挡景观的恩巴卡德罗高速是令人讨厌的,应该被拆掉。②环保主义者认为已经修建的路段不仅割裂了邻里、造成了区域衰败,还鼓励了引人生厌的商业。他们认为正是恩巴卡德罗高速引导的交通,才让北海滩(North Beach)的百老汇大街变成了成人娱乐所,这影响了附近的社区环境,所以应该拆除公路来弥补错误。③到1985年,拆除恩巴卡德罗高速得到了环保群体、受影响的市民群体以及希望振兴海滨区域的商业群体的支持。旧金山监事会(San Francisco Board of Supervisors)的部分成员以及旧金山市市长戴安妮·费尔斯坦(Dianne Feinstein)也对拆除恩巴卡德罗高速、改建林荫道、同时扩展旧金山电车系统(trolley system)表示了极大的兴趣。不过其他监事会成员的反对让该项提议僵持不下,最终诉诸选民投票。④

---

① Katherine M. Johnson, "Captain Blake Versus the Highwaymen: Or, How San Francisco Won the Freeway Revolt", *Journal of Planning History*, Vol.8, No.1(2009), pp.56—83.

② Bill Van Niekerken, "An Ode to the Embarcadero Freeway, the Blight by the Bay", *San Francisco Chronicle*, Aug.1, 2017.

③ Doddy Aditya Iskandar, "Assessing Urban Freeway Deconstruction: A Survey of 21 Cities with Case Studies of San Francisco and Milwaukee," Doctor's Dissertation, University of Louisville, 2014, pp.146—147.

④ Removing Freeways-Restoring Cities, "San Francisco, CA, Embarcadero Freeway", http://www.preservenet.com/freeways/FreewaysEmbarcadero.html, 2018年7月25日。

1986 年 6 月的投票中有两项关于是否拆除恩巴卡德罗高速的议题①，不过均未通过投票，反对方主要担心拆除公路会引发交通拥堵，因为恩巴卡德罗高速的日常车流量是 7 万辆次②，在常用的路段，每日的车流量可以达到 10 万辆次③。关于恩巴卡德罗高速的僵局在 1989 年被打破，该年 10 月，加利福尼亚州爆发了 6.9 级的马普列塔地震，恩巴卡德罗高速在地震中部分坍塌，不得不关闭。

地震之后，关于恩巴卡德罗高速的讨论依旧分成了两派。一派主张修复公路，这部分群体主要以附近的房产主和商人为主，比如唐人街的商人认为地震后恩巴卡德罗高速关闭导致他们的生意减少了 15%—40%。州交通部门一开始也赞同震后修复，计划用 7000 万美金在一年之内完成。④与之相对，原来就主张拆除恩巴卡德罗高速的人群此时重提高速拆除建议，因为恩巴卡德罗高速关闭以后，虽然出现了短暂的交通拥堵情况，但是通行者很快就通过改变路线以及使用公共交通适应了没有这段公路的环境。⑤所以，反对者原来担心的拥堵已经不再是一个问题了。而且，当旧金山人适应了不走恩巴卡德罗高速通行的情况之后，它造成的滨水区与市中心割裂的问题得到了放大，成为了拆除公路的新契机。⑥

两方就此问题争论不休，后来主张拆除的一方逐渐占了上风：一是因为拆除的费用比较低(仅为 325 万美金)，而且原高速公路的钢铁和混凝土可以重复利用⑦；二是因为拆除恩巴卡德罗高速有更多的政治和商业支持，比如 1987 年当选的市长阿特·阿格诺斯(Art Agnos)就赞同拆除恩巴卡德罗

---

① Jay Patterson, Voter Information Pamphlet, Primary Election, City and County of San Francisco, Jun.3, 1986, pp.63—70.

② Jay Patterson, Voter Information Pamphlet, Primary Election, City and County of San Francisco, Jun.3, 1986, p.65.

③ Congress for the New Urbanism, "San Francisco Embarcadero Freeway", https://www.cnu.org/highways-boulevards/model-cities/embarcadaro. 2018 年 7 月 25 日。

④ Removing Freeways-Restoring Cities, "San Francisco, CA, Embarcadero Freeway", http://www.preservenet.com/freeways/FreewaysEmbarcadero.html, 2018 年 7 月 25 日；Tom Wicker, "In the Nation: Death of a Freeway," *New York Times*, May.11, 1991。

⑤ Removing Freeways-Restoring Cities, "San Francisco, CA, Embarcadero Freeway", http://www.preservenet.com/freeways/FreewaysEmbarcadero.html, 2018 年 7 月 25 日。

⑥ Seattle Urban Mobility Plan, *6 Case Studies in Urban Freeway Removal*, Jan.2008, p.6D-1.

⑦ Tom Wicker, "In the Nation: Death of a Freeway", *New York Times*, May.11, 1991.

高速,他的当选得到了大批环保主义者的支持①,所以要考虑这部分选民的意见。而且拆除割裂滨水区与市中心的障碍有助于复兴因高速公路而衰败的海滨区域②,这为拆除恩巴卡德罗高速增加了砝码。1990 年 4 月 16 日,旧金山监事会召开了关于拆除恩巴卡德罗高速的听证会,会议期间有数百名唐人街商人到场抗议,不过监事会仍旧通过了一项决议,要求研究修建林荫道和地下高速公路来代替恩巴卡德罗高速的可行性。最终,由于建造地下高速费用高昂,旧金山通过了拆除恩巴卡德罗高速、改建林荫道的决定,并于 1991 年 2 月开始了拆除工作。③

恩巴卡德罗高速的拆除释放了 100 多英亩的滨水区域。④旧金山市在公路旧址上修建了一条双向 6 车道的林荫大道。大道中间设有有轨电车线,两侧增加了自行车道,以适应不同的交通模式。新建林荫大道的车流量是每日 2.6 万车次,有轨电车线每日的乘坐量也超过 2 万人次。⑤建设林荫道的费用是 5000 万美金,其中旧金山市支付了 1000 万美元,其余来自联邦和州基础设施改进资金。⑥恩巴卡德罗高速的拆除与林荫大道的修建极大地刺激了旧金山市海滨区域的发展,主要表现在三个方面:其一是住宅数量和房屋价格的增加。研究表明在 1990 年到 2000 年间,原来受恩巴卡德罗高速影响的社区在公路拆除之后住房单元增加了 54%,而对照社区只增加了 31%。公路拆除对周围房价也有影响,公路拆除之后原恩巴卡德罗高速半径 2 英里范围内的住宅价格都有了提升。⑦

---

① John King, "15 Seconds that Transformed San Francisco: Remembering the Loma Prieta Earthquake", *San Francisco Chronicle*, Oct.16, 2018.

② Robert Cervero, Junhee Kang, and Kevin Shively, "From Elevated Freeways to Surface Boulevards: Neighborhood and Housing Price Impacts in San Francisco", *Journal of Urbanism*, Vol.2, No.1 (2009), p.35.

③ Removing Freeways-Restoring Cities, "San Francisco, CA, Embarcadero Freeway", http://www.preservenet.com/freeways/FreewaysEmbarcadero.html, 2018 年 7 月 25 日。

④ Congress for the New Urbanism, "San Francisco Embarcadero Freeway", https://www.cnu.org/highways-boulevards/model-cities/embarcadaro. 2018 年 7 月 25 日。

⑤ Seattle Urban Mobility Plan, *6 Case Studies in Urban Freeway Removal*, Jan.2008, p.6D-1.

⑥ Doddy Aditya Iskandar, "Assessing Urban Freeway Deconstruction: A Survey of 21 Cities with Case Studies of San Francisco and Milwaukee", Doctor's Dissertation, University of Louisville, 2014, p.152.

⑦ Robert Cervero, Junhee Kang, and Kevin Shively, "From Elevated Freeways to Surface Boulevards: Neighborhood and Housing Price Impacts in San Francisco", *Journal of Urbanism*, Vol.2, No.1 (2009), pp.39, 42—44.

其二是商业开发。马尔凯特大街以北的恩巴卡德罗中心(Embarcadero Center)成为了一个多街区零售和办公中心;马尔凯特大街以南的林孔高地(Rincon Hill)也成为了一个全新的住宅和购物区。旧金山市自20世纪80年代以来就计划重建这个社区,但是当时林孔高地三面都被高速公路包围,没有开发商愿意在此处投资,恩巴卡德罗高速拆除之后这片区域的潜能才得以彰显;林孔高地南部的南海滩(South Beach)也发展成为了一个集住宅、零售和娱乐为一体的社区,这片区域在方位上更偏南,并不是直接毗邻恩巴卡德罗高速,但是北面的开发以及新建的林荫大道也带动了该区域的发展。①海滨区的轮渡大厦原本是旧金山市主要的客轮码头,但是因为恩巴卡德罗高速的影响而空置多年,公路拆除以后轮渡大厦得以重新发展,变成了美食与自然食品中心;著名的服装公司盖璞(Gap)在海滨区修建了一座新的总部大厦。②值得一提的是,之前宣称公路拆除会影响其生意的唐人街也并没有因为恩巴卡德罗高速的拆除而走向没落,尽管有来自新的郊区亚洲购物城的竞争,唐人街依旧熙熙攘攘。③公路拆除带来的商业再开发对就业也有显著影响,受公路影响区域的就业从1999年到2005年增加了23%,而同期未受影响的区域只增长了5.5%。④其三,旅游产业。原来依赖高速公路的旅游景点并未因恩巴卡德罗高速的拆除受到不良影响,反而受益于海滨区的再开发。1995—2000年间,旧金山市游客消费增长了39%,"911"事件之后旅游业曾出现下滑,但是当轮渡大厦在2003年重新开放之后,游客数有了显著回升。⑤

恩巴卡德罗高速的拆除为海滨区域再开发提供了新的机会,前市长阿特·阿格诺斯在2005年评论说:"在拆除一系列割裂城市的高速公路、并受益于此方面,我们是国家的模范城市。社会效益和经济效益都是巨大的。"⑥旧

①② Removing Freeways-Restoring Cities, "San Francisco, CA, Embarcadero Freeway", http://www.preservenet.com/freeways/FreewaysEmbarcadero.html, 2018年7月25日。

③ Seattle Urban Mobility Plan, *6 Case Studies in Urban Freeway Removal*, Jan.2008, p.6D-2.

④ Robert Cervero, Junhee Kang, and Kevin Shively, "From Elevated Freeways to Surface Boulevards: Neighborhood and Housing Price Impacts in San Francisco", *Journal of Urbanism*, Vol.2, No.1 (2009), p.39.

⑤ Seattle Urban Mobility Plan, *6 Case Studies in Urban Freeway Removal*, Jan.2008, pp.6D-2, 6D-3.

⑥ Rachel Gordon, "San Francisco: Boulevard of Dreams, the Premiere/Hayes Valley Freed of Freeway—City Ready to Celebrate", *San Francisco Chronicle*, Sep.8, 2005.

金山恩巴卡德罗高速的拆除也为其他城市提供了重要的借鉴作用,例如密尔沃基的公路拆除就是借鉴了旧金山的成功案例。①西雅图城市规划方案在2008年评估美国高速公路拆除案例时也评论道:“过去15年旧金山市中心的发展与恩巴卡德罗高速公路的拆除密不可分。”②

此外,还有一些城市的公路拆除项目正在进行中或者已经通过,目前主要有8个案例,分别是罗得岛州普罗维登斯的195号州际公路、俄克拉荷马州俄克拉荷马市的40号州际公路(I-40 Crosstown Expressway)、华盛顿州西雅图的阿拉斯加高架桥(Alaskan Way Viaduct)、纽约州尼亚加拉瀑布城的罗伯特·摩西公园大道(Robert Moses Parkway)、纽约州罗切斯特市的内环路(Inner Loop,是490号州际公路的内环线)、康涅狄格州纽黑文的市中央交叉路(Downtown Crossing/Route 34)、纽约的谢里登高速(Sheridan Expressway, I-895),以及俄亥俄州阿克伦市(Akron)的内环高速(Innerbelt)。这些路段不完全是高架结构,但大多割裂市区,区域再开发在拆除项目中占据了重要地位。

这8个案例中,除了尼亚加拉瀑布城的罗伯特·摩西公园大道是出于环保的原因被拆除之外,其余都是出于市中心开发的目的。有些城市,例如西雅图和阿克伦是在公路老化之际做的优化选择,对公路进行拆除,以达到释放空间进行城市再开发的目的;还有些城市是完全出于城市发展的目的,例如在普罗维登斯,拆除195号州际公路、并将其向南部市郊移动是普罗维登斯市中心再开发项目重要组成部分,可以释放20英亩的土地用作城市再开发。城市和州官员将迁移195号州际公路看作是增强地方经济、以及重新连接被公路切分的普罗维登斯河滨与邻里的大好机会,市长戴维·西西莱恩(David N. Cicilline)甚至评价说:“这是我们城市一生一次的绝佳机会。”③

20世纪中期的高速公路修建往往只注重机动性,忽视了环境、街道完整性等其他因素。半个世纪之后的今天,很多公路的使用期限将至,如何处理这些老化的结构就成为了一个新的问题。高速公路拆除的成功案例、相对较低

① Francesca Napolitan, “Shifting Urban Priorities: The Removal of Inner City Freeways in the United States”, Master's Thesis, Massachusetts Institute of Technology, 2007, pp.82—83.

② Seattle Urban Mobility Plan, *6 Case Studies in Urban Freeway Removal*, Jan.2008, p.6D-2.

③ Elizabeth Abbott, “Removing a Barrier”, *New York Times*, Nov.10, 2009.

的成本，以及区域开发的吸引力都让拆除高速公路成为了一项新的选择。在此情况下，有更多的城市产生了拆除高速公路（尤其是高架高速）的意愿，美国目前有 18 个尚在讨论中的公路拆除案例[①]，这些公路多为割裂市中心的高架结构。

美国城市高速公路拆除近期有两个发展，一是在民间得到了新城市主义大会[②]的大力支持。相对于汽车交通，新城市主义非常强调公共交通和步行，提倡在大都市区界限内通过合理规划来解决中心城市衰落和郊区蔓延问题，同时注重建筑与附近景观的和谐。所以新城市主义十分赞成通过拆除不合理高速公路的方式来修复地方街道网络、改善区域交通状况，并将“从高速公路到林荫大道”（Highways to Boulevards）作为新城市主义大会的主要项目大力提倡。新城市主义大会的拆除高速公路改建林荫道的项目主要分为 5 个部分：分析总结已经完成高速公路拆除的案例（不仅限于美国），参与高速公路拆除活动，评估潜在的高速公路拆除案例，编排与高速公路相关的报告、视频以及图书信息，召开网络研讨会探讨“从高速公路到林荫大道”的规划与实践。[③]这些信息皆发布于新城市主义大会的网页，为高速公路拆除项目的开展起到了很好的宣传作用，正如历史学者雷蒙德·莫尔评价的那样：“互联网已成为高速公路拆除活动不可分割的一部分，对于那些研究公路拆除的人来说，它也

① 分别是丹佛的 70 号州际公路，奥斯汀的 35 号州际公路，达拉斯的 345 号州际公路，布法罗的天桥高速（The Skyway），哈特福德的 84 号州际公路的安泰高架桥（The Aetna Viaduct），长滩的海岸线大道（Shoreline Drive）和终端岛高速（Terminal Island Freeway），迈阿密的上城高速公路（Overtown Expressway，359 号州际公路的一条支线，连接 95 号州际公路），新奥尔良的克莱本高速公路（I-10 Claiborne Expressway），萨默维尔的麦格拉斯高速（McGrath Highway），圣路易斯的 70 号州际公路，锡拉丘兹的 81 号州际公路，纳什维尔的市中心环路（Downtown Loop，由 65 号、40 号和 20 号州际公路组成），巴尔的摩的琼斯福尔斯高速（Jones Falls Expressway），克利夫兰的河岸高速（Shoreway），路易斯维尔的 64 号州际公路，堪萨斯的 670 号州际公路，特伦顿的 29 号路（Route 29）。资料来源：Raymond Mohl，“The Expressway Teardown Movement in American Cities：Re-thinking Postwar Highway Policy in Post-Interstate Era”，*Journal of Planning History*，Vol. 11，No.1（2012），pp.89—103；Removing Freeways-Restoring Cities，“Freeway Removal Plans and Proposals”，http://www.preservenet.com/freeways/FreewaysPlansProposals.html，2018 年 7 月 24 日；Congress for the New Urbanism，Highways to Boulevards，https://www.cnu.org/our-projects/highways-boulevards，2018 年 7 月 24 日。

② 关于“新城市主义”，可参考孙群郎：《美国新城市主义运动的兴起及其面临的困境》，《史学理论研究》2013 年第 1 期，第 106—118 页。

③ Congress for the New Urbanism，Highways to Boulevards，https://www.cnu.org/our-projects/highways-boulevards. 2018 年 7 月 23 日。

是一个重要的研究工具。”①

二是在官方层面得到了联邦政府的资助。2009年国会通过了《2009年美国复苏与再投资法案》(*American Recovery and Reinvestment Act of 2009*)②，主要目的是投资长期项目、创造就业机会、恢复经济。该法案批准了15亿的额外裁量补助(supplemental discretionary grants)用于公路、桥梁维修、公共交通项目、港口设施投资等地面交通设施。美国交通部以此创建了“以交通投资促经济复苏”项目(TIGER)③，由各州和地方政府或者都市规划组织(metropolitan planning organizations)等机构申请，交通部批准。TIGER项目批准的拨款主要用于公路维修、桥梁更替、轨道交通等建设项目，但是它也对前文提及的纽黑文市中央交叉路、罗切斯特的内环路、纽约的谢里登公路拆除提供了资助，还为新奥尔良克莱本公路项目研究提供了资金。例如，2010年TIGER的第二轮资金为谢里登高速公路项目提供了151万美金，以帮助谢里登高速公路和猎人角区域进行新的社区开发，项目批准中明确写到了“考虑的选项中包括拆除谢里登高速”。④

虽然高速公路拆除项目只是TIGER资金援助中比例极小的部分，但是这种由地方上升到联邦的意义是重大的。曾经公路的铺设也经历了从地方政府负责到联邦政府资助的过程，尽管目前城市在做出拆除公路的决定时非常谨慎，拆除也不太可能发生在那些承载量大的公路路段，而且联邦政府的援助也只是小范围的，但是这代表了联邦政府对拆除公路复兴城市的一种认可，“联邦政府对高速公路拆除的支持看起来不仅仅是象征意义上的”⑤。

三、美国城市高速公路拆除评析

通过对70年代以来美国城市高速公路拆除现象的分析，可以发现以下几

① Raymond Mohl, “The Expressway Teardown Movement in American Cities: Rethinking Postwar Highway Policy in Post-Interstate Era”, *Journal of Planning History*, Vol.11, No.1(2012), p.98.

② American Recovery and Reinvestment Act of 2009, 123 STAT. 115, Feb 17, 2009.

③ U.S. Department Transportation, https://ops.fhwa.dot.gov/freight/infrastructure/tiger/#tg1. 2017年11月8日。

④ U.S. Department Transportation, Tiger 2 Planning Grants, https://www.transportation.gov/sites/dot.dev/files/docs/TIGER%202%20Planning%20GRANTS%20Highlights.pdf. 2018年9月2日。

⑤ Raymond Mohl, “The Expressway Teardown Movement in American Cities: Rethinking Postwar Highway Policy in Post-Interstate Era”, *Journal of Planning History*, Vol.11, No.1(2012), p.96.

个特点：其一，高速公路拆除的案例，尤其是最初的高速公路拆除大都可以追溯到抵制高速公路运动，抵制运动迫使城市取消了部分城市公路系统里的线路，如此一来，剩下的线路无法按照原计划组成一个公路系统，也因此无法被充分使用。还有一些公路在修建之时就不受欢迎，当这些路段老化或者受到损毁的时候，对其进行拆除是对这种历史遗留问题的解决；其二，拆除以及拟拆除的公路以高架结构为主，这些道路割裂市中心，而且大都靠近河流或者海岸；其三，公路拆除是在公路结构受到损毁或者老化情况下的一种成本优化选择，正如密尔沃基前市长约翰·诺尔奎斯特(John Norquist)所言："全国各地政府都无法在不损坏其经济的前提下重建其高速公路设施。"①更主要的是，公路拆除和城市区域开发关系密切，在有些案例中甚至是提议公路拆除的主要原因。这一点在密尔沃基公园东高速拆除的案例中尤为明显：公园东高速修建于20世纪六七十年代，虽然已经开始老化，但是整体的状况依然是稳定的，还可以使用，尚不存在安全隐患②。只是若要重建老化的公路，需要1亿美金、耗时30年③，而拆除公路并且修建林荫道却只需要2500万美金，还可以释放26英亩的土地，公路拆除后的区域再开发是拆除这条公路的主要动力；其四，从地域上来看，东北部、中部和西部皆存在公路拆除的案例，东北部最多，例如只纽约州便有6例公路拆除项目(包括已经拆除、正在拆除以及尚在讨论中的案例)，目前该活动有向南部发展的趋势。提倡者认为拆除公路不仅有助于解决公路铺设造成的社区割裂问题、带来经济效益，还是一种应对全球变暖和化石燃料损耗的办法。他们将拆除公路和精明增长联系起来，认为拆除高速公路、注重公共交通建设、提倡精明增长有助于遏制城市蔓延。④

不过，对于城市是否要拆除高速公路以及怎么拆除不能一概而论，有两个方面值得思考。一是，虽然提倡者认为"减少道路容量会减少交通量"⑤，但是

---

① Charles Siegel, "From Induced Demand to Reduced Demand," Removing Freeways-Restoring Cities, http://www.preservenet.com/freeways/FreewaysInducedReduced.html. 2018年8月27日。

② Francesca Napolitan, "Shifting Urban Priorities: The Removal of Inner City Freeways in the United States," Master's Thesis, Massachusetts Institute of Technology, 2007, p.80.

③ Removing Freeways-Restoring Cities, "Milwaukee, Wisconsin Park East Freeway", http://www.preservenet.com/freeways/FreewaysParkEast.html. 2018年8月27日。

④⑤ Charles Siegel, "From Induced Demand to Reduced Demand", http://www.preservenet.com/freeways/FreewaysInducedReduced.html. 2018年8月27日。

拆除公路并非绝对意味削弱机动性。有学者通过对旧金山和密尔沃基三条公路的个案研究①,认为拆除高速公路、改建林荫道之后,交通量得到了减少,而且产生了再分流,原本集中于高速公路的交通在高速被拆除之后分流到了附近街道和其他高速上去,所以没有造成严重的交通拥堵。而且,公路拆除后的道路设计(公路迁移,林荫道、隧道等),以及城市街道网络的建设对于交通量的变化也至关重要。例如,旧金山的恩巴卡德罗高速和中央高速在拆除之前,主要的交通量都集中于这两条高速,附近的街道网络没有得到充分利用;密尔沃基的情况是公园东高速及其附近的城市街道都没有得到充分利用。在恩巴卡德罗高速和公园东高速的案例里,这两条高速是被传统的林荫道取代,所以整体街道网路的交通量得到了很好的平衡;而取代中央高速的是一条多车道的林荫道,其功能和高速公路类似,因此交通量还是主要集中在这条通道上,附近的街道依旧没有得到充分利用。②

公路拆除后的道路设计值得关注还因为有些城市的高速公路拆除之后,交通量并未减少,反而增加了。例如俄克拉荷马市拆除 40 号州际公路的做法是将其迁移并且改建,这条公路建于 1966 年,原本是 3 车道高架桥结构,其设计容载量是每日 7.6 万车辆,到 2005 年,每日的承载量是 12.5 万。新公路是双向 5 车道,每日的承载量可达 17.3 万辆。③波士顿的"大挖掘",以及普罗维登斯的 195 号公路迁移,都是车流量不减反增。正如莫尔教授评论的那样:从大范围来说,高速拆除只是美国城市交通政策小规模的改变,承载大量交通的重要高速干线并不会受此影响。④从这个角度来说,公路拆除是在振兴城市发展、建立宜居城市和机动性之间新的博弈,而机动性仍然占有举足轻重的位置。

二是,虽然区域开发在公路拆除中扮演了重要角色,提倡者也在宣扬公路

---

① Jason Billings, Norman W. Garrick, and Nicholas E. Lownes, "Changes in Travel Patterns due to Freeway Teardown for Three North American Case Studies", *Urban Design International*, Vol.18, No.2(2013), pp.165—181.

② Jason Billings, "The Impacts of Road Capacity Removal", University of Connecticut, Master's Thesis, 2011. pp.76—77.

③ Oklahoma Department of Transportation, I-40 Crosstown and OKC Boulevard, Dec. 21, 2018, https://www.ok.gov/odot/I40_Crosstown_2.html, 2018 年 12 月 27 日。

④ Raymond Mohl, "The Expressway Teardown Movement in American Cities: Rethinking Postwar Highway Policy in Post-Interstate Era", *Journal of Planning History*, Vol.11, No.1(2012), p.97.

拆除的成功，但是如何评估高速拆除对地方经济和城市的影响尚有争议。有学者研究了旧金山恩巴卡德罗高速和中央高速拆除对社区、住宅价格以及交通的影响，认为拆除公路、改建林荫道能促进投资增长和一定程度的绅士化。[①]而《城市高速拆除评估：对 21 个城市的调查及对旧金山和密尔沃基的个案研究》[②]一文则对评估高速公路拆除提出了不同视角和看法，这篇文章从城市特征与公路拆除关系的角度出发，分析了更多的案例，认为尽管公路拆除会带来额外的发展空间，但是高速拆除仅仅会帮助后工业城市创造有吸引力的城市环境、部分地刺激地产价值，而在衰落的、过渡期的工业城市里，只有在住房和商业用地方面也有稳定的需求时才可能会起作用，如果没有，则不会有预期效果。作者以旧金山（后工业城市）和密尔沃基（衰落的、过渡期的工业城市）公路拆除为例，以房价为标杆，认为无论旧金山是否拆除恩巴卡德罗高速，其附近的地产都会上升。而密尔沃基市在拆除公园东高速之后，附近区域只在 2005—2006 年间经历了增长，但是 2006 年之后该区域的房地产价值与该市其他地区相比还有所下降。尽管笔者认为这篇文章的分析方法有放大拆除公路意义的倾向，因为其一，拆除的仅仅只是一小段公路，而影响城市增长的因素则是多元且复杂的；其二，拆除公路出现的时间尚短，其效益如何还需要更长时间的观察；其三，对公路拆除的评估不应该只局限于经济影响，还有环境、社会和城市结构规划方面的考虑，但是作者从城市特征角度出发的分析仍然为评估公路拆除对城市的影响提供了新的视角。

四、结　语

20 世纪五六十年代美国大规模铺设高速公路时侧重的是改善城际交通，并没有考虑到州际公路对城市区域的影响。[③]正如历史学者马克・盖尔芬德评述的那样：当时的公路项目完全没有考虑到高速公路可能会对城市景观造

---

① Robert Cervero, Junhee Kang, and Kevin Shively, "From Elevated Freeways to Surface Boulevards: Neighborhood and Housing Price Impacts in San Francisco", *Journal of Urbanism*, Vol. 2, No. 1 (2009), pp. 31—50.

② Doddy Aditya Iskandar, "Assessing Urban Freeway Deconstruction: A Survey of 21 Cities with Case Studies of San Francisco and Milwaukee", Doctor's Dissertation, University of Louisville, 2014.

③ Martin V. Melosi, "The Automobile Shapes the City", Automobile in American Life and Society, http://www.autolife.umd.umich.edu/Environment/E_Casestudy/E_casestudy4.htm. 2018 年 9 月 5 日。

成的影响，只关注机动性，以至于造成了严重的问题，不仅没有促进中心城市的复兴，反而加剧了城市衰落。盖尔芬德评价道："在联邦政府对城市项目的投资中，没有哪个比国家高速公路花的钱多，却回报（对中心城市）少的了。"①提倡者认为拆除高速公路是对修建高速公路时所犯错误的弥补，开发空出的土地，侧重城市街道网络建设，会更利于城市交通和城市活力的恢复。②从目前的情况来看，拆除一部分不受欢迎的城市高速公路的确为解决这些问题提供了新的思路。

不过，通过拆除公路来解决这些问题的做法并非是轻易的选择，例如，关于是否拆除新奥尔良克莱本高速的问题已经讨论了数年仍未决定。诚如路径依赖理论认为的那样，过去的选择不仅影响我们今天所拥有的资源，还影响我们今天的选择。③公路铺设已经对中心城市造成了不利影响，拆除公路也并非是解决问题的不二办法，更重要的是空间如何复兴。总体而言，美国的高速公路拆除是在部分公路年限已至，或者结构老化、损毁的契机下的一种优化选择。"拆除"不仅仅是指对一段不再具有吸引力的公路结构的移动和拆除，还包括对空出空间的后续开发，这种新的开发更加注重交通与周围景观的互动，注重通过新的规划恢复所在区域的活力。这种拆除公路进行空间再开发的模式还将其他交通模式纳入规划，也是一种是对发展均衡交通模式的综合考量。

Analysis on the Demolition of Urban Expressways in the United States

Abstract: Some American cities have initiated expressway demolition projects since 1970s. Freeway construction has adversely affected the central city, and even caused highway revolts during the building process. Therefore, some cities choose to demolish the structure when some of their highways are approaching the end of their lifespans, or the road structure is

① Mark I.Felfand, *A Nation of Cities: The Federal Government and Urban America*, 1933—1965, New York: Oxford University Press, 1975, p.222.

② John O.Norquist, "Tear it Down!" Removing Freeways-Restoring Cities, http://www.preservenet.com/freeways/FreewaysTear.html. 2018 年 8 月 27 日。

③ Stephen E.Margolis, "Path Dependence and Public Policy: Lessons From Economics" in Lars Magnusson, Jan Ottosson eds., *The Evolution of Path Dependence*, Cheltenham: Edward Elgar Publishing Ltd, 2009, p.166.

aging or damaged, and the main purpose is to create additional space for urban redevelopment. Those early expressway demolitions mostly came as the legacy of highway revolts in the 1960s. The highway sections demolished are mainly elevated structures, especially those cut through the urban center. The completed cases have played an exemplary role and cities are increasingly discussing and planning freeway removal projects. Expressway demolition is in line with the concept of the New Urbanism, some freeway teardown projects even get financial support from the US Department of Transportation.

Keywords: highway revolts、expressway demolition、New Urbanism、urban redevelopment

作者简介:董俊,厦门大学人文学院历史系博士研究生。

约翰·罗斯金的浪漫主义政治经济观及其城市管理实践

徐 颖

摘 要:19 世纪英国浪漫主义运动的特点是浪漫主义与保守主义交织为一体。这种特点体现在约翰·罗斯金身上,反映为审美判断与道德标准的同一性,这是他的思想核心之一。他将自己具有浪漫主义色彩的美学观点加以延伸,采用了与审美领域相同的判断标准对社会与政治经济问题进行研究,使他的政治经济观具有审美性、道德性、情感性、回溯性四项特征,显示出来自柏拉图和剑桥新柏拉图派的影响。他的学术研究本质上反映了他对 19 世纪英国国家理念的建构。此后他还着手进行了圣乔治公会这一城市管理实践,实践的失败体现了他政治经济观的局限性。

关键词:浪漫主义 审美道德同一性 柏拉图主义 圣乔治公会

浪漫主义在英国盛行于 19 世纪。浪漫主义者以强烈的情感作为审美经验的来源,崇尚人在见识到大自然的壮丽时所表现出的敬畏感,亦开始重视不安或惊恐等负面情绪的意义,在文学上多运用丰富的想象和夸张的手法进行叙事,用艺术和文学创作反抗将自然理性化。英国的浪漫主义运动所具有的特色是浪漫主义与当时普遍存在的保守主义思潮结合在一起,使英国的浪漫主义者具有强烈的历史主义倾向,热衷于追忆过往,憎恶大工业生产对生活环境的改变,向往中世纪田园诗般的生活。约翰·罗斯金是 19 世纪英国浪漫主义思潮的代表学者之一,他将浪漫主义的观念应用于诸多思想领域当中。传统上,罗斯金的学术生涯总是被划分为两个阶段:四十岁以前,他的作品主要是关于艺术和建筑方面的研究与评论,他在学术生涯的前半段创作了大量成功的作品,其名声也因此建立起来;此后,他的作品主要关注社会和政治经济问题。这种两段式的划分方法存在一定的问题,它分割了罗斯金的两个研究领域,忽视了罗斯金在其中一以贯之的浪漫主义与保守主义交织而成的价值观。前者决定了他的唯美主义倾向,后者体现为他对于秩序与道德的重视,由此形成了罗斯金思想核心,即审美与道德的同一性。应当看到,无论是在哪个学术领域,罗斯金都抱持着相同的批判动机与判断标准。研读罗斯金时,学者们时常会感到他学术生涯前期与后期有些观点相互矛盾,这成为了研究罗斯金的难点之一,但是这种矛盾是他随着时间推移深化了对道德观念的理解所致,审美与道德的同一性这一内核始终如一。理解这一点,有助于学者们把握罗斯金思想的主要趋势。

学术界对于罗斯金的研究较多集中在他作为艺术评论家的领域,但他的政治与经济观点实际上对当时的美学、教育、环保、博物馆规划等诸多领域产生了深远的影响,也使他被许多研究现代主义运动的学者们认为是现代主义思潮的启蒙者之一。[①]对罗斯金的政治与经济学研究进行分析的学者大都肯定了他对于现代经济学及生态城市建设的贡献。格雷厄姆·麦克唐纳认为,罗斯金的政治观点来自于自然法,他批判了单一的经济增长模式,强调了“文化多元主义”在政治中的作用;[②]甘地在印度的改革也受到了罗斯金《直到最后》(*Unto this last*)的极大影响,尤其是在手工劳动、平等分配、群体共同利益等方面,他在其自传和演讲中多次提到这一点;[③]威廉·亨德森分析了罗斯金经济思想的历史根源,其来源包括从古希腊时代的色诺芬经济思想直到18世纪的古典经济学,并分析了罗斯金是怎样将这些思想加上他自己的理解并加以发扬;[④]罗斯金的权威传记作者提姆·希尔顿认为,藉由分析对现有政治秩序、规制如何改良和对道德自我约束的提倡,罗斯金解答了自由主义所引起的

---

① 参见 Giovanni Cianci and Peter Nicholls(ed), *Ruskin and Modernism*, New York and Basingstoke: Palgrave, 2001。这是1997年在米兰和维尔切利召开的学术会议的论文集,后来作为纪念罗斯金逝世100周年的作品出版。国际学者们从文学、艺术、神话学等诸多角度分析罗斯金作品中所包含的早期现代主义的内容。

② Graham A. MacDonald, *John Ruskin's politics and natural law*, Palgrave Macmillan, 2018, pp.ix—x.

③ M. K. Gandhi, *The Story of My Life*, *Prabhat Prakashan*, 2020, p.62.

④ Willie Henderson, *John Ruskin's political economy*, Routledge, 1999, pp.64—107.

社会不协调问题;[①]拉尔斯・斯佩布克将罗斯金作品当中美学、手工艺生产与生态主题的部分联结起来,将其中所包含的多变、不完美和脆弱重新评定为当代美学和设计的驱动力以及核心概念;[②]此外还有浙江大学的何畅博士在其博士论文《环境与焦虑:生态视野中的罗斯金》当中,从生态批评的视角指出罗斯金的环境思想贯穿于其艺术批评和社会批评,并与兴起于 20 世纪的生态文明理念相契合。

一、罗斯金浪漫主义政治经济观剖析

罗斯金的政治经济观可以概括如下:国家在政治上采用贵族阶级为主的代议制政府形式,建立以基督教化的自然法作为基础的法律制度,以行会和教团传统对地方进行管理,多个组织合作承担社会责任,建立完善的资源分配与社会福利制度;在经济上放弃工业化生产,回归手工业制造,投入大量资源实行打破阶层壁垒的全民教育,充分调动劳动者的创造力,以抵御工业生产对人的异化。由于罗斯金是从艺术评论转向政治经济学研究,这一系列观点是他将浪漫主义的美学理论运用于政治经济领域形成的理论模式,因此其中既包括浪漫主义的表征——对情感判断的依赖、从崇高概念中衍生出的对自然的敬畏、对过去时代的追逝和缅怀,也带有明显的罗斯金美学观点的痕迹。可以将罗斯金政治经济观的特征概括为以下几点:审美性、道德性、情感性、回溯性。其中,审美性与道德性是罗斯金思想的一体两面,尤为关键。

罗斯金浪漫主义政治经济观所具有的审美性在于,他将诸多存在于审美领域内的概念运用于政治与社会问题分析当中,使得他的政治观采用的判断标准具有美学特征。在《现代画家》第二卷当中,罗斯金提出了自己的两分法美学,即"典型美"和"生命美"的划分方法。其一,"典型美"是罗斯金融合古典美学与自身审美经验得出的理论。18 世纪的美学观念认为美就是秩序,并以比例、对称、统一和多样的形式出现。罗斯金从这些秩序美的观念出发,创立了自己的典型美理论,并为其规定了"无限性"、"统一性"、"安谧性"、"对称性"、"纯洁性"和"适度性"六个范畴。其二,"生命美"是对于自然的敬畏和对

① Tim Hilton, *John Ruskin: The Early Years 1829—1859*, Yale University Press, 1985, p.x.

② Lars Spuybroek, *The Sympathy of Things: Ruskin and the Ecology of Design*, nai010 publishers, 2012, pp.xvi—xix.

"人之美"的再认识,这种"人之美"包括了罗斯金对人的主体意识和人的创造能力的欣赏。当罗斯金把目光转移到政治经济领域上时,"典型美"理论转化为对个人与集体、社会组织与整体政治秩序之间"和谐"与"从属关系"的重视;"自然美"则转化为如何尽量在生产运行中保持人与自然的和谐相处,以及怎样体现对劳动者的尊重。因此,罗斯金政治经济观点的审美性问题本质上是价值判断问题,即什么才是和谐社会应当追求的经济目标。在这个问题上,罗斯金展现了他与当时主流的政治经济学截然不同的价值观体系。他的核心观点是"正义的平衡",即一个和谐的社会应当是一个正义的社会;统治者兼有父亲般的慈悲与威严,擅长统筹与分配;所有社会组织各司其职,团结协作;劳动者得到尊重而不是压迫,他们得到公平的报酬,劳动过程愉快且爱护自然环境。在一个理想社会当中,真正的财富不是富人拥有的虚荣奢侈品,而是充满活力的人,"财富的真正脉络是高贵的——不是在岩石(金银矿)中,而是在躯体中——所有财富的最终结果和圆满都在于尽可能多地造就出活力充沛、眼睛明亮、心地快乐的人";①有价值的经济活动是为全社会创造财富:"(规划生产时的目标)不是指在一定时期内养活一定数量的人,而是要求他们在这段时期内生产出对社会有用的东西,不是那些只对我们自己有用的东西。"②有价值的政策不是追求无止境的经济发展,而是能够实现"正义的平衡",帮助穷人,给予他们教育和工作。③在罗斯金看来,19世纪放任的自由主义经济建立在自私自利的基础上,构建了一个不和谐、无序和道德沦丧的世界。面对英国社会的各种弊病、贫富差距和经济危机,他的解决之道是投入丰富的劳动力进行劳动密集型和节约自然资源的生产。总体而言,罗斯金是在预先思考福利国家、社会工作的概念,类似于今天的就业和培训计划、以及现代发展经济学中有关充分就业和采取适当技术的问题。

不难发现,罗斯金对于价值意义的思考具有十分强烈的道德判断倾向,体现为他对于"公俗良序"的执着和他对于下层劳动者的同情。这种道德感与他早年从事艺术研究形成的美学观点同时形成并互为表里。他曾说过:"任何国

---

① John Ruskin, *Unto this last*, John Wiley & Son, 1872, pp.60—61.

② John Ruskin, *The Works of John Ruskin Volume. 16: The political economy of art*. Cambridge University Press, 1905, pp.48—49.

③ John Ruskin, *Unto this last*, pp.xii—xiii.

家的艺术都是它社会美德与政治美德的展现。”①道德与审美的同一性在《现代画家》第一卷就已初现端倪：“高尚的品味是一种从那些给予我们以精神上吸引的纯洁而完美的事物身上获取最大快乐的本领。”②年轻的罗斯金在书写这部作品时还是福音派的信徒，此时他对于审美与道德同一性的理解较为表面化，将此二者都视为是上帝意志的直接体现，因此将艺术家产出优秀作品的能力与他的道德水平相等同。此后，随着罗斯金宗教信仰的转变，他更多地理解了个人意志的重要性。在《建筑的诗意》中，罗斯金曾将人的品格和建筑的品质对应起来；在《建筑的七盏明灯》中，他关注的是建造者身上所具备的品质；后来在《威尼斯之石》中两者被综合起来，即建筑师的个性通过劳动表达到建筑物当中，建筑的美感是从建造者的品性中衍生出来的。《威尼斯之石》中的关键章节是“哥特式的本质”。在这一章中，罗斯金将哥特式建筑中最具有魅力和表现力的结构与工匠生产者的个体特征以及他们工作的社会条件放在一起，提出了关键的问题：“雕刻师在劳动时是否快乐？”③此时，他对于道德的理解程度加深，已经从对个人的道德判断上升为了对于整体社会环境的判断。罗斯金所寻求用于解决社会问题的“正义的平衡”，既是构建了一种健康的经济秩序，也实现了符合他理想的道德公正。他在《艺术的政治经济学》当中以艺术品的积累与分配为例论证了实现道德正义的方法。这里的艺术品既可以指代一般劳动品，又是社会德性的象征物：“积累艺术，以便能够供给整个国家，根据需要调节它们的分配，以便它不会过剩，也不会被蔑视……那确实是一个困难的平衡；但是，天意的英明法则已经为我们准确地确定了贫穷和亲融之间的公正点。如果你充分关注所有的艺术天才，让他们进行良适的服务，然后虔诚地保存他们所产生的东西，你将永远不会有太少的艺术；另一方面，如果你从不强迫一个艺术家为了日常的面包匆匆地工作，也不苛求成品的完美，因为你宁愿有值得炫耀的作品而不是空有完整的作品，那么你将永远不会有过剩的艺术品。不要强求艺术品的数量，它们就不会变得太廉价；不要肆意破坏它们，它们就不会变得太过昂贵。”④即使是从伦理的角度来看待罗斯金对劳动和分配的观点，也仍能受到他美学当中的“适度性”、“统一性”、“安谧性”

---

① John Ruskin, *The Works of John Ruskin Volume.20*: *Lectures on Art*, *1870*. p.39.

② 约翰·罗斯金，《现代画家》第1卷，何亚勋译，上海三联书店2012年版，第157—209页。

③ 约翰·罗斯金，《威尼斯之石》，孙静译，五南图书出版有限公司2016年版，第139—165页。

④ John Ruskin, *The Works of John Ruskin Volume.16*: *The political economy of art*. pp.67—69.

等概念的统领，再次体现出其审美观与道德观乃是一体两面。

情感性亦是罗斯金浪漫主义艺术政治观的一大特征。浪漫主义原本就是重视个体情感经验的思想流派，而罗斯金又深受英国经验哲学关于道德与情感的观点影响，形成了他的情感道德理论。他接受了一种与生俱来的"道德感"的存在，认为人感知是非的力量在于"他的自然道德感"，这种内在的感觉很像视觉、听觉和味觉，它的主体是情感或情绪，因此情感的过程隶属于道德哲学的范畴之中。在早年的美学研究中，当他使用"崇高""纯洁"等词汇时，他是在形容情感，并且认为这些情感是道德行为的媒介。既然情感或情绪被认为会产生道德行为，对道德哲学的研究就转化成了对情感的研究。有鉴于此，情感不仅同样有价值，而且在某些情况下还比理性的思维具有更高价值："如果一个人感知到了来自美的最伟大意识……他会说该物体使他的内心感到快乐、满足、神圣，并得到升华，但说不出为什么……美的思想是可以呈现给人类心灵的最崇高的思想之一，总能使人类心灵得到升华和净化。"[①]当罗斯金转向政治经济问题研究，其审美领域当中的"情感性"转变的切入点是"同情感"。浪漫主义美学当中至高无上的"崇高感"是通过同情加以分享的。埃德蒙·伯克在《论崇高》中解释说，同情远不止是同胞之情，而是一个完整的情感认同和认知过程："因为同情必须被视为一种替代，通过这种替代，我们被置于另一个人的位置，并在许多方面受到影响，就像他受到影响一样。"[②]亚当·斯密将同情心与内在道德感认定为道德理论的中心，在他的《道德情操论》中，斯密将同情心描述为进入他人情感的一种手段。[③]这两位思想家都深深地影响了罗斯金。当罗斯金从艺术研究转向政治经济学领域时，那种藉由道德而产生的同情就成为了他的理论基础。他追求的"正义的平衡"的"正义"之处在于将人与人之间的情感作为经济运行的基础："正义的平衡，意思是，在正义一词中，包括感情——一个人欠另一个人的感情。主人与劳动者之间的一切正确关系，以及他们一切最大利益最终都取决于这些。"[④]在雇佣者与被雇佣者互相共情的基础上，罗斯金所希望的是一个威严而慈爱的"父亲般"的政府："在

① 约翰·罗斯金：《现代画家》(第1卷)，何亚勋、何晓娟译，上海三联书店2012年版，第21—22页。

② Edmund Burke, *On the Sublime and Beautiful*, P.F. Collier & Son Company, 1909, pp.43—44.

③ Walter Jackson Bate, "The Sympathetic Imagination in Eighteenth Century English Criticism", *ELH*, Vol.12, No.2(Jun., 1945), pp.146—147.

④ John Ruskin, *Unto this last*, p.22.

它的所有规章制度中，不仅意味着权宜之计，而且意味着感情的纽带和关系的责任……所有的行为和服务不仅要通过兄弟间的和睦来加强，而且要通过父亲的权威来执行。”①罗斯金试图用人与人的情感对冷淡而功利的劳动关系进行调节和润滑，他认为中世纪各种行会和社会组织互相协作的状态更符合理想。

回溯性这一特征指向罗斯金政治经济观的历史主义倾向。浪漫主义的理念先天具有历史主义倾向，重视判断对象的叙事性与文学性，关注作为人类经验中重要因素的诗歌、艺术和传统。罗斯金并非历史学家，也没有在作品中表现过对历史的系统性思考，但理查德·蒂勒鲍姆认为，从更广泛的视角看来，罗斯金的历史方法与瓦萨里的方法有很多共同之处，与维科的方法亦有共同之处，均表现出对社会法律当中所包含的文化因素的重要性和具体国家历史周期性的敏感。②例如，在《阿尔诺山谷》(Val d'Arno)中，对佛罗伦萨历史当中德国腓特烈二世与吉贝林的联盟和胜利，罗斯金说，这是“德国人对佛罗伦萨事务的第一次干涉，属于近代史周期的真正开端”；③以及他在《威尼斯的石头》中对于威尼斯历史的划分，将“锁定理事会”(Serrar del Consiglio)事件作为标志分为“前九百年”和“后五百年”两个阶段，并将 1418 年卡罗·泽诺的去世作为威尼斯衰落的开端。④罗斯金这种历史周期敏感性使他直觉地理解“历史连续性”的重要。在艺术领域，对历史连续性的重视使他支持拉斐尔前派的绘画方法，也促使他成为十九世纪英国古典主义复兴的热心参与者，翻译希腊语和拉丁语文献以及收集中世纪手稿和艺术作品，为恢复各种古代文本做出了自己的贡献；在政治经济领域，对于历史连续性的关注则使他在思考如何解决社会问题之时采用回溯的方式，将过去与现代进行比较，批判现代政治经济学，呼吁回归古时充满德行的经济模式：“(现代的商人)将不得不面对一种不完全是自私的商业……他们所称的商业根本不是商业，而是讨好……在商业中，就像在真正的布道和战斗中一样，必须承认有偶然的和自愿的损失……市场可以有殉道者，也可以有讲坛；贸易可以有英雄主义，也可以有战争。”⑤同

① John Ruskin, *The Works of John Ruskin Volume.16*: *The political economy of art*. p.17.

② Richard Titlebaum: *Three Victorian Views of the Italian Renaissance*, Garland Publishing, 1987, pp.20—21.

③ John Ruskin, *The Works of John Ruskin Volume.13*: *Val d'Arno*. pp.55—62.

④ 约翰·罗斯金:《威尼斯之石》,孙静译,五南图书出版有限公司 2016 年版,第 14—16 页。

⑤ John Ruskin, *Unto this last*, pp.36—37.

时，这种回溯性也体现了罗斯金在政治观点上的保守主义立场，倾向于精英统治以及支持等级制度，维护传统的社会道德观。

二、罗斯金浪漫主义政治经济观源起

罗斯金的政治经济观点首先源于英国自埃德蒙·伯克时代确立的保守主义传统。藉由对法国大革命的批判，伯克反思理性主义和激进变革给社会造成的后果，认为应当在尊重传统的前提下进行小幅度的改良，直接按照未经足够时间检验的理论进行大范围的社会改造将造成灾难性的后果。罗斯金吸收了伯克的许多基本观点，包括对传统的尊重和对理性的反思，但基于他自身艺术研究的学术背景进行了改良。罗斯金将情感、和谐、审美与道德判断标准挂钩，以此作为对现实批判的手段和崇拜对象，把浪漫主义者朦胧的社会浪漫主义变成了任务具体、目标明确的审美理想主义，成为了"唯美运动"的启蒙者，直接影响了拉斐尔前派兄弟会及沃尔特·佩特的创作。卡尔·施米特亦精准地描述过罗斯金式的浪漫主义政治观："情感与审美（对理性主义）的反动……没有创立哲学体系，而是把它所看到的对立转化成一种具有审美平衡性的和谐……为了消除对立而把它们归结为审美的或情感的对比。它没有采取对理性主义提出一种独立的否定立场，也没有站在神秘的立场上放弃或超越尘世。它停留在这个世界，但总是渴望着'他者'和'更高级的'，总是寻找着通向和睦之路。"①这段陈述指出，具有超越性的"善"是罗斯金这一派浪漫主义者所追求的目标，"美"与"善"具有同一性，代表着和谐。

这种将"善"与"美"趋同起来的理念来自柏拉图。在罗斯金的思想当中，亦有许多来自柏拉图与新柏拉图主义影响的痕迹。罗斯金通过对乔治·赫伯特、埃德蒙·斯宾塞和一些形而上学诗人的欣赏，间接地吸收了剑桥新柏拉图学派的元素，尤其是"最高精神支配物质世界"的主旨，与他早年读到的理查德·胡克的温和保守观点相吻合。在胡克时代那个处于现代科学边缘的世界里，"神圣的存在之链"仍然可以作为一种宇宙间的逻辑法则被接受。罗斯金早年作为一位福音派教徒，非常自然地接受了这一观点。对罗斯金来说，无论是被称为"善""最高精神""神圣的存在之链"或是"自然规律"，这种至高无上的存在，在人类社会当中体现为自然法，艺术、科学、宗教、经济、历史和政治的

① 卡尔·施米特：《政治的浪漫派》，冯克利译，上海人民出版社 2004 年版，第 59 页。

探索都应以自然法为基点。故此，自然法在罗斯金作品中的运用，就像一把道德天平，体现了罗斯金的真理标准。“生活”和“生命法则”是罗斯金在思考政治经济学时的关键出发点。柏拉图对社会正义的分析是基于灵魂三方面和谐的理念：“正义的人”实现了“理性”对“意气”和“欲望”的统治。[①]罗斯金在《两条道路》当中将这种正义观审美化，从生活与生命的角度出发，使用了一种相似的三分法，将人类的造物按“制品（Manufacture）”、“艺术（Art）”和“美术（Fine art）”划分等级，只有美术才能达到“人的头、手、心”的完美和谐。[②]因此他鄙夷机器制品，认为其毫无生命，也厌弃古典主义审美标准当中对完美性的追求，认为这是为了追求整齐划一而舍弃了人的自由创造与发挥的余地，将劳动者置于被强制工作的境地。罗斯金认为，在自然法的作用下，艺术在多个层面上运作，艺术对象——如风景或肖像——除其自身的客观属性外，也是自然或人性的隐喻。图像或造物与人的属性具有互文性，因此政治经济学应当关注生命本身，而不仅是眼前利益。具有道德感的经济学应当重视和保护自然环境，并与自然合作，以“重新创造”人类，并生产出“要么用来安慰身体，要么用来正确地行使情感和形成智慧的东西”。[③]这样的经济学需要超越以逐利为目标的价值观，去寻求生物学和美学意义中的永恒的、柏拉图式的实质，去定义什么是“适宜的造物”“适宜的活动”，以及“公共领域”的概念。

罗斯金的政治经济观点和他对时弊的抨击，本质上体现的是他对国家理念的一种建构。19 世纪的英国既是一个君主作为国教领袖的国家，又是一个采用代议制进行管理的世俗国家，还是一个日益多元化的拥有广大殖民地的商业帝国，有关如何定义国家主体的争议是 19 世纪诸多社会运动背后的思想动因之一。而罗斯金在 19 世纪 40 年代初开始书写艺术研究时，正是加入了这场如何建构民族主体性的辩论。罗斯金从第一卷《现代画家》开始就展现了这样一种意识，即他应该为读者审美的培育考虑，定位一些独特的“英伦风格”，将英国人的品位从长期以来的“法国式的腐败”中拯救出来，从主流审美所规定的僵硬与刻板的古典主义当中解救出来：“当大众的品位日渐堕落，当出版社影响力日益广泛，以至于能够左右读者的感受，使他们更全面地关注那些具有戏剧性、感染力和错误的绘画作品时……所有那些对绘画的真正精髓

① 柏拉图：《柏拉图全集》（第二卷），王晓朝译，人民出版社 2002 年版，第 424—427 页。

② John Ruskin, *The Works of John Ruskin Volume.16*: *The Two Paths*. p.294.

③ John Ruskin, *The Works of John Ruskin Volume.17*: *The Two Paths*. p.150.

有任何认知或了解、希望绘画在英国有所发展的人都有紧迫的任务,那就是毫无畏惧地前进……”①“我自己计划的目标……是为了一个被遗忘的职责,召集全民族的道德力量来展示相当一部分被忽略的同情心和愿望的用途、威力和功能,来提升其健康和有益的功能。艺术一直在提倡这些,并随其变化,引导着它们……”②他希望藉由一种富有道德感的美学价值的引导,完成对英国式的视觉艺术模式和生活方式的塑造,增强群众的国民性,以及提升大英帝国的国家形象。要达成这一目标,则需要以大众“拥有足够的可支配时间”和“普遍接受艺术教育”两项条件作为前提,也需要有对民众进行教育的公共场所。不止是学校,博物馆与图书馆也非常重要。在那里,当参观者在一个高度结构化的公共空间中穿过大厅、长廊、宏伟的楼梯时,民族荣耀和世界历史将一起在观众面前徐徐展开。这样的空间能够体现艺术品或书籍典藏作为国家财产与荣誉象征的要求,观众的观看体验是积极的、也是富有教育意义的。因此,在《两条道路》当中,他建议为工人阶级建立一个独立的、主要是教育性的博物馆系统。③早在 1860 年代,他就参与了牛津大学自然历史博物馆的设计,在他晚年购买下谢菲尔德的土地之后,便着手开设专门服务于工人阶层的教育博物馆。他一手创办的圣乔治公会(Guild of St. George),目前作为一家慈善教育基金会仍然在运作着。

三、罗斯金浪漫主义政治经济观的城市管理实践及其局限性

19 世纪 70 年代,罗斯金决定实践自己的社会理论。1871 年,他建立了圣乔治基金会,并宣布建立一个实验性质的城市组织,1878 年该组织正式起名为圣乔治公会(以下简称公会)。有关罗斯金的社会实践在罗斯金研究当中属于较边缘化的部分,目前研究专著只有四本。④这段历史不仅展示了罗斯金晚年的心理变化,公会在罗斯金有生之年不甚成功的经营还体现了罗斯金浪漫主义政治经济理论的矛盾与局限之处。正如黛娜·伯奇所论证的那样,“(罗

---

① 约翰·罗斯金:《现代画家》(第一卷),第 7 页。

② 约翰·罗斯金:《现代画家》(第二卷),第 134 页。

③ John Ruskin, *The Works of John Ruskin Volume.16*: *The Two Paths*. p.476.

④ 分别是 Catherine Morley, *John Ruskin*: *Late Work 1870—1890* (Garland Pub, 1984); H.E. Luxmoore, *The Guild of St. George* (G. Allen & Unwin, 1925); Edith Hope Scott, *Ruskin's Guild of St. George* (Methuen, 1931)以及 Margaret Spence, *The Guild of St. George*: *Ruskin's Attempts to Translate his Ideas into Practice* (University of Liverpool, 1957)。

斯金的)激进主义被置于他保守主义的背景中"①,这是他失败的原因。

罗斯金为公会编写了声明和宪章。在《命运的三种力量》(Fors Clavigera)当中,他解释了为何采用圣乔治作为组织的象征:圣乔治是一个浪漫化的圣徒、"圣战士"和"传递知识的骑士",将与燃烧着蒸汽燃料的"龙"作斗争,创造一个禁欲主义、自我牺牲的社会,拒绝不必要的机械化。②他如此描述建立这一组织的目标:"成立的初衷是为了表明,一个适宜农耕的国家里,在贫瘠或被忽视的地区,通过良好的劳动可以收回多少产粮土地。在这个主要目标的基础上,有两个范围更广的最终目标,它们紧密联系在一起。最主要的一个目标是要表明,通过最质朴的劳动来维持生计的人可以得到何种程度的精致教育;另一个目标,是要说服社会上层阶级中的一部分人,这种质朴的生产职业比他们喜欢的军衔和战功更光荣,体现出更高贵的思想和更高尚的兴趣。社会运动的进程最终将显示,大多数人应该采用这样的生活……如果人们抵制的话,则要经历许多痛苦,并破坏主人和劳动者之间所有健康的关系。"③这是一个乌托邦性质的社会实验,目标是通过促进健全、朴素和具有责任感的个人生活,将社会生活与自然之美联系起来,提升成员们作为公民的幸福感并给予他们良好的教育。罗斯金试图建立一个中世纪式的、自给自足的小型城市,公会的产业可归纳为教育、农业和工业三个方面。其教育产业的部分主要集中在公会的核心遗产,即谢菲尔德的圣乔治博物馆当中;其农业活动作为城市供给链的主要部分,集中在巴茅斯(Barmouth)、贝威德利(Bewdley)、托特利(Totley)和克勒顿荒原(Cloughton Moor)购买或捐赠获取的土地上;工业项目则包括一家出版企业、一家毛纺厂、一家亚麻纺织厂和一家合作工厂。早期的公会曾短暂地组织过茶叶零售、池塘清洁、扫街和修路等活动。公会涉足了如此广泛的领域,体现了罗斯金寻求宏大社会变革的愿景。

罗斯金也为公会设计了生产方式,计划让农业和手工业社区以道德和环保的方式运作,生产高质量的生活必需品。未来的发展规划包括建立自主的

① Dinah Birch, "Elegiac Voices: Wordsworth, Turner, and Ruskin", *Review of English Studies*, New Series, Vol.50, p.333.

② John Ruskin, *The Works of John Ruskin Volume.27: Fors Clavigera*. p.293.

③ John Ruskin, *General statement explaning the nature and purposes of St.George's guild*, George Allen, 1882, p.3.

学校、特有的服饰、货币和法律系统。在1875—1876年期间，罗斯金设计了社区的政治体制，是一种类似封建等级制度的模式。在权力顶点的是“主人”罗斯金，他可以被多数人投票罢免，但在掌权时拥有绝对的权威。①“主人”管理着“伙伴们的仆人”(元帅、主教和地主)，他们分别负责行政管理、宗教活动和对社区日常生活的监督。“主人”和“伙伴们的仆人”是第一等级。在他们的绝对统治下，还有第二等级“战斗伙伴”(Companions Militant)，即从事劳动的农夫和工匠。“领事同伴”(Companions Consular)是第三等级，也是最低等级。他们留在主流社会中，罗斯金规定道：“像加入公会前一样认真地忙于自己的事务，但把收入的十分之一交给社会，在所有涉及社会原则的问题上，服从主人的命令。”②

从有效生产的角度来看，圣乔治公会维持的时间很短。行会参与者的角色和职责并没有如同规定的那样清晰地加以区分，但等级制和服从的专制原则却一直存在着。在公会的实际运作中，不甚活跃的“领事同伴”占了绝大多数。第二等级的人数很少，他们作为基本物资的生产者本是最重要的，可他们与管理阶层之间关系紧张。事实上，问题出在罗斯金自身。他从未实现有效的中央控制，也缺乏可靠的手段来记录事件和宣传公会。他制作了一些官方的公会文件，但这些文件粗略且主观，经常过分关注那些一时让他心烦意乱的问题。罗斯金在《命运的三种力量》中利用每月的信件来宣传公会并报告其活动。不能否认《命运的三种力量》很有魅力和价值，但它以罗斯金的视角为主，忽视了读者对于公会各个项目重要进展的了解，从而产生了一定的误导性。罗森伯格评价道：公会是罗斯金“最后的、徒劳的尝试，……复兴的不是中世纪的风格，而是中世纪的社会，封建农民像他父亲家的仆人一样忠诚，领主像罗斯金本人一样充满了贵族义务感”。③供给链也很难维系下去，罗斯金对农业知之甚少，而且他后来与负责农业的威廉·格雷汉姆(William Graham)不和并排挤对方，也因自身的健康与精神状况忽视了农业劳动者的福利。因此到1882年，托特利和克勒顿的土地项目已经崩溃；巴茅斯从来都只是一堆平房；只有威廉·格雷汉姆所负责的贝威德利庄园支撑了较长时间，直到1889年才

---

① John Ruskin, *The Works of John Ruskin Volume.28*: *Fors Clavigera*. p.377.

② John Ruskin, *The Works of John Ruskin Volume.28*: *Fors Clavigera*. p.539.

③ John D. Rosenberg: *Ruskin's Benediction*: *A Reading of Fors Clavigera*. In *New Approaches to Ruskin*: *Thirteen Essays*, *ed. Robert Hewison*, Routledge & Kegan Paul, 1981, pp.198—199.

奄奄一息。[①]

在罗斯金的城市实践事业中比较有成效的是他的谢菲尔德博物馆。博物馆教育由他的信念支撑着，对罗斯金来说，博物馆是培养模范公民的场所，也是罗斯金理想中的知识储备空间，是对他所认为19世纪英国普遍存在的文化危机的一种深刻有力的回击。在他关于博物馆事宜的各种信件往来中显示，他将自己的许多画作和藏品置于馆中，也邀请了权贵来访。[②]不过，尽管他主张全民教育，他的博物馆被设想为进行公民教育的一种方式，但这不意味着他支持平等的教育。早在他着手博物馆建设前，他就展现了对公民教育看法的另一面。在《两条道路》中，他告诉劳动者"要学习那些可能对他们的工作有利的东西，或者使他们在工作后感到快乐的东西……一个人一想脱离自己的阶级，他就会在阶级中把工作做坏"，所以他应该"渴望在自己的阶级中上升，而不是脱离阶级"。[③]他在伦敦工人学院的教学工作以及他的谢菲尔德博物馆都是专门为工人阶级服务；但同时，作为斯莱德美术教授，[④]他认为国家的"珍宝之家"的内容对"没有受过艺术熏陶的工人阶级没有什么用处"，[⑤]他在牛津自然历史博物馆为中产阶级和上层阶级观众安排了教学藏品。正如他在牛津大学的就职演讲中表达的那样："教育，在其最深层的意义上，不是使人平等，而是区分不同阶层的人。"[⑥]罗斯金在牛津和谢菲尔德的博物馆上投射了他对于未来国家文化项目的理想，按不同的阶层来接待参观者和进行文化教育，本质上体现了他的精英主义态度。在文化保护、博物馆政策、教育和城市环境管理等许多方面，罗斯金常常走在时代前列，显示出他的远见卓识，但他无法将更多的人纳入他的政治运动轨道——罗斯金对自由资本主义的激进批判使富人感到不安，而劳动阶级则对将他们置于从属地位并否定他们愿

---

① 关于威廉·格雷汉姆所做出的重要贡献可参考 Mark Frost, *The lost companions and John Ruskin's Guild of St George*, Anthem Press, 2014。

② John Ruskin, *The Works of John Ruskin Volume.30: Letters and reports to the Ruskin Museum*. pp.311—315.

③ John Ruskin, *The Works of John Ruskin Volume.16: The Two Paths*. p.474.

④ 藉由艺术品收藏家和慈善家费利克斯·斯莱德(Felix Slade)的遗赠，牛津、剑桥和伦敦大学于1869年同时设置了斯莱德美术教授这一荣誉教职，该职位聘请具有广泛社会影响力的艺术家作为客座教授讲学。罗斯金曾任牛津大学首任及第三任斯莱德美术教授。

⑤ John Ruskin, *The Works of John Ruskin Volume.12: Letters on the National Gallery*. p.411.

⑥ John Ruskin, *The Works of John Ruskin Volume.20: Inaugural Address at Oxford University*. p.20.

望的方案缺乏兴趣。

三、结　语

罗斯金所持有的浪漫主义政治经济观是19世纪英国保守主义与浪漫主义思潮相结合的产物，它具有浪漫主义的一般特征，其独特之处在于罗斯金的审美与道德同一性思想，从而将美学观点扩展到他在政治经济领域的研究之中。卡尔·施米特写道："浪漫主义者把思想的创造性移植到审美领域、移植到艺术和艺术批评的领域，然后在审美的基础上理解所有其他领域。"①这正是罗斯金把他的研究目标从艺术扩大到政治经济领域以及多个思想领域的思路。乔弗里·克莱夫在他的著作中将浪漫主义启蒙运动描述为"以两个巨大的焦虑来源之间的紧张关系为特征：'上帝不存在'的可能性和个体'非人化'的可能性"。②这一描述则适用于罗斯金在写这些作品时的心态。罗斯金在美学上的目标是重塑维多利亚时代英国的审美观，他的政治经济理论亦是对于19世纪英国国家和民族性的思考。他思想的局限性在于，由于他的出身及受教育的背景，他所拥有的是一种保守主义的观点。尽管具有朦胧的阶级意识，但他不可能彻底地认识到当时各种社会弊端的根源所在，因此在实践过程中难以取得广泛支持。

John Ruskin's Romantic view of political economy and his practice of urban management

Abstract: The British Romantic movement of the 19th century was characterized by the interweaving of Romanticism and conservatism. To John Ruskin, this characteristic is reflected as the sameness of aesthetic judgment and moral standards, which is one of the core of his idea. He extended his Romantic aesthetic views and adopted the same criteria of judgment as those in the aesthetic field for the study of social and political economy issues, giving his political economy view four characteristics: aesthetic, moral, emotional, and retrospective, showing the influence from Plato and the Cambridge Neoplatonists. His scholarship essentially

① 卡尔·施米特：《政治的浪漫派》，第14页。

② Geoffrey Clive, *The Romantic Enlightenment: Ambiguity and Paradox in the Western Mind, 1750—1920*, Meridian, 1960, p.185.

reflects that he was constructing the idea of Great Britain in the 19th century. Thereafter he also embarked on the practice of urban management, the Guild of St. George, the failure of which reflects the limitations of his political and economic outlook.

Keywords: Romanticism、aesthetic-moral homogeneity、Platonism、Guild of St George

作者简介:徐颖,上海师范大学人文学院世界史系博士研究生。

丹麦城市化进程中的居住问题与住房建设策略的转变[①]

林时峥

摘　要：丹麦作为斯堪的纳维亚半岛上面积最小、人口密度最高的国家，它的城镇长期维持集约型的居住状态，建筑物具有分布密集、间距小且空间利用率较高等特征。自 19 世纪中期起，工业化与城市化的进程使丹麦的城市人口数量进一步增长，住房问题一度困扰着丹麦的城市管理者。“高密度住宅区”的出现有效缓解了当时城市的住房压力，然而随之而来的住房环境恶化也给城市增添了许多负面影响；20 世纪上半叶，随着“实用建筑主义”理念在住房设计与街区规划中盛行，城市的住房质量与居住环境得到了显著提升；20 世纪下半叶，由于“逆城市化”的演进使城市的整体格局与人口规模发生了较大的改变，在城市住房规划项目进一步向郊区扩展的同时，注重个体感官、提升生活品质的观念则成为了新时代住房规划建设的方向。

关键词：丹麦城市　居住问题　住房建设　城市规划

在城市史研究领域中，有关城市的住房问题是一个重要的课题，丹麦的国土面积仅为邻国挪威、瑞典和芬兰面积的 10%左右，而它的人口数量则高于挪威和芬兰。[②]因此，如何在缓解城市人口压力的同时提升市民的居住质量是丹麦城市规划中的一项关键内容。自 19 世纪起，由人口快速增长所导致的住

① 本文系国家社科重大项目“20 世纪世界城市化”(16ZDA139)子项目阶段性成果。

② 根据 20 世纪 90 年代初期斯堪的纳维亚半岛国家的人口统计数据显示，当时丹麦的人口数量约为 500 万，仅次于瑞典，高于挪威和芬兰。参 Thomas Hall, *Planning and Urban Growth in the Nordic Countries*, E & FN Spon, 1991, p.7。

房危机成为丹麦城市中普遍面临的难题。为了最大限度地满足市民的住房需求，城市中普遍出现了排布密集的建筑群，而这种“高密度住宅区”的出现成为了当时满足新增人口对于住房迫切需求的一种必然选择。首都哥本哈根作为当时人口增长最快的城市，市政当局启动了一系列针对城市(防御工事内部)和周边区域建筑的改造工程，其中包括对旧有房屋进行楼层扩建以及将原先房屋内部天井的区域改造成为住宅等工程。此后随着其他省城人口规模的进一步扩大，各地纷纷效仿首都的方法以缓解城市的住房压力，从而使“高密度住宅区”的范围越来越大。尽管提高有限区域内的空间利用率，在一定时期内使住房压力有所缓解，但是它同时也导致了住房质量和卫生水准的下降与恶化。

20 世纪早期，在丹麦的城市中“实用建筑主义”的理念已经得到了较为广泛的认同和实施。依照“实用建筑主义”理念所建造的新房屋，在当时具备较高的水准和舒适度。此外，丹麦政府还推出了公共住房政策，在经济危机的年代，它有效地缓解了部分低收入群体的住房支出压力。到了 20 世纪下半叶，第二次工业革命与深度城市化趋势使城市格局发生了明显的变化，城市区域的扩张、“逆城市化”的演进和交通水平提升等因素都改变着与城市住房相关的规划，而宜居理念和环保理念的实践则进一步提升了城市居民的生活水平。

一、城市人口聚集与住房危机

根据丹麦国家统计局的相关统计资料显示，丹麦的城镇居民所占的人口比例在 19 世纪 70 年代前，一直处于略高于 20%的相对稳定状态，为全国总人口数量的 1/4 左右[①]。直到 19 世纪末，随着从事农业生产的人口比例下降与从事工业生产的人口比例上升，城市人口增长的趋势更加明显。然而，正如美国著名的城市史研究学家乔尔·科特金(Joel Kotkin)在著作《全球城市史》中所比喻的“齿轮暴虐”那样：“工业革命的确使城市的境况发生了深刻的变化，

---

① 19 世纪初丹麦城市人口比例约占全国总人口数的 21%，19 世纪中叶升至 22.7%(不包括石勒苏益格和荷尔斯泰因这两座丢失的省城人口)，1870 年约为 25%，1880 年约为 28.0%。参 E.I. Kouri，Jens E.Olesen(eds.)，*The Cambridge history of Scandinavia*，*Vol II*，*1520—1870*，p.957；Gunner Lind，“Development and location of industry in Danish provincial towns 1855—1882”，*Scandinavian Economic History Review*，vol.27(1979)，pp.101—120。

但是这种变化常常是以令人憎恶的方式来完成的。"[①]无论是在最早发生工业革命的英国，还是在紧随其后的西欧国家，或是像丹麦那样建立在农业基础之上的北欧国家，它们都在不同程度上因受到人口过量增长、交通设施欠缺和城市布局规划不合理等因素的影响，从而导致城市居民的居住环境日益恶化，同时也产生了一系列严重的社会问题。

哥本哈根作为丹麦最大的城市，它在19世纪初期曾经两次遭遇英国人的炮火而毁坏严重，由建筑大师C.F.汉森(Christian Frederik Hansen，1756—1845年)主持的重建工程使这座城市又重新焕发了生机。虽然自19世纪初期起，首都哥本哈根的规模就已经远超于丹麦的其他省城，但是它相较于其他欧洲国家的首都规模却仍有很大的差距。[②]然而，自丹麦"专制主义"的时代(1660—1849年)起，首都哥本哈根无疑就成为了全国最具吸引力的城市。尤其是从18世纪下半叶起，约有7万人先后从全国各地迁入首都。[③]到了19世纪下半叶，哥本哈根的人口数量已经从12万猛增至近100万。[④]1901年，由于几个大区被并入了哥本哈根，它的区域面积也随之扩大了2倍。[⑤]当国家对首都投入的高额经济资本项目、流动的政府开支和民主政治制度等吸引着更多年轻的移民群体时，新兴的城市也面临着更大的住房压力。

时任哥本哈根大学景观园林与规划系副教授的亨利耶特·施泰纳(Henriette Steiner)在著作《1800—1850年的哥本哈根：现代城市的黄金时代》中叙述：自19世纪初起，尽管首都哥本哈根的人口数量大约相当于丹麦的其他省城人口数量的总和，但是它的人口规模相较于西欧国家的首都人口规模却仍有很大的差距。[⑥]在"黄金时代"的哥本哈根，尽管已经系统实施现代化的城市规划，但是由于正值城市化的早期，无论是在城市的建筑规划和布局方面，还

---

① [美]乔尔·科特金：《全球城市史》，王旭等译，社会科学文献出版社2014年版，第146页。

②⑥ Henriette Steiner, *The Emergence of a Modern City Golden Age Copenhagen 1800—1850*, 2014, p.27.

③ Aksel Lassen, "The population of Denmark, 1660—1960", *Scandinavian Economic History Review*, vol.14(1966), pp.134—157.

④ 关于哥本哈根的人口统计数据来源详见丹麦国家统计局，Stable URL: https://www.dst.dk/en; Aksel Lassen, "The population of Denmark, 1660—1960", *Scandinavian Economic History Review*, vol.14(1966), pp.134—157。

⑤ Thomas Hall, *Planning and Urban Growth in the Nordic Countries*, p.19.

是在维持居民日常生活的基本需求设施的建设方面都存在较大的缺陷。斯德哥尔摩大学的城市规划研究专家托马斯·霍尔(Thomas Hall)在著作《北欧国家的规划与城市发展》中指出:当城市人口增长的速度超过了城市的预期规划时,丹麦的城市运行开始出现困境,其中以卫生设施为代表的公共设施落后所导致的一系列问题最为突出,尤其是19世纪50年代爆发并流行的霍乱疫情,曾经给首都造成了严重的后果。①

关于丹麦城市中"高密度住宅区"的区域规划设计由来已久,从中世纪城镇到现代化城市,丹麦城市的建筑密度都高于它的北欧邻国。然而,丹麦城市中由于产业工人数量的增加而导致了城市内部居住区规划方面的调整,其结果与部分西欧国家"城市居住环境极度恶化"仍有所不同。②通过对部分居民信息的了解可以发现,新建造的建筑平均居住面积是最大的;随着时间的推移,无论是新建的建筑,还是原先的老建筑,它们的居住面积都有所增加。然而,由于城市人口的增加速度超越了住宅建造的速度,这就不可避免地出现了空间利用密集化的趋势。这种情况主要发生在19世纪40—50年代的哥本哈根,从19世纪70—80年代起它开始蔓延至丹麦的其他主要省城。此时造成的居住环境恶化的现象,主要可归因于受到工业化所导致的工业废气和废水等污染。③

自19世纪50年代起,丹麦的民间慈善组织开展了一项为产业工人提供住房的行动。到了19世纪60年代,该项行动逐渐发展成为由高薪产业工人阶层领导的住房改革运动。然而,在当时诸多现实因素的限制下,这项具有非盈利性质的福利政策仍显露出许多缺陷,托马斯·霍尔在著作《北欧国家的规划与城市发展》中将缺陷概述为:由于缺乏来自政府的实质性支持和相应的法律条文约束,它的实际效果参差不齐。有部分为工人阶层提供的房屋存在卫生设施落后、采光通风条件差以及建筑分布过于密集等缺

① Thomas Hall, *Planning and Urban Growth in the Nordic Countries*, p.14.

② Per Boje, "The standard of living in Denmark 1750—1914", *Scandinavian Economic history Review*, vol.34(1986), pp.171—179. 其中关于丹麦首都哥本哈根的工人阶层住房的相关研究,参 Hans Jürgen Teuteberg(ed.), Ole Hyldtoft, *Homo habitans*, Münster, 1985; 关于奥本罗(Åbenrå)、欧登塞和奥胡斯等省城的相关研究报告,参 Ole Hyldtoft, "Litteratur om arbejderboliger", *Årbog for arbejderbevægelsens historie*, 1984。

③ Per Boje, "The standard of living in Denmark 1750—1914", *Scandinavian Economic history Review*, vol.34(1986), pp.171—179.

陷。①而这类因人口数量剧增所导致的居住空间拥挤和居住条件恶化的状况，也成为了当时政府部门迫切需要解决的问题。因此，在应对城市人口的剧增所导致的各种社会危机中，最突出的问题即解决“建筑业的发展总体难以应对人口增长趋势”的缺陷。这样的情况直到 19 世纪 70 年代才有所缓和。②随着工业发展繁荣期的到来，以首都哥本哈根为代表的大城市开始呈现出“典型的欧洲大城市”③的规模，而到了 19 世纪 80 年代，各大省城也开始制定相关的工人阶层住宅区房屋质量规范化的法案，其中包括对房屋的建造工艺所提出的明确细则。以丹麦省城欧登塞的建筑法案为例：在 1881 年以后建造的房屋，它的地板与地面之间要铺一层混凝土或沥青作为隔热层；1893 年以后建造的房屋，它们在进行设计时必须充分考虑诸如墙壁的厚度、使用木材的尺寸、地板之间的绝缘层以及确保房屋起居室的窗户能够正常开启等因素；1896 年以后建造的房屋，规定顶楼房屋的屋顶下必须安装板条，房屋地下室的使用权仅限于该套房所有者，房屋的窗户与前排房屋之间的距离应根据建筑物的高度有所增加等。④由于政府提高了对房屋建造的具体指标，新建房屋的质量普遍有所提高。然而鉴于当时迁入城市的人口明显增加，建筑用地的密集化状态仍成了必然的趋势。

20 世纪上半叶丹麦城市的住房水准是否确实有所提高？这个问题在当时乃至后来都存有争议。制定并实施于 20 世纪早期的住宅区房屋建造指标相较于 18 世纪和 19 世纪，其内容更加细化，从房屋的人均面积、日常生活设施到房屋采光和空气质量等方面都有了具体的标准，它之所以会引发争议主要来源于对“建筑物密度”问题的探讨。那些为应对人口扩张所必然出现的

---

① Thomas Hall, *Planning and Urban Growth in the Nordic Countries*, p.18.

② Ove Hornby, “Industrialization in Denmark and the loss of the Duchies”, *The Scandinavian Economic History Review*, vol.17, 1969, pp.23—57.

③ 关于 18—20 世纪欧洲国家的城市等级排名，丹麦首都哥本哈根 1750 年的排名为第 20 位（人口数约为 7.9 万），1850 年下降至第 33 位（人口数约为 15.6 万），1950 年回升至第 20 位（人口数约为 115 万）。根据相关统计数据，丹麦首都哥本哈根的人口增长轨迹基本与“一座典型的欧洲大城市”相类似，“哥本哈根 1800 年人口约为 10 万，1850 年人口约为 13 万，1901 年达到 38 万……。”参[美]保罗·霍恩伯格、[美]林恩·霍伦·利斯：《都市欧洲的形成 1000—1994 年》，阮岳湘译，商务印书馆 2015 年版，第 211—213 页；Tertius Chandler, Gerald Fox, *3000 Years of Urban Growth*. New York, Academic Press, 1974, pp.322—328, 337—339；人口统计数据来源详见丹麦国家统计局，Stable URL：https://www.dst.dk/en。

④ Hans Chr. Johansen, Per Boje, “Working class housing in Odense 1750—1914”, *Scandinavian Economic History Review*, vol.34(1986), pp.135—152.

“高密度住宅区”，它们究竟带来了城市生活水平的提升还是下降？从19世纪下半叶至20世纪初，丹麦的城市规划设计者曾经对首都哥本哈根和部分大省城普遍存在的“高密度住宅区”的相关问题进行了探讨，根据当代医学研究的结果表明，由建筑物密度的过度增长所导致的居住拥挤现象会影响健康和增加患病的风险。因此，有些研究者对此表示质疑并且提出了“工人阶层的住房状况自19世纪末期起就不断恶化”的观点。然而，无论“高密度住宅区”的利弊与否，“人口过渡期”的出现促使规划设计者必须投入更多的精力，在有限的空间区域内设计出合理且舒适的新房屋，以此来缓解在城市的扩张过程中可能出现的以住房问题为首的各种潜在社会问题，尤其是对那些规模较大的城市（包括首都哥本哈根以及欧登塞、奥胡斯等大城市）和位于交通要道附近的城市以及人口数量提升较快的新兴城镇和定居点。以首都哥本哈根和它的周边地区为例，位于哥本哈根市中心西北部的海莱乌（Herlev）和巴勒鲁普（Ballenrp）、以及北部的索尔根弗里（Sorgenfri），这些地区因受益于铁路线的便捷，人口的增长速度明显高于其他的市郊地区，因此，这些区域的住宅不仅房屋的楼层更高，而且房屋之间的排布也更为紧密。

二、“实用建筑主义”理念与住房条件的改善

在20世纪以前，丹麦的城市人口分布以首都哥本哈根最为密集。由于人口大批涌入，使哥本哈根在一段时期内与其他的欧洲大城市一样出现了因人口增加过快而导致的住房短缺问题。哥本哈根的部分街区杂乱无章地建造了大量庞大而拥挤的房屋，其中房屋以五至七层的大型公寓楼为主，它们的朝向面对街道，并且与工厂的建筑大楼以及高度相同的其他建筑混杂地建造在一起。①尽管早在19世纪下半叶，哥本哈根市政府就开始拨出一部分资金支持建筑改造的项目，但是成效却十分有限。直到19世纪末，完成改造的建筑数量仅占5%左右。

丹麦城市化发展和斯堪的纳维亚半岛邻国的情况相似，它也具有明显的“农业化起点”背景，当政府致力于解决这些问题时，也将对传统农业社会实行彻底的变革。20世纪早期，丹麦的经济实力、对外贸易的地位、国家生产总值

① Henning Bro, “Housing: From Night Watchman State to Welfare State, Danish housing policy, 1914—1930”, *Scandinavian Journal of History* Vol.34(2009), pp.2—28.

和人均财富占有率等方面已经具备了与欧洲其他国家相当的实力，①同时丹麦城市的国际竞争力也在显著提升，城市人口数量的增长促进了新住宅区的规划与开发。在当时的欧洲，由英国学者提出的“没有工人阶级住房条件的改善，就难以指望通过更高的工资条件换来健康状况的改善与社会福利水平的提高”这一观点被广泛认同。然而在20世纪早期的丹麦，如何从表面上协调工人阶层的工作强度与提升生活水平之间的关系仍存在一定的困难，尤其是在解决住宅条件改善的问题上更是一度出现“瓶颈”。②

20世纪初实施的区域合并政策使哥本哈根的面积扩大了一倍，同时人口数量也有了大幅上涨，但区域的合并未对当时市民阶层的生活质量产生很大的影响。除了首都哥本哈根的人口最为密集之外，丹麦其他主要省城的人口密度则远低于它。③然而，无论丹麦城市的人口密度如何变化，19世纪90年代，几乎所有的大城镇都已为产业工人建造了专属的居住区。根据托马斯·霍尔的描述，它们通常是由二层至四层的建筑物所组成的，其中在一些建筑物的院子里配备了小型的车间，在另一些院子里则拥有私人花园。这些新建的工人聚居区毗邻旧城区的中心，而在旧城区的小巷中也有许多属于产业工人的住宅。④由此可以推断，19世纪末至20世纪初丹麦工人阶层的生活状况，相较于之前已经有了显著的改善。⑤此外，在人口分布的区域上也表现出明显的

① 北欧国家的城镇人口比例自19世纪60—70年代起有了显著的增长，到了20世纪20年代，这些国家的城镇化率发生了明显的飞跃，丹麦的城镇化率为40%，挪威为35%，瑞典为29%。参[英]彼得·克拉克：《欧洲城镇史》，宋一然、郑昱、李陶、戴梦译，商务印书馆2015年版，第230页。

② [英]彼得·马赛厄斯、M.M.波斯坦主编：《剑桥欧洲经济史》第7卷，徐强、李军、马宏生译，经济科学出版社2003年版，第770页。

③ 根据19世纪中叶至1880年的相关统计数据。丹麦首都哥本哈根的城市人口数占全国城市人口数的一半以上，而其他各省城的规模相较于首都要小得多。1855年，丹麦各省城的平均人口数为2629人，而1880年则为3981人，年增长率约为1.7%（首都哥本哈根的人口年增长率为2.3%）。参Gunner Lind，“Development and location of industry in Danish provincial towns 1855—1882”，*Scandinavian Economic History Review*，vol.27，(1979)，pp.101—120；人口统计数据来源详见丹麦国家统计局，Stable URL：https://www.dst.dk/en。

④ Thomas Hall，*Planning and Urban Growth in the Nordic Countries*，p.20.

⑤ 自19世纪中叶起，丹麦各地相继开始制定住房建造的标准。除了前文所提及的首都哥本哈根外，以丹麦第二大省城欧登塞为例，自19世纪70年代起，收入较高的工人阶层能够承受两居室住宅的房租，19世纪80年代后，人均住房面积显著增加。而到了19世纪末，房租在丹麦工人阶层家庭预算中所占的比例已显著下降，而住宅改造工程也使他们成为了受益者。参Hans Chr. Johansen，Per Boje，“Working class housing in Odense 1750—1914”，*Scandinavian Economic History Review*，vol.34(1986)，pp.135—152。

阶级性:相较于聚居在市中心附近的工人阶层,上层阶级倾向于选择视野开阔和景色宜人的地区作为居所,而他们选择的居所分布也较为聚集,例如奥胡斯(Århus)南部与北部的独栋房屋等地区。

20世纪早期,丹麦人口经历了一个向大城市大规模迁移的过程。到了20世纪30年代,大哥本哈根地区已有100万居民,而奥胡斯、欧登塞和奥尔堡等城区的居民都超过了10万,城镇居民总数约为25万至30万。①因此新制定改造方案的目标不仅要满足人们对于房屋的基本需求,同时还需在此基础上提高房屋的建造质量和居住舒适度。在大城市之外或它们的边缘地带,受益于铁路建设而发展形成的"铁路社区"也已经基本成型。它们以居住人口在500至1000人的社区为主,这些定居点的房屋主要是单层或双层的砖房,而房屋质量相较于19世纪下半叶已经有了较大的提升。②

自20世纪30年代起,首都哥本哈根和以奥胡斯、欧登塞及奥尔堡为首的各大省城都开始修建具有现代化建筑风格的大型砖房(以四至五层的房屋为主)来满足不断增加的人口居住的需求。由于建材产业的变革对建筑物的质地、外观、结构等方面起了决定性的作用,它直接导致城市面貌发生了巨大的转变。在各大城市的建筑中,原先普遍采用半黏土与木材混合结构的传统建筑此时已经被砖混结构房屋所替代,但是在建筑物的外观方面则形成了鲜明反差:新建的商业中心和它们所构成的办公建筑呈现出现代化的特征,而新建的住宅区和商业街后院那些经过改造后的老街区的房屋,虽然从街区规划方式到建筑材质的选择都更偏向于现代化,但是它们在外观上则仍然倾向于选择体现民族传统的建筑风格,尤其是偏向于具有"民族浪漫主义建筑风格"的外观设计。③

"实用建筑主义"理念在一定程度上改变了丹麦建造房屋的传统模式,尤其是半木结构的材质选择以及封闭或半封闭式的房屋和庭院格局。相较于他国的案例,丹麦城市的新建设项目在建筑外观上,仍然保留并展现出充满传统特征的一面。丹麦的建筑除了商业建筑外观和部分住宅区规模有所变化之外,大部分住宅仍然具备传统建筑的外观,它们普遍是由红砖或黄砖砌成的斜

---

① Thomas Hall, *Planning and Urban Growth in the Nordic Countries*, p.23.

② Thomas Hall, *Planning and Urban Growth in the Nordic Countries*, p.16.

③ Thomas Hall, *Planning and Urban Growth in the Nordic Countries*, p.18.

屋顶建筑。[①]因此丹麦的建筑更加注重于“实用建筑主义”所崇尚的建筑设计与社会性之间的关联，这种实践模式的核心在于使建筑的功能更加完善，建筑的设计更加人性化。[②]除了建筑物的材质和外观，“实用建筑主义”在丹麦城市中的应用还体现在街区设计的改变上。在传统的街区规划模式中，房屋一般会附带与之相配套的庭院，房型通常采用庭院在前房屋在后的封闭型结构，这样的房屋排列紧凑且采光较差。自20世纪30年代起，丹麦新住宅区的开放型模式开始普遍得到推广，业内人士将它称为早期实用建筑主义和晚期古典主义的完美融合和具体实践。[③]这些沿着新建的交通要道周边的区域建造起了大片实用型砖结构房屋并改变了原本封闭式或半封闭式的街区，空间的开阔使市民的居住环境得到了显著的改善。

自“一战”结束至20世纪20年代，哥本哈根市政当局广泛地介入了当时仅处于规划设计阶段的新住宅区的建设工程，而民间的规划组织也因受到政府的支持而活跃。20世纪20—30年代，在首都哥本哈根与各大省城普遍提出了针对居住环境的具体改造方案，同时也启动了贫民窟的清理与改造工程，其关键在于如何在有限的规划范围内扩大房屋的建筑面积。以首都哥本哈根为例，1921年独户型的公共住房与联排房屋开始出现。这种类型的住房源于英国的传统住房。其中开创型案例是1921年的巴克胡恩(Bakkehusene)以及1922年的维贝耶夫根特(Vibevænget)，它们是面向低收入群体的联排住宅区。通过精心的规划，使得在有限的空间范围内规划出大量住宅的设想成为了可能。[④]

除了住宅面积这一最直观的反应20世纪早期丹麦社会住房水平的数据外，当时的市民生活状况可根据相关的资料来进行推断。以欧登塞的部分建于18世纪并一直留存至今的房屋为例：这些房屋正面的总长度约为130米，但是它们所占的地块通常很小，约为100—200平方米。通常这些房屋是用砖块砌成，有木制框架和瓦片屋顶。房屋的户型以独户为主，较小的面积约为

---

① 20世纪30年代，关于按照“实用建筑主义”理念所建造的现代化建筑，丹麦部分具有传统观念的民族主义者坚持这样的观点即：传统的丹麦建筑外观是由陶土瓦片砌成的屋顶和红白相间的砖混外墙所构成，这几乎是丹麦国家的象征。参 Helge Finsen, *Ung Dansk arkitectur*, Copenhagen, 1947, p.114。

②③ Thomas Hall, *Planning and Urban Growth in the Nordic Countries*, p.25.

④ Thomas Hall, *Planning and Urban Growth in the Nordic Countries*, p.28.

30 平方米，而较大的面积为 50—75 平方米。通常较小的房屋结构为一间房屋和一间厨房。[①]房屋内部设施也较为简单且家具稀少，主要包括一张桌子、一条长凳、一个橱柜以及一张床，通常厨房内部的设施仅有准备食物的基础设施。[②]

相较于 18 世纪的旧住房，新建住房的配套设施有了明显的改善，而衡量住房条件改善的指标，不仅局限于住宅的外观结构、人均居住面积和周边环境等，丹麦城市住房水准更具体详细的定义在于“现代化的住宅”这一概念的出现，它通常指包含了电力供给、厕所、中央供暖系统、卫浴设施和热水供应等日常生活设施的房屋。以 1943 年奥尔堡地方统计局的统计数据为例（参图表），“二战”前丹麦全国的住宅水平中“现代化住宅”尚未达到较高的水平，即使是在规模最大、经济水平最高的首都哥本哈根，它的普及率也仅略高于三分之一，而在那些规模较小的省城、市郊与乡村地区则仅略高于 10%。结合当时丹麦的整体经济水准和相关规划的实际完成率，大致可归因如下：由于部分留存的工人阶层住房和街区建于 18—19 世纪，它们在建造时所参照的指标与 20 世纪的新住房指标之间存在较大的差距，导致针对这些房屋的改造工程不仅涉及新的设计方案，也需要耗费更多的资源与更长的时间。

图表：20 世纪 40 年代丹麦住房水平

区　　域	公寓型住宅数量	拥有如下设施的公寓住宅数量			可定义为“现代化”住宅的比例（百分比）
		厕所	中央供暖系统	卫浴设施	
首　都	316	287	119	136	34
哥本哈根市郊	40	25	12	16	29
城镇（人口 2 万人以上）	138	111	39	48	21
城镇（人口 0.1—2 万人）	78	52	17	19	15
城镇（人口低于 1 千人）	71	36	12	13	11
省城郊区	26	14	6	6	16
其他地区	36	15	7	6	10

（以每千户为统计单位，其中“现代化的住宅”是指那些具有电力供应、厕所、中央供暖系统、卫浴设施和热水供应的公寓型住宅。）数据来源为奥尔堡统计局，1943 年。

① Hans Chr. Johansen, Per Boje, “Working class housing in Odense 1750—1914”, *Scandinavian Economic History Review*, vol.34(1986), pp.135—152.

② Hans Chr. Johansen, Per Boje, “Working class housing in Odense 1750—1914”.

三、“二战”后的人口迁移与新规划

20世纪40年代末至50年代初，随着战后经济的恢复与新技术条件下深度城市化的启动，丹麦首都哥本哈根再次面临居住空间紧张和居住条件亟待改善的问题。在此情况下，政府推行所谓的“指状规划”①，该规划成为许多新住宅区建设规划的基础。根据“指状规划”的具体内容，哥本哈根市政当局提出了以“手指”状的铁路干线为基准，以火车站的选址为中心，在市郊地区建立可容纳超过一万居民的新城市单元的设想。该方案的目的是缓解市中心过大的人口压力，与新建的社区单元相匹配的日常生活和服务设施在规划之初就一并被纳入其中，因此它们可以提供更高品质的生活。在民间非营利性住房协会的参与下，这一时期首都哥本哈根和它的市郊地区普遍引进了深受当时民众欢迎的高层工业化住宅。除此之外，包括低层住宅、独立型房屋、公寓楼、联排房屋和混合型结构的房屋都很常见，住宅区的房型呈现出多样化的特征。同时，受到“指状规划”的影响，住宅区周边绿化区域的面积也有所增加，几乎所有的房屋都被绿化区域所环绕。

尽管战后新一轮人口增长高峰期的出现给丹麦城市的住房增加了压力，然而全国交通网的建设与“郊区化”现象的出现则从一定程度上缓解了潜在的住房危机。其中前文所提及的哥本哈根“指状规划”理念的由来可追溯至开通的第一条电能铁路的20世纪30年代，与传统的铁路线有所不同，它的外观不是传统的同心圆形，而是具有延伸性的手指状放射形。这也为战后区域规划的制定提供了一定的依据。②当交通水平的提升为逆城市化现象的出现指明了方向时，也在一定程度上减缓了大城市中心区域的人口与住房压力。

另一方面，随着市中心区域经济价值的上升，高昂的住宅价格抑制了日常

---

① 1947年，哥本哈根地区规划委员首次提出了“大哥本哈根地区”的区域概念，并且为实现区域发展的目标而制定了著名的“指状规划”。这是一项涉及区域包括哥本哈根地区的29座城镇的综合性区域规划，它的设想是资本应沿着径向铁路线（因铁路线的排布类似于指状而被比喻为“手指”）延伸。它的主要内容包括：以哥本哈根市中心地区为“手掌”，分别有五个向北、向南、向西等延伸的“手指”状区域，它们总体构成类似于手的形状。在郊区火车站的周围计划建设可容纳1万居民的城市单元，那些主要呈放射状的公路将沿着“手指”的方向在它的外围修建。而在每个“手指”区域之间则被设计为森林、农田与开放空间。参 Thomas Hall, *Planning and Urban Growth in the Nordic Countries*, pp.40—41。

② Thomas Hall, *Planning and Urban Growth in the Nordic Countries*, p.29.

生活的需求①,这里的住宅区逐渐被商业建筑、办公建筑以及酒店建筑等区域所取代,而它们周边地区的旧街道,也会被改建成具备零售业条件或者与商业中心相匹配的其他功能区域,由此共同构成现代化商业中心的形态。当位于规划区域内的老城区被大规模拆除或改建时,大部分在此居住的居民被迫搬离了原先的居所。与此同时,20 世纪 50 年代也是大规模建造新住宅的时期,而住宅区的选址范围也有所扩展,大城市的市政当局开始在超出它们原先市政边界的区域建造房屋,在沿海地区还出现一部分用于周末居住的别墅社区,直到 20 世纪 70 年代初期颁布《城乡分区法》之前,这些被称为"周末别墅"(也称为度假别墅)的建筑群在市郊地区中广泛建造并且几乎不被任何条件所约束②,它们的建造初衷主要是为中产阶层和富裕阶层提供新居所,它们的选址区域通常环境宜人且空间开阔。20 世纪 60 年代后,受益于全国繁荣的经济状况,许多在城市通勤上班且收入较高的工薪阶层也开始选购第二套住房。相关统计数据显示,1970—1974 年间是全国建造住宅数量达到顶峰的时期,平均每年建造的住宅约为 5 万座。③这一时期建造的房屋类型主要是多层公寓和独栋房屋④,其中每年约建造 1.7 万套多层公寓和 2.7 万套独栋房屋。⑤大规模的住房工程促使丹麦市郊区域进一步扩张,其中首都哥本哈根郊区的人均土地消费量位于当时欧洲前列。⑥

战后丹麦各大城市在新一轮的重建中逐渐恢复了活力,而战前一度活跃的非营利性住房协会,此时仍然活跃在城市规划和建筑领域中。在它们的协助下建造的新型住房,街区空间更加宽敞,环境更加适宜,在平面设计上也一

---

① Peter Næss, *Urban Structure Matters-Residential Location, car dependence and travel behaviour*, Routledge, 2006, p.197.

② Thomas Hall, *Planning and Urban Growth in the Nordic Countries*, p.33.

③ 关于丹麦年均住房建造数量的相关数据,参 Claus Bech-Danielsen, Urban lifescape, Aalborg Universitetsforlag, 2004, p.189; Ærø og Willeberg, 2000。

④ 自 20 世纪 60 年代起,出现了一项名为"标准化独栋房屋"的概念,由建筑行业中专门从事标准化单户住宅的建筑公司所建造房屋的概述,此类房屋设计外观、房型结构和使用建材都有明显相似之处,因此当这一类型的房屋在市场得到推广的同时也在推广一种特定的生活方式,受益于此类住房的通常为中产阶级和部分收入较高的工人阶层群体。参 Claus Bech-Danielsen, *Urban lifescape*, p.192。

⑤ 关于 20 世纪 70 年代丹麦年均住房建造房型的相关统计数据,参 Claus Bech-Danielsen, *Urban lifescape*, p.190; *Annual number of dwelling built in Denmark from 1900 to 2000*, Statistics Denmark, 2002。

⑥ Peter Madsen, Richard Plunz, *The Urban Lifeworld-Formation, Perception, Representation*, p.123.

改先前统一规划的布局方式。以首都哥本哈根为例，战后建造的住宅区包括布伦斯霍伊(Bellahøj)的工业型高层住宅，它由28幢塔楼分组排布于周边的绿化区域内。[①]尽管此时的高层住宅已经广泛得到了民众的认可和欢迎，但是相较于邻国瑞典首都斯德哥尔摩和省城哥德堡，丹麦的高层建筑分布并不普遍。即使是在人口密度最高的首都哥本哈根，高层和低层建筑通常混合排列，公寓房屋、联排房屋与平房混合排布的现象都很常见。

相较于首都哥本哈根和大省城，战后初期的中小型城镇发展速度较缓慢，但是受到工业区扩张的影响，仍有专为工人阶层修建的较大规模的住宅区在此时完工。自20世纪50年代起，丹麦私营工业进入迅速发展阶段，而工业区在省城与中小城镇的扩张促成了一种新住宅区模式的出现。市中心地段昂贵的资本价值促使一部分新兴的工业区在选址规划方面作出了改变——通常它们会选择位于市中心之外且邻近交通要道的区域。其中的典型案例包括建于1957年的欧登塞钢铁造船厂(Lindøværftet)[②]，它是当时丹麦多功能企业的成功典范之一。伴随着企业员工人数量的增加，公司专门为员工规划建造了一个新的城市单元蒙克博(Munkebo)[③]。另一个在此时发展迅速的丹麦私营企业是当今著名的跨国工业集团丹佛斯[④]。它创立于1933年，地处位于邻近德国边境的阿尔斯岛(Als)上的阀门工厂，自20世纪40—50年代起，它的生产规模变得空前繁荣，它每年的雇工人数均以20%—25%的比例增长。公司为员工建造的居住区坐落于邻近的村庄：分别是诺德堡(Nordborg)、朗格瑟(Langesø)和哈文博格(Havnbjerg)等地方。在20世纪60年代，该公司的实际雇工人数已超过1万人，其中约有90%的居民居住在周边邻近的区域。[⑤]

---

① Thomas Hall, Planning and Urban Growth in the Nordic Countries, p.36.

② 欧登塞钢铁造船厂(Lindøværftet)：建于1957年的丹麦私营工业企业，20世纪80年代后进一步发展成为当时丹麦最大的公司。

③ Thomas Hall, *Planning and Urban Growth in the Nordic Countries*, p.38.

④ 丹佛斯公司是工程师麦兹·克劳森于1933年在阿尔斯岛(Als)其父亲的农场中创办的一个小规模阀门工厂，它的规模自20世纪40年代后不断扩大，所涉及的业务范围也进一步扩展。"二战"后的经济繁荣和国际国内扩大的市场需求使丹佛斯公司获得了更广阔的发展前途，公司规模、雇佣员工数量，技术水平和生产效率都进一步提升。到了20世纪60年代，它已经发展成为丹麦规模最大的企业，而创始人麦兹·克劳森当初为公司选址的家族农场也随着公司规模的扩张而达到小城镇的规模。

⑤ Thomas Hall, *Planning and Urban Growth in the Nordic Countries*, p.39.

当战后丹麦城市进入住房建设高峰期时,20世纪早期被城市规划设计者所提倡的"实用建筑主义"理念却开始出现争议。20世纪50—60年代,大规模的实用型住房建设项目一度成为当政者作为自己参加竞选时的口号和目标。①然而,住宅区的需求面积过大也导致建造速度过快并忽视了建筑质量,这种现象在新建的郊区住宅项目中尤为显著。这些新住宅区的房屋不仅房型较为单调,而且建筑质量与环境质量也较为低劣。业内人士普遍持有"20世纪60年代的社会住宅从许多方面而言,相较于30年代和50年代的住宅质量明显倒退了一步"②的观点。大量建造于1960—1975年间的公共住房,它们普遍存在的主要问题是指"住房单元自身存在的社会问题、磨损与损耗、房屋破败、环境质量差以及隔离设施差"③等方面。直到20世纪70年代后,有关城市文明的社会性思考,提出了城市规划在注重经济效益与实用性的同时是否还有所欠缺的问题,丹麦著名城市规划设计师拉斯穆森对此问题用音乐来类比城市建筑,并以巴黎为例这样描述道:"当我被创造巴黎时不断克服各种艰难险阻所动容时……却对许多人要在这里生活一辈子的问题丝毫没有考虑,实际上这样的生活十分令人不适。"④因此他得出了这样的结论:"对于生活在大城市的市民而言,他们的个人感官实际上是城市生活中不可或缺的部分,然而当一部分专业的城市规划者在有意识地强调'实用性'与'功能性'的客观前提时,却把文化与个人感官问题放在了次要的地位。"⑤此时的城市价值早已不限于承载更大的人口压力,在市民大众越来越重视个人体验与人文关怀的新时期,以实际需求为重点来提升整体生活品质的目标,为城市的新规划与建设指明了方向。

四、"逆城市化"的成型与住房格局的转变

自20世纪下半叶起,当"逆城市化"的趋势逐步改变着丹麦传统市中心的

---

① 将大规模实用型住房建设工程作为政治参选口号,它的典型案例出现在20世纪60年代位于哥本哈根南部岛屿维斯塔马克(Vestamager)地区,当时该地区处于初步开垦的状态,土地归属方为国家和当地政府,该地区的市长在首次竞选活动中提出了以"住房,住房,更多的住房"为目标的口号。参 Peter Madsen, Richard Plunz, *The Urban Lifeworld-Formation*, *Perception*, *Representation*, p.86。

② Thomas Hall, *Planning and Urban Growth in the Nordic Countries*, p.43.

③ Thomas Hall, *Planning and Urban Growth in the Nordic Countries*, p.53.

④ Steen Eiler Rasmussen, "Mit Paris", *Humor vort bedste vaaben*, Copenhagen Gyldendal, 1973, p.59.

⑤ Peter Madsen, Richard Plunz, *The Urban Lifeworld-Formation*, *Perception*, *Representation*, p.270.

格局时，也在一定时期内对市中心产生了明显的负面影响，通常表现为市中心人口数量的大幅下降以及城市精英阶层的转移，并且伴随着财政危机和潜在社会问题的出现。以20世纪50—60年代的首都哥本哈根为例，哥本哈根的人口曾经在1950年达到约75万，此后便不断下降至20世纪末期的不足50万。[①]而1965—1970年间全国人口迁移数据显示，20世纪60年代后期，人口从市中心向郊区迁移的现象变得更为普遍，而这种人口外迁的趋势所带来的直接结果则是“郊区化”现象十分普遍以及大城市的“适度衰退。”[②]随着一部分具备较高经济实力的市民阶层开始逐步搬离至市郊环境更好的现代化住宅区(其中以独栋式房屋和联排房屋为主，从而促使了此类新住宅需求量的大幅增长)，仍有较多的贫民阶层与失业者则留在老城区原先居住的破旧房屋内。[③]

由“逆城市化”现象所导致的市中心与市郊的分化现象曾经一度困扰着丹麦城市的规划。主持制定著名的“哥本哈根指状规划”的城市规划设计师拉斯穆森指出：“假如不能建立一个可以超越城市边界的组织机构，那么就难以为整个城市制定总体规划，城市规划的目的不仅在于处理和解决单独的某个社会问题，而是创造一种更大的社会凝聚力。”[④]他还指出，由于20世纪50年代的哥本哈根市政当局对于市中心在整个城市体系中的定位尚不明确，因此除非针对整个哥本哈根地区(包括市中心与周边区域)制定整体性的规划，否则无法找到兼顾所有问题的解决方案。[⑤]因此，要解决因“逆城市化”现象而导致的“市中心危机”，必须突破传统的“被城墙所局限”[⑥]的区域观念，而“统一的

① 关于哥本哈根的人口统计数据来源详见丹麦国家统计局和世界数据图册，Stable URL：https://www.dst.dk/en；https://cn.knoema.com。

② 关于20世纪60—70年代的“郊区化”现象及相关人口迁移的数据来源，参 Christian Wichmann Matthiessen，*Danske Byers Vækst*，København，1985，p.127。

③ 关于20世纪50—60年代哥本哈根“郊区化”现象与“郊区化”对市中心的影响，参 Peter Madsen，Richard Plunz，*The Urban Lifeworld-Formation*，*Perception*，*Representation*，p.85。

④ Steen Eiler Rasmussen，*København-Et bysamfunds særpræg og udvikling gennem tiderne*，Copenhagen，G.E.C. Gads Forlag，1969，pp.281—282.

⑤ Steen Eiler Rasmussen，*København-Et bysamfunds særpræg og udvikling gennem tiderne*，p.244.

⑥ 拉斯穆森所指出的哥本哈根城市规划中的问题在于“被城墙所束缚的心态”长期存在，他对此这样形容：“丹麦人的传统观念认为，如果没有高楼大厦，那就称不上一个真正意义上的城市，那些被局限在城墙内部，被统治制度所制约的哥本哈根市民，他们变得更像是被土地投机商的枷锁所束缚的奴隶。”参 Steen Eiler Rasmussen，*København-Et bysamfunds særpræg og udvikling gennem tiderne*，p.106。

大都市区域”的理念突破了传统“城市”空间认知的观念，对新规划方案的制定提供了可参考的思路。

以“高密度住宅区”的设计为主的区域规划竞赛，曾经是20世纪早期丹麦各大城市获取适宜的区域规划方案与解决城市住房问题所普遍采用的一种方式。自“二战”结束后，这种“传统”方式在部分地区逐渐发生转变。一部分城市规划设计者再次提出与“传统”方式相反的观点，他们主张在城市周边的扩张区域建造新住宅区的同时降低市中心(非商业建筑区域)的建筑密度，尤其是要降低人口聚居的老城区的建筑密度。在著名的哥本哈根“指状规划”中也对此有所涉及。反之，“低密度住宅区”通常为单一型家庭所属的独户型房屋，房屋设施配置标准齐全，它们的价格通常也较高。根据1960—1975年的相关统计数据显示，在当时此类住宅全国约有120万座，约有半数居民居住在该类住宅中，同时，每年建造完工的新房屋约有50万座。①在工业化蓬勃兴盛的年代，它们往往成为了经济繁荣最直观的体现。

尽管新理念在一定程度上影响了战后城市规划方案，尤其是在新住宅区建筑标准的制订方面，此时“高密度住宅区”依旧在丹麦的绝大部分城市中盛行。20世纪60年代，即“低密度独栋住宅”大规模建造初期，甚至被一部分业内人士的批评为“小资产阶级、墨守成规和浪费土地”。②然而，从“逆城市化”趋势的进一步扩张中可以肯定，寻觅更宽敞空间的需求仍然是市民阶层在迁移居所时的选择。托马斯·霍尔将市民阶层的这些需求最终归因于城市人均用地的迅速增加：“扩大的交通空间、增长的社会与商业服务、对娱乐区以及未来空间拓展的需求和对降低建筑密度的需求。”③

20世纪70年代下半叶，由于受到经济危机的影响，丹麦市民的经济实力有所下降，而日常生活支出的提升使他们对独户型房屋需求量有所减少。一部分负担不起房屋开销的工人阶层选择变卖原本的住宅而选择价格相对更低的单户型的公寓住房，从而导致住宅需求的倾向发生了一定的改变。此时国家建筑研究院(SBI)④发起了以“低层高密度型住宅”为目标设计竞赛，旨在将

① Claus Bech-Danielsen, Urban lifescape, p.192.

② Claus Bech-Danielsen, *Urban lifescape*, p.193.

③ Thomas Hall, *Planning and Urban Growth in the Nordic Countries*, p.40.

④ 丹麦国家建筑研究院(SBI)，即现在的丹麦建筑和城市研究所(the Danish Building and Urban Research)的前身。

“低密度住宅”与“高密度住宅”的优点相结合来寻求新时期城市房屋规划问题的最佳解决方案。①而当时活跃的非营利性住房协会以此为契机，广泛参与了一系列新型住宅区的建造工程。相较于20世纪早期，此时的建筑设计和规划水准有了显著提升。根据新的获奖方案所设计的低层密集型住宅区的特质，不仅在外观设计上更加美观(例如受到了立体派建筑风格的影响)，而且在相关配套的公共设施上也更加齐全且先进。②除了独栋住宅外，另一种类型的低密度住宅区也(房型以露台房屋和集束型房屋为主)因经济成本更低且适应于当时丹麦的福利体制而受到欢迎。③

自20世纪80年代起，新修建的住宅变得更加多样化，联排房屋、连栋房屋等不同类型的住宅数量都有所提升。到了20世纪80年代末至90年代初，此类非独立式住宅的建造效率甚至超过了高层建筑与独栋房屋。④由于此时丹麦的人口出现了逆增长趋势，原先制定的建造大规模居住社区的计划似乎已经不合时宜。⑤同时，70年代经济萧条期的影响仍有所延续，从而导致城市发展的速度下降(在首都和一些大城市中表现尤为明显)。近乎停滞的经济水平不仅使一部分原先已经规划好的市内住房工程因社会需求量的减少而被迫搁置，即使是处于建设中的区域扩张工程和新市郊的房屋项目此时也普遍进度十分缓慢。⑥

另一方面，交通设施与城市机动性水平的提升也对新住宅的规划产生了一定的影响。20世纪80年代后，丹麦的整体性市郊规划已经达到了一个较为完善的程度，它在影响住房规划的设计方案和城市的结构分布的同时也改变着市民日常出行方式。正如同澳大利亚哲学家约翰·L.布朗在《原因和条件》一文中所阐述的那样：“城市的结构是影响人们日常出行的‘内在条件’，如

---

① 1972年，丹麦国家建筑研究院发起了以“低层高密度型住宅”为目标的设计竞赛，在竞赛的邀请函中这样写道：我们鼓励建造低层密集型房屋，因为这样做似乎可以将低层密集型房屋与高层高密度房屋的优点相结合并扬长避短。房屋排布的“高密度”旨在为公共活动提供更多的空间，而“低层”房屋则增强了个人居所与社区之间的直接关联性。参 Danish Building Research Institite, 1972。

② Thomas Hall, *Planning and Urban Growth in the Nordic Countries*, p.45.

③ Claus Bech-Danielsen, *Urban lifescape*, p.193.

④ Claus Bech-Danielsen, *Urban lifescape*, p.190.

⑤ 20世纪80年代初，丹麦的人口出现了逆增长现象，其中1982—1984年的人口自然增长率均维持在−0.1%左右，详见世界数据图册，Stable URL：https://cn.knoema.com。

⑥ Thomas Hall, *Planning and Urban Growth in the Nordic Countries*, p.59.

果一位居民居住在城市的外围，那么他也许会选择在早晨驾车行驶几公里来抵达工作地点，反之，居住在市中心附近的居民仅几分钟骑行的车程便可达到。”[①]市民阶层居所位置的迁移以及日常活动轨迹的变化——每天往返于市郊居所与市中心工作场所的通勤，逐渐成为了生活的常态。

20 世纪 80 年代丹麦城市住房政策经历了从以新建为主到以改造为主的关键性转变，尤其是对现有住房空间的重新规划利用以及对旧住房的“现代化改造”，其中包括建于 60—70 年代、由于各种不合理的弊端而饱受诟病的住宅和区域规划工程。以首都哥本哈根为代表的城市管理者开始对此进行反思。“当新的城市单元开始进行规划时，一个新趋势出现了，即尝试回归于传统的城市品质。”[②]尽管丹麦仍未走出经济低迷的困境，但是无论是政府当局还是民间组织都在致力于解决因经济萧条而导致的各种潜在的危机。与此同时，从 20 世纪 80 年代后，有关环境、生态保护等问题也成为了城市规划发展进程中越来越受到关注的焦点问题，生态型规划的理念开始推行。[③]自 1989 年提出“都市圈”的概念起，首都哥本哈根、埃斯比约以及韦斯特伯等省城相继开始进行“生态型城镇”的规划试验。此后，在丹麦的新城市规划中，运用“生态型”城市理念的范围在进一步扩大。

结　语

城市住房水平与住房政策的变迁综合反映了在特定时代背景下，城市的经济与工业水平、政府的政策效率、市民生活状况以及建筑规划水准的专业性等多方面现状。结合前文的相关论述，现将 19 世纪中叶至 20 世纪下半叶丹麦城市住房水平与住房策略演进大致概括为三个阶段。

自 19 世纪中叶起，丹麦城市的人口过度扩张现象首先在首都哥本哈根出

---

① Peter Næss, *Urban Structure Matters-Residential Location, car dependence and travel behaviour*, Routledge, 2006, p.14.

② Peter Madsen, Richard Plunz, *The Urban Lifeworld-Formation, Perception, Representation*, p.124.

③ 1987 年，联合国世界环境与发展委员会提出了名为《我们共同的未来》的研究报告，在该报告中提出了“减少矿物燃料的消耗是促进可持续发展的关键问题”这一观点，从而也引起了关于减少公共交通中的污染物和温室气体排放以及可替代新能源研发等一系列环保问题新的探索。20 世纪 80 年代的丹麦在制造业、住宅能源循环利用等方面成效显著，然而交通运输部门是减少温室气体排放要求最高的部门之一，由燃料燃烧所直接导致的空气污染以及间接引起的水土污染仍是丹麦政府所困扰的难题。参 Peter Næss, *Urban Structure Matters-Residential Location, car dependence and travel behaviour*, Routledge, 2006, pp.2—3。

现，随后扩展至全国的主要大城市和一部分中小规模的城镇，如何解决由快速增长的人口所导致的城市住房压力成为了首要问题，而“高密度住宅区”似乎成为了当时必然的解决方案。尽管“高密度住宅区”的确有效缓解城市人口住房压力，但是也导致了市民住房水准的下降和城市运转负荷的加重，并且对城市原有的规划和治理体制造成了一定的冲击。

20世纪初期，丹麦的工业化水平进一步提升，相对利好的国际市场为城市发展的演进提供了有利的条件。随着“实用建筑主义”理念的推进，它不仅为解决当时住房困境提供了新的思路，同时还阐明了一个新的理念：城市建设的范畴不再仅局限于针对未开发地区制定新的规划方案和建造新的商业区及住宅区，当这些区域的建设工程完工时，与之相关的规划也将被列入提案。那些遵循“实用建筑主义”理念而建造的住宅，通常在当时具备较高的水准和舒适度。同时，在经济危机时期，丹麦政府推出的公共住房政策一定程度上缓解了部分低收入群体过往的住房压力。

战后的丹麦城市经历了从高速发展期到经济萧条期的转折，当“逆城市化”的趋势与“统一的大都市区域”的概念改变了原有的城市格局和规划方案时，随着城市中“待开发区域”的减少，城市规划的目标从早先的扩张建设逐渐向实施城市内部的各项改造工程转变。环保和生态发展等先进理念逐渐得到市政当局和市民大众的认同与重视，它既为指导的城镇运行提供了新的模式，又是对宜居理念的探索与实践，同时也为他国的城市发展提供了值得借鉴的成功案例。

Housing Problems and Strategy Transformation in the Urbanization of Denmark

Abstract: As the smallest country in Scandinavia, the population density of Denmark is the highest. Cities and towns have been living intensively for a long time. With the characteristics of dense distribution, the structures were built in small spacing and high space utilization. Since the mid-19th century, the process of industrialization and urbanization has further increased the number of urban populations in Denmark, accommodations once became the Urgent problems for the Danish government. The emergence of “high-density building areas” effectively alleviated the housing pressure of the cities at that time, but the subsequent deterioration of housing environment also added a lot of negative effects to the cities. In the first half of the 20th century, with the concept of "practical architecture" prevailing in architectural design and regional planning, the quality of urban residence and the living environment were significantly improved. In the second half of the 20th century, under the evolution of counter urbanization, the overall pattern and population size of the city had changed greatly. As the urban housing planning projects were further expanded to the suburbs, the importance of individual senses was emphasized and the quality of life was improved. It became the direction of housing planning and construction in the new era.

Keywords: Denmark cities、Housing problems、Construction、Urban planning

作者简介:林时峥,上海师范大学人文学院世界史系博士。

唐都长安外国移民职业结构探析

丁艳平

摘　要：7—9世纪的唐都长安是一个国际性大都市，拥有数量众多的外国移民。他们出仕为官、经商兴贩、传经布道、歌舞吹弹、求学问道，活跃于长安社会生活的各个领域，为大唐政局持续稳定、经济稳步发展、文化高度繁荣作出了自己的贡献。外国移民在长安从事职业之广泛，影响之深远，既展示了中华文明的独特魅力与自信，又彰显了中华文明"海纳百川，有容乃大"的宽阔胸怀。

关键词：长安　外国移民　职业　中华文明

唐朝政治稳定、经济发达、文化繁荣、国力强盛，是当时世界上最先进、最强盛的国家。都城长安作为全国政治、经济、文化中心，以其独特的魅力吸引着波斯人、粟特人、突厥人、日本人、新罗人等数十个亚非国家的异邦人士来到这里生活、工作、学习，成为一座名副其实的国际大都市。外国移民是唐朝政治、经济、文化生活中一个重要的社会阶层，他们在长安的生存空间、职业状况如何？本文就此问题展开论述，不当之处，请方家指正。

一、官　员

唐中央政府重用蕃官蕃将，当时在唐朝做官的外国人很多，甚至有种说法是"唐朝时做官的外国人多达三千，波斯人甚至官拜宰相"。此说具体如何不得而知，但至少说明唐代外籍人士入仕为官者不少。之所以如此，是因为蕃官蕃将多出自望族，在其民族有很高的社会威望，或者虽出身卑微但才能出众；

又因为他们是外国人，在朝廷没有政治根基，与杜权臣结合从而对皇权产生威胁的可能性小。唐时，来唐的外国人入仕途径广泛，他们即可通过归附、使节、入质、技艺等非常规方式进入官场，又可凭借军功、门荫、科举、辟署等正常途径踏入仕途。因而，唐朝蕃官蕃将之多历朝历代所罕见。

唐太宗说："自古皆贵中华，贱夷、狄，朕独爱之如一。"[①]贞观初年，太宗平定东突厥后，酋长携部落归附唐朝，入仕者"布列朝廷，五品以上百余人，殆与朝士相半"[②]；及太宗驾崩，"四夷之人入仕于朝及来朝贡者数百人，闻丧皆恸哭，剪发、剺面、割耳，流血洒地"。[③]这充分说明太宗不歧视蕃人，朝廷吸收了大量归附蕃官。这些归附蕃官受到了唐朝政府礼遇，因此太宗驾崩后，他们恸哭怀念。蕃人善于骑射，战斗力强，向来为唐朝政府重视。"在唐朝内部，构筑其军事力量的骨干部分并不是府兵制与募兵制招募的农民出身汉人士兵，而是数量庞大的突厥系、蒙古系等游牧骑马民与粟特人（含粟特突厥系）集团。"[④]在唐朝与周边民族和平定国内叛乱的一系列战争中，蕃官蕃将立下了汗马功劳。随着科举制度的推行，文官阶层逐渐兴起，汉人愈益重文轻武，更重视以科举走上仕途，而蕃人常常凭借骑射优势获得高位。史书记载，唐朝周边的一些小国甚至远至西亚的一些政权都曾向唐朝派遣质子。质子一般被安排在南北衙禁军系统宿卫、仪仗，享有唐朝政府授予的官爵、俸禄、田宅，待遇优渥。因此，很多人在长安定居下来，世代在唐朝充质为官。《全唐文》"仆罗诉授官不当"条记载："仆罗兄前后屡蒙圣泽，愧荷国恩，遂发遣仆罗入朝……窃见石国龟兹并余小国王子首领等，入朝元无功效，并缘蕃望授三品将军，况仆罗身恃勤，本蕃位望与亲王一种，比类大小与诸国王子悬殊，却授仆罗四品中郎。"[⑤]这段记载中提到了吐火罗质子仆罗自神龙元年（705 年）授四品中郎以来，14 年没有得到升迁，因而上书表达不满。很明显，唐朝已经制定了一套关乎外国质子晋升的制度。仆罗久不升迁，认为违反了制度，觉得委屈。唐朝政府制定规范管理外国质子的升迁，充分说了在唐外国质子数量之多。

除武职外，还有相当多的外国移民在长安做文职官员，译语人和天文气象

---

① （宋）司马光：《资治通鉴》，卷一百九十八，中华书局 2017 年版，第 2410 页。
② （唐）杜佑：《通典》，卷一百九十七，中华书局 1988 年版，第 5413 页。
③ 《资治通鉴》，卷一九九，第 2419 页。
④ （日）森安孝夫：《漠北回鹘汗国葛啜王子墓志新研究》，《唐研究》，2015 年，第 501 页。
⑤ （清）董诰：《全唐文》，卷九百九十九，中华书局 1983 年版，第 10355 页。

官员是其中比较著名的群体。译语人是唐朝政府在对外交往中担任翻译工作的人员。长安作为唐朝政治中心，外事活动频繁，各国前来朝贡、进献的使者宾客络绎不绝。译语人普遍存在于鸿胪寺、主客司、职方司等涉外机构中。唐代译语人中有不少外国人特别是粟特人。魏晋至隋唐时期，粟特人是丝绸之路上最活跃的商业团体，频繁往来于丝绸之路沿线各国，熟悉各国语言，来到唐土后，他们中一些人被朝廷聘为译语人。《大唐故成德军节度下左金吾卫大将军试殿中监石府君(神福)墓志》记载："府君讳神福，字忠良。金谷郡人也。曾祖试鸿胪少卿□用，祖授左翊府中郎将臣思，父何罗烛，试云麾将军蔚州衙前大总管。"①根据墓志记载，可推测墓主人石神福为昭武九姓入唐的胡人，曾祖曾为鸿胪寺少卿。鸿胪寺作为负责接待外使的外交机构，其工作人员一般来说需要外语娴熟，想必天然的语言优势为石神福曾祖获得鸿胪寺少卿职位增添了不少砖瓦。中国自古重视天文历法，唐朝政府也不例外："每遇改历之议，则诸外国皆相继或遣天文学者，或献天文经。"②在天文历法部门，唐朝政府广泛吸收来自印度、波斯等地的天文人才，甚至出现了著名的俱摩罗、迦叶和瞿昙三大印度天文学世家。《新唐书》记载了瞿昙譔控告僧一行《大衍历》的公案："时善算瞿昙譔者，怨不得预改历事，(开元)二十一年，与玄景奏：'《大衍》为《九执历》，其术未尽。'"③僧一行是唐朝杰出的天文学家，备受社会各界尊敬。瞿昙譔敢于控告僧一行，一方面说明了他对自己的专业能力很自信，一方面也说明了他在唐朝天文历法界是有一定影响力的人物。虽然他的控告最终失败，但皇帝对其的信任并没有因此减少，肃宗宝应元年还"被授以朝散大夫，并任司天少监"④，这充分说明了外国天文官员在唐朝的特殊地位。

一些在唐朝生活已久的外国人深受唐朝社会影响，开始学习儒家文化甚至参加科举考试。唐初，安国安兴贵家族流寓长安，"群从兄弟，或徙居京华，习文儒，与士人通婚者，稍染士风"。⑤中晚唐时，留唐外国人学习儒家经典情况已很普遍，针对这种情况，唐穆宗时期，还特设"宾贡进士"，降低考试难度以优待参加科举考试的外国人。"大中初年，大梁连帅范阳公得大食国人李彦

① 周绍良等:《唐代墓志汇编》，上海古籍出版社 1992 年版，第 1991 页。
② 何建民编著:《隋唐时代西域人华化考》，中华书局 1939 年版，第 116 页。
③ (宋)欧阳修，宋祁:《新唐书》，卷二十七，中华书局 1975 年版，第 587 页。
④ 晁华山:《唐代天文学家瞿昙譔墓的发现》，《文物》1978 年第 10 期，第 51 页。
⑤ (后晋)刘昫:《旧唐书》，卷一三二，中华书局 2000 年版，第 3645 页。

昇，荐于阙下。天子诏春司考其才。二年以进士第，名显然。”[①]李彦昇是侨居唐朝的大食人，深谙中国文化，凭借优异的学识一举中得进士。由此可以看出，来唐外国人已不仅仅靠其特长担任武职或译语人，还跟唐人一样通过科举选拔参与到国家体制中来了。也就是说，科举也成为入唐外国人社会地位升迁的重要渠道。

唐朝政府包容开放，广泛吸收外国移民入仕，朝廷从上到下都能看到外邦移民为官为将的身影，因此，蕃官蕃将成为唐朝从中央到地方一支不容忽视并有深刻影响的重要力量。

二、商　人

移居长安的外国人中，商人数量众多，他们的经营涉足珠宝、旅店、香料药材、餐饮，金融等众多领域。“隋唐时期很多胡人进入中国后，目标很明确，就是直奔都城长安。无论慕王化而来，还是为了追求商业利益，作为都城的长安所具备的吸引力都是其他地方望尘莫及的。”[②]长安是达官贵人聚集地，也是奢侈商品重要消费地。唐人小说中关于胡商在长安买宝的奇闻逸事比比皆是。《酉阳杂俎》续集卷五载：“僧广有声名，……因极祝右座（李林甫）功德，冀获厚衬……帘下出彩篚，香罗帕籍一物，如朽钉，长数寸……遂携至西市，示于商胡……胡人曰：‘此值一千万。’”[③]有关胡人买宝的故事虽然夸张离奇，但文学作品往往是人们对现实生活中存在的事物的艺术加工与想象，因此，胡人买宝的故事在一定程度上反映了唐代长安有大量做珠宝生意的胡商。这些外国珠宝商人出手阔绰，说明其资财相当雄厚。唐代流行熏香，来自异域的香料更是深受社会上层追捧。一些外国商人瞅准商机在长安城里贩卖香料药材，甚至成为行业翘楚。《旧唐书》记载，穆宗长庆四年（824 年），“波斯大商李苏沙进沉香亭子材”。[④]李苏沙能向皇宫供货，能和朝廷权贵甚至皇帝攀上关系，足见其经商规模和行业影响力巨大。唐代长安城里还有不少外国人经营的邸店，除了为客商提供存货、交易和住宿服务外，还经营借贷业务。《玄怪录》“杜子春条”记载：“杜子春……方冬，衣破腹空，徒行长安中，日晚未食，彷徨不知

① 《全唐文》，卷七百六十七，第 7986 页。

② 毕波：《中古中国的粟特胡人——以长安为中心》，中国人民大学出版社 2011 年版，第 208 页。

③ （唐）段成式：《酉阳杂俎续集》，卷五，中华书局 2017 年版，第 993 页。

④ 《旧唐书》，卷十七，第 512 页。

所往……有一老人策杖于前,问曰:'君子何叹?'春言其心……老人曰:'明日午时,候子于西市波斯邸,慎无后期。'及时,子春往,老人果与钱三百万,不告姓名而去。"[①]波斯邸是波斯人经营的邸店,也可能是外国商人在唐贸易的据点。波斯邸店往往存有大量现金,波斯老人出手动辄几百万钱,说明经营波斯邸的商人非常富有。

唐代长安还有不少胡人靠经营酒肆发家,甚至富比王侯。当时长安流行酒家胡,所谓酒家胡,即胡人经营的酒肆。王绩《过酒家》云:"有钱须教饮,无钱可别沽。来时常道贷,惭愧酒家胡。"商家经常赊账给顾客,这说明商家和顾客已建立比较良好的信任关系,也说明酒家胡经营有道,培养了一大批回头客。由于善于经营,不少酒家胡积累了巨万家财。敦煌写本 P.3813 号《唐(七世纪后半)判集》残卷记载:"长安县人史婆陁,家兴贩资财巨富,身有勋官骁骑尉,其园池屋宇、衣服器玩、家童侍妾比侯王……婆陁阛阓商人,旗亭贾竖。"[②]从姓名可以推测出史婆陁为胡人,文献中提到他是长安县人,又提到"阛阓商人,旗亭贾竖",阛阓为街道,旗亭指酒楼,看来史婆陁是长安市区经营酒楼的酒家胡,并且通过经营酒楼发家致富。然而,并不是所有的胡商都腰缠万贯、从事大买卖,他们中更多的是一些辛苦经营小营生的小商贩。《太平广记》记载郑子早行,"及门里,门扃未发,门旁有胡人鬻饼之舍,方张灯炽炉,郑子憩其帘下,坐以候鼓"[③],"有举人在京城,邻居有鬻饼胡,无妻"。[④]从城门旁鬻饼的胡人、某举人邻居鬻饼胡等可以推测卖饼的胡人在长安寻常可见,做小本生意的胡商活跃在唐代长安城的每一个寻常角落。

总之,长安城里大大小小的胡商数量众多,经营范围广泛,影响甚大,构成了长安城里一个特殊的社会阶层。当政府财政匮乏时,朝廷甚至把胡商作为筹措财源的目标。《资治通鉴》"僖宗广明元年条"记载:"度支以用度不足,奏借富户及胡商货财。"[⑤]僖宗时已是唐朝末期,朝纲崩坏、战乱不断、经济崩溃,唐僖宗打着借钱的名义掠夺胡商。虽然昏庸无道,但足以说明当时长安胡商是一个富裕群体,而在乱世,仍能保持财富,本身就说明了这个群体的

① (唐)牛僧孺,(唐)李复言:《玄怪录·续玄怪录》,《玄怪录》,卷一,中华书局 1982 年版,第 1 页。
② (日)池田温:《中国古代籍账研究》,中华书局 2007 年版,第 175 页。
③ (宋)李昉:《太平广记》,卷四五二,中华书局 1961 年版,第 3692 页。
④ 《太平广记》,卷四〇二,第 3243 页。
⑤ 《资治通鉴》,卷二五三,第 3152 页。

庞大和影响力。

三、宗教人员

中唐以前，唐朝国力昌盛，社会安定，统治者实行宗教自由政策，因此长安成为理想的传教地，各派宗教传经布道者纷至沓来。这其间既有众多佛教僧侣，亦有不少祆教、景教、摩尼教等三夷教僧侣。

唐代佛教信仰深入民间，唐朝二十一个皇帝，除了发动"会昌灭佛"的武宗外，其余诸帝均信仰佛教，即使不信佛教也会因稳定社会、巩固政权的需要而加以扶持。唐高宗、武则天、唐玄宗尤其崇信佛教，因此吸引了大批外国僧人来中国弘法。唐代长安寺庙林立，各寺庙都有外国僧人活动的身影，日本僧人圆仁曾在长安寺庙见到了很多外国僧人："青龙寺宝月三藏等五人，兴善寺北天竺难陀三藏一人，慈恩寺师子国僧一人，资圣寺日本国僧三人，诸寺新罗僧等，更有龟兹国僧，不得其名也，都计二十一人。"①唐朝是佛经翻译活动的全盛时代，不少外国僧人因语言特长在各大寺院从事译经工作。当时，长安很多寺院都设有译场："置译主、笔受、译语、证梵本、证梵义、读梵本、润文、证义、梵呗、校勘、监护大使、正字等。"②译场的译主多为外国僧人，而译语、证梵本、证梵义、读梵本、证译等职位，一般也由外国人担当。《宋高僧传》记载长安印度移民后裔智慧，因梵语娴熟，经常被各译场请去证梵义、梵本："本既梵人善闲天竺书语，生于唐国复练此土言音。……所有翻译皆召智为证，兼令度语。"③来唐译经弘法的外国高僧一般都受到唐政府的重视，有的还深得皇帝信任："据统计，唐代很多和尚被封官赐爵，一般的为朝散大夫或鸿胪卿，地位最高者达到司徒、司空，乃至国公，至于因迎合唐朝权贵而煊赫一时的胡僧人数相当多。"④

唐代，长安除了佛教盛行外，祆教也相当活跃。祆教是古代流行于波斯、中亚等地的宗教，随着波斯人和粟特人沿着丝绸之路大量东来，长安城里祆教大行其道。据韦述《两京新记》、宋敏求《长安志》以及姚宽《西溪丛语》记载，长安布政坊、醴泉坊、普宁坊、靖恭坊、崇化坊各有一处祆祠。祆祠

① (日)圆仁：《圆仁入唐求法巡礼行记》，卷三，上海古籍出版社1986年版，第159页。

② 谢海平：《唐代留华外国人生活考述》，台湾商务印书馆1979年版，第163页。

③ (宋)赞宁：《宋高僧传》，卷二，中华书局1987年版，第33—34页。

④ 詹伟明：《唐代胡僧形象研究——以〈太平广记为例〉》，湘潭大学硕士论文，2010年，第12页。

是西域移民的宗教活动中心和文化联系纽带;“每岁商胡祈福,烹猪羊,琵琶鼓笛,酣歌醉舞。”[①]为了便于管理,唐朝政府设置了萨宝府,设置萨宝、萨宝府祆正等官职掌管每年的祭祀及祆教徒的事务,足见唐时祆教之盛。

景教在唐朝也有一定影响力。大秦景教流行中国碑记载景教在唐朝初期传入中国:“太宗文皇帝,光华启运,明圣临人,大秦国有上德曰阿罗本,占青云而载真经,望风律以驰艰险,贞观九祀,至于长安。帝使宰臣房公玄龄,总仗西郊,宾迎入内,翻经书殿,问道禁闱,深知正真。特令传授。”[②]在阿罗本到来之前,景教已随着大量中亚和西亚移民传到唐朝民间,并有了一定的群众基础,形成了一定影响力,想必唐朝政府高层也早已熟知景教,所以当教团首领阿罗本第一次踏上唐朝国土,就受到宰相房玄龄亲自到郊外迎接的高规格接待。阿罗本来中国传教,应该还有不少随行人员,而“碑文独举其名,殆因其为传教团体之首领”。[③]得到了唐朝政府的支持,景教在唐土发展迅速,到高宗时期,已如大秦景教流行中国碑记载的那样:“法流十道,国富元休。寺满百城,家殷景福。”[④]随着景教的扩张,来唐的传教士也应不少,只是大多数人没有留下名字,淹没在历史的长河里。

摩尼教借助回纥政权在唐朝的发展也较为迅速。《佛祖统纪》记载,武则天延载元年(694 年),“波斯人拂多诞持二宗经伪教来朝”。[⑤]这是史书关于摩尼教首次来中国的记载,然而一来就遭到佛教徒嫉妒,从侧面说明来华的摩尼教徒数量不少,对其他宗教造成了压力,所以才会被佛教徒嘲讽为伪教。唐朝政府曾于开元二十年(732 年)禁止摩尼教,但摩尼教是回纥国教,唐朝政府数次向回纥借兵平定安史之乱,于是摩尼教利用回纥的政治力量再次在唐迅速发展。李肇《国史补》亦称:“回鹘常与摩尼议政,故京师为之立寺……其大摩尼数年一易,往来中国,小者年转。江岭西市商胡橐,其源生于回鹘有功也。”[⑥]因此,可以推测,唐代长安城里应该生活着大量摩尼教徒。

唐代开放的民族政策和包容的宗教政策,吸引各派宗教来唐土传教,长安自然成了各派传教人士活动的重要舞台。因此,宗教人员也是来唐外国人中

---

① (唐)张鷟:《朝野佥载》,卷三,中华书局 1979 年版,第 64 页。
② 王其祎编:《唐大秦景教流行中国碑》,陕西人民出版社 2006 年版,第 15—17 页。
③ 《唐代留华外国人生活考述》,第 196 页。
④ 《唐大秦景教流行中国碑》,第 24 页。
⑤ (宋)志磐:《佛祖统纪》,卷四十,上海古籍出版社 2012 年版,第 931 页。
⑥ (唐)李肇:《国史补》,卷下,上海古籍出版社 1979 年版,第 66 页。

的核心群体。

四、艺　人

唐时，中亚艺人在长安社会各阶层非常活跃，这些艺人包括歌者、舞者、乐器演奏者以及杂戏表演者。唐代上层社会偏爱西域乐舞，唐太宗时将宫廷宴乐由九部乐增为十部乐。十部乐大多数为少数民族音乐和外国音乐，“唐代的九、十部乐应是自南北朝以来流传于中国的各民族乐舞的一个历史性的总结”。[①]外国乐的演奏者及歌舞表演者虽没有规定必须为外国人，但诸外国乐部建立、发展和延续，一定离不开外国艺人的参与。纵观整个唐朝，西域艺人深受皇帝赏识。《唐会要》记载：“贞观末，有裴神符者，妙解琵琶，作《胜蛮奴》、《火凤》、《倾杯乐》三曲，声度清美，太宗深爱之。”[②]唐朝历史上留下名字的外国艺人还有康昆仑、曹保、曹子善、曹纲、曹供奉、安万善、康迺、曹触新、米禾稼、米万槌、石宝山、安叱奴、安辔新、米嘉荣、米和、何满子、何戡等。从姓氏可以推断，这些艺人来自中亚昭武九姓地区。他们或擅长吹奏乐器、或擅长跳舞、或擅长歌唱，都是唐代娱乐界红极一时的明星，从而在历史上留下了浓重的一笔。外国艺人多隶属太常寺、教坊、梨园等政府或宫廷音乐机构，主要在政府典礼仪式和宫廷娱乐中进行表演。《封氏闻见记》记载：“崔湜步自北岸促之，遇户部双舸，上结重楼，兼胡乐一部。”[③]还有一些外国艺人进入唐代豪门大户充当家伎，刘言史《王中丞宅夜观舞胡腾》一诗云：“石国胡儿人见少，蹲舞尊前急如鸟。”户部官员的游船上、王中丞宅第里都有外国艺人的歌舞表演，足见西域歌舞在唐时上层社会的流行。上层社会的娱乐风尚会被民间模仿，西域歌舞很快通过教坊传播到民间，元稹《法曲》“女为胡妇学胡妆，伎伎胡音务多乐”，即描写了唐代西域舞乐盛行的社会风尚。随着上层社会的音乐风尚传播到民间，长安市井街巷中也流行起了中亚艺人的歌舞表演。酒肆中卖酒的胡姬是唐时长安的一道风景，她们年轻貌美、歌声婉转、舞姿优美，成为了唐代文人艺术创作的对象，李白、岑参等大诗人都留下了描写胡姬的诗篇。还有一些西域艺人走街串巷从事杂技、魔术表演，这些外国民间艺人的表演场面刺激又富有异域色彩，在长安一度非常红火，以致引起了统治者的担忧，甚至下诏

---

① 刘嫣嫣：《试论唐代九部乐、十部乐与坐部伎、立部伎之间的关系》，《齐鲁艺苑》1988年第2期。

② (宋)王溥：《唐会要》，卷三十三，中华书局2017年版，第610页。

③ (唐)封演：《封氏闻见记校注》，卷五，中华书局2005年版，第43页。

禁止。如高宗下令："如闻在外有婆罗门胡等，每于戏处，乃将剑刺肚，以刀割舌，幻惑百姓，极非道理。宜并发遣还蕃，勿令久住。仍约束边州，若更有此色，并不须遣入朝。"①深宫里的皇帝会注意到街头外国艺人的魔术表演，说明这些表演已产生了不小的社会影响，这也说明了从事这类表演活动的外国艺人数量之多。

总之，无论宫廷、上层社会还是民间，外国艺人都是唐代长安娱乐行业的主力之一。

五、留学生

唐代教育事业处于当时世界的领先地位。都城长安是著名的文化教育中心，周边各民族不断向唐朝派遣留学生，学习其制度、法律、文化和技术。长安留学生教育曾兴盛一时，贞观年间，"高丽、百济、新罗、高昌、吐蕃诸国酋长，亦遣子弟请入于国学。于是国子学内八千余人"。②可见，长安作为当时的文化教育中心确实吸引了众多国家和民族的留学生到此学习。

周边各民族和国家中，新罗向唐朝派遣留学生最多。早在唐初，高丽、百济、新罗相继派遣留学生入唐学习，新罗统一朝鲜半岛后，向唐朝派遣留学生更为频繁。新罗向唐朝派遣留学的数量，无法具体统计，但从历史文献记载可窥一斑。唐文宗开成二年(837 年)，"新罗差入朝宿卫王子，并准旧例，割留习业学生，并及先住学生等，共二百十六人，请时服粮料，又请旧住学习业者，放还本国"。③从记载来看，仅开成二年，长安的新罗质子和留学就达到了 216 人，虽然文献没有具体说明这里面到底有多少留学生，但很明显，留学生是占绝大多数的，这也证明了新罗留学生数量之多。日本也是向唐朝派遣留学生较多的国家。日本留学生一般跟随本国使节来到中国。整个唐代，日本随遣唐使派遣了十三批留学生，每批人数不定。除了日本和新罗，渤海、吐蕃等民族也向唐朝派遣了较多的留学生。《新唐书》记载，渤海国"其王数遣诸生诣京师太学，习识古今制度，至是遂为海东盛国"。④唐中宗神龙元年(705 年)下诏：

---

① (宋)王钦若：《册府元龟》，卷一五九，中华书局影印本 1960 年版，第 1921 页。

② 《通典》，卷五十三，第 1468 页。

③ 《唐会要》，卷三十六，第 668 页。

④ 《新唐书》，卷二百一十九，第 6182 页。

"敕吐蕃王及可汗子孙,欲习学经业,宜附国子学读书。"①当时世界到底有多少国家往唐朝派遣了多少留学生,由于历史记载缺失,今天已无法确切统计,但是爬梳相关历史文献,可以肯定唐代长安留学生的规模是比较可观的。正因为来唐留学生众多,唐朝政府还特设"宾贡进士"对他们加以照顾和优待。一些留学生也热衷于参加唐朝的科举考试。从现有文献记载来看,在唐朝科举及第的宾贡进士人数还不少。"自笑中华路,年年送远人",即是唐人张乔为送新罗进士归国写下的诗篇。留学生留唐的时间长短不一,短则一两年,长则十几年。当他们学业完成后,仍有一部分人选择留居唐朝。如日本留学生阿倍仲麻吕完成学业后,留在唐朝为官五十年,《旧唐书》谓其"慕中国之风,因留不去,改姓名为朝衡,仕历左补阙、仪王友。衡留京师五十年,好书籍,放归乡,逗留不去"。②新罗留学生金可记学成归国后不久又来唐朝入终南山修道,《太平广记》记载:"金可记,新罗人也,宾贡进士……俄擢第,于终南山子午谷葺居,怀隐逸之趣……后三年,思归本国,航海而去。复来,衣道服,却入终南。"③一般来说,这些接受唐朝先进文化洗礼的留学生一旦归国都会有比较好的发展,但仍有不少留学生因各种各样的原因留居唐朝。

唐代文化教育事业发达,唐朝政府为外国留学生提供各种学习便利,吸引外国留学生源源不断的到来。可见,长安城里生活着大量的外国留学生。

唐代长安城里的外国人除了上文提到的五大群体外,还有不少外国使者、外国奴婢和政治避难者等。总而言之,长安是外国移民活跃的城市。外国移民的活动深入到长安社会的方方面面,出仕为官、经商兴贩、传经布道、歌舞吹弹,求学问道,为大唐政局持续稳定、经济稳步发展、文化高度繁荣作出了自己的贡献。这一方面说明了移民群体的适应性与创造力,另一方面说明了大唐制度的优越、自信、开放与包容。唐代国力强盛,经济繁荣,唐人"华夷之辨"思想较为淡薄,这些都是大唐的魅力所在,也是吸引移民的重要因素。长安不仅是当时中国的政治、经济和文化中心,还是当时国际化程度最高的城市,长安民众在价值观念上和社会心理上对外国人、外来事物的接纳度和包容度更高,

① 《唐会要》,卷三十六,第 667 页。
② 《旧唐书》,卷一百九十九上,第 5341 页。
③ 《太平广记》,卷五十三,第 329 页。

有利于外国人融入长安的社会生活，这也是外国移民对长安青睐有加的原因。

Exploration on professional structure and social classes of foreign countries' immigrants in capital Changan of Tang dynasty

Abstract: From 7th century A.D to 9th century A.D, capital Changan of Tang dynasty was an international metropolis with a large amount of foreign countries' immigrants. These foreign countries' immigrants were active in all kinds of social classes in Changan, they whether became officers and generals, or became sellers and business men, or to be monks and priests, or to be singers and musicians, or to be students. They had made significant contribution to the durable stability of the political situation, the stable development of economy, and the advanced prosperity of culture of the Tang dynasty. The comprehensive field of career and the profound social influence of foreign countries' immigrants in capital Changan not only displayed the unique charm and self-confidence of Chinese civilization, but also displayed the enormous tolerance of Chinese civilization, namely, hundreds of rivers come into the sea for its capacity to hold.

Keywords: Changan、foreign countries' immigrants、profession、Chinese civilization

作者简介：丁艳平，女，湖南常德人，湖南师范大学历史文化学院博士生，海南大学马克思主义学院副教授，主要从事古代中外关系研究。

城市与社会

从动迁焦虑到融入城市生活共同体

——建国70年来文学中进城意识的流变①

苏喜庆

摘　要:建国七十多年来,文学叙事中的进城主题书写,成为讲述中国故事和社会变迁的重要切入点。其中进城意识是伴随着进城模式的变迁而产生的行为主体现代性转换。农民进城与知识分子进城叙事始终是这一题材中的两条并行的主线。叩问不同时期进城者的精神流变,可以形塑出中国文学中城乡空间文化形态向现代性进阶的迭代过程。从上世纪五六十年代的进城赶考书写,七八十年代的进城焦虑,再到新世纪前后的融入困局,直到近年来进城者融入城市生活的期盼与探索,再现出从乡土中国走向中国城市,由身份改造到心灵安居的流动型社会镜像。进入新时代,让田园风格融进城市现代生活体系,让"美丽乡村"融入先进的城市生活元素,共同建构美好和谐的生活共同体的意识日益鲜明。

关键词:进城意识　观念变迁　流动社会　生活共同体

进城,是由乡村进入城市的空间动迁和人口流动的综合转换阶段,这一条路线在建国以来的70年里,并非完全是单向度的输入,而是在不同的历史阶段呈现出阶段性的动迁性特征。"动迁"意味着空间位移、环境变化和身份变异,以及生活境遇等等方方面面的变化,动迁者方方面面的自身漫长适应性考验,引起了身心方方面面的不适和焦虑。在古代文学作品的城市书写中,进城

① 本文为国家社会科学基金重大招标项目"中国当代文艺审美共同体研究"(18ZDA277)研究阶段性成果。

将意味着得到机遇、见过世面、享受荣耀，甚至从此开启个人身份的逆袭之旅，而这构成了中国封建乡土社会中独特的心理经验。在农耕文明孕育的乡土农业社会中，进城是脱离故土的中国文人的文化情结，也是潜意识里城乡两种异质文明冲突的文化心结。在建国以来的70年里，面对前所未有之社会大变局，这种强烈的进城意识，也成为中国大批农裔城籍作家的无意识观照。

"城乡二元结构"是近代以来中国社会空间中最明显的标志。差异带来分离，而流动带来弥合。卡斯特指出："我们的社会是围绕着流动而建构起来的：资本流动、信息流动、技术流动、组织性互动的流动、映像、声音和象征的流动。流动不仅是社会组织的要素而已；流动式支配了我们的经济、政治和象征生活过程之过程。"[①]随着国家建设和全球化流动的加速度，流动空间正在不断地弱化城乡区域或地方空间的行政边界、社会关系、生活样态及政治制度的区隔作用。具有文化意味的是，在中国精英知识分子和乡土农民的流动中，从"农裔"走向"城籍"的身份逆袭中，乡土中国与中国知识分子的精神血脉联通，知识分子的个体进化与城市化进程息息相关。回顾建国70年以来的风雨历程，围绕着进城而引起的历史命题始终与共和国的成立、建设、发展和变革扭结在一起，就像铭刻在新中国建设史上的烙印，成为挥之不去的情结，从中我们能够看到在社会转型与变革的过程中民族文化心理的变迁。进城意识的流变，实际上是一个复杂的中国社会意识变迁史的呈现，是中国流动型社会加速分化的意识形态反映。在城乡的空间对位视角中，城市生活样态在不同的阶段代表着不同的时代文化心态和社会观念。而在中国当代城市文学的书写中，"进城意识"正是伴随着社会变迁、人口流动、传统与现代文化碰撞而出的一种审美化的意识形态。

一、进城赶考：单向度的入城受限

在新中国建立后的前二十多年里，中国的城镇化水平缓慢提升到20％左右[②]。解放前，进城意味着农村包围城市初步的胜利，农村的优越性在于孕育了新生的革命政权；解放后，进城意味着夺取领导权的真正胜利。而解放初期，城市是一个急需要改造的烂摊子、腐蚀场。在这样的历史背景下，大批以农村干部为主体的解放军部队进入城市，开启了"赶考"之路。当然，也有由于

① 曼纽尔·卡斯特：《网络社会的崛起》，夏铸九、王志弘译，社会科学文献出版社2001年版，第505页。
② 张翼：《解析七十年中国社会发展与变迁》，《中国社会科学报》2019年8月20日。

工业化的起步而引发的少量农民通过招工等形式，“单向度”直推式的进入城市，传递出为四化建设做贡献的微弱新声。单向度主要的动力源来自国家工业部门和机关单位的招工，一旦应招成功，便变成了“公家人”。但对于大部分农村农民来讲，新中国带来了主人翁地位的新身份——农民。在1950年代中期开始，以户籍制度为基础，配套粮食统购统销制度、人民公社制度和劳动就业制度，建构起了阻碍农民进城的高门槛。只有通过限额、限出身等的“高限度”规制性推荐和招考，才可能挤进城市。城与乡是两个分异的空间世界。

这一时期，对于农民进城的制度和态度都不明朗，整个社会焦虑来自怎样在翻身做主人后，尽快的各安其位，更好地投身事业、发动生产、支援国家建设，而非来自城市。所以，整个农村建设和农业发展是百废待兴的主导意志，对于农民进城没有形成普遍的“社会认同”，并且少量游离进城的农民是在“身份”蜕变后方可入场，或为工人、或为干部，农民对于进城的生活知之甚少，更缺乏想象的动力，也就很难激起进城的强烈欲望，即便进入了城市，仍然是一个“被动认同”的长期磨合过程。所以这一时期，整个的社会焦虑来自本土生存、生活与如何让未来生活可期的期盼。

建国之初的十几年里，城市满目疮痍，甚至藏污纳垢，遗留着旧社会的暗影。进城意味着极大的革命意志考验，而农村拥有土改基础和群众基础，百废待兴，广阔天地大有作为。在这种情势下，城市并不具有多大的诱惑，甚至对于农民出身的革命胜利者而言，坚守农村阵地，开展农业现代化，以第一产业辅助第二三产业是必经之路，具有更为长远的战略眼光。

在十七年文学中，就有萧也牧的《我们夫妇之间》等少量作品，直击干部进城赶考的现象，进城后从革命者到建设者的思想意识变迁，李克面对“地毯、沙发、爵士音乐”的生活改造，知识分子的新生活焦虑成为一个公共话题、一个被动接受社会批判与艰难认同的过程，甚至上升为一个严肃政治话题①。但是从当时的批判来看，这种知识分子积极探寻入城的新的文化身份认同和对家庭和谐关系的想象，并没有得到普遍的认同，这也折射出当时进城的社会限度，来源于强大的社会运动态势②。近年来，不少文艺作品开始重新“复活”、并接续这段曾经被迫断裂的历史，如石钟山的《父亲进城》和朱文轶的《进城1949》③，

① 袁洪权：《〈我们夫妇之间〉批评的文史探考》，《中国现代文学研究丛刊》2018年第11期。

② 赵海娟：《50年文学进城的探索者——〈我们夫妇之间〉》，《安阳工学院学报》2015第1期。

③ 朱文轶：《进城1949》，广西师范大学出版社2010年版。

反映出作为革命者的“城一代”，在进入城市时所经历的荆棘之路、利益诱惑和初心考验。

相对于进城的考验和障碍，百废待兴的农村似乎对于农民和知识分子具有更大的吸引力。在整个社会意识形态中，农业大国、农业现代化迫不及待，合作化运动如火如荼，农村广阔天地大有可为。带着这样的必胜信念，农村新人形象光辉而且可贵。而城市则与安逸甚至虚伪、享乐挂上了钩，在整个国家意识形态中显得猥琐。作家柳青毅然放弃城市生活，到农村去体验生活，正是受到了文艺为工农兵服务的召唤，出城时依然带着革命者的豪情和决绝[①]。所以在他的《创业史》中，农村是战天斗地孕育新中国基层英雄人物的处女地，梁生宝是农村建设乃至国家经济建设中的佼佼者。而像具有强烈进城意识的徐改霞，为投身工业化而积极应招产业工人，作家则对其抱有“有限度”的揶揄态度，甚至让梁生宝与徐改霞的婚恋破裂，来显示“进城意识”是不安于农业生存、背离农业集体化道路的“焦虑”。

徐改霞这一人物命运，正潜在暗示出第一代农民进城者的进城正处在被动认同的艰难困局之中。她从故事的主要人物逐步退化为进城后的“边缘化”边缘人物，在当时，被不少读者认定为一个被启蒙者的失败样板。但在作家柳青的简短回应中可以看出，在这一人物身上，也不乏渗透着作家无意识的、“先知先觉”得发掘具有进城意识的新人期待。

事实上，20 世纪 50 年代，农民进城之路是一个单向度受限的狭路。城里招工指标极其有限，要层层把关、优中选优，所以这一时期的农民进城除了要怀揣着建设祖国、献身四化的信念，还需要个人知识技能和机遇的遇合。不得不说，这里柳青的潜意识中怀揣着对解放后农村广阔天地大有作为的笃信和敬畏。1960 年他毅然放弃城市生活，自己回到皇甫村正是这种建设豪情的表现。

从徐改霞的最终决绝进城描写来看，她选择的无疑是一条异于祖祖辈辈农业拓荒之路的新道路——工业化。可以说，从进城的潜意识层面来看，柳青敏锐的捕捉到了未来农业社会分化后的双重可能：一种是对传统农业的社会化大改造；一种是培养有为的知识青年，从农业中游离出来，为更为广阔的工业化之路提供人力、物力和智力支持。只是这种觉察还是试水式的摸索，来自社会主流意识和底层文化心理的多重限度，使得这条向往城市的单向输出并

① 蒙万夫：《柳青写作生涯》，百花文艺出版社 1985 年版，第 130、139—140 页。

不顺畅,作家的态度也极为暧昧,这是作家对未来发展道路试探性的反映。

可见,建国后的最初二十几年里,乡下人进城还是一个极度受限的行为,知识分子进城叙事在文学中也是一个"亚主流"现象①。作家、知识分子和农民身处时代的建设洪流之中,对于进城表现出几分暧昧的态度,也在文学作品中呈现出了强烈的紧跟主流的创作倾向。

二、入城闯荡:新时期进城的可逆性回路

20世纪80、90年代②,城市化发展如火如荼,改革开放深入人心。城市急速发展对更多劳动力的迫切需求,与农民土地生存的压力,双重因素造成了早期农民工进城的高潮。"改革开放加速了中国的发展步伐。到2000年,常住人口的城镇化水平达到了36.2%。"③不同于"十七年时期",进城者需要带着"身份"进城,这一时期许多农民以"城市劳动力"的本真身份,开启了入城的大胆尝试。改革开放促进了城乡资本和劳动力的自由流动,进出城市自由、返乡回路顺畅,形成了这一时期可逆性的特征。

农民进城闯荡成为时代的主题,"大量农村剩余劳动力离开他们的家乡,主要是为了获得相对高的经济收入,缓解生存压力,是'经济人'行动主体因生活所迫对生存策略的一种调整,其迁移动机和入城目标是以'谋生'改变生活境况,而非追求人的价值、尊严和权力"。④在流动的人口和流动的文化中,流动的生存主题扩充了社会的交往边际,也加速了乡土社会向现代性转型的速度。齐格蒙特·鲍曼指出:"这种流动的现代性状况,是一个顺从持久共存的前景的时代,因而是一种比其他任何东西都更为需要和平友爱的共处的艺术的状态;……如果说'美好社会'的理想是要在流动的现代性的社会环境中保留它的意义,那它必定是一个关注于'给每人一次机会',并因而消除阻碍这一机会被接受的许多障碍的机会。"⑤个体受到城市文化的召唤进行得主动迁移,是在克服各种障碍、消除各种阻力后,主动奔赴美好前景的行为。知识分

① 徐德明:《乡下人进城——城市化浪潮中的城乡迁移主题小说研究》,河北传媒出版集团2016年版,第2页。

② 在文革的十年中,"上山下乡"的逆进城政策引导,使得进城意识更加微茫。只有少量的工农兵学员作为工人后备力量,通过学校路径进入到工厂、矿山等,成为建设大军中的幸运儿。

③ 张翼:《解析七十年中国社会发展与变迁》,《中国社会科学报》2019年8月20日。

④ 纪竞垚、刘守英:《代际革命与农民的城市权力》,《学术月刊》2019年第7期。

⑤ [英]齐格蒙特·鲍曼:《共同体》,欧阳景根译,江苏人民出版社2007年版,第90页。

子出身的作家在这个时代，对农村生活往往具有切身的体验，对人物形象的观察和生活的储备，跟这个时代的发展主题性召唤、普遍性的社会认同达到了高度的适配。

进城成为新时期社会转型发展的积极回应。高晓生的"陈奂生"入城系列小说(《"漏斗户"主》、《陈奂生上城》、《陈奂生转业》、《陈奂生包产》、《陈奂生战术》、《陈奂生出国》)中的"漏斗户"陈奂生是个体农民进城的典型，在十一届三中全会后进城卖炸油绳，正是这一代进城农民的精神和行为表征。这一时期的进城农民，脚跟仍然立于农村的土地，他们自身的定位也是"城市的过客"，劳动力迁移是对社会改革开放的积极适应。进城农民们迫不及待的想要改善自己的乡土生活，改变农村的生存面貌。这期间不免有进城畸形发展的个案。阎连科的《丁庄梦》里的"血头"靠进城卖血发家致富。《炸裂志》中女性靠集体进城出卖肉身色相，在农村建起了体面的洋房；男性靠入城盗窃积累起炸裂村发迹的原始资本。故事从乡土的裂变中，捕捉极化现象。作家们审慎地凝视着城市化对农民的心灵撞击和异化，表达着对农村转型期健康发展的希冀。

以 20 世纪 70、80 年代乡土青年农民出路探索为创作主题的《平凡的世界》，就呈现出了这种乡土社会裂变的萌芽，不仅有对苦难叙事之外的积极进取意志的开掘，而且对新的城乡秩序充满了期待。路遥着力塑造了两个极具有代表性的农民进城典型人物：一个是主人公孙少平，另一个是王满银，他们可以说是建构城乡"柔顺模式"的先行者。孙少平身上带有典型的"农一代"进城的特色。原西县立高中毕业后的他，婉言谢绝了哥哥孙少安挽留其在家创业的好意，毅然进城当起了揽工汉，因为城市意味着外出看世界。他从打零杂工做起，直到依靠勤奋踏实的劳动，获得了城乡接合部村委曹书记的信赖，帮助他在城边落了户，并意外获得了当矿工的工人指标，成为拿工资、吃皇粮的公家人。此时，孙少平抑制不住的兴奋："无论如何，他已经成了一名黄原人。这本身就具有非凡的意义。他想象他那些前辈祖宗中，大概还没有离开过故土。现在，他有魄力跑出来寻找生活的'新大陆'，此举即是包含巨大的风险，也是值得的。"农裔城籍的知识青年在亢奋之中，也隐隐对未来的"风险"有着焦虑性的预感：这个身份能否换来彻底的家境扭转，实现属于自己理想的幸福生活，也还是个未知数。从作者立场来看，农民从城乡接合部进入县城的这种跨县域进城(而不是空降式的直接进入大城市)是一个比较积极稳妥的选择。

与之相对的是孙少平的姐夫“逛鬼”、“盲流”(当时对盲目流动进城的农民的蔑称)——王满银,他便是直接进入大城市打拼的“落荒而逃者”。他有点好高骛远,拈轻怕重,且又缺乏安分守己的品性。曾因贩卖老鼠药被劳教,被乡民戏称为“二流子”。但不可否认,这个人物身上带有不同于知识分子进城的某些先进质素——敢于闯荡经营的精神。他在十一届三中全会后,主动勇敢的向大城市求生存,热衷于投机经商做生意,曾经跑上海卖过木耳,到广州贩卖过廉价电子表,可谓走南闯北。在这个人物身上寄寓着作者复杂而又细腻的情感。王满银始终对美好生活抱有热望,在大城市东奔西跑、四处闯荡碰壁,最后在上海小旅馆中,面对镜子幡然醒悟,毅然踏上了西行返乡的列车,重新又回到了过乡村小日子的平凡生活之中去了。他返乡并不带有对城市的极度眷恋,在城市的异族、他者身份使他找不到任何归属,在返乡的可逆性回路里,乡土永远是最具有归属感、包容性的“温柔乡”。这其中隐喻着在改革开放市场经济开拓初期,农民“空降式”进城闯荡的艰辛和无奈,也隐含着对跨县域、跨省域进城的深沉之思。

知识分子进城叙事中,往往扭结着生存的艰辛和焦虑。关于融入城市的艰难历程,知识分子的感悟最为敏锐和深邃。一批青年怀揣着“征服”城市的理想踏入城市,等到真正进城后,却不期然变成了对庸碌生活“臣服”的边缘人。在农民知识分子和城里人双重身份之间,“由于边缘人不可能归属于两个群体中的任何一个,所以边缘人严重缺乏归属感,再加上边缘人需要经常出入两种不同的文化,所以经常陷入自我分裂,显示出焦虑不安、空虚和寂寞的心理症状”。[①]刘震云的《一地鸡毛》中,新市民小林臣服于复杂而又苦恼的城市权力本位思想,对城里的日常生活充满着“烦”与“畏”的焦虑,为了赖以生存的城市居住权可谓是忍辱负重。在李佩甫的小说《城的灯》中,冯家昌率领家族“挺进”城市,这个过程中虽然不乏隐忍、机智,但也迷失于权力和欲望、挣扎于情感漩涡,文本召唤着逃离乡村过程中健康人性的复归。在文人骨子里,残存的进城初心,是一根沟通城乡、安顿心灵、维系文化生命的脐带。

新时期文学中还有一股强大的进城潮流便是“知青返城”。严格意义说,返城和进城不是同一个范畴,但是从两者的对比中,我们更能感知到进城者的进城焦虑,也折射出返城者的生存焦虑。被打散了的知青共同体,在返城后同

① 车效梅、李晶:《多维视野下的西方“边缘性”理论》,《史学理论研究》2014 年第 1 期。

样面临着身份失重、心理失落的焦虑。不一样的心态造就了知青作家笔下的农民进城者闯入城市空间的突兀和无奈，与知青经历了上山下乡再改造后，对乡土若即若离的眷恋和感伤形成了强烈反差。知青返城现象在梁晓声的《雪城》中得到了集中体现：教导员姚玉慧，拥有 11 年北大荒插队生活，这足以让一个知青改变了性情和志向，当她带着压抑和隔膜重新回到城市生活中时，已经难以"被城市接纳"。如何平复新的返城焦虑，成为作品中暗含要解决的命题。

90 年代后，农民工进城成为中国重要的人口流向。他们多是以建筑工、环卫工、家政服务员、拾荒者、修鞋匠乃至占道经营的商贩等身份，闯入城市公共空间。这种形象常常与卑微、低贱、脏乱差等词汇粘连在一起，形成了外在弱势的定型化公共印象。而对于城市的私人空间，常常是进城者遥不可及、格格不入的想象性存在。

值得关注的是，90 年代进城务工，成为城市化发展中一个独特的中国现象。他们举家迁往城市闯荡，然而每逢春节，又集体义无反顾的踏上了"可逆性"的返乡归途。"农民工"成为城市名副其实的基础设施建设者。城市的进步和发展，不仅是多年来"农村支援四化建设"长期资本积累的结果，而且还有亿万从乡土游离出来的城市拓荒者的勤劳付出，他们默默无闻，从事着最低级、最繁重、最艰辛也最乏味的工种。由此，也带来了诸多社会问题，如，农民工讨薪难、农民子弟入学难，还有来自乡下同声相契的留守儿童、空巢老人、空心村现象。于是在文学的场域中，"打工文学"挤进了人们的视域，成为窥探农民工真实生活境遇、体味苦乐悲辛的传声筒。

"打工文学"作家的进城意识往往带有都市打拼中浓烈的漂泊感，多采用单纯、质朴、接地气的平行视角。像深圳打工者林坚的《别人的城市》、王十月的《出租屋里的磨刀声》和《无碑》、欧阳一叶的《浪子飘》、有"都市寻梦人的知音"之称的打工妹安子的《青春驿站》、谢湘南的《零点的搬运工》、红薯公主的《从农村到城市》等等，书写着进城打工者——都市边缘人的都市漂泊感，并有意为身处社会底层的进城务工者树碑立传、传递心声。打工文学成为谋求跻身城市野心的路径。急切的功利目的与打工者自身的生存窘境，成为激发他们书写中国农民工底层生存焦虑、记述中国城乡变迁中撕裂之痛的真实记录。他们在知识视野、价值观念乃至现代性启蒙中处于弱势地位，这导致了其感受既真切、富有传奇性；但同时又因其在内位视角的窥视中，过于搜奇集异的极端写作态度，导致对现实的冷峻思考和思想性提升空间不足。比较来看，这一时期，打工文学中的进城意识与精英作家的乡土文学中的进城意识是错位的。知识分子笔下的进城者身上往往缺乏强烈的主体自觉意识，他们是委身于城市边缘的附庸，是城市文明的被动适应者，其实质是借助于对进城历程的书写，来反观中国现代性在城乡二元文化结构中的沿异。而打工文学中的进城者，则以城市建设者的身份积极回应时代建设的洪流，面向社会进步积极发声，在进城打工者共同体中互相激励，为更多的入城闯荡者指明道路。尽管知识分子与农民工的不同身份决定了书写故事的立场和站位，但在对待故土乡村时，又往往勾起对故土共通的乡恋。社会上开始流行一句口头禅："城里套路深，不如回农村。"闯荡打拼，来去自由，这条"可逆性的回路"总能把他们召唤回令人慰藉的故乡。这种对故乡强烈的依附感，使他们在经历了城市左冲右突的打拼后，痛定思痛，精神的家园依然是他们最好的疗养院。

"进城"和"返乡"成为个体寻求成功与精神皈依的两极。当进城已经成为一种半自觉的人生选择，乡土社会就变成了一个"异乡"，而身处城市却又是一个"异客"。在农民身份的艰难转型中，作家的悲悯情怀，进城者的失重感、失落感，还有为争取美好生活的隐忍情绪，构成了一种弥漫在进城主题叙事中的时代焦虑。

三、进城突围：新世纪新生代农民的进城求索

进入新世纪的第一个十年，"新生代农民工"成为进城的主流，他们主要是以80、90后为代表的农村新青年。而上一代中部分奋斗者已经在城市中定居下来，成为渐进式融入城市生活的成功一代。对于新时代的进城者，他们拥有更为宽松的进城政策环境，时逢更多进城落户定居的机遇，"农民工市民化"成为加速城乡一体化发展中的最强劲的政策红利，城乡户籍制度出现松动，原初劳动力资本积累为新生代农民进城提供了坚实的经济基础。而且，进城所从事的职业也从劳动力密集型转向了主要以知识密集型、技术密集型、服务密集型为主的新型职业工种。在他们意识里，进城不仅是为了谋生，而且是为了脱离乡土负累，真正地享受到市民平等的生活待遇。在大批进城者实质性涌入城市的同时，还有部分农民工主动选择返乡本土创业，理性进城成为一种主导趋势。部分研究者已经注意到："农二代的个体生命历程发生了整体性变化，他们的迁移范式正由单纯的经济理性驱动的个体逐步转变为家庭化迁移

的理性群体，由‘生存理性’的行为导向逐步转向‘发展理性’，他们更希望永久定居城市。”[①]对于进城者而言，家乡已成为故乡，乡土已成为故土，离土出村不回村——“不可逆”成为一种新的乡愁困境。

《生命册》便是一部以探寻新世纪知识分子的命运走向为创作初衷的作品。李佩甫在作品中塑造了一批“理性”进城的知识分子形象。吴志鹏、骆国栋、范家福、虫嫂的儿女们等等，都是从农村走出来的知识分子。在吴志鹏的身上，进城者的精神突围表现得最为集中、也最为明显。其一，是个人自卑情结的突围，初入城市时，门岗、小贩、教授都称呼他为新来的，这让他觉得很难过，他竭力按照城里人的打扮包装自己，使自己更好地融入城市。他说：“我是一匹企图披上羊皮的狼，我混进了城里，可我在城里必须小心翼翼地走出羊的姿态。”其二，是对乡土“人情债”的突围。吴志鹏刚在学校站稳脚跟，就在向着自己的理想努力的时候，家乡的一个电话打破了他正常的生活。三婶打电话让他帮自己因高考差一分而没被学校录取的侄子，紧接着无梁村的电话就多了起来：保祥家的农用车在漯河撞了人被警察扣了，需要他把车保出来；七叔的民办教师职位被人裁了，需要说情等等。人人都把他当成了救命稻草，无梁村像一个沉重的包袱压得他喘不过气来。最后，他选择了逃离学校、逃离这座城市、逃离与家乡的一切联络。其三，权钱诱惑下的突围，吴志鹏敢于辞去学校稳定的工作，敢于追随骆国栋北上地下出书，后来又南下炒股。吴志鹏在膨胀的欲望面前，可贵的是还持守着文人的一份清醒和自尊，他认为新世纪已经不是投机的年代了，不能再无视法律法规，要有底线，于是全身而退，最终守住了底线。

虽然真正回到乡土既有违初衷，也不能回到真正的乡村世界，但是坚守城市的同时，多了一份来自生命根性的皈依。概括起来看，吴志鹏在经历了一番城市的打拼后，最终完成了四个“回归”：在文化上，重新认同儒家文化涵养下的乡土，在经历过车祸后他着手投资乡土，造福桑梓；在精神上，皈依于以诚信立本的商业规范；在道德上，归复到善良、沉稳、仁厚的做人原则；在行为上，重回到收视返听的文人伦范上来。这种文学意义上的“回归”，并非真的回到“无梁村”，而是主人公为了在今后的城市中打拼奋斗中，步履更为“稳健”，神情更为“从容”，并最终在城市生活中找到心灵安栖的精神寄托。

---

① 纪竞垚、刘守英：《代际革命与农民的城市权力》，《学术月刊》2019 年第 7 期。

城市规模的扩张，进城者的个体生命价值的实现，使得共享“城市权力”的呼声日益高涨，关注进城者空间伦理的变迁，也成了文学中的一种新的创作趋向。列斐弗尔提出了“谁拥有城市之问”，发出了城市平权的号召。爱德华·索雅基于社会、历史、空间的三元辩证法提出了“空间正义”的呼声①。对于进城者而言，平等享有城市权力的呼声尤为强烈。围绕着新兴进城者的住房、医疗、养老、教育等公共服务以及社会保障、福利待遇等的话题，城市“融入难”的焦虑成为展开文学之思的新起点，在向城/乡空间生活轮替中，出现了从上世纪的书写生存焦虑向新世纪空间中善恶与美丑、正义与邪恶角逐的转向。

事实上，社会距离所强加的限制远比空间距离所强加的限制更为苛刻。“进城”是农民为了在新的城市社会组织中，谋求生存资本、身份地位或尊严荣誉等，共享先进的生活条件，融入新的生活方式。齐格蒙特·鲍曼慨叹：“由于技术因素而导致的时间/空间距离的消失，并没有使人类状况向单一化发展，反而使之趋向两极分化。”②技术带来的时空压缩疆域正在被城市的时空拓展所蚕食。新世纪，信息技术的开放反而加剧了乡村生活的窄化，单纯的农业劳作已然单调乏味，与城市白昼与夜间丰富的生活形成了巨大的差异。农村青年甚至看不到在土地上实现自身价值的希望，而流动、开放中的城市诱惑是多元的，充满着机遇和挑战。

新世纪的进城意识，是从固有的乡土观念中剥离出来的故土自足意识，以及与中国特色城市化开放性话语博弈而成的城乡异动观念。布迪厄认为：“社会世界的认知重建是个体和集体转变的中心，与心理上的集体维持的自给自足的终结是一致的，这种自给自足则把封闭的和局限于习惯生活的世界当作一个绝对的参照系。”③自给自足的乡土世界已经远离，互惠互利的城市生活共同体正在形成。进城意识则是见证这场乡土社会濡化④、宗法传统瘦化⑤、

① 苏喜庆：《中国城市文学中的第三空间》，《中国文艺评论》2020年第6期。

② [英]齐格蒙特·鲍曼：《全球化：人类的后果》，郭国良、徐建华译，商务印书馆2015年版，第17页。

③ [法]布迪厄：《单身者舞会》，姜志辉译，上海译文出版社2009年版，第63页。

④ “濡化是文化变迁的一个程序，在这个程序中，两个或两个以上不同的文化联续着发生接触，结果，其中一个吸收了另一个文化的要素。”参见孙隆基：《中国文化的深层结构》，桂林：广西师范大学出版社，2004年，第131页；殷海光：《中国文化的展望》，上海三联书店2009年版，第32页。

⑤ “中国家庭的瘦化是一直循着三个方向进行的：第一个是规模的缩小；第二个是功能的简化；第三是结构的改变。”参见殷海光：《中国文化的展望》，上海三联书店2009年版，第104页。

农村个体离散蜕变的潜意识之流。流动进城,便是中国本土建设经验和新的生活逻辑初建的可见形式。

城乡生活的巨大差距,造就了进城者对城市的过度想象和精力透支。范小青的《城乡简史》,以"以小见大"的视角窥视城乡差异背后的人际区隔。故事讲述了小学生王小才领取城里人捐赠的书籍,意外获得了城里人记录的一本生活账本。他和父亲王才当看到"香熏精油"的记录时产生了疑惑,这是连新版《新华字典》里都查不到的词汇,城里人的生活似乎已经超出了"全部知识"的想象范围——"王才说,贼日的,城里人过的是什么日子啊,城里人过的日子连字典上都没有。"据账本上记载,一瓶10毫升的精油打过七折后还要475元,比种一年地的纯收入还多,这激发起王小才的强烈进城欲望,"王小才说,我好好念书,以后上初中,再上高中,再上大学,大学毕业,我就接你们(父母)到城里去。"——这仍然是上代人进城的路线图。然而,王才认为这需要花11年才可能成功,他是等不及的,于是决定举家迁移城里去生活——打工。而账本的主人蒋自清一路追查账本的行踪,来到了这个穷乡僻壤而又超凡脱俗的小乡村——"初春的西部乡村,开阔,一切是那么宁静悠远,站在这片土地上,把喧嚣混杂的城市扔开,静静地享受这珍贵的平和。"然而,进城后的王才一家只能和很多进城农民工一样租住在小区车库里,与小区居民的交流极其有限。在居民区里,进城农民寄居所与市民生活小区形成了与城乡二元社会同构、难以深度交往的"二元生存社区"。

正如孟繁华教授所言:"乡下人进城就是一个没有历史的人,乡村的经验越多,在城里遭遇的问题就越多,城市在本质上是拒绝乡村的。因此,从乡下达到成立城里不仅是身体的空间挪移,同时也是乡村文化记忆不断被城市文化吞噬的过程,这个过程对乡村文化来说,应该是最为艰难和不适的。"①当进城已经成为年轻人的向往和选择,就注定了在城市扎根的艰难和奋斗的艰辛,而所有的付出集中于自己在城市的"安居"梦,于是"房子"成为进城者追逐的一个意象。李梓新的《生活不在别处:年轻中国人的焦虑与狂欢》、六六的《蜗居》、唐欣恬的《裸婚》、网络小说浊酒醉伊人的《"蜗"婚》等作品,已经完全褪去了农民、知识分子进城的感伤情绪,而是以年轻新市民的身份直面城市安居的问题,严格意义上进城意识已经转化为了安居意识。

---

① 孟繁华:《"到城里去"和"底层写作"》,《文艺争鸣》2007年第6期。

四、城市扎根:新时代深度融入的希冀

党的十八大以来,中国的城镇化水平稳步提升,年均提高1.2%以上,2020年年末城镇化率达到了60%以上。“城镇化的有力推进,将中国迅速从村落社会转型为都市社会,从定居生活转型为迁居生活,从自给半自给社会转型为市场社会,从传统社会转变为现代社会。”①量变引起质变,进城者不再是嵌入城市的“他者”,而是真正融入城市的建设者。具有文学意味的是,日益加速的流动型空间,逐渐消泯了城乡边界,促进了空间认同结构的达成。“进城”与“返乡”的传统意识在现代高速交通和无障碍通讯手段的加持下,变得不再那么艰难抑或不可通约,城乡化一体发展、渐进式城镇化之路与特色乡村振兴,愈加加速了城乡融通和优势互补,融入新时代生活共同体成为了国民的一种新的生存期待。

当农业不再以传统大规模的劳动力迁移、固守勤劳为基础,而是以现代科技促动集约、高效操作的时候,农民“就地产业工人化”已经成为必然趋势。现代制度保障和鼓励农民进城落户的政策红利持续发酵。新一代“农民”(90后的农村青年们)已经受过初等抑或者高等现代教育,他们接触的手机、电脑等信息工具是“城市化的”,他们中大部分青年喜欢阅读都市小说、收看都市伦理、言情剧,他们对城市生活具有天然的认同感和更为强烈的进城生活愿望,甚至进城买房(主要是县城)已然成为男性结婚必备的基础条件。离乡进城而不归,主动融入城市生活成为一种新的趋向。进城难转变为融入城市难,知识分子和农民工的进城往往带着精神上的城乡习惯撕裂之痛。旧有的乡土生活习惯,在城市中难以得到接纳,新的城市生活带着强烈的反传统色彩,冲突、焦灼和挣扎弥漫在新一代进城者的意识里,镌刻下城乡二元结构区隔和冲突带来的伤痕。关注时代进步中的人情冷暖,始终是作家的情怀所系,“只有用博大的胸怀去拥抱时代、深邃的目光去观察现实、真诚的感情去体验生活、艺术的灵感去捕捉人间之美,才能够创作出伟大的作品”。②反映新时代进城者融入城市生活的新气象,成为新的时代文学召唤。

---

① 张翼:《解析七十年中国社会发展与变迁》,《中国社会科学报》2019年8月20日。

② 习近平:《在中国文联十大、中国作协九大开幕式上的讲话》,人民出版社2016年版。

梁鸿从乡土的"梁庄"挽歌中走出，在近年来开始关注走出"梁庄"的几代农民在城中的生存本相和命运走向。她先后寻访了身在西安、南阳、郑州、青岛等城市中打拼的那些草根们的生命历程，在小说《出梁庄记》中以非虚构的笔法描写出都市边缘者的众生相，她也抛出了一个新时代的命题——如何让这些进城打工者从逼仄的"出租屋"进入到"单元房"？她写道："'城市，让生活更美好'，这一城市是奥斯曼式的。它却忽略了活生生的社会现状，忽略了那些随机的、还没有达到所谓现代的和文明的存在和生活。"①表达着对城市弱势群体融入生活的希冀。梁鸿的关注点显然不是为了讲述一个动人的、悲情的农民工进城创业史这么简单，她以特有的社会学理论视角和个人的悲悯情怀，来观照这些漂泊在外的老乡们的生存和愿望。在青岛，她寻访到了一名叫梁光亮的老乡，一位在韩国人开办的电镀厂工作的工人。他将自己被韩国老板剥削、老板的"中国情妇"压榨工资的苦水倾倒出来。在这个充满剧毒氰化物的工厂里，工人们用生命讨生活。消毒的引风系统不用，8 人干 16 人的活计，讨薪无门，告状维权却被地方部门推诿，而且还被暗地里暴打。于是他们选择偷窃厂里的铜板，消极怠工，破坏厂里设施，用一种无声的反抗来显示的弱者的抗争。梁鸿以一种清晰的逻辑张力来揭示出农民工"他者"生存的悖论。她写道："我希望光亮叔们能够找到一种与老板、工厂对话的方式，这一方式是有组织的、可持续的并且有效的。"它不是以"非理性的、匿名的形象出现，而是以一个现代公民的理性形象出现"。也许这种想法太过理想，也太过理性，在层层包裹的商业权势和利益分割中，农民工的话语权微乎其微，也极易被现实利益所收买，就像梁光亮提到自己的小儿子能够在老板的安排下，以 2000∶1 的比例就近入园上学而充满自豪一样。毕竟求生存才是弱者的生存之道。况且"和西安大哥们在交警队门口的抗议一样，这些事件都只是偶然的个体的事件，不具有连续性和社会性"。弱者个体的反抗与征求合法利益的诉求实在轻率和孱弱，爱莫能助。所以梁鸿多次不无解嘲的写到自己为一个旁观者的孱弱和无力。主动融入城市生活不仅是一个个鲜活个体的诉求，还需要有更加人性化的配套政策和有效措施。

须一瓜常常以独特的生活视角关注"都市异乡人"进城意识的微妙变化。《保姆大人》便是这样一部以书写进城者深度融入城市生活为主题的作

---

① 梁鸿：《出梁庄记》，台海出版社 2019 年版，第 126 页。

品。它的独特性不在于写“边缘人”——家政服务人员的生存状态，而在于创造出了一批已经具有新时代都市主人翁意识的家政服务者。其中着力塑造的五位保姆，他们身上带有明显的新时代气息，他们爱岗敬业、明礼诚信，他们始终保持着“主动”作为的乐观意志，对城市生活永葆着积极乐观的态度。他们不再与城市人际关系产生隔膜，而是积极融入细碎的都市生活，与各自不同家庭中的“东家”保持着平等、独立的人格，并且大胆追求属于自己的幸福。

高等教育的普及化、大众化，使得大批青年从农村考进城市成为大学生，顺利拿到了农转非的户籍许可，具有了城市生活的强烈认同感。在爱德华·霍尔看来，人的“认同—分离”是一个渐进的适应环境的过程，身体与城市环境的认同，是由于人类具有构筑与环境、族群认同的个人心理接受的动力——“自适应”，而积极地适应并认同城市文化的过程，“是把文化结为一体的最强有力的黏合剂之一。它类似于把原子核结成一个整体的内聚力”。①而建构这种内聚力的文化离不开新型市民文化认同结构的构建。

在融入城市生活的过程中，个体幸福的渴望和对新家园的“主动认同”，以及对城市文化生活的涵化，构成了对城市空间美好最大的期待。“对幸福的追求和对实现幸福的渴望，将变成而且将继续是‘个体参与社会’的根本动力，由于承担了这样一种角色，对幸福的追求，就不得不或迟或早的从一种纯粹的机会，转变为一种责任和最高的道德准则。”②融入正是一个新的准则探索运行的历程。越来越多的进城者从“他者”身份中转变过来，成为城市的一分子，他们参与城市的激情更加强烈，融入生活的技能也更加具有分享价值。

此外，不少具有打工经历的进城者，开始热衷于从事网络文学这种门槛低、共享性强的创作方式，像以分享城市打拼、职场奋斗的现实生活经历的作品，如心灵之笔的《进城打工》、幽夜傲雪的《徐二妮进城》、“王子的烦恼”的《文娱农民》、徐勇的《最后的农民》等，还有一些进城题材添加了现代奇幻、都市异能元素，例如木汤的《机甲农民》、“三少的刀”的《星际农民》③、雪上霜的《超能

① [美]爱德华·霍尔：《超越文化》，何道宽译，北京大学出版社2010年版，第205—209页。

② [英]齐格蒙特·鲍曼：《共同体》，欧阳景根译，江苏人民出版社2007年版，第95页。

③ 文中写道：“种田可以发家致富，养殖也能富可敌国！……地球文明不过是文明金字塔最底层的一块砖而已。原始人，低等人，这些耻辱的帽子一顶顶的戴在了头上。前途在哪里，希望在哪里，要奋起赶上发展了几百万年的文明顶端，真的有可能吗？有可能，因为有了农民韩真，所以一切皆有可能！”

大农民》、北国雪舞的《星空小农民》①等等，展示出在“后人类”图景中高度现代化的都市农民形象，显示出农民在未来世界建设中非凡的创造力，其中也不乏强烈的自恋情绪。由于这些网络写手自身的文学素养有限，以及对于隐含读者主要设定为同乡、同侪或工友等的局限，所以整体上格调不是很高。但是值得肯定的是，这些作品中的进城者已经完全褪去了“边缘人”的身份，而是以一种先锋型的新时代农民自居，畅想在未来社会建构中成为不可或缺的差异性力量。

实际上，当文学涉足“融入城市生活共同体”的话题时，就打开了一个新时代的文学富矿。作家需要采撷气象万千的生活景象，表达出交织着城乡融合中心理进程的时代歌哭，真实反映进城者的伟大实践，关注那些感人肺腑的农民与市民故事，让触角深入到不同年龄、不同职业、不同境遇中的真实生命之中，“让自己的心永远随着人民的心而跳动”②，展现出色彩斑斓的都市新生活画面。同样，以展示美丽乡村生活现代化图景的作品也将会不断涌现出来。非虚构作家阎海军曾言：“不管是在乡野，还是在城市，我一直乐于触摸底层的脉搏。切合底层的混沌和温暖、尖酸和世故，总能感受到现实世相里大气磅礴的人性。围绕城市化关照各种人的困境，让进城的人不焦虑，让留守的人有出路，是我为文的志向。”③这正是新时代作家肩负时代使命，为时代而创作，主动融入城市生活共同体的文学宣言。

进城者在努力奋斗和打拼中赢得“幸福”，并逐步成长为“城市生活共同体”中的一员。在“美丽乡村”建设中，同样需要融入先进的城市生活元素，让农村生活就地城市化。“人民对于美好生活的向往”，召唤着文学中先进新型进城者形象的出现。进城意识潜藏在典型人物的行为、心理和气象等描写中④，可以折射出丰富的时代风貌和社会本质。这种从中国时代大情势中持续涌动的向心型凝聚意识，促使身为知识分子的进城者不断检视自己的进城动机、进城前后的精神蜕变以及空间变迁中透视出来的社会症候，呼唤一种包容互动、融入奋进、责任共担的新型城市生活共同体的出现。

---

① 文中开篇写道：“农民？农民咋得了？哥是星际时代，最拉风的农民！最辣的妞；最烈的酒；最强的权；都要匍匐在哥超高的战斗值脚下！”

② 习近平：《在中国文联十大、中国作协九大开幕式上的讲话》单行本，人民出版社2016年版。

③ 阎海军：《官墙里：一个人的乡村与都市·前言》，北京时代华文书局2017年版。

④ 陆贵山，周忠厚：《马克思主义文艺论著宣讲》，中国人民大学出版社2000年版，第206页。

结 语

从社会学进化视角来看，城市代表着更为先进、成熟的社会形态，因此，城市具有对个体的奋斗成长和发展具有天然持久的吸引力。而从文学触及的人情人性角度来看，这种人类的空间进化还需要一个十分缓慢的过程。对于“农民”身份来讲，城市归宿是否为未来社会的理想形态也是值得探讨的，美丽乡村同样具有新时代的魅力。因此，生活方式的融入才是空间变迁中的时代命题。当城市市民生活中融入了乡土风格，美丽乡村居室中融入了先进的城市生活元素，也许这种城乡认同和互动的生活共同体会更加显豁。

乡土社会孕育的进城者，经过几代人的砥砺奋进，从消极认同到积极认同，从进城的“他者”身份，转换为城市新主体——真正融入城市生活共同体的一员，仍然是一个不断探索进化的过程。当然，其间还需要从政治、经济、文化、伦理、生态等方方面面全方位的设计和建构。而作为社会反映的文学，从中扮演着探索和演绎的双重角色，在展示蜕变历程、发现美丽乡村建设新人和进城新人形象方面，具有积极的、先锋性的社会助推作用。

进言之，在城市空间中，大众文化乃至后现代文化、后人类文化强烈刺激着进城者的视野。在这个时代，进城者能否建构起适合自身存在的文化特征，进城者能否在城市审美型的品质生活中，建构完满的人性，他们未来能否真正融入城市生活共同体，必将是未来文学持续关注和书写的视角。鲍曼认为，克服差异、融入人类共同体生活离不开五个基本的要素，即“解放、个体性、时间空间、劳动和共同体”①。据此，进城者能否在新的城市时空中通过个体奋斗和集体形塑，摆脱生存焦虑，赢得归属感，获得主体性表达，自适应性得积极融入城市生活共同体，将是消除进城意识障碍、回归人类生活共同体的重要突破口。

From relocation anxiety to integration into urban life community

—The change of the consciousness of entering the city in the literature of 70 years since the founding of the people's Republic of China

Abstract: In the 70 years since the founding of the people's Republic of China, the theme

---

① ［英］齐格蒙特·鲍曼:《流动的现代性》，欧阳景根译，中国人民大学出版社 2018 年版，第 63 页。

of entering the city in literary narration has become an important starting point for telling Chinese stories and social changes. Among them, the consciousness of going to the city is the cultural orientation of the subject going to Modernity in the process of transformation and change of the mode of going to the city. The narrative of peasants entering the city and intellectuals entering the city are always the two main lines in this theme. To inquire into the spiritual changes of those who enter the city in the historical changes can shape the difficult process from the urban and rural spatial cultural form in Chinese literature to the advanced stage of modernity. From the hindrance of entering the city in the 1950s and 1960s, the anxiety of entering the city in the 1970s and 1980s, to the dilemma of entering the city around the new century, until the eager expectation and expectant anxiety of entering the city life in recent years, it reproduces the flowing social image of literature from the local China to the urban China, from the reversible route to the irreversible living in peace. With the establishment of the identity of the creative subject in the city, the consciousness of building a better and harmonious life community has become increasingly clear.

Key words: consciousness of entering the city、change of concept、mobile society、community of life

作者简介：苏喜庆，河南大学文学院在站博士后，河南科技学院文法学院中文系副教授，硕士研究生导师。

城市发展与语言变迁
——以湘北小片官话精庄知章组声母今读情况为中心

孙芳莎　雒志达

摘　要：语言是一个城市聚落区域文化的重要载体。湘北小片官话区在历史上有着鲜明的地域、民族文化特征，同时又因地缘政治因素很早接受中原郡县化的影响。通过对湘北小片精庄知章组声母读音类型与演变的探讨，我们既可以与该地区的城市聚落发展史两相印证，推测其今天语言面貌的成因，也可以根据方言内部的差异性，判断这一地区语言文化的变化规律与发展方向。

关键词：湘北小片官话　精庄知章组声母　武陵　郡县化　移民

一

探讨某个城市聚落区域的发展变化，语言是一个很好的参照物。尽管它不像“商旅辐辏”、“甲第连云”那样直观可见，更多是在幕后起着日用而不知的变化，但作为任何历史文化的最基础载体之一，语言特别是语音对于城市的发展变化是极为敏感的。“一年而所居成聚，二年成邑，三年成都。”聚落由筚路蓝缕发展出具有一定辐射范围的通都大邑，需要经历相应的发展过程，而这其中包含的大量信息，往往反映在当地语言面貌中。另一方面，交通的便利、经济的繁荣，让城市在结构、布局、生活习惯等方面无限趋同，而其区位文化的独特性则常在方言中得以保留。从这两个方面来看，语言既深刻反映着一个城市聚落的发展历史，同时也为我们判断其今后的文化类型提供了重要依据。

“湘北小片官话”指湘鄂交界地带的官话方言。地理范围包括湖南北部常德7县1市，张家界的慈利县、岳阳的华容县和湖北南部恩施土家族苗族自治州的鹤峰县、荆州的石首市、公安县、松滋县、洪湖市，共计15个县市。1987版《中国语言地图集》将此片划分为西南官话常鹤片，《中国语言地图集》第2版(2012)将此片划分为西南官话湖广片湘北小片。本文采用湘北小片官话来指称。这一区域主要位于湖南省西北部：东据西洞庭湖，与益阳的南县、沅江市相连；南抵资水，与益阳资阳区、桃江县相临；西依湘西山地；北枕鄂西山地和江汉平原，与湖北鹤峰、荆州松滋、公安、石首平原相连。全区域呈现西北向东南倾斜地势，主体属于洞庭湖西部冲击平原地区，地势平坦，中间无高山阻隔，土壤肥沃，灌溉便利。分布着以常德(今武陵区)为中心在的大量市县、城镇及村落。

湘北小片官话区以今常德市为中心，尽管这里并非炙手可热的“一线”、“新一线”城市，但它却有着非常悠久的城市聚落史。屈原《离骚》云：“济沅湘以南征兮，就重华以陈辞。”沅水源出贵州省云雾山鸡冠岭，流域跨域黔、川、湘、鄂四省，入洞庭湖。溯源而上，可经湘西，至于黔东、巴蜀，顺流而下则是湖南的腹地洞庭湖平原，自先秦以来就是经略西南的地理要冲。战国以后两千二百余年间，常德地区或为黔中郡、武陵郡，或为朗州、鼎州、常德路、常德府，行政区划几经更迭，其范围由早期巨大的羁縻州郡变成了如今两区七县的核心区域。在这些区划之中，“武陵”一名最为人所熟知，同样也作为常德市区的名称沿用至今。

有意思的是，尽管湖南西北部的郡县化起步甚早，乃至有“武陵古望邑，衣冠礼乐为名区，文物甲湖右”①之称，但在通常的历史印象中，武陵地区一向有着与中原迥异的地域文化特色，陶渊明在《桃花源记》中所描写的“不知有汉，无论魏晋”，更让这里蒙上了一层浪漫神秘的色彩。实际上在武陵一带纳入中原政权的郡县版图的过程中，这里还生活着大量西南夷少数民族。若《后汉书》、《三国志》等史料记载中的“武陵蛮”、“澧中蛮”即杂处于沅澧之间与武陵山中，这些衣裳斑斓、语言侏离的少数民族诸部时或反抗苛政、劫掠州县，使得郡治屡屡迁徙，中原政权往往只能从俗而治。到中唐元和年间刘禹锡贬谪朗州时，仍记载此处“阳雁不到，华言罕闻”。显然，在相当长的历史时段中，这里的语

---

① [明]陈宏谟等：《嘉靖常德府志》，卷一，《天一阁藏明代地方志选刊》第五十六册，上海书店出版社2014年版，第91页。

言文化都与中原的通都大邑差异甚远，也与今日的官话语音特征迥然有别。

在西南官话语音系统中，精庄知章组声母是不能回避的语音要素，它一方面是我们探讨湘北小片官话特征的重要标识，另一方面也能够反映出这一地区内部的语音差异情况。而放到城市与文化的发展变迁中，它则有着更为独特的意义。借助对精庄知章组声母的研究，可以帮助我们明确这一地区的底层语音，并且由于语音的变化有清晰的路径和规律，也可以和城市聚落的发展历史两相对照。湘北小片所处的地区有着鲜明的地域文化特征，同时又在上千年的历史进程中持续受到中原郡县化的影响，这两者共同促成了今天湘北小片所呈现的语言面貌。因此当我们从精庄知章组声母入手，既可以在城市发展带来的种种共性中明确其文化底色，进而又可以在漫长的历史时段中，印证与判断其发展路径与规律。

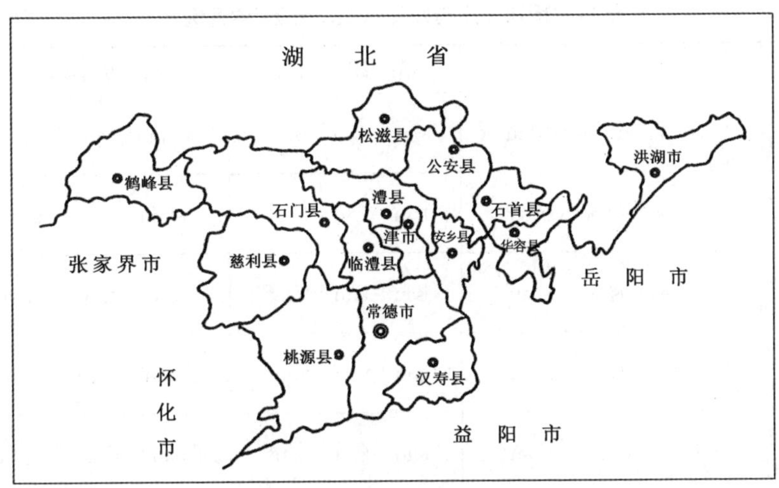

图片1　湘北小片地理位置示意图

二

根据精庄知章四组声母今读的分合关系，湘北小片官话精知庄章声母的演变类型可分为以下3个类型：

A类，精知二庄组与知三章组二分型：中古精、知二、庄组合流；知三、章组合流。又因精知庄章四组声母具体音值的而有所差异：

a. 精、庄组主要读[ts、ts^h、s]；知二、知三、章组主要读[tʂ、$tʂ^h$、ʂ]，如汉寿龙潭桥。此类型精组在今细音前读[tɕ、tɕʰ、ɕ]。

b. 精、知二、庄组主要读[ts、tsʰ、s];知三、章组在古开口韵前读[ts、tsʰ、s],在古合口韵前读[tɕ、tɕʰ、ɕ],如华容终南、桃源薛家冲。此类型精组在今细音前读[tɕ、tɕʰ、ɕ]。

c. 精、知二、庄组主要读[ts、tsʰ、s];知三、章组在古开口韵前读[ts、tsʰ、s],在古合口韵前读[ʧ、ʧʰ、ʃ],如常德市区、汉寿龙阳、安乡陈家嘴、桃源佘家坪。此类型精组在今细音前部分读[tɕ、tɕʰ、ɕ],部分读[ʧ、ʧʰ、ʃ]。

d. 精、知二、庄组主要读[ts、tsʰ、s];知三、章组在古开口韵前读[ts、tsʰ、s],在古合口韵前读[tʂ、tʂʰ、ʂ],如津市白衣。此类型精组在今细音前主要读[tɕ、tɕʰ、ɕ],部分读[tʂ、tʂʰ、ʂ]。

精、知二、庄组与知三、章组二分型具体读音情况及例字见表1。

表1 "精知二庄与知三章组二分型"读音例字

	抽$_{\text{彻三}}$-酬$_{\text{禅}}$-愁$_{\text{崇三}}$	糟$_{\text{精}}$-朝$_{\text{知三}}$-招$_{\text{章}}$	全$_{\text{精}}$-传$_{\text{～播澄三}}$-穿$_{\text{昌}}$
汉寿龙潭桥	tʂʰəu^{55}-tʂʰəu^{13}-ʦʰəu^{13}	ʦau^{55}-tʂau^{55}-tʂau^{55}	tɕʰyan^{13}-tʂuan^{13}-tʂuan^{55}
华容终南	ʦʰəu^{45}-ʦʰəu^{12}-ʦʰəu^{12}	ʦʌu^{45}-ʦʌu^{45}-ʦʌu^{45}	ʦʰun^{12}-tɕʰyĩ^{12}-tɕʰyĩ^{45}
桃源薛家冲	ʦʰəu^{33}-ʦʰəu^{13}-ʦʰəu^{13}	ʦau^{33}-ʦau^{33}-ʦau^{33}	tɕʰyẽ^{13}-tɕʰyẽ^{13}-tɕʰyẽ^{33}
常德市区	ʦʰəu^{55}-ʦʰəu^{13}-ʦʰəu^{13}	ʦau^{55}-ʦau^{55}-ʦau^{55}	ʧʰʉ̥an^{13}-ʧʰʉ̥an^{13}-ʧʰʉ̥an^{55}
汉寿龙阳	ʦʰəu^{55}-ʦʰəu^{213}-ʦʰəu^{213}	ʦau^{55}-ʦau^{55}-ʦau^{55}	ʧʰʉ̥an^{213}-ʧʰʉ̥an^{213}-ʧʰʉ̥an^{55}
安乡陈家嘴	ʦʰəu^{33}-ʦʰəu^{213}-ʦʰəu^{213}	ʦau^{33}-ʦau^{33}-ʦau^{33}	ʧʰʉ̥an^{213}-ʧʰʉ̥an^{213}-ʧʰʉ̥an^{55}
桃源佘家坪	ʦʰəu^{35}-ʦʰəu^{24}-ʦʰəu^{24}	ʦau^{35}-ʦau^{35}-ʦau^{35}	ʧʰʉ̥an^{24}-ʧʰʉ̥an^{24}-ʧʰʉ̥an^{35}
津市白衣	ʦʰəu^{55}-ʦʰəu^{13}-ʦʰəu^{13}	ʦau^{55}-ʦau^{55}-ʦau^{55}	tʂɥan^{13}-tʂɥan^{13}-tʂɥan^{55}

B类,精、庄三与庄二、知、章组二分型:中古精组、庄组三等(除止摄合口和宕摄)合流读[ts、tsʰ、s];庄组二等、知组(除梗摄)、章组合流读[tʂ、tʂʰ、ʂ],如石门宝塔、临澧新安、澧县澧阳、慈利零阳、鹤峰容美。此类型精组在今细音

前读[tɕ、tɕʰ、ɕ]。具体读音情况及例字见表 2。

表 2 “精庄三与庄二知章组二分型”读音例字

	愁$_{\text{崇三}}$-抽$_{\text{彻}}$-仇$_{\text{禅}}$	装$_{\text{庄三}}$-张$_{\text{知}}$-章$_{\text{章}}$	斯$_{\text{精}}$-师$_{\text{生三}}$-尸$_{\text{书}}$	盏$_{\text{庄二}}$-展$_{\text{知}}$-战$_{\text{章}}$
石门宝塔	ts^{hə}u^{213}-tʂ^{hə}u^{55}-tʂ^{hə}u^{213}	tʂʮaŋ^{55}-tʂaŋ^{55}-tʂaŋ^{55}	sɿ^{55}-sɿ^{55}-ʂʅ^{55}	tʂan^{51}-tʂan^{51}-tʂan^{213}
临澧新安	tsʰəu^{213}-tʂʰəu^{55}-tʂʰəu^{213}	tʂʮaŋ^{55}-tʂaŋ^{55}-tʂaŋ^{55}	sɿ^{55}-sɿ^{55}-ʂʅ^{55}	tʂan^{31}-tʂan^{31}-tʂan^{35}
澧县澧阳	tsʰəu^{213}-tʂʰəu^{55}-tʂʰəu^{213}	tʂʮaŋ^{55}-tʂaŋ^{55}-tʂaŋ^{55}	sɿ^{55}-sɿ^{55}-ʂʅ^{55}	tʂan^{31}-tʂan^{31}-tʂan^{33}
慈利零阳	tsʰəu^{213}-tʂʰəu^{35}-tʂʰəu^{213}	tʂʮaŋ^{35}-tʂaŋ^{35}-tʂaŋ^{35}	sɿ^{35}-sɿ^{35}-ʂʅ^{35}	tʂan^{53}-tʂan^{53}-tʂan^{213}
鹤峰容美	tsʰou^{11}-tʂʰəu^{45}-tʂʰou^{11}	tʂuaŋ^{45}-tʂaŋ^{45}-tʂaŋ^{45}	sɿ^{45}-sɿ^{45}-ʂʅ^{45}	tʂan^{51}-tʂan^{51}-tʂan^{214}

C类，精庄知章组合流型：中古精庄知章四组合流读[ts、tsʰ、s]，如松滋杨林、石首城关、公安章庄铺、洪湖曹市。此类型精组在今细音前读[tɕ、tɕʰ、ɕ]。具体读音情况及例字见表 3。

表 3 “精庄知章组合流型”读音例字情况

	全$_{\text{精}}$-传$_{\text{澄三}}$-船$_{\text{昌}}$	糟$_{\text{精}}$-朝$_{\text{知三}}$-招$_{\text{章}}$-抄$_{\text{初}}$	宗$_{\text{精}}$-中$_{\text{知三}}$-终$_{\text{章}}$-崇$_{\text{崇}}$
松滋杨林	tɕʰyen^{13}-tsʰuan^{13}-tsʰuan^{13}	tsau^{34}-tsau^{34}-tsau^{34}-tsʰau^{34}	tsoŋ^{34}-tsoŋ^{34}-tsoŋ^{34}-tsʰoŋ^{13}
石首城关	tsʰan^{13}-tsʰan^{13}-tsʰuan^{13}	tsau^{55}-tsau^{55}-tsau^{55}-tsʰau^{55}	tsoŋ^{55}-tsoŋ^{55}-tsoŋ^{55}-tsʰoŋ^{13}
公安章庄铺	tɕʰyæn^{213}-tsʰuan^{213}-tsʰuan^{213}	tsɑu^{45}-tsɑu^{45}-tsɑu^{45}-tsʰɑu^{45}	tsoŋ^{45}-tsoŋ^{45}-tsoŋ^{45}-tsʰoŋ^{213}
洪湖曹市	tɕʰyæn^{33}-tsʰuan^{33}-tsʰuan^{33}	tsau^{45}-tsau^{45}-tsau^{45}-tsʰau^{45}	tsuŋ^{45}-tsuŋ^{45}-tsuŋ^{45}-tsʰuŋ^{33}

湘北小片官话精庄知章组声母呈现出三类完全不同的分合格局：第一种类型，即精知二庄与知三章二分型格局，是湘语与赣语的典型特征，而非官话特征；第二种类型，即精庄三与庄二知章组二分格局，是江淮官话南京型方言的典型格局；第三种类型，即精庄知章合流型，是官话方言的主要特征，也是湘北小片官话精庄知章组声母发展的未来趋势。

由精庄知章组声母的分合类型可见，湘北地区官话与同处湖南所辖的湘语与赣语既有相同的语音特征，也有性质迥然有异的语音特征。除此之外，湘北小片官话与湖南湘语和赣语的同异交叉还体现在以下几方面：

1. 湘北小片官话有稳定的四声框架，有别于湘语和赣语。稳定的四声框架是西南官话区分其他方言最有效的一条语音特征，湘北小片官话调类以 4 个为主；而湘语的调类一般为 5 个或 6 个，且半数方言有入声调类；赣语的调类一般也为 6 个，绝大多数也保留入声调类。

2. 湘北小片官话全浊声母清化，有别于湘语和赣语。湘北小片官话全浊声母清化，平声送气，仄声不送气；长沙、湘潭等地的新湘语全浊声母清化，平仄均不送气；邵阳、城步等地的老湘语保留浊音，平仄均不送气。赣语古全浊声母清华，不论平仄一律读送气。

3. 入声调类的保留与否，混合官话与湘赣语特征。湘北常德、汉寿、临澧、慈利、鹤峰入声调消失，有别于保留入声调类的湘语和赣语；而安乡、桃源、石门、澧县、津市、松滋、石首、公安、洪湖则保留入声调类，与湘语和赣语相同。

4. 去声分阴阳与否，混合官话与湘赣语特征。湘北常德、安乡、石门、澧县、津市、慈利、鹤峰、松滋、公安、洪湖去声不分阴阳，属于官话语音特征，有别于湘语和赣语；汉寿、桃源、临澧、石首去声分阴阳，与湘语和赣语相同。

本文认为，湘北小片作为湘鄂交界地带的南方官话，其本质是保留湘语和赣语作为底层语音特征的混合性官话方言。它内部的语音差异性和混合性是如何发展而来？我们不妨将这一问题带入到西南地区的移民与城市聚落的发展变迁之中来寻找答案。

三

众所周知，西南官话的形成与西南地区的明清移民关系密切，这一点在湘北小片官话区也是如此。然而推论虽然简单明了，但也会因为常识化而遗失很多细节。如上文所说，长期以来与中原文化迥然有别的沅澧地区，其官话特征的形成经历了漫长且复杂的过程。而这之中包括移民在内的诸多自然、人文地理因素，都可以纳入这一地区由原始聚落走向成熟郡县的历史进程之中。

沅澧平原地区城市聚落发展与语言变迁可以大致分为先秦、秦汉、魏晋南北朝至中唐、晚唐五代至南宋这四个阶段。公元前 5000 以前，文明早期的长江中游江汉平原一带皆处于云梦泽的山原湖沼之中。综合古文明遗址的分布情况看，50 米等高线以下多属于云梦泽水体覆盖的湖沼，今天湘北小片地区的大部分尚在水平面下①。此后，江汉平原的云梦泽主体水面逐渐退却，而南部则发展为洞庭湖，湖南湖北的核心区域逐渐明朗。先秦的语言材料比较稀少，从地名上大体推测的话，今天湘北小片官话区在先秦时期是以古楚方言为主。比如孕育了这一地区文明的云梦泽，云梦之“梦”，即古楚语谓沼泽丘陵丛林的组合地貌，通“漭”。若此，则谓之云梦泽已有画蛇添足之嫌。同样，武陵之“陵”字亦为两湖地区常见的命名方式，如武陵、零陵、沅陵、茶陵等，许多地名源流甚早，延续至今。古楚语中“陵”即“陆”的意思，考虑到楚先民水退人进的迁徙过程，将“陵”字解释为水系间的平陆是很合理的。《后汉书》以“止戈为武，高平曰陵”来解释武陵地名的由来，大体可通。

先秦至两汉时期，沅、澧流域开始了郡县化的历程。秦灭六国，置黔中郡，下辖湘西北、鄂西南、重庆西南和贵州东南部。西汉以秦黔中郡为基础置武陵郡，整体疆域向南发展至今广西边缘。元丰三年(前 107 年)，以武陵郡属荆州，辖十三县。然而，秦汉的中原诸郡多有明确的范围与中心城市，而长江流域的九江郡、会稽郡、淮南郡(国)、长沙郡(国)等往往地广人稀，在零星城市据点之外都是少数民族活动的羁縻区，武陵郡亦属此类。《后汉书・南蛮西南夷列传》记载这里多是“不臣异俗”的化外之民，武陵、澧中蛮等屡次“大寇郡县”、“杀伤长吏”②，中原政权屡兴征伐，剿抚齐下才勉力维持局面。到西晋时武陵士人潘京还叙述：“鄙郡本名义陵，在辰阳县界，与夷相接，数为所攻，光武时移东出，遂得全完。”③可见沅澧平原的郡县化起步虽然很早，但尚处于开拓初期，这里的中心城市、人口结构、经济发展还很不稳定。

由于上述这种欠发达、半羁縻的郡县化状态，沅澧流域在秦汉时的语言依然泛泛地处于荆楚湘沅方言区，它内部具有一定特点，但其一致性远大于差异性。当时北至淮北平原，南至湘江流域，包括整个长江中下游几乎都有楚语痕

① 按：距今 8000—7000 年的城背溪文化和距今 6000—5000 年的大溪文化遗址基本沿今天的江汉平原呈环状分布，其环线地带在 50 米等高线附近。今澧县境内的城头山遗址距今约 6000 年，其地面高程 34—52 米。参看韩茂丽：《江河湖泊演变与人类活动》，《中国历史地理十五讲》，北京大学出版社 2015 年版，第 141 页。

② [南朝宋]范晔：《后汉书》，中华书局 2000 年版，第 1833—1834 页。

③ [南朝宋]范晔：《后汉书》，中华书局 2000 年版，第 3484 页。

迹，扬雄《方言》中甚至有"吴扬江淮南楚五湖之间"①这样的描述。按照《方言》中的语料，秦汉时期差异性第一位的是北方语音与长江流域"江淮陈楚"之楚语的区别；然后是长江流域"荆楚"与"吴扬"的区别；最后在"荆楚湘沅"也即今天湖南、湖北地区，我们的研究对象"沅澧之间"与湖南腹地"湘潭之原"仅在少量语音词汇上有所区别。这里在当时很少受到北方语音的影响，也罕有更加丰富的内部差异。考虑到长江流域整体的郡县化程度，其语言文化的发展程度较低并不难理解。

不过即使在开拓时期，秦汉的黔中—武陵郡设置还是体现出了鲜明的地缘政治特征，我们可以总结为"江汉的延伸，内地的边缘，西南的门户"。首先，沅澧平原在地理地貌上与江汉平原具有一体性，它们的早期聚落都是环云梦泽水线逐步形成的，长江中游平原带为两岸所共有。与此相应，云梦泽的退却与洞庭湖的形成处于同一时期，这就使得沅澧下游与湖南腹地的湘资平原隔着一个日渐扩大的洞庭湖。因此与今天的行政区划不同，沅澧诸郡县天然就是江汉城市聚落向西南的延伸，而与湖南腹地则分属于武陵郡与长沙郡（国）两个平行的区划。其次，如果将视角放大，长安—洛阳一带的中原核心区域可以经过南阳盆地、随枣走廊连接江汉平原，即"荆襄古道"，而沅澧平原正是在这一条延长线上通往西南夷地区。有学者用"内地的边缘"②来形容武陵地区的地缘政治特征，恰如其分。不管这一带是否给人以"化外"的印象，它的核心城市区沅澧平原都会持续受到北来文化的影响。第三，古代交通条件下，沅澧一带的农耕平原郡县区是中原文化辐射的极限，想要以此为跳板经略云贵高原地区，则必须在此增加人口、开发郡县乃至屯驻重兵。上述这三个特点在秦汉时期尚没有太大影响，然而从魏晋南北朝开始，它们将非常强势地塑造这一地区的语言文化形态。

魏晋南北朝至中唐时期，今天湘北小片官话区所在的地域迎来了城市聚落发展的第二个阶段。这个阶段最突出的特点一是沅、澧分治的郡县格局开始出现，二是北方移民的大量多批次涌入。三国孙吴政权将澧水下游的东汉作唐县（今澧县、津市一带）划入南郡（治江陵）。吴永安六年（263 年）在澧水中上游新置天门郡，辖零阳、娄中、充县（今慈利、桑植、大庸县一带），这是沅、

① ［汉］杨雄撰、［晋］郭璞注：《方言》，中华书局 2016 年版，第 104 页。

② 曹大明：《武陵山区："内地的边缘"》，《中国民族报》2012 年 4 月 13 日，第 007 版。

澧分治的开端。隋朝建立后，将澧水流域复杂的诸郡整合为澧州，后更名澧阳郡，唐复称澧州，治澧阳县（今澧县、津市一带）。从南朝沅澧分治开始，武陵郡辖区缩减到沅水一域，其郡治也主要在临沅县（今常德市武陵区）。相较于澧水流域的复杂更置，沅水流域的行政区划与中心都没有太大变化，唐改武陵郡为朗州，治武陵县。至此沅水流域形成了以今武陵区为中心城市的朗州，澧水流域则是以今澧县为中心的澧州，这样的格局一直持续到清末。

沅澧流域在郡县设置上的新变，很大程度上是由于南北对峙与移民涌入。荆州在汉末黄巾之乱中得以保全，中原士族多有避乱于此者。西晋的短暂安定后，中原再陷战火，随着晋室永嘉南渡，荆州也成为移民涌入的地区。史载"于时流人在荆十余万户"[①]，参考《后汉书》武陵郡"户四万六千六百七十二"[②]的记载，移民对原有人口结构的冲击可见一斑。从当时的郡县设置看，当时澧水流域的移民规模已经十分庞大，除了南义阳郡安置了大量来自义阳（今河南信阳）的北方百姓，还短暂设置过"成都国（郡）"安置巴蜀流民（秦汉巴蜀地区多为关陇移民后裔）。这一时期的少数民族起义次数相对减少，反倒是张昌、杜弢等中原流民的民变规模庞大，动辄发展到整个湘赣地区，这也可以视为大量外来人口流入带来的冲击。隋唐统一延续了沅、澧分治的局面，至唐中叶安史之乱，中原移民南渡的局面再次重演，《旧唐书·地理志》载："襄、邓百姓、两江衣冠尽投江湘，故荆南井邑，十倍其初。"[③]从这样的历史叙述中不难看出，在中原政权稳定时期，江汉平原是富足的后方，沅澧平原是开拓西南夷的边陲前哨。而当中原陷入战乱，荆襄一带的战略要塞成为屏障，沅澧流域则成为相对安稳的后方。由于北方移民沿着中原——江汉平原——沅澧平原的路径大量涌入，深刻改变了沅澧流域的人口结构和语言文化，先秦以来荆楚湘沅方言的变化已有迹可循。

前文说，沅澧平原作为江汉平原的延伸，长期以来与湘资流域并无统属关系。同样，作为"内地边缘"，移民潮多停留在沅澧平原，这使得北方语言文化向沅澧平原的纬向渗透十分明显。而湖南腹地的湘资平原由于捞刀河、浏阳河以及连云山、幕阜山大致呈东西向，所以更容易接受来自江西的经向渗透。在中晚唐时期，沅澧流域与湘资流域的方言情况已有分化，晚唐士人胡曾有

① ［唐］房玄龄等：《晋书》，中华书局 1996 年版，第 1240 页。
② ［南朝宋］范晔：《后汉书》，中华书局 2000 年版，第 3484 页。
③ ［后晋］刘昫等：《旧唐书》，中华书局 1975 年版，第 1552 页。

《戏妻族语不正》一诗云:“呼十却为石,唤针将作真。忽然云雨至,总道是天因(阴)。”十是深摄入声字,收[p]尾,石是梗摄入声字,收[k]尾;针是深摄平声字,收[-m]尾,真是臻摄平声字,收[-n]尾;因是真摄平声字,收[-n]尾;阴是深摄平声字,收[-m]尾。胡曾嘲笑妻子石十不分、针真不分、因阴不分,说明在他的语言里[-m][-n]、[-p][-k]界限分明,而他妻子的语言里[-m][-n]相混,[-p][-k]相混。胡曾是江南西道邵州邵阳人,长期仕宦于山南道的剑南西川等处军幕之中。按照当时行政区划,山南道辖荆襄、巴蜀与秦岭巴山一带,江南西道辖安徽南部、江西全省及湖南腹地,沅澧流域的朗州、澧州正处于二者交界,向北划入山南道中。据张步天《洞庭地区古代方言初探》推测,胡曾的妻子可能是川籍也即山南道人氏。胡曾的诗中,大致已反映出沅澧流域南北两向的方言分化。

晚唐五代至南宋时期,沅澧流域的城市聚落进入了稳定期。后晋天福五年(940年),马楚政权与沅、澧上游的土家族首领彭士愁发生战争,战后大体划定了土司区与郡县区的疆界,从此沅澧流域的民族矛盾趋向缓和。北宋澧州基本仍唐五代之旧,朗州改为鼎州,后取《诗大序》“有常德以立武事”之意设常德军。北宋灭亡,建炎南渡,沅水下游也涌入了大量移民。由于荆襄地区的军事压力,南宋更加着力经营作为后方的沅澧流域,绍兴元年(1131年)置荆湖北路安抚使,治鼎州,领鼎、澧、辰、沅、靖州。乾道元年(1165年)升鼎州为常德府,常德之名遂沿用至今。两宋在沿用沅、澧分治的同时,重又确定了以沅水下游常德府为中心城市的格局,其郡县措置至今没有太大的变化。在沅澧下游郡县稳定的基础上,上游的沅州、靖州溪峒羁縻区也逐步发展为建制州郡。

沅澧下游平原的郡县化完成,是其语言文化打下基调的前提。张步天《洞庭地区古代方言初探》提出了具有启发性的观点。其一:“现代湘西西南官话区三个小片的划分大体符合宋代行政区划,即北片为宋代澧州、鼎州,中片为辰州,南片为沅州、靖州。”其二:“根据南宋以后不再有大股北民南下的历史事实,可以推知本区西南官话区最后形成已在两宋时期奠定了基础。”[①]我们可以推断,中原移民由北向南先后影响了澧水、沅水下游的语音特征,又沿着沅澧水路与沅靖驿路等交通线逐步影响到上游地区。

两宋时期的沅澧平原郡县,即非西南官话形成的截止时间,也不是其地理

① 张步天《洞庭地区古代方言初探》,《益阳师专学报》1992年8月,第70页。

上的边界。今天的西南官话区形成于明清时期，其边界更是继续向西南发展到云贵高原、四川盆地和两广丘陵地区。然而作为上接江汉、下控五溪的地理要冲，沅澧流域实是西南官话形成的重要起点。在沅澧平原区完成了消化移民、稳定郡县的历史进程后，北方语音得以向西南继续浸润，最终影响了今天西南官话的整体格局。综合上文的梳理，我们可以看到截至南宋，塑造沅澧地区方言面貌的原动力正是"内地边缘、西南门户"的地缘政治特征；然而在南宋以后，这一地区的语言又受到了新的历史趋势的影响，那就是经济重心完成南移与湖南湖北的分治。

四

如上文所述，湘北小片精庄知章组声母读音呈现出的官话特征，正可以与这一地区移民史与郡县史互相印证，而这种历史趋势的另一个影响也即"沅澧分治"，同样体现在精庄知章组声母的今读情况中：依澧水流域和沅水流域的划分，湘北小片内部语音表现出明显差异。总体来说，澧水流域精庄知章主要读[ʈʂ]组声母，而沅水流域精庄知章主要读[ʦ]/[ʧ]组声母。

表 4　澧水流域和沅水流域精庄知章声母读音情况

行政地	地理位置	知	章	庄
石门、津市等	澧水流域	ʈʂ、ʈʂʰ、ʂ	ʈʂ、ʈʂʰ、ʂ	ʈʂ、ʈʂʰ、ʂ
常德、桃源等	沅水下游流域	ʦ、ʦʰ、s	ʦ、ʦʰ、s	ʦ、ʦʰ、s

湘北小片官话地处过渡地带，同时受到来自南北两股势力的影响与牵制，其内部读音的也从南到北呈现出差异性。对比江汉平原和湘江流域两地都市知庄章声母读音情况，便一目了然。以荆州、桑植、长沙、益阳、沅江为例：

表 5　荆州等地知庄章声母读音情况

行政地	地理位置	知	章	庄
荆州	江汉平原	ʈʂ、ʈʂʰ、ʂ	ʈʂ、ʈʂʰ、ʂ	ʈʂ、ʈʂʰ、ʂ
桑植	澧水流域	ʈʂ、ʈʂʰ、ʂ	ʈʂ、ʈʂʰ、ʂ	ʈʂ、ʈʂʰ、ʂ
长沙	湘江流域	ʦ、ʦʰ、s	ʦ、ʦʰ、s	ʦ、ʦʰ、s
益阳	湘江流域	ʦ、ʦʰ、s	ʦ、ʦʰ、s	ʦ、ʦʰ、s
沅江	湘江流域	ʦ、ʦʰ、s	ʦ、ʦʰ、s	ʦ、ʦʰ、s

除精庄知章声母的读音之外，湘北小片官话内部依流域不同而表现出的语音复杂性和区别性在以下几个方面也有所表现：

1. 非晓组的分混。许多南方方言非晓组不分，即所谓的芳慌不分、胡服不分。湘北小片也存在非晓组不混的情况，但是非组字大量混同晓组，还是晓组字大量混同非组，在湘北小片官话中表现也极为不同。

表 6　湘北小片官话非组与晓组分混情况

分混情况	中古音韵地位	例字	读音	分布地点
非组混同晓组	蟹摄合口三等废韵	废肺	xuei	石门、慈利等澧水流域
	止摄合口三等微韵	非飞匪痱妃费肥	xuei	
	咸摄合口三等凡韵	凡范|法	xuan|xua	
	山摄合口三等元韵	藩反贩翻烦繁饭|发罚	xuan|xua	
	臻摄合口三等文韵	分粉粪奋芬焚坟份	xuən	
	宕摄合口三等阳韵	方肪放芳妨仿访房防	xuaŋ	
	通摄合口三等东韵	风枫疯丰冯凤	xoŋ	
晓组混同非组	遇摄合口一等模韵	呼虎胡湖狐壶户互	fu	共同语音特征
	止摄合口三等微韵	挥辉徽讳	fei	常德、桃源等沅水下游流域
	山摄合口一等恒韵	欢桓唤焕换幻|滑猾	fan|fa	
	山摄合口二等删韵	还～原环患宦	fan	
	臻摄合口一等魂韵	昏婚魂浑混	fen	
	宕摄合口一等唐韵	荒慌谎黄簧皇蝗晃	faŋ	

由上表可知，除遇摄合口一等模韵晓组混同非组是整个湘北小片官话共同的语音特征外，非晓组分混情况澧水流域和沅水流域迥然不同。澧水流域以非组字大量混入晓组为主，普通话读[f]的，在石门等地读[x]；沅水流域以晓组字大量混入非组为主，普通话读[x]的，常德等地读[f]，这反而与长沙等地绝大多数湘语的语音表现一致。

2. 部分止摄开口三等帮组字读音的区别。“被”为止摄开口三等字，处在澧水流域的石门、津市、慈利等地均读[pi]，音同普通话的“逼”；而处在沅水流域的常德等地读[pei]，与普通话读音相同，湘语也是这个读音。此外，“眉”、

“批”、“避”等字的读音差异亦是如此。

3. 部分果摄三等见组字读音的区别。“茄”为果摄开口三等字，澧水流域的石门、津市、慈利等地读为[tʂʰue]或者[tɕʰyɛ]；而处在沅水流域的常德等地读[tɕia]，与长沙、益阳等地湘语同音。

4. 假摄开口三等麻韵字读音的区别。沅水下游流域的官话和湖南大部分地区的湘语“姐”、“借”字都读[tɕia]，而在石门、澧县等澧水流域地区读[tɕie]。

湘北小片官话内部差异性远不止此。同为湘北小片官话方言，地理涵盖范围也不算很广阔，何以会出现如此明显的内部差异性？实际上，这种内部的差异也源于沅澧流域城市聚落的发展状态。前文说到，魏晋南北朝时期的北来移民首先大批涌入澧水下游平原，奠定了以今天澧县、津市一带为中心的郡县化格局。而在沅、澧分治的同时，若陈朝武州、南宋初荆湖北路安抚使皆以沅水下游的今武陵区则作为地区行政中心。这样看来，一方面人口结构、强势语言文化由北向南经过澧、沅流域，另一方面原有的湘沅语音特征借助南部的优势政治地位得以保留，因此北方官话对湘沅方言的同化作用远不是一蹴而就的。前文说到，南宋以前，“内地边缘、西南门户”的地缘政治特征是形成沅澧流域官话形成的原动力。然而从更长远的视角来看，经济重心南移以及湖南、湖北的分治，则在南宋以后进一步决定了官话区更多是由沅澧流域向西南云贵高原拓展。而对于南部的湘资流域，沅澧平原的官话特征不但难以前进一步，反而会持续地受到湘音的影响。

长期以来，今日两湖都是以江汉平原的城市聚落为核心。战国至秦汉时期，这一地区的城市聚落以荆襄为主，但随着云梦泽的搁浅与长江的冲积，中心城市也向东移动。武汉三镇彻底成为陆地平原后，湖广形成以汉江长江交汇点——武汉为核心的都市聚落结构进一步稳固，整个江汉平原都处于繁忙的水陆交通要冲地带。反观湖南地理格局，东、南、西三面临山，阻断交通，长江与洞庭湖的存在，也让其与北方行政中心联络变得不便，北方移民进入湖南多停留于洞庭湖一带。较为便利开发的城市只能局限于湘江流域的一系列城市，也就是如今的岳阳、长沙、湘潭等地。除此之外，境内大量少数民族杂居，缺乏具有地区影响力的城市聚落群。因此从楚国、荆州到元朝的湖广行省，湖南都处于相对边缘化的地位。

然而随着中国经济重心的南移，湖南这种相对边缘化的经济文化地位也在宋以后逐渐改变。长江中下游地区商品经济开始发展，商人和手工业者的数量逐渐增多，农地可雇佣的劳动力有限，农地面积逐渐减少。由于江南农业的经济化，湖广地区开始成为整个中国的粮食基地，湖南的地缘政治特征也在这样的经济结构下逐渐凸显。首先，湖南西部河流山脉的地理走向大致与长江一致，自东向西的经向渗透为湖南湘资流域带来了大量南方移民，这一趋势从宋代开始，在清初达到高潮。其次，湘江水道是通往两广地区的重要交通线，以广州为中心的珠三角地区是中国南方大港，人口稠密却又苦于平原稀缺不宜生产粮食。因此以广东为商业区、湖南为农耕腹地的经济结构逐渐明晰，乾隆期间实际已经形成“湖南熟，天下足”的局面。在获得自身的经济定位后，湘东湘南丘陵中的少数民族也在逐渐接受汉化和整合，湖南士子在科举中的录取人数也与江北不相上下，湘江流域的城市聚落群在经济和文化上也逐渐与江汉平原分庭抗礼。

北宋至道三年(997)年划全国为十五路，荆湖北路治江陵，江汉平原与整个沅澧流域都包括在内；荆湖南路治潭州，下辖洞庭湖以南的整个湘资流域。这表明湖南独特的政治经济地位开始受到重视。至明代万历年间，为应对播州杨应龙之乱，明廷设偏沅巡抚一名，当时仍驻沅州。康熙三年(1664)，湖广南北分治，长沙、衡州、永州、宝庆、辰州、常德、岳州七府与郴、靖二州皆归偏沅巡抚管辖，其治所也由沅州移至长沙。至此，沅澧流域的城市聚落终于从属于湖南，这一政治区划延续至今。在地缘政治与经济发展的双重作用下，一方面湘江平原尚的都市聚落迎来了快速发展；另一方面，随着粮食生产和人口压力的增大，洞庭湖东西两岸都开始了大规模的圩田作业，上古时期云梦泽的水退人进在明清时期又发生在洞庭湖地区。时至今日，洞庭湖已淤积为东、西、南和大通湖等几片水域，东西两岸基本上已经连成平陆。尽管这在生态环境上令人叹息，但客观上看，沅澧下游原来从属于的江汉城市区逐渐东去，而原来与湘江流域的隔阂则不复存在。

回到本节开始的问题，湘北小片官话区内部沅澧二分的特征，表面上看是由于其南北地理位置的不同，但放到更长的时间线上，当官话方言区的要素在南宋趋于完备、本地的语言文化与湖南分离之时，政治、经济乃至地理等各种原因又在将它推向湘资沅澧一体的进程之中。因此，湘北小片官话区在澧水流域的语音特征可能不会快速向南推进，而沅水流域湘语底层语音特征则可能继续保持。

五

最后，上文提出的湘北小片官话精庄知章声母三种读音类型，我们还可以推测其大致的历史层次与演变路径。第一类精知二庄与知三章二分型为早期湘赣语言特征在湘北地区的底层保留，当为早期历史层次。第二类应是以南京为中心的江淮官话传入湘北地区的早期官话形式，应是官话传入之后与本地语言深度接触融合后形成，是和第一类平行发展的历史层次。第三类为官话发展的未来趋势，是最晚近的历史层次。

第一类知二庄与知三章对立的二分格局形成可大致梳理如以下四步：第一步，大致在唐代天宝年间知组从端组分化出来。庄初升[①]"根据周法高(1948)考证，直到唐初贞观年间(627—649)，代表长安音系统的玄应《一切经音义》多用端组切知组，表明知组(舌上音)还没有从端组(舌头音)中分化出来，而齿头音精组、正齿音庄组合章组都分而不混"；第二步，《切韵》音系时代，精、知、庄、章有别；第三步，晚唐时期庄二庄三完全合流，与章组声母合流但保持介音的区别。《切韵》中庄组既出现在二等韵也出现在三等韵，但章组只出现在三等韵，说明庄二、庄三、章组依旧有别。等韵图将庄组放在二等韵位置，章组放在三等韵位置，说明庄二庄三完全合流，但与章组依旧有别。《守温韵学残卷》将知彻澄日列为舌上音，精清从列为齿头音，审穿禅照列为正齿音。正齿音只列一组正是庄组合章组合流的反映。周祖谟[②]指出："正齿音在《切韵》里二、三等有别，但在唐代北方有的方言相混，读同一类，即读为 ʦ、ʦʰ、ʣ、s。"这反映的也是北方有些方言庄章组合流现象；第四步，知二入庄，知三入章。如上所述等韵图将庄组放在二等韵位置，章组放在三等韵位置，这在一定程度上反映了庄组与章组的读音差别。章组有三等介音的存在，而庄组没有。这为庄章合流后知二入庄，知三入章的分化提供了语音条件。李新魁[③]也指出："中古以后知二庄组合流为塞擦音 ʈʂ，知三在宋代以前仍然为舌面音 ȶ，到宋代知三已经同照组合并"。王洪君[④]有更为详细的论证："唐末三十六字母、

---

① 庄初升：《论赣语中知组三等读如端组的层次》，《方言》2007 年第 1 期，第 20 页。

② 周祖谟：《周祖谟学术论著自选集》，北京师范大学出版社 1993 年版，第 320 页。

③ 李新魁：《汉语音韵学》，北京出版社 1986 年版，第 77 页。

④ 王洪君：《〈中原音韵〉知庄章声母的分合及其在山西方言中的演变》，《语文研究》2007 年第 1 期，第 9 页。

宋代《皇极经世声音唱合图》等都把庄章两组合并为照组，应该是庄三庄二已无介音区别的彻底合流；而章三、庄在字音上并未合流，章三有介音 j 而庄没有，这就为以后它们的再分化提供了基础。稍后的重要变化是知组根据介音的不同发生了分化和合流重组：知二入庄、知三入章；知二入的是没有 j 介音的庄，知三入的是有 j 介音的章；重组形成了知二庄、知三章两分的对立格局。元代《中原音韵》《蒙古字韵》等韵书都是这一格局的韵书。"知二庄合流后的进一步演变便是与精组合流。庄初升[①]："知二、庄组合为一类之后，很容易与精组相混，这可能与音韵条件有关：精组恰好与知二处于互补，因为精组没有二等；精组与庄组本来就关系密切，因为一般认为庄组来自上古的精组，分久必合，合久必分。"湘北小片官话精知二庄与知三章二分类型大致也是遵循这样的演变路径而形成。其演变路径如下[②]：

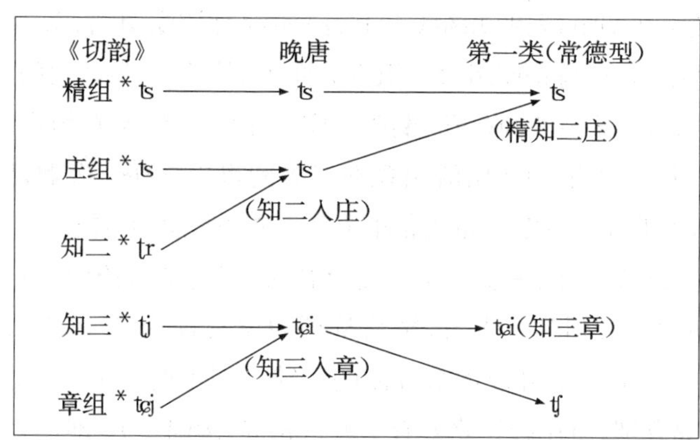

图片 2　湘北小片官话精知二庄与知三章二分型演变路径

第二类精庄三与庄二知章二分型与南京型属于同一类型，也是西南官话中最为普遍和典型的二分型。从共时语音层面上看，南京型普遍分布在西南官话和江淮官话中；从历时语言渊源上看，"西南官话是江淮官话的延伸"[③]。据此我们可以大胆且肯定地推测，西南官话南京型方言的形成可能是明清时期江淮官话南京型方言区移民西南，与本地及周边语言接触影响而成。南京

① 庄初升：《粤北土话音韵研究》，中国社会科学出版社 2004 年版，第 154 页。

② 按：学界一致认可中古精组为 * ʦ，章组为 * ʨ 的拟音。知庄二组各家拟音不一，本文采取知组为 * ʈ，庄组为 * ʈʂ 的拟音方案。

③ 刘晓梅、李如龙：《官话方言特征词研究——以〈现代汉语词典〉所收方言词为例》，《语言研究》2003 年第 1 期，第 16 页。

型方言早期类型是精组与知庄章组对立的二分格局，精组为[ʦ]组声母，知庄章组为[tʂ]组声母。据吴波①指出，《西儒耳目资》开始出现少数庄组字混入精组字现象。庄组字读[ʦ]一般出现在与高元音相拼时，音韵学角度来看正好体现为庄组三等字。从音理上来说，高元音也更易与[ʦ]组声母相拼。其演变路径如下（按：+a 表示条件是符合与高元音相拼）：

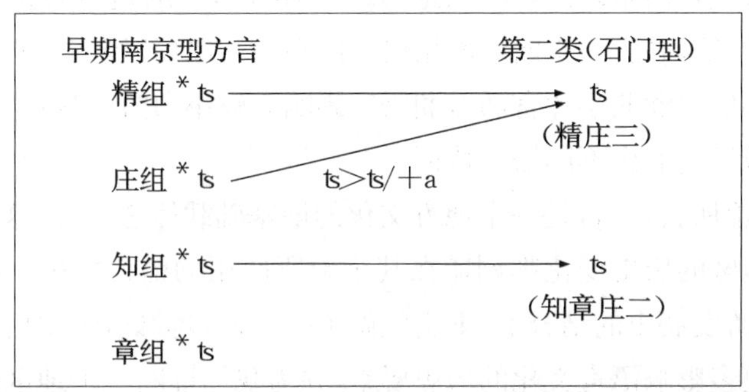

图片 3　湘北小片官话精庄三与庄二知章二分型演变路径

第三类精庄知章合流型是比较晚的层次类，也是西南官话未来发展的大趋势。湘北小片官话属于此类型的各方言点都分布在紧邻湖南北部的鄂南地区，处于环湖南北部的交界线上。需要指出的是，有不少涉及此类型各方言点语音调查、描写的公开发表文献里，对精、知、庄、章四组声母的语音存在舌尖、舌面色彩的描写。《湖北方言调查报告》涉及松滋杨林、公安章庄铺，还有此文未选作代表点的公安淤泥铺和新江口（同属湘北小片官话范围）等地，据《报告》描写，这几处方言[ʦ]与[u]相拼，声母略后；[ʨ]与[y]相拼，带舌尖、舌面音色彩，[y]相当于[i]的圆唇，不过有舌尖作用。这些“带舌尖、舌面音色彩”的音都出现在古合口韵里，知庄章的条件是与介音[-u-]相拼时，是以古合口韵为条件；精组的条件是与介音[-y-]相拼时，[-y-]由介音[-iu]演变发展而来，是以合口三等韵为条件。所谓舌面、舌尖音色彩，其实就是合口介音，既不是单纯的舌面音，也不是单纯的舌尖音，而是混合舌面和舌尖色彩的音。《报告》并没有指出实际是什么音，但我们可以推测，其实是舌叶位置的介音[ʉ̩]。如上文所述，知二庄与知三章二分型绝大多数方言的表现是 ʧʉ̩/古合口韵前，此类型知庄章组在合口韵前带有舌叶介音，正好可以证明该类型的早期形式经历过

① 吴波：《江淮官话语音研究》，复旦大学博士论文，2017 年，第 76 页。

知二庄与知三章二分型阶段，后期因为大合流而导致舌叶音表现越来越弱。

湘北小片官话语音特征的影响，首先是由北向南地影响澧水、沅水流域，这一路径表现了魏晋南北朝以来，中原移民城市聚落语言文化对原有荆楚湘沅方言的渗透。然而我们同时也看到，不同于官话区对西南云贵地区那样普遍的影响，官话语音在进入湘资流域后呈现出逐渐式微的过程。按照前文的梳理，沅澧流域在南宋以前，在"内地边缘、西南门户"的地缘特征作用下形成了官话语音特征，并进一步向西南拓展。而在南宋以后，经济重心的南移与湖南湖北分治，使得湘北小片官话对湘语区影响力较小，并且保持了内部依照澧水、沅水流域呈现的出不同语音特征。

如同开篇所言，语言是一个地方文化的最基础载体之一，由这种基础性出发，其所在地区的历史变化都刻印在其今天所使用的语言之中。在将语音调查与城市聚落发展史的结合上，本文仅做了一个初步尝试，希望可以通过这种方法，发掘更多影响语言文化的历史要素，并为我们推断一个地区的语言文化发展方向提供更多依据。

Urban development and language evolution: centred on pronunciation of *Jing* 精, *Zhuang* 庄, *Zhi* 知 and *Zhang* 章 initial groups in Mandarin dialect of Xiangbei sub-group

Abstract: Language is an important carrier of the culture of an urban settlement area. The Mandarin dialect of Xiangbei sub-grouphas distinctcultural characteristics in history, it has also long been influenced by urbanization. Byresearch of the pronunciation typesand evolvement of the *Jing* 精, *Zhuang* 庄, *Zhi* 知 and *Zhang* 章 initial groups, we could confirm the development history of urban settlements in the region, and speculate on the cause of its language appearance today, also, based on the linguistic differences within the dialects, we could predict the logic and development direction of culture in this urban area.

Key words: The Mandarin dialect of Xiangbei sub-group、*Jing* 精、*Zhuang* 庄、*Zhi* 知 and *Zhang* 章 initialgroups、Wuling、urbanization、immigrants

作者简介：孙芳莎，上海师范大学汉语言文字学专业 2017 级博士；雒志达，上海师范大学古典文献学博士，河北民族师范学院讲师。

试论近代上海的食盐行销[①]

尹玲玲

摘　要:上海地区濒临海岸,有袁浦等盐场的食盐生产,称为松盐。本地松盐收集与秤放的集散地在叶榭总廒,文中首先叙述了叶榭总廒的食盐收销状况与运销分布。松盐销岸为"苏五属"区,且主要运销于今天上海地区的范围。基于近代上海的巨大人口数量,其食盐消费需求也相当大,本地的松盐产额为供不应求,存在很大的产销差。论文进而指出该产销差主要依赖借销浙盐以解决。食盐销岸有纲岸、引岸等多种类别,上海食岸乃浙盐引岸。近代上海地区所借销的浙盐主要来自余姚与岱山两场所产盐斤。论文最后分别梳理了余姚场各廒与岱山场商廒的食盐专销情形。

关键词:食盐行销　销岸　引岸　毛盐

上海自开埠以来的经济发展与社会文化可谓聚焦了无数学人的目光,无论是近现代史还是当代史,学界研究成果蔚为大观,不胜枚举[②]。1999 年成书的多卷本《上海通史》中的第 4 卷《晚清经济》[③]与第 8 卷《民国经济》[④]对相应时段内的上海经济面貌有较为全面的叙述。学术界关于盐业史的研究也非常丰富,广泛涉及盐业生产技术、生产关系、盐政管理、盐法变革与盐商文化等各

---

① 本文为国家社会科学基金项目"浙东地区河湖水系的历史变迁研究"(19BZS109)的阶段性成果。

② 如唐振常主编:《上海史》,上海人民出版社 1989 年版;熊月之主编:《上海通史》,上海人民出版社 1999 年版;熊月之主编:《上海史国际论丛·第 1 辑》,上海人民出版社 2014 年版;熊月之主编:《上海史国际论丛·第 2 辑》,上海人民出版社 2017 年版。

③ 陈正书著:《上海通史》第 4 卷《民国经济》,上海人民出版社 1999 年版。

④ 潘君祥、王仰清主编:《上海通史》第 8 卷《民国经济》,上海人民出版社 1999 年版。

个方面。[①]《中国盐业史·地方编》(以下简称《盐业史》)中对上海市的盐业史有一个概要的叙述。鲁西奇全面梳理了民国时期盐务机构的演变,将其分为三个阶段,并阐述其特点,指出总的趋势是从分立走向统一。[②]以上研究为进一步深入探讨各具体区域的经济、社会与生态打下了坚实的基础。借助这些成果,可对上海的社会、经济与文化的发展有一个宏观而整体的认识。宏观研究可对微观探讨形成指导并把控其方向,微观探讨则有益于宏观认识的立体性与深化。本文拟对近代上海的食盐行销进行梳理,以期增进对相关专题的认识。

食盐为人类生活的必需品,盐的税利收入则为历代官府的重要财源,相关的盐业制度和政策及其变迁,与民众的经济生活和课税负担息息相关。盐业与国家的经济、政治、军事以至社会、文化的发展有着密切的关系,国家对盐业的控制一向很严。如林振翰所言:"我国盐法,滥觞于管子,推衍于弘羊,孳行于刘晏。"其间,从汉到隋,由专卖而收税,由收税而无税,李唐一代,则"由无税而变为收税,复由收税而进于专卖",自此以后,"盐法寖繁"。食盐运销有引地之分,有专商之兴。引地之分"始于五代,续于宋而成于元",而专商之兴则"源于宋,沿于元,而极于明清"。[③]食盐运销的重要环节是划定销盐区域,"盐销区一经划定,产区与销区之间就形成了一种固定的关系"[④]。下文拟就本地松盐销岸进行梳理。

一、本地松盐销岸为"苏五属"区

晚清时代,运销制度各省自为法度,"或主官运官销,或主官督商销,或主民运民销",制度不一,税率紊杂,而官督商销实居多数。然"官督仅属虚名,商销乃成弊窟",而所谓官运民销者,又"要皆因循敷衍,权宜变通"。[⑤]民国时期,上海的食盐行销制度又递相演变。无论是上海本地所产松盐还是借运的两浙区的盐,都有各自的运输路线与销售区域,下文分述松江叶榭总廒的收销状况

① 郭正忠主编:《中国盐业史·古代编》;丁长清、唐仁粤主编:《中国盐业史·近代当代编》;唐仁粤主编:《中国盐业史·地方编》;人民出版社 1997 年版。刘庆龙:《近 20 年清代两淮盐业研究述评》,《盐业史研究》2005 年第 2 期。陈锋:《近百年来清代盐政研究述评》,《汉学研究通讯》2006 年第 2 期。吴海波、曾凡英:《中国盐业史学术研究一百年》,巴蜀书社 2010 年版;鲍俊林、高抒:《13 世纪以来中国海洋盐业动态演变及驱动因素》,《地理科学》2019 年第 4 期。

② 鲁西奇:《民国时期盐务机构的演变》,《盐业史研究》1991 年第 1 期,第 35 页。

③ 林振翰:《中国盐政纪要(上)》,商务印书馆 1930 年版,第 7 页。

④ 郭正忠主编:《中国盐业史(古代编)》,人民出版社 1997 年版,第 737—738 页。

⑤ 林振翰:《中国盐政纪要(上)》,第 7 页。

及其运销分布。

1. 松江叶榭总廒的收、销状况

松江盐务，从汉到唐以至明清，均隶于两浙管理。旧制两浙有嘉松分司及松江批验所各机关。南宋行钞引制，商人凭引领运松江盐区及浙江余姚、岱山、黄湾等盐场所产盐，到“苏五属”区销售。①明代时的销区划分非常复杂，有“本产本销、本产外销、数区并销、借销、配销”②等类别。松江盐区所产松盐的“行盐之地”，除安徽省的郎溪一县外，主要在“苏五属”区，“即苏省之苏、松、常、镇、太各府州县”。③“苏五属”就是指江苏省的苏州、松江、常州、镇江四府及太仓一州，辖下有二十三个县。其中苏州府辖下有吴县、吴江、常熟、昆山四县，松江府辖下有松江、奉贤、金山、上海、南汇、青浦、川沙七县，镇江府辖下有丹徒、丹阳、金坛、溧阳四县，太仓州下有太仓、嘉定、宝山三县。④

表 1　民国九年至十八年松江叶榭总廒收、销盐斤担数及其差额*

年份	收盐担数	销盐担数	销收差	差收比%	差销比%
1920	98404.29	98752.73	348.44	0.35	0.35
1921	90115.27	92434.38	2319.11	2.57	2.51
1922	86128.64	66727.18	−19401.46	−22.53	−29.08
1923	127303.20	136484.54	9181.34	7.21	6.73
1924	104318.40	107296.88	2978.48	2.86	2.78
1925	104759.10	104178.79	−580.31	−0.55	−0.56
1926	242967.80	200517.28	−42450.52	−17.47	−21.17
1927	204224.40	222802.36	18577.96	9.10	8.34
1928	232852.10	161361.56	−71490.54	−30.70	−44.30
1929	184489.10	187819.04	3329.94	1.80	1.77

资料来源：本表据盐务署盐务稽核总所编：《中国盐政实录》第 1 辑第 9 章《松江 · 征榷》中的相关表格统计制作而成，台湾：文海出版社，1999 年(下同)，第 628—629 页。

* 说明：1. “销收差”=“销盐担数”−“收盐担数”。
2. “差收比”=“差额”/“收盐担数”。
3. “差销比”=“差额”/“销盐担数”。

① 唐仁粤主编：《中国盐业史(地方编)》，人民出版社 1997 年版，第 252 页。

② 江苏省地方志编纂委员会：《江苏省志》第二十四卷《盐业志》，江苏科学技术出版社 1997 年版，第 161 页。

③ 盐务署盐务稽核总所编：《中国盐政实录》第 1 辑第 9 章《松江 · 概要》，文海出版社 1999 年版，第 601—602 页；唐仁粤主编：《中国盐业史(地方编)》，第 255 页。

④ 盐务署盐务稽核总所编：《中国盐政实录》第 1 辑第 8 章《两浙》，第 455 页。

盐业管理机构对于食盐的产、运、销的各个环节都实行严格的管控，如生产环节的盐斤收储，销售环节的盐斤秤放等。如此说来，收、放盐斤数量应该一致，但即便是在如此严格的管理制度下，仍然会存在疏漏，从而出现食盐走私现象。食盐收、放数据存在不一致的现象也就不难理解了。据表1可知，民国九年至十八年的十年中，本地松盐的产额较大，大体呈上升趋势，但也有波动。前三年不到十万担，在九万担左右波动；中间三年突破并大体稳定在十万担出头；后四年大幅增长，突破或接近二十万担。对于本地所产盐斤，松江叶榭总廒的收盐数与销盐数二者之间在多数年份中也大体平衡。虽然销收差数据的绝对值从几百、几千到几万担不等，但差收比或差销比的绝对值则有七个年份在10%以内，只是其中的三个年份明显超出这一比例，其中1922年与1926年达到20%左右，1928年的数据甚至高达30%和40%以上。

2. 叶榭总廒食盐的运销分布

民国初年，江苏省设立松盐运销局于松江，运使主管场产、配捆等事。民国二年六月，中央统一盐政，设立苏五属榷运局于上海，掌理收税。其场产、配捆等事仍归运使主政。民国三年，"政府以松江为产盐之区，应设松江稽核分所，当于是年六月成立。凡运销苏五属盐斤一律改在上海征税，两浙分所只任秤放之责。并将苏五属榷运局改为松江运副，管理盐务行政事宜"。各引岸都设有自己的"盐栈或盐公堂领运完课"。运输路线上，则"本区之松江板盐，系由叶榭掣放"，本区产盐由各场分廒用船运送到松江县的叶榭总廒入仓，再运到各处销售。①以下详列民国九年至十八年叶榭总廒运销苏五属各地盐斤担数，以说明本地自供盐斤在苏五属各区的运销分布。

表2　民国九年至十八年由叶榭总廒运销各地盐斤担数

	1920	1921	1922	1923	1924
上南川减地	60000.00	48000.00	27000.00	69000.00	46500.00
宝山结一九	27600.00	30900.00	27375.00	51600.00	34650.00
华娄	5353.31	6771.20	6524.37	7482.29	8450.12
奉金	2106.45	1954.16	1569.51	2358.01	2549.88
长元吴	842.97	无	无	无	无
建平	无	无	无	无	无

① 盐务署盐务稽核总所编：《中国盐政实录》第1辑第9章《松江·概要》，第601—602页。

续　表

	1920	1921	1922	1923	1924
嘉宝	2850.00	2100.00	3000.00	3600.00	2400.00
青浦	无	1209.02	58.30	760.29	1846.88
金山嘴渔盐	无	464.80	350.00	835.00	255.00
常昭	无	1500.00	900.00	1283.95	900.00
长阴沙	无	无	300.00	无	无
总计	98752.73	92899.18	67077.18	136919.54	97551.88
年份	1925	1926	1927	1928	1929
上南川减地	52500.00	23400.00	133200.00	81900.00	90000.00
宝山结一九	36000.00	67500.00	68100.00	57000.00	73500.00
华娄	8400.04	8952.14	9454.62	8717.45	8663.75
奉金	3298.52	2650.44	3261.36	3499.52	2703.75
长元吴	无	无	无	无	5100.00
建平	无	无	1800.00	3300.00	3300.00
嘉宝	1500.00	3000.00	2100.00	1500.00	1500.00
青浦	1280.23	4815.70	3986.38	5444.59	3051.50
金山嘴渔盐	285.00	345.00	594.00	795.00	1041.00
常昭	1200.00	无	900.00	无	无
长阴沙	无	无	无	无	无
总计	104463.79	110663.28	223396.36	162156.56	188860.00

资料来源：盐务署盐务稽核总所编：《中国盐政实录》第 1 辑第 9 章《松江・征榷》，第 629—630 页。

据表 2 可知，长元吴、建平、金山嘴渔盐、常昭及长阴沙五类属于非上海食盐类，合计所占比例非常小，最高仅占 2%点几，最低时甚至不到 1%。因此，叶榭总廒供自销的盐斤，名义上虽说运销全苏五属地区，但实际上绝大多数都以食盐形式运销于属今天上海范围的地区。

如《中国盐政实录》（以下简称《实录》）“总叙”中所云：“盐为人生日用必需之物”，“食盐多寡，虽人无定额，然大抵每人每年以食盐十斤，作为平均数”。民国十七年全国人口数约四亿四千八百二十三万，以民国二十年销盐数量按前项人口计算，每人仅食盐八点五斤，认为该年销盐“虽较为畅旺，尚未达计口授食之适合数”。[①]据此人均食盐消费额，可计算上海地区庞大居民人口的食盐消费总量。清光绪三十年间，浙西盐商禀请招集商股在上海租界设立府海公司，每年认纳正课与帑课盐引五千余引，当年户部所咨练兵筹饷各条中有关于食盐的条目，云“上海租界居民逾三百余万，以人日食盐二钱计之，约岁可销四万引”，户部据此批复说浙省所报的认销数目“未免过于短绌”，“拟将两浙盐法切实改良”，对于“上海租界食盐尤应彻查销数”[②]。这里提到的租界居民人口“逾三百余万”的数目似有误，疑较其时之实际人口数明显偏大。民国八年五月松江盐务稽核分所调查“租界食盐销数”以及私盐侵销情况，提到“民国四年间约计六十余万人”[③]。这一数据与前者有很大出入，而“六十余万”的数据似较“逾三百余万”应更符合当时的实际。但无论如何，据人均食盐消费额所计算的上海地区食盐消费总量当远大于本地盐场的食盐产额。事实上，《盐业史》已经指出，上海“产盐不敷本区销售”[④]。上海地区的食盐产销对比在《实录》中有清晰的记述，说是松江“本区盐产，为供不应求”[⑤]。那么食盐供不应求的缺口从何处补足呢？以下拟介绍销岸的不同类别，并重点阐述上海食岸乃浙盐引岸。

二、上海食岸是浙盐引岸

中国的食盐行销，“各有销岸，其区域初不以省之疆域为范围”，其宗旨为“调剂供求、因地制宜之道”。具体来说，“有本产本销者”，有“境内无盐产，完全为他区行盐销岸”者，“有行盐仅作借配性质无指定销岸者”，“有一地并销两盐区或两盐区以上所产之盐斤者”，但也“有本省所产之盐，不能销于本省者”，比如江苏省的淮盐，就“不能销于苏五属及徐五属”地区。[⑥]以下先简单概述明清时期的食盐行销变迁并梳理阐述近代尤其是民国时期的销岸类别。

1. 销岸的类别

明万历后期两淮盐法梳理道袁世振创行“纲法”，就是“将历年未行的积

① 盐务署盐务稽核总所编：《中国盐政实录》第 1 辑第 1 章《总叙・现状・人口》，第 48 页。
② 《上海府海公司奏归官办》，《申报》1909 年 2 月 6 日第 12 版。
③ 《租界食盐数目之调查》，《申报》1919 年 5 月 20 日第 12 版。
④ 唐仁粤主编：《中国盐业史（地方编）》，第 255 页。
⑤ 盐务署盐务稽核总所编：《中国盐政实录》第 1 辑第 9 章《松江・概要》，第 602 页。
⑥ 盐务署盐务稽核总所编：《中国盐政实录》第 1 辑第 1 章《总叙・现状・销区》，第 41 页。

引，分为若干纲，以一纲行旧引，余纲行新引。凡纲册上有名的商人则子孙继承，无名者不得行盐”。纲法，又称官督商销制，即招商包销，政府把收盐运销之权一概交给盐商，为民制、商收、商运、商销。“从此专商垄断了盐引和引岸的一切权力。”①

清初继承“明之纲法，实行民制、商收、官督、商运、商销的商专卖制”，场有场商、运有运商、销有定岸，形成较完整的专商引岸制度。②正如林振翰所指出，清代盐政：康熙、雍正时期，盐法虽然不是非常完善，但“商力充裕，尚无大弊”；乾隆时期，“开报效之端，创帑息之例”，盐务开始败坏；嘉庆、道光之际，因“积弊日深”而改行票法；咸丰、同治时期，因“饷需待给”而行抽厘；光绪以后，因“赔款练兵”而又有加价。自此“厘、价并计，数逾课款”。③

民国时期的食盐行销之地，仍按行销方式、税率高低等分成很多种类别。例如，浙盐行销，就有“纲、引、肩、住、厘、减地之区别”。其中，“岁行额引，按年分纲”，称作“纲引”，其行销之地就称为“纲地”。“请引行盐，均有指定地点”，则称作“引地”。浙盐在江苏省的引地，就是“吴县等二十三县”。场灶附近的小贩，“领引挑销”，称作“肩引”，其所销之地就称为“肩地”。如为距盐场较远的销区，则“准令商人设店住卖，为住引，其所销之地，谓之住地”。税率较轻的地方，则“谓之减地”，包括“上海租界，浦东宝山结一、结九两图，及崇明、启东二县，并常阴沙特别区”。④

由此可见，民国时期的食盐销岸一般来说有纲岸、引岸、肩岸、住岸、厘岸、减税岸等多种类别，但“松区行盐之地”，也就是上述“苏五属”各区“俱以引岸著称，而无纲肩住厘等目”，却有“正地、减地、租界特区之分”。⑤浙盐减地，也就是前述上海租界与浦东宝山结一、结九两图以及崇明县等，均“行销余姚、岱山等场产盐”，其中崇明县“则兼销松江区产盐”。⑥

2. 上海地区是浙盐引岸

如郭正忠所言：“盐销区的划分，本应以产与销距离较近、运输方便为依

---

① 江苏省地方志编纂委员会：《江苏省志》第二十四卷《盐业志》，第134—135页。
② 陈志鹏主编：《浙江省盐业志》，中华书局1996年版，第305页。
③ 林振翰：《中国盐政纪要（上）》，第6页。
④ 盐务署盐务稽核总所编：《中国盐政实录》第1辑第8章《两浙》，第328页。
⑤ 盐务署盐务稽核总所编：《中国盐政实录》第1辑第9章《松江·概要》，第601—602页。
⑥ 盐务署盐务稽核总所编：《中国盐政实录》第1辑第8章《两浙》，第329页。

据；但由于地势、缉私等原因，最初的划界已经蕴含着不合理的成分。”①其中的不合理因素前人并非不明白，乾隆五十六年(1791)大学士和珅称：“前人定界时，非不知运道有远近，卖价有贵贱，但所定之界，水路则是有关津，陆路则有山隘，差可藉以稽查遮拦。”②

“苏五属”各县，自宋以来都为浙西引地，向来“不销淮盐，而销浙盐”。上海乃“苏五属”辖下区域，故其区内亦为浙盐引岸。③正如《实录》中所载，松江区盐产因供不应求而需仰给于他区，具体来说，“销岸各地，除运销本区场盐外，更借运两浙区之余姚、岱山、黄湾、许村等场盐斤”。④

太平军攻占期间，上海地区亦因引商逃散，商盐运销受阻。同治三年(1864)，试行票运，引、票并行。引商由官府划定州县为专卖区，票商则于引地领盐、自由行销。但无论引盐、票盐，均为浙盐。⑤也就是说，上海消费所需的食盐，除本地所产外，按规定应为浙盐。运输路线上，所运“两浙余、岱之盐”，则“先运存浏河，再行掣放”，“其余许村、黄湾之盐，则由许、黄两处直接掣放”⑥。

浙盐“由产地运出未税之盐，谓之毛盐；运至销岸已经报税之盐，谓之税盐”⑦。余姚场未税之“毛盐”，一部分即“运往浏河、陆家嘴”⑧，岱山场则“每年所产之盐，除本地鱼蜇两汛配销外”，皆“由仓廒运销江苏之苏松常镇太五属及上海租界”⑨。浙盐“综计纲、引、肩、住、厘、减各地”，民国九年至十八年的十年间，平均每年销盐达169.584万担，其中“运销苏五属”的盐约95万担。⑩据此计算，可知运销苏五属的盐在浙盐运销总额中占56%。又据前述松盐运销分布，可知运销苏五属的盐主要又是运销于辖属今天上海的范围。

如前文所述，基于庞大的且一直处于上升态势的人口数量，上海在食盐消费上存在巨大的产销差，作为其食盐引岸的浙盐也因此而拥有巨大的利益，相

① 郭正忠主编：《中国盐业史(古代编)》，第738页。
② 《盐法通志》卷十一《经界》。
③ 江苏省地方志编纂委员会：《江苏省志》第二十四卷《盐业志》，第161页。
④ 盐务署盐务稽核总所编：《中国盐政实录》第1辑第9章《松江·概要》，第601—602页。
⑤ 唐仁粤主编：《中国盐业史(地方编)》，第254页。
⑥ 盐务署盐务稽核总所编：《中国盐政实录》第1辑第9章《松江·概要》，第602页。
⑦⑩ 盐务署盐务稽核总所编：《中国盐政实录》第1辑第8章《两浙》，第329页。
⑧ 盐务署盐务稽核总所编：《中国盐政实录》第1辑第8章《两浙》，第377页。
⑨ 盐务署盐务稽核总所编：《中国盐政实录》第1辑第8章《两浙》，第378页。

应的食盐管理机构的设置对于浙省来说就是非常重要的事情。清同治年间，设浙西官盐总局于江苏上海县，督察运销、缉私诸事，不多久改为苏五属督销局，移驻苏州。但自“光复初，经苏省设立松盐运销局于松江，浙省设立苏属收税处于上海。以四成归苏，六成归浙”。①

可能因自开埠通商以后，苏州与上海在区位对比上的地位高低发生反转且其差距迅速拉大，故而相应的浙盐运销管理机构从驻苏又变回为改驻上海。而且，不难看出，本地松盐与引岸浙盐之间也存在着明显的利益之争，既有“苏省设立松盐运销局于松江”，又有“浙省设立苏属收税处于上海”，反映出二省在这一利益上的两相对峙。如何协调这种利益争端并取得各方利益分配上的平衡，就成了一门管理上的艺术。当然，这种利益上的协调与分配估计也应该是妥议协商与博弈的结果，故而双方最终达成“四成归苏，六成归浙”的妥协。而之所以是这种四、六开的比例分成，则应该和本地松盐的销额及借销浙盐的销额比有关。

食盐对于民众不可或缺。在官府的专卖管理中，其运销征税乃头等大事，而“食盐运销的重要环节是划定销盐区域，各按一定的额销引额在规定的区域内销售”。盐销区一经划定，“盐商们只能在规定的盐场买盐配运，按规定的路线转输，然后在规定的引地销售，不许越雷池一步。如果越界销售，买者卖者同属违法”。②

如前所述，清代继承明代纲法，形成了较完整的专商引岸制度。顺治初年免除了明末累增的盐课及各项附加，允许沿海居民自行辟场煎盐，规定盐由场商收购，场商再卖与运商，“运商按定制办引纳课”，在指定岸区垄断运销。占有引窝的引商享有特权，可以占据已定引岸，“永为销区，甚至出租引窝，坐享厚利”。③下文拟分别叙述余姚与岱山两场板晒盐在上海地区的食盐专销情形。

三、近代上海借销余姚与岱山两场盐斤

《盐业史》已经指出，上海“因产盐不敷本区销售，乃运浙江余姚、岱山、黄

① 盐务署盐务稽核总所编：《中国盐政实录》第1辑第9章《松江·概要》，第601页。
② 郭正忠主编：《中国盐业史（古代编）》，第737—738页。
③ 陈志鹏主编：《浙江省盐业志》，第305页。

湾、许村等场产盐接济"①。上海"本区盐产,为供不应求",销岸各地"除运销本区场盐外",主要借运两浙区之余姚等场盐斤。②内地苏五属区食盐行专销制,上海租界地区食盐则行包销制。食盐专销是指由某些具备销售资格并登记在册的职业化的专门商人进行承销,专商认领引额并承纳引税。食盐包销则是指由某一位特定的专商承包某区的食盐销售,可以说是一种更为特殊的专销制。

单个引商专商的力量毕竟有限,清后期以至民国各大食盐产区往往出现商廒这一组织形式,就是由运商集股共同组织商廒以合力运销食盐。如两浙钱清场"运盐商贩,系各廒商,初由商人集股设廒收集产盐"③,玉泉场"廒之组织,略如公司,有经理、司账等"④。如此,则场商与运商的身份与界线已不甚分明,而是相互渗透甚至互为统一。

据《实录》可知,钱清场运盐商贩的各"廒商",最初由商人集股设廒收集盐场所产盐,并将盐转售给引商,但自民国"十八年七月,由浙东公廒接收,性质变为引商"。⑤可见,钱清场前期的廒商兼具场商与运商的性质,后被浙东公廒接收后,性质才变为纯粹的引商运商,公廒则属于场商。但公廒同样无法与运商完全撇清关系,而是有着密切的勾带牵连的关联。

又如,玉泉场"所设商廒,认定灰溜只数,负尽产尽收之责,转售于运商",运贩于销岸时"先设立盐店,向行政机关注册。领取营业执照(即牌照),然后向场配盐",场商办理商廒之"定章,虽明定不准兼办运商事宜,但与运商总不能毫无关系,以故销岸之盐店,于注册时,均指定向某场某廒捆配字样"。⑥以下分述余姚场与岱山场商廒在上海地区的食盐专销情形。

1. 余姚场各廒之食盐专销

余姚场板户每日所产盐因种种关系不能逐日悉缴廒仓,"必须分期收缴,是以每年之产数,即每年之收数"⑦,暂储于板户家中者则无从概计。无论毛盐、引盐,都先由廒商设仓收储。仓数各廒不等,散列于各区。民国中叶,共有仓六百二十一所。每仓之容量,则至少可存盐二千担,至多甚至可存盐八千

---

① 唐仁粤主编:《中国盐业史(地方编)》,第255页。
② 盐务署盐务稽核总所编:《中国盐政实录》第1辑第9章《松江·概要》,第602页。
③⑤ 盐务署盐务稽核总所编:《中国盐政实录》第1辑第8章《两浙·运销·运盐商贩》,第441页。
④⑥ 盐务署盐务稽核总所编:《中国盐政实录》第1辑第8章《两浙·运销·运盐商贩》,第446页。
⑦ 盐务署盐务稽核总所编:《中国盐政实录》第1辑第8章《两浙》,第557页。

担，大多数能容盐三四千担。盐仓都是木门草屋。存盐时先由廒商具报，经秤放局派员秤收，记明数目，并在盐面上加盖戳记后将门封锁。①

表 3　余姚场毛盐运销苏五属区的运盐商廒及其卸盐地点

名称	性质	卸盐地点	附　　记
五属廒	毛盐	江苏太仓县属之浏河、浙江许村场属之海宁	该廒兼运上海五和精盐公司所用毛盐，其卸盐地点在浦东
源泰廒	毛盐	浏河	同上
公兴廒	毛盐	上海陆家嘴	同上

资料来源：盐务署盐务稽核总所编：《中国盐政实录》第 1 辑第 8 章《两浙》，第 442 页。

余姚场毛盐绝大多数运往苏五属区或上海租界，其中运销苏五属区的商廒除五属廒外，还有源泰廒。"毛盐起运出场，均系海程"，距场署"约八百余里"，运达后要"经吴淞掣验局或浏河盐栈之查验。②商廒名、盐斤性质及卸盐地点等见表 3。

余姚场"放盐手续，有毛盐、引盐之不同"。毛盐放盐手续极其繁多严谨，先由廒商"将请运数目、运往地点、船名开单，连同船户保单及保证书送场验明保管，由场发给收条"。运往浏河或上海陆家嘴的，"尚须加发舱口单与毛盐运单，交给原商收执"。一面由该商填具报单并随同运单，"先送总局登记签字后，再送放盐分局，由该分局于翌晨派司秤员携带秤杆盐印，会同廒方收捆员及篷长等赴仓，用竹竿悬挂蒲包为号，车户等即来装运"。启封开锁后，"由司秤员验明盐面印戳方准捆配"，待逐包秤放完毕，"再由司秤员将存仓余盐加盖盐印，并督同篷长将仓封锁。回局报由总司秤员于运单及稽核单各联，分别填明放盐日期，经监秤员查核盖章，除将稽核单截存外，所有运单保证书之收条或舱口单等，发交船户收执，以凭起运"。最后还要由"分局填具放盐报告单连同稽核单，一并送交总局登记，俟月终造报汇缴"。③《实录》中保单、保证书、收条、舱口单、毛盐运单、报单及放盐报告单均附有原样式，以下拟选截保单、保证书与运单样式如下图 1、图 2、图 3。

① 盐务署盐务稽核总所编：《中国盐政实录》第 1 辑第 8 章《两浙》，第 407 页。
② 盐务署盐务稽核总所编：《中国盐政实录》第 1 辑第 8 章《两浙》，第 463 页。
③ 盐务署盐务稽核总所编：《中国盐政实录》第 1 辑第 8 章《两浙·征榷·放盐手续》，第 526—527 页。

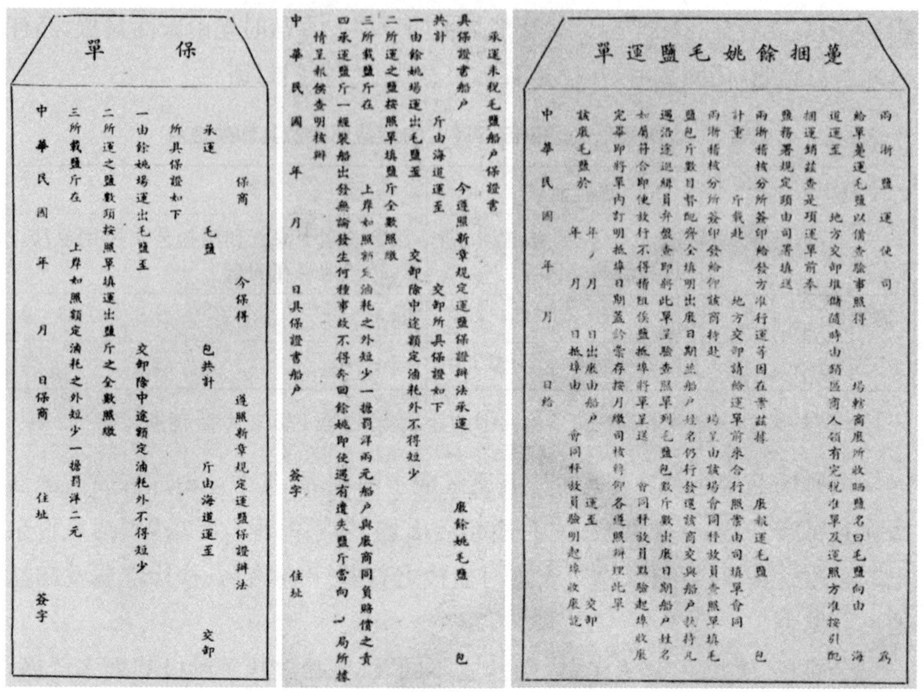

保單

保商　今保得　遵照新章規定運鹽保證辦法
承運　毛鹽　包共計　斤由海道運至　交卸
所具保證如下
一由餘姚場運出毛鹽至　交卸除中途額定滷耗外不得短少
二所運之鹽數須按照單填運出鹽斤之全數照繳
三所載鹽斤在　上岸如照額定滷耗之外短少一擔罰洋二元
中華民國　年　月　日保商　住址　簽字

承運未稅毛鹽船戶保證書
具保證書船戶　今遵照新章規定運鹽保證辦法承運　廒餘姚毛鹽　包
共計　斤由海道運至　交卸所具保證如下
一由餘姚場運出毛鹽至　交卸除中途額定滷耗外不得短少
二所運之鹽按照單填鹽斤全數照繳
三所載鹽斤在　上岸如照新定滷耗之外短少一擔罰洋兩元船戶與廒商同負賠償之責
四承運鹽斤一經裝船出發無論發生何種事故不得奔回餘姚即使遇有遺失鹽斤當向　局所據
情呈報候查明核辦
中華民國　年　月　日具保證書船戶　簽字　住址

躉捆餘姚毛鹽運單

兩浙鹽運使司　為
給單躉運毛鹽以備查驗事照得　場轄商廒所收晒鹽名曰毛鹽向由海
道運至　地方交卸堆儲隨時由銷區商人領有完稅准單及運照方准按引配
捆運銷茲查是項運單前奉
鹽務署規定須由司署填送
兩浙稽核分所蓋印給發方准行運等因在案茲據　廒報運毛鹽　包
計重　斤載赴　地方交卸請給運單前來合行照案由司填單會同
兩浙稽核分所蓋印發給仰該商持赴　場呈由該場會同秤放員查照單填毛
鹽包斤數目暨配齊全填明出廒日期並船戶姓名仍行發還該商交與船戶執持凡
遇沿途巡緝員弁盤查即將此單呈驗查照單列毛鹽包數斤數出廒日期船戶姓名
如屬符合即使放行不得稽阻俟鹽抵埠將單呈送　會同秤放員照驗起埠收廒
完畢即將單內訂明抵埠日期蓋鈐彙存按月繳司核轉仰各運照辦理此單
該廒毛鹽於　年　月　日出廒由船戶　運至　交卸
年　月　日抵埠由　會同秤放員驗明起埠收廒訖
中華民國　年　月　日給

图 1　余姚场毛盐保单　图 2　承运毛盐保证书　图 3　趸捆余姚毛盐运单

盐斤由盐仓秤放后即行捆包或装袋，用牛车载运，每车约二十五件。海运情形来看，各区依就地势，“或由牛车迳运至大船，或运至海湾用小船驳运至大船”，责任都在篷长。“大船由廒商雇备”有两种，一种为卤篹船，一种为钓船。两船舱面有所不同，卤篹船舱面须装围板方许运盐，钓船舱面则不能装盐而无须加装围板。①装运毛盐的五属廒与源泰廒，其运达地点与卸盐地点均为浏河，运道为海运，运输里程约七百余里。遇南风或东风由黄盘山至滩山侯潮，经洋山大戢转大塔而行；如遇北风则至乍浦侯潮，经金山奉贤沿海滨而行。公兴廒所运毛盐的运达与卸盐地点则在上海陆家嘴，运道也为海运，运输里程则略近，约六百里，一旦遭遇东北或西北风就不能行驶。如为顺风，则也经由大戢铜沙入吴淞口至黄浦江东岸。②民国十九年至二十一年五属廒、源泰廒及公兴廒收放盐斤数目及比例则见表 4 之统计。

① 盐务署盐务稽核总所编:《中国盐政实录》第 1 辑第 8 章《两浙》,第 467 页。
② 盐务署盐务稽核总所编:《中国盐政实录》第 1 辑第 8 章《两浙》,第 474 页。

表 4　民国十九年至二十一年余姚场五属廒、源泰廒及公兴廒收放盐斤数目(担)

	1930		1931		1932	
	收盐	放盐	收盐	放盐	收盐	放盐
五属廒	579439	446430	567834	590410	540475	490470
浙东廒	629157	490704	676458	592775	545607	454740
源泰廒	163451	160110	158334	146760	122930	108270
轻税廒	无	无	48177	36462	43819	30089
公兴廒	196946	238470	249777	189000	219214	163200
其他各廒合计	142307	71540	158148	99623	157505	134848
总计	1711300*	1407254	1858728	1655030	1629550*	1381617

资料来源:盐务署盐务稽核总所编:《中国盐政实录》第 1 辑第 8 章《两浙》,第 566—567 页。

据表 4 可知,1930—1932 这三年中,余姚场五属廒等各廒的收盐数目与放盐数目仍有一定的波动,但波动幅度不是很大。各年中每廒的收盐数与放盐数都并不吻合而有所出入,有些年份的出入还很大。通过这些数据可大致了解每年各廒商的收销经营情况。以下据表 4 数据计算各年的收放差及差收比与差放比制成表 5,以期更好地说明每年各廒商的收销经营状况。

表 5　五属等廒 1930—1932 年的盐斤收放差与差收比及差放比*

年份	廒名	五属廒	浙东廒	源泰廒	轻税廒	公兴廒	其他廒合计	总计
1930	收放差	133009	138453	3341	无	−41524	70767	304046
	差收比	22.95	22.01	2.04	无	−21.08	49.73	17.77
	差放比	29.79	28.22	2.09	无	−17.41	98.92	21.61
1931	收放差	−22576	83683	11574	11715	60777	58525	203698
	差收比	−3.98	12.37	7.31	24.32	24.33	37.01	10.96
	差放比	−3.82	14.12	7.89	32.13	32.16	58.75	12.31
1932	收放差	50005	90867	14660	13730	56014	22657	247933
	差收比	9.25	16.65	11.93	31.33	25.55	14.38	15.21
	差放比	10.20	19.98	13.54	45.63	34.32	16.80	17.95

资料来源:据表 4 统计制作。

*说明:1.“收放差”=“收盐数”−“放盐数”。
2.“差收比”=“收放差”/“收盐数”。
3.“差放比”=“收放差”/“放盐数”。

据表5可知，余姚场各廒中，1930—1932间的盐斤收放差最高者即为能与浙东廒比肩的五属廒，两廒有时达十三、四万担，有时为十来万担，有时则三、五万担。公兴廒收放差平均在五万担左右，源泰廒则在一万担左右。从差收比与差放比来看，因1930年间其他各廒合计收放差较高，因此差放比高达近99%，差收比也达近50%，后两年迅速下降，1932年时已降至与浙东廒、源泰廒等相近的程度。五属廒与浙东廒1930年的差收比与差放比较高，均达20%以上，之后两年下降。五属廒1931的收放差为负数，放盐额比收盐额还高出两万多担，可见浙盐中余姚场毛盐运销苏五属区的积极性是相当高的。以下计算并制作该三年中余姚场各廒之放盐占比，见表6。

表6　余姚场1930—1932年五属廒、浙东廒、源泰廒、轻税廒及公兴廒各廒放盐占比(%)

年份	五属廒	浙东廒	源泰廒	轻税廒	公兴廒	其他廒合计	总计
1930	31.72	34.87	11.38	0.00	16.95	5.08	100
1931	35.67	35.82	8.87	2.20	11.42	6.02	100
1932	35.50	32.91	7.84	2.18	11.81	9.76	100

资料来源：据表4制作。

前已述及，浙盐所销纲、引、肩、住、厘、减各岸，民国九年至十八年的十年中平均每年销盐达近一百七十万担，其中“运销苏五属”的盐约九十五万担，约占浙盐运销总额的56%。余姚场各廒以五属廒引岸与浙东廒纲岸销额最大，且两廒销量旗鼓相当，二者占比都在30%以上，合计占比近70%。此外，源泰廒与公兴廒也占据一定比例，在10%左右或以上。其他所有各廒合计的收放额，尚不及同与五属廒运销苏五属区的源泰廒，也不及运销上海租界的公兴廒，占比不到10%，或者仅5%或6%。运销上南川减地等的轻税廒1930年尚无体现，后面两年也已达四万担左右，占比约在2%出头。

2. 岱山场商廒的食盐专销

岱山场产盐丰歉“视晴雨之多寡为衡，约计每板平均年可产盐三百斤。全场晒板二十四万八千四百六十四块，每年共应产盐七十四万五千三百九十二担”①。毛盐缴由商廒收仓，渔盐、酱盐并无廒仓收储。清咸丰三年，创立票运法，在岱山设给票局，在吴淞设验票局，是岱盐运销苏五属区的起始时间。光

① 盐务署盐务稽核总所编：《中国盐政实录》第1辑第8章《两浙》，第558页。

绪元年又定商运法，设立顺昌、安大、恒源三廒收盐运销。光绪六年时，设立缉私局督办收运事宜，将顺昌等三廒合并为一，叫做“五属公廒”，这是设立五属公廒收运岱盐的起始时间。①

与余姚五属廒一样，岱山五属廒也是“收储毛盐，随时发运”。公茂廒则成立于民国七年，“贩运食盐，性质与五属廒相同”，后于民国十六年秋季停顿，但民国十七年六月又归并于五属廒由其代收代运。②岱山场公茂廒之盐“专销上海租界，由海道运至上海浦东之陆家嘴”③，“由岱山经羊山过顺宝河而入吴淞口，至上海陆家嘴起卸入仓”。④

民国时期，岱山场“递年放盐之数，苏五属引额约九万三千八百引”⑤。民国九年至十八年岱山场商廒收盐数、毛盐秤放数、渔盐酱盐销数及其两类之销占比见表7之统计。

表7　岱山场民国九年至十八年岱山场商廒收盐数、毛盐秤放数及其销占比

年度	商廒收盐数	毛盐秤放数	毛盐销占比%	渔盐销数	酱盐销数	合计	渔、酱盐销占比%
1920	319409.47	356020.25	74.81	119660.00	200.00	475880.25	25.19
1921	247712.12	265636.25	53.96	226420.00	200.00	492256.25	46.04
1922	201753.52	205038.30	49.01	213085.00	200.00	418323.30	50.99
1923	433755.85	338249.90	61.50	211525.00	200.00	549974.90	38.50
1924	306046.14	287995.65	51.87	266.930.00	272.00	555197.65	48.13
1925	301292.46	227259.35	42.57	306.192.00	412.00	533863.35	57.43
1926	376118.83	298110.65	49.85	299.549.00	340.00	597999.65	50.15
1927	344923.78	326441.35	60.70	210825.00	510.00	537776.35	39.30
1928	361204.69	346000.34	51.02	340805.00	420.00	678225.34	48.98
1929	353756.30	276924.00	46.89	313338.00	360.00	590622.00	53.11

资料来源：盐务署盐务稽核总所编：《中国盐政实录》第1辑第8章《两浙》，第569页。

据表7可知，1920—1929年期间，岱山场的商廒收盐数与毛盐秤放数有

①⑤　盐务署盐务稽核总所编：《中国盐政实录》第1辑第8章《两浙》，第437页。
②　盐务署盐务稽核总所编：《中国盐政实录》第1辑第8章《两浙·运销·运盐商贩》，第446页。
③　盐务署盐务稽核总所编：《中国盐政实录》第1辑第8章《两浙》，第454页。
④　盐务署盐务稽核总所编：《中国盐政实录》第1辑第8章《两浙》，第475页。

较大出入，其中前三年的商廒收盐数反而低于毛盐秤放数，后面七年则转为秤放数低于收盐数。现将该场商廒毛盐收放差及差收比与差放比数据计算如表8。

表8　民国九年至十八年岱山场商廒之毛盐收放差及差收比与差放比

年度	收放差(担)	差收比(%)	差放比(%)
1920	—36610.78	—11.46	—10.28
1921	—17924.13	—7.24	—6.75
1922	—3284.78	—1.63	—1.60
1923	95505.95	22.02	28.24
1924	18050.49	5.90	6.27
1925	74033.11	24.57	32.58
1926	78008.18	20.74	26.17
1927	18482.43	5.36	5.66
1928	15204.35	4.21	4.39
1929	76832.3	21.72	27.74

资料来源：据表7中数据统计制作。

据表8可知，1920—1922的三年中，岱山场商廒的毛盐收放差为负值，1920年其绝对值甚至达到三万六千多担。之后的七年，收放差均为正值，最高达近十万担，多的时候也有七、八万担，少则一、二万担。从差收比来看，有四个年份在20%以上。差放比则更为明显，1925年甚至达到30%以上。照理说，盐场在严格的食盐生产控制与食盐运销管理下，食盐收放数应该可以吻合。但据此收放差与差收比及差放比可知，岱山商廒的毛盐收放出入较大。这说明虽然有非常严格的产销管理，但仍然可能存在制度上的疏漏而导致收放数目上存在差距。

岱山场商廒捆运毛盐，也须于捆盐之先一日，备具运单、舱单、保单以及保证书等，“分送场局签字，再送至分局，派员会同廒司事及篷长、船户等”前往廒仓地点，“先由秤放人员点验蒲包，揭封开仓，较准秤量”，再“督同廒司事及篷长、船户、挑夫，将盐装入蒲包，由局员亲自过秤，斤量相准”，这才下令打包捆扎。捆扎已毕的盐包再由挑夫挑运上船，或先挑至小驳船，再运至大船。所捆包数点验已足后,“即由局员用木印在盐上盖印,将仓门加以封锁”。①

顾名思义,岱山场五属廒盐即运销苏五属区,“先由海道运至浏河归仓,再由总廒缴税领单配运各县”②,因其“孤悬海岛,故运盐皆用船只。廒盐装以蒲包,捆以草绳。先由小驳船装运出港,再用帆船起运”③。廒盐出场后,“运至吴淞,由掣验局查验”,距岱里数“约计水程三百里”④。五属廒运销苏五属区之盐,“由岱山经羊山、小戢、大戢、铜河、红船、小河、新河、柴河、顺宝河、吴淞等处入浏河口,至浏河镇起卸入仓”。⑤

岱山岛所在的舟山是世界级大渔场之一,也是中国最大的渔场。基于舟山地区丰富的渔业资源,该区渔民每年海洋捕捞所得的渔获物相当可观,腌制加工保鲜等所需的渔盐量相应地也非常可观,而渔盐所需用盐基本由岱山场产盐进行配销。从表 7 中数据来看,民国渔盐销数颇为可观,四个年份在近三十万担或以上,最高年份超三十四万担,其余年份除 1920 年仅约近十二万担外,多在二十万担以上。但无论是商廒收盐数还是毛盐秤放数均远远大于该场配销的渔盐销数,酱盐销数则只是二百担或三、五百担不等的很小的数目。将毛盐与渔盐、酱盐合计为总销数后,可分别计算毛盐与渔盐、酱盐这两类销占比。其中,毛盐销占比居于一定的优势地位。1920 年的毛盐销占比最高,达近 75%,其余也有好几个年份较高,达近 50%或以上,1923 与 1927 两个年份,则在 60%以上。渔盐、酱盐销占比最低时约仅 25%,高时则能达一半左右。

综上所述,上海地区濒临海岸,有袁浦等盐场的食盐生产,称为松盐。本地松盐收集与秤放的集散地在叶榭总廒,松盐销岸为“苏五属”区,且主要运销于今天上海地区的范围。基于近代上海的巨大人口数量,其食盐消费需求也相当大,本地所产松盐为供不应求,存在很大的产销差,主要依赖借销浙盐以解决。食盐销岸一般有纲岸、引岸等多种类别,上海食岸乃浙盐引岸。近代上海地区所借销的浙盐主要来自余姚与岱山两场所产盐斤。盐场廒仓所收盐斤分为已税之引盐与未税之毛盐两种,运销苏五属上海地区及租界者均为毛盐。

---

① 盐务署盐务稽核总所编:《中国盐政实录》第 1 辑第 8 章《两浙·征榷·放盐手续》,第 528 页。
② 盐务署盐务稽核总所编:《中国盐政实录》第 1 辑第 8 章《两浙》,第 454 页。
③ 盐务署盐务稽核总所编:《中国盐政实录》第 1 辑第 8 章《两浙》,第 467 页。
④ 盐务署盐务稽核总所编:《中国盐政实录》第 1 辑第 8 章《两浙》,第 464 页。
⑤ 盐务署盐务稽核总所编:《中国盐政实录》第 1 辑第 8 章《两浙》,第 475 页。

余姚场五属廒与源泰廒毛盐运销苏五属区，主要运销于今天上海地区的范围内，公兴廒则运销上海租界。岱山场五属公廒运销苏五属区，公茂廒运销上海租界，后归于五属廒代收代管。

A trial discussion on recent-history Shanghai's salt sales

Abstract: The Shanghai region lies close to the sea coast, harboring salt farms such as YuanPu, with the corresponding salt products being called "Song salt". Given that the distribution hub where local "Song salt" are collected and weighed is located at "YeXie Central", this essay first narrates the sales results and output distributions of "YeXie Central". The sales coast of "Song Salt" belongs to "Su fifth" district, but the salt flow still mainly surrounds the regions of current Shanghai. Given the large population numbers in recent-history Shanghai, its demand for salt is quite substantial, local "Song salt" barely meets demand, creating an unignorable production-sales-ratio. This production-sales-ratio mainly relies on redirected "Zhe Salt". Where salt sale coasts have multiple varieties including cata-coasts and import-coasts, Shanghai salt coast regions belongs to "Zhe Salt" import-coast. The redirected salt sold to recent-history Shanghai mainly comes from "Yu Yao" and "Dai Shan". This essay finishes with a discussion on the exclusive sales relationships between the hubs in "Yu Yao" and "Dai Shan".

Key words: Salt sales、sales coasts、import coasts、untaxed salt

作者简介：尹玲玲，上海师范大学人文学院历史系教授。

“技术手册”与“齐唱赞歌”：血防电影与新中国血防运动①

柳 谦 黄勇军

摘 要：根据以往被研究者忽视的大量历史资料，包括公开发表的回忆录、地方档案、导演日记等，本文考察了1949年至1966年期间由政府制作的与血吸虫病防治相关的血防电影。作为在党领导下开展的血防运动中的重要“宣传工具”，血防电影不仅使作为防治主体的农民转变了对防治工作的消极态度，而且还有效建立起他们对党执政合法性的认同。血防电影大力辅助了作为公共卫生运动和政治宣传运动的血防运动的顺利开展。本文通过对血防电影的制作、放映、宣传等的考察，将揭示人民群众是如何成功被动员的，其动员技术和宣传手法，对我们科学认识和深入理解当前党和政府在成功抗击新冠肺炎疫情中的许多做法大有裨益。

关键词：血防运动 血防电影 制作 宣传

血吸虫病一直是我国重要的公共卫生问题。新中国成立初期，据当时的流行病学调查资料显示，患病人数有一千多万，受到感染威胁的人口在一亿以上。②中共最高领导人毛泽东认为这种疾病会阻碍把中国建设成一个现代化并且可以屹立于世界强国的新国家，因此“共产党人有责任帮助群众消除疾苦，把血吸虫病消灭掉”。③在毛泽东的亲自指挥下，中国在20世纪50年代中

---

① 本文为甘肃省教育厅西北师范大学共同资助项目“新中国农村电影放映员研究（1949—1966）”（2021CXZX-304；2020KYZZ001080）阶段性研究成果。

② 陈祜鑫：《血吸虫病的研究和预防》，湖南人民出版社1964年版，第8—10页。

③ 国家知识产权局直属机关党委编著：《伟大的中国力量》，知识产权出版社2016年版，第82页。

期发动了大规模的“血吸虫病防治运动”(简称“血防运动”)。1957 年 3 月 27 日,国务院副总理陈云到血吸虫病流行最严重的上海市青浦县开展防治工作专题调查。为尽快熟悉情况,当晚观看了与防治血吸虫病相关的健康教育电影。陪同陈云观看的青浦县血吸虫病防治站站长张怡回忆:

> 陈云同志看得很认真,一边看,一边问我好多问题……当看到防治血吸虫病的各项措施时,陈云同志详细询问了在防治工作中的灭螺、治病、防护、粪管等方法的效果。……当电影放完之后,陈云同志毫无倦意,又询问了许多防治血吸虫病工作中的具体问题。①

这次调查工作结束后,国务院总理周恩来根据陈云的调研意见,下发了《关于消灭血吸虫病的指示》——标志着由中国政府领导的全国性大规模“血防运动”正式开始,这被视为新生政权发起的第一场公共卫生运动。防治血吸虫病相关的健康教育电影在这一运动中发挥了重要作用。除政府各级官员外,血吸虫病流行地区的农民、生产队长、党支部书记、查螺员和参与防治工作的医护人员等很多都看过与防治血吸虫病相关的健康教育电影。他们的观影过程和体验被公开发表在当时最具舆论影响力的《人民日报》《光明日报》《解放日报》《文汇报》等政府机关报上,部分地方卫生杂志如《广西卫生》、专业电影期刊如《大众电影》等也有大量刊载。这充分说明在血防运动开展过程中,政府特别重视利用电影辅助该运动。这些主要向血吸虫病流行地区传播防治知识或以血吸虫病防治运动为主要表现内容的健康教育电影,本文称之为“血吸虫病防治电影”(简称“血防电影”)。

范家伟(Kaiwai Fan)最先注意到血防电影,但他认为仅有郑君里导演的《枯木逢春》(1961)作为宣传工具参与到血防运动中。这部电影的叙事与该运动的目标一致,达到了成功动员血吸虫病流行地区的农民的效果,最终促成了血防运动作为公共卫生运动和政治运动的成功。②《送瘟神:毛主席的消灭寄

① 张怡:《陈云同志回故乡调查血吸虫病防治情况》,中国人民政治协商会议青浦县委员会文史资料委员会编印:《青浦文史》第 3 期,无出版社 1989 年,第 102—106 页。

② FAN Kai Wai, “Film Propaganda and the Anti-schistosomiasis Campaign in Communist China”, *Sungkyun Journal of East Asian Studies*, 2012, 12. 需要重点强调的是,范文虽以“电影宣传”命名,但这里的“宣传”仅解释了“血防电影是一种宣传工具”,并没有考察血防电影的宣传环节。在本文看来,这恰恰是得出“血防电影成功辅助作为政治运动和卫生运动的血防运动”这一结论的关键。

生虫运动》(*Farewell to the God of Plague: Chairman Mao's Campaign to De-worm China*)的作者高敏(Miriam Gross)也赞同这样的观点。[①]但根据本文的考察,事实却远非如此:(1)在开展血防运动期间,共有二十部以上的血防电影以不同类型的方式制作出来,而不是只有一部。研究者关注的《枯木逢春》仅是其中制作量较少的故事类血防电影,而且该电影并未在血吸虫病流行地区广泛放映。(2)研究者只关注血防电影的影像文本,却没有对农民影响更大的宣传环节以及其中的情感动员技术等进行研究。实际上,后者才真正是政府成功利用血防电影的关键因素。同时,研究者只探讨电影叙事是如何影响血吸虫病流行地区的农民,却没有考察是谁决定了这种叙事的生成。(3)研究者并未注意观看血防电影的观众产生的观影体验,这是得出上述研究结论的重要论据。另外,施亚利的博士学位论文《江苏省血吸虫病防治运动研究(1949—1966年)》(2013)、陈安琪的硕士学位论文《湖北省血防宣传工作研究(1949—1976年)》(2018)等也注意到血防电影,但并未引起重点关注。

在本文看来,上述问题的出现与没有注意到散落在各地的史料有很大的关系。血防电影的史料可以分为文字和影像两大类。文字史料主要是记录电影的制作、放映、宣传等未公开出版的血吸虫病防治史志、电影发行放映资料汇编、电影工作者日记、运动亲历者的回忆录和已出版的卫生志、报纸期刊等;另一部分影像资料由于相关保护政策和以硝酸基胶片刻印的血防电影不易保存等原因,现在国内可以看到的公开影像文本极少,目前只有郑君里的《枯木逢春》(1961)、韩韦的《送瘟神》(1961)、范厚勤的《送瘟神》(1961)等。但中国独有的根据电影成片精准记录下镜头号、景别、内容、动作、对话、解说词、特效、配乐、胶片长度等以供相关人员参考的"电影完成台本"以及截取原电影画面而编辑出版的电影连环画,可为解读大量遗失或没有公开的血防电影提供参考文本。这些驳杂繁多的史料,要求我们批判性地重新思考血防电影在血防运动中成功发挥作用的原因是什么?

本文将利用新发现的文字、影像史料,跳出以文本细读为方法的学科传统,重点关注对血防运动影响更大的创作背景和宣传环节。更具体地说,本文想知道在血防运动中,为什么电影会受到重点关注?二十余部甚至更多的血

① Miriam Gross and Fan Ka Wai, "Schistosomiasis", in Bridie Andrews and Mary Brown Bullock, eds., *Medical transitions in twentieth-century China*, Bloomington: Indiana University Press, 2014, p.120.

防电影的制作意图是什么？由谁制作和怎样制作？谁看到了这些电影？在哪里看到了？政府是如何利用血防电影在实现血吸虫病防治医学功能的同时，又巧妙地对民众进行思想政治宣传以获得对共产党及其领导政权的拥护和支持？又是如何通过血防电影让血防运动由一场纯粹的公共卫生运动逐渐演变为政治宣传运动的？正如我们看到的那样，政府领导了这场长达数十年的血防运动，包括血防电影的制作、放映、宣传在内，其中利用的动员技术和宣传手法，对我们科学认识和深入理解 2020 年以来党和政府在成功抗击新冠肺炎疫情中的许多做法大有裨益，甚至由此可以获得解开诸多疑问的“关键密码”。

一、“最有力和最能普及的宣传工具”①：电影与血防运动

中华人民共和国成立初期，医疗卫生条件非常落后，没有专门针对消灭血吸虫的特效药，而血吸虫病的主要特点又是感染容易蔓延快，以“预防为主”就成为消灭血吸虫病的核心指导理念。这意味着防治血吸虫病不仅需要依靠政府的领导、医护人员的参与，更重要的是发动组织感染地区的农民积极参加。较早认识到血吸虫病危害的华东军政委员会卫生部部长崔义田对此也表示赞同，“只有坚持发动农民参与，运动才能收到效果”。②但事实是，被政府认定为防治主体的农民却在开展血防运动的初期普遍抵制防治工作。他们根本不相信刚执政不久的共产党有能力消灭血吸虫病，坚持认为感染血吸虫病是因为“‘龙脉不好’才得了大肚子病”。③在具体开展防治工作时，认为“快要死的人了，也该积点德，还再去残害生灵”，勉强参加的人也是做表面上的应付工作，整体防治效果不大。④因此，在血防运动中展开宣传工作，让农民了解血吸虫病的致病原理和防治方法，坚信新政府可以治好血吸虫病并带领他们消灭血吸虫，是重要的前置条件。陈云表示“防治血吸虫病的治本办法，

---

① 《加强党对于电影创作领导的决定》(1951 年 3 月)，吴迪编：《中国电影研究资料(1949—1979)》(上卷)，文化艺术出版社 2006 年版，第 81 页。

② 崔义田：《大力展开华东农村血吸虫病的防治工作》，《解放日报》1951 年 11 月 9 日第 3 版。

③ 刘光辉、陈秉彦：《第一面红旗——记江西余江县根本消灭血吸虫病的经过》，《人民日报》1958 年 6 月 30 日第 7 版。

④ 李俊九：《关于余江县怎样根除血吸虫病的报告》，中共江西省委党史资料征集委员会、江西省人民政府血吸虫病地方病防治领导小组编：《江西血吸虫病防治》，中央文献出版社 1996 年版，第 171—172 页。

首先要搞好宣传”[①]。由此,政府要求各地血吸虫病防治站成立专门的宣传小组,利用宣传册、大字报、黑板报、幻灯片、电影、讲座、广播、戏曲等各种形式在血吸虫病流行地区开展宣传工作。

图 1　农民利用显微镜观察尾蚴

客观地说,电影只是众多宣传工具之一。但事实证明,电影在血防运动中运用得最为广泛,即便制作和让农民看到一部血防电影要比绘制幻灯片、黑板报、宣传册等花费的时间、精力、金钱多得多。以江苏省苏州市为例,1950 年共放映血防电影 400 多场,观众达 40 多万;随着血防运动的深入,1960 年放映场次大幅增加,仅在半年多时间内就放映 850 多场,观众近百万。[②]

规模宏大、历时长久、影响深远的血防电影之所以成为中国卫生史、电影史甚至政治史上的一个独特而重要的现象,在于血防运动不仅是一场公共卫生运动,还被政府定义为一场“重要的政治”运动。[③]政府不仅要消除血吸虫病带给人民群众的健康困扰,更关键的是要将通过这场运动取得的政绩成为构

① 周太和:《陈云同志四下农村调查的前后》,《陈云与新中国经济建设》编辑组编:《陈云与新中国经济建设》,中央文献出版社 1991 年版,第 165 页。

② 参见苏州血防史志编纂委员会编:《苏州血防史志》,上海科学技术出版社 1997 年版,第 141 页;周家瑜主编:《血防之窗——苏州血防案例纪实》,苏州大学出版社 2017 年版,第 172 页。

③ 周恩来:《国务院关于消灭血吸虫病的指示》,《中华人民共和国国务院公报》1957 年第 18 期。

建中国共产党执政合法性的有效手段之一。因此，宣传工作除了要广泛传播血吸虫病的致病原理和科学防治方法外，还要向农民展示政府防治血吸虫病的成绩，以证明在党领导下的新政府有能力消灭血吸虫病，给他们带来新的生活。很显然，只有电影才是达到这样效果的最理想的工具。

1949年后，中国共产党人遵循列宁、斯大林认为电影是所有艺术中最具革命性的观点，将电影视为政治宣传战线上的"主要战斗武器"。①在发行环节，以文化部电影局所属的"中国影片经理总公司"为主体，建立起一个既有统一领导，又有严密分工合作和分级管理，规模宏大、遍布全国的"电影发行网"，保证全国各地可以获得按计划分配的拷贝胶片。而将胶片送往偏远地区，则依靠政府培养的流动放映队完成。他们长途跋涉，突破各种困难，用自己的身体和精神，取代、补充了技术媒体，②成功使绝大多数农民都"看到"了电影，这在1949年前从未有过。尽管卜丽萍(LiPing Bu)指出，早在20世纪20年代中国的城市就开始利用电影宣传健康知识，但宣传的范围仅限于像上海、北京等大城市。③需要由专业演员表演的戏曲、评弹等限制在小范围内活动的宣传形式，在面对血吸虫病在中国分布零散和广阔的事实，显然无法承担起广泛宣传的任务。更重要的是，这些由放映员组成的无数放映队被称为"电影教育队"，放映员在放映电影时会解说电影，帮助不识字的农民理解电影内容并传达国家政策。如果利用文字宣传，面对绝大部分是文盲的农民，显然血防运动的宣传工作很难展开。江西省余江县血吸虫病防治宣传员李正兰使用大字报、黑板报宣传，农民反映"认不到，看不懂"。如果是由播音员播放广播或者由医生等科学工作者做讲座，讲到血吸虫病的致病原理，农民听到"毛蚴、尾蚴"等科学名词也很难理解，反而"越听越糊涂"。④

政府在建国初期对电影行业进行的巨大变革，为血吸虫病流行地区的农民"看到"并"看懂"血防电影提供了最基本的条件。

---

① TinMai Chen, "Propagating the Propaganda Film: The Meaning of Film in Chinese Communist Party Writings, 1949—1965", *Modern Chinese Literature and Culture*, 2003, 15, p.154.

② Jie Li, "Cinematic guerrillas in Mao's China", *Screen*, 2020, 61, p.217.

③ Liping Bu, "Public Health and Modernisation: The First Campaigns in China, 1915—1916", *Social History of Medicine*, 2015, 22, pp.305—319.

④ 参见李正兰、宁海生:《我参加血防科普工作》，江西省政协文史资料研究委员会、鹰潭市政协文史资料研究委员会、政协江西省余江县委员会编印:《江西文史资料第43辑　送瘟神纪实》，无出版社1992年，第132—133页。

虽然政府把电影作为政治宣传工具对待，但在农民看来，它只是一个非常陌生的“新鲜玩意儿”。来自全国各地的放映员在工作汇报中充满这样的例子，如农民在放映完电影后试图寻找银幕中出现的人物。①1949 年以前，在中国上映的电影是价格高昂的“奢侈品”，只有在上海、天津等现代都市的富裕阶层、教师或者学生才能看到。与这类人群相比，迟到了四十多年的农民在刚接触电影时，自然比任何一个群体都要激动，电影对他们的吸引力要更为原始和直接。放映电影对于他们而言，是一个值得庆祝的神圣时刻。江苏省苏州市首次放映血防电影时，隆重地举行了放映仪式，邀请党委、政府的分管领导主持并作讲话。②因此，利用电影进行宣传，远比其他宣传形式更吸引农民。不仅如此，与被农民称为“土电影”的幻灯片相比，电影具有幻灯片不具备的动态记录功能。Christian Bonah 认为这种优势会使公共卫生专家认为电影胶片可以代替真实的东西。③参与血防运动的医护人员刘尔翔、柳忠婉也表示认可：

> 胶片能把重要的防治血吸虫病措施的科学理论，简明而又有说服力地用实物表现出来，群众就能知道“为什么”进行某一项措施，从而提高了群众的自觉性，增强了效果。④

电影可以客观地使农民亲眼看见血吸虫病的致病原理。虽然显微镜也有这样的效果，但江西省余江县血吸虫病防治宣传员让农民通过目镜观察血吸虫病幼体，面对“对着镜头看得见活蹦乱跳的尾蚴，离开却什么也看不见”的现象，农民根本不相信，认为这是一种魔术、把戏，是血吸虫病防治干部编出来吓唬他们的。⑤

需要指出，血防电影从未取代任何一种宣传形式，它只是政府选择辅助血防运动开展最有效的一种宣传工具。其他的宣传方式如放映幻灯片、展览图

---

① 《沂蒙山区群众热烈欢迎“电光影”——记沂蒙山区的一场电影》，《大众电影》1951 年第 20 期。

② 周家瑜主编：《血防之窗——苏州血防案例纪实》，苏州大学出版社 2017 年版，第 172 页。

③ “Introduction”, in Christian Bonah, David Cantor, and Anja Laukötter, eds., *Health Education Films in the Twentieth Century*, Rochester, NY University of Rochester Press, 2018, p.12.

④ 刘尔翔、柳忠婉：《人民群众送走了“瘟神”》，《光明日报》1966 年 3 月 18 日第 2 版。

⑤ 邓树林、舒明亮：《病房设在我的家》，江西省政协文史资料研究委员会、鹰潭市政协文史资料研究委员会、政协江西省余江县委员会编印：《江西文史资料第 43 辑　送瘟神纪实》，无出版社 1992 年，第 142 页。

片等，很大程度上是在配合血防电影的宣传工作。

二、"歌颂防治血吸虫病的伟大胜利"[①]：血防电影的制作

1950年4月20日，卫生部部长李德全听取寄生虫专家姚永正、陈方之、甘怀杰、冯兰洲、吴征鉴、毛守白的意见，向华东区和中南区军政委员会发出《关于防治血吸虫病的指示》，建议"效法东北防治鼠疫办法拟制电影……深入农村扩大宣传"。[②]政府以文件形式规定了血防电影的制作要模仿1948年东北电影制片厂为配合东北地区防治鼠疫的宣传而制作的《预防鼠疫》。这部被政府认定为制作血防电影"范本"的健康教育电影主要分析了鼠疫的来源、危害性，并推广了几种简易可行的预防办法。但血防电影在实际制作过程中并未完全模仿。尤其在制作人员构成上，从未有过电影制作经验的政府成为制作主体，而不是专业的电影工作者，并且在政府的允许下，血吸虫病流行地区的农民与医护人员也参与进来。这直接导致血防电影的核心主题由传播血吸虫病的致病原理和防治方法转变为宣传政府的防治政绩——这也是政府积极开展血吸虫病防治运动的重要目的。

1955年11月，在毛泽东提议下成立了领导血吸虫病防治运动的重要机构——中共中央防治血吸虫病领导小组。这个小组除了制定血吸虫病的防治政策外，还负责具体制作血防电影的任务。领导小组以直接发布命令的方式，要求国营电影制片厂在规定时间内完成制作血防电影。譬如制作《枯木逢春》(1961)的想法最先由东北军区政委周恒向小组副组长魏文伯提出，再由魏直接命令上海海燕电影制片厂接受制作任务，最后由分管艺术创作的副厂长徐桑楚交给导演郑君里来完成。[③]这种自上而下类似发布"政治任务"的方式，实际上就是"命题作业"。根据该小组工作人员回忆，以这种方式制作的血防电影最少有8部。[④]中共中央防治血吸虫病领导小组的参与确保了血防电影的

---

① 《歌颂防治血吸虫病的伟大胜利，科教片〈送瘟神〉获得较高成就》，《光明日报》1966年3月26日第2版。

② 《中央人民政府卫生部关于防治血吸虫病的指示》，中央人民政府政务院文化教育委员会编印：《文教政策汇编》(第一辑)，内部资料无出版社1950年，第141页。

③ 参见纪学：《将帅纪事》，中国言实出版社2018年，第107页；王炼：《〈枯木逢春〉从话剧到电影》，中共上海市委党史研究市、上海市现代上海研究中心编：《电影往事》(上)，上海教育出版社2008年版，第181页。

④ 参见中共中央防治血吸虫病领导小组办公室编：《防治血吸虫病三十年》，上海科学技术出版社1986年版，第33页。

制作得以有效开展。1965 年，上海科学教育电影制片厂导演韩韦在接到制作血防电影《送瘟神》的任务时，根据以往的制作经验设想这是一部主要说明血吸虫病的致病原理和罗列清楚防治方法的科学教育电影，并很快写出分镜头剧本，但却被否定了。政府认为电影工作者将血防电影等同于一般只宣传技术的科学教育电影是不重视“政治”的表现。为了扭转这种思想，保证血防电影不偏离预期，政府尝试借助毛泽东对知识分子进行“思想改造”的方式，帮助电影工作者从思想上理解血防运动的方针。电影工作者会被送到血吸虫病流行地区，与当地农民一起生活。农民经常向他们讲述自己感染血吸虫病的痛苦经历，甚至还会参与到以往被认为是只有专业演员才能出现的银幕上。这种耳濡目染的方式很快收到了效果，韩韦在自己的拍摄总结中承认：

> 所见所闻一次又一次使我们感到激动。我们越来越感到，怎样也不能从这一惊天动地的斗争中，只抽出一些具体的技术问题无动于衷地向群众讲述。不能把这部影片拍得像技术手册一样，应该把它拍成一曲歌颂毛泽东思想的赞歌。①

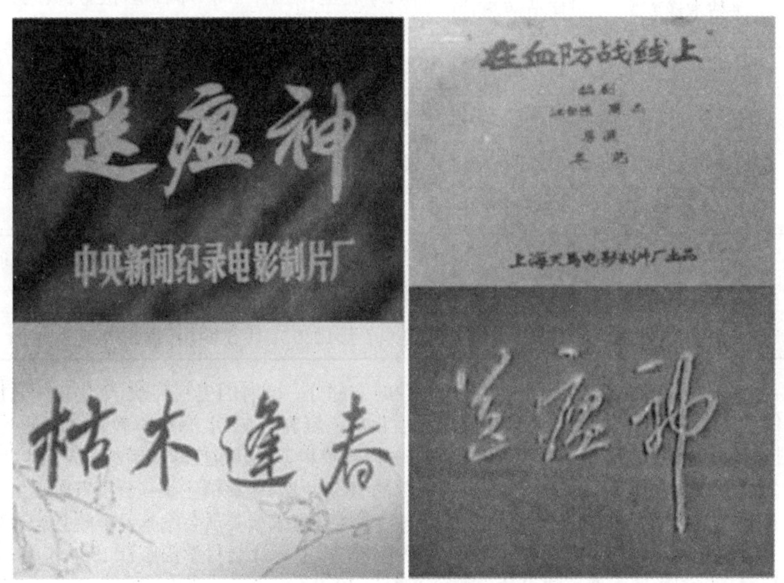

图 2　部分血防电影的剧照及完成台本

① 韩韦、殷培龙：《拍摄〈送瘟神〉的几点体会》，《电影艺术》1966 年第 3 期。

最终，韩韦在这一理念的指导下拍摄的《送瘟神》，主要内容由说明“血吸虫病的来龙去脉”、讲清楚“各项预防措施”，转变为主要展现“用毛泽东思想武装起来的我国人民一定能够战胜血吸虫病”这一“统帅一切”的主题思想。①

1949年至1966年间，以这样的方式共制作出二十余部血防电影，见下表1：

表1　1949—1966年我国摄制的部分血防电影一览表

时间	片　名	类型	创作生产信息
1954	《防治血吸虫病》	科学教育片	导演：郑小秋，编剧：刘任涛、杉川，摄影：裘葛 中央文化部电影局科学教育电影制片厂
1956	《一定要消灭血吸虫病》	科学教育片	中央文化部电影局科学教育电影制片厂
1958	《消灭钉螺蛳》	科学教育片	上海科学教育电影制片厂
1958	《日本血吸虫生活》	科学研究片	导演：郑小秋，编剧：中国医学科学院寄生虫病研究所血吸虫病研究室，北京科学教育电影制片厂摄制
1958	《万户送瘟神》	新闻纪录片	福建电影制片厂
1960	《春风杨柳》)	情节故事片	导演：岑范，编剧：汪自强、周杰，摄影：石凤歧 上海天马电影制片厂
1961	《枯木逢春》	情节故事片	导演：郑君里，编剧：王炼、郑君里，摄影：黄绍芬 上海海燕电影制片厂
1961	《在血防战线上》	科学教育片	上海电影制片厂(曾至江西省鹰潭市余江区取景)
1961	《千军万马送瘟神》	新闻纪录片	中央新闻电影制片厂
1962	《血吸虫病生活史》	科学教育片	上海科学教育电影制片厂
1965	《送瘟神》	科学教育片	编导、摄影：范厚勤，中央新闻纪录电影制片厂
1965	《送瘟神》	科学教育片	导演：韩韦、殷培龙，编剧：刘咏、韩韦，摄影：阎科德 上海科学教育电影制片厂
不详	《防治耕牛血吸虫病》	科学教育片	不详(曾于1960年代在四川、贵州等地放映)

注：表中所列13部血防电影仅是具有代表性的一部分。同时因史料欠缺，年代、片名、创作者等详细信息仍不免多有缺漏，以“不详”处理，待后再证。资料来源：上海科学教育电影制片厂编：《上海科学教育电影制片厂出品目录1953—1955》，内部资料，无出版社1956年；《中国卫生年鉴》编辑委员会编：《中国卫生年鉴1986》，人民卫生出版社1987年版；张显清主编：《云南省血吸虫病防治史志》，云南科学技术出版社1992年版；安徽省铜陵县地方志编纂委员会编纂：《铜陵县志》，黄山书社1993年版；《上海电影志》编纂委员会编：《上海电影志》，上海社会科学出版社1999年版；中国电影资料馆编：《中国影片大典　故事片・舞台艺术片1949.10—1976》，中国电影出版社2016年版；赵惠康等著：《中国科教电影史》，中国电影出版社2005年版；等等。囿于篇幅所限，不一一列出。

① 韩韦、殷培龙：《拍摄〈送瘟神〉的几点体会》，《电影艺术》1966年第3期。

上表中有11部血防电影的内容与韩韦导演的《送瘟神》类似，都展示了血吸虫病的致病原理，在政府领导下农民与血吸虫病作斗争的防治方法，以及围绕血吸虫病对比共产党执政前后的两种社会制度。这三部分以流畅的叙事有机地衔接在一起，其中展现致病原理和防治方法已不再是核心要义，而变成新的核心主题——“在政府领导下，中国人民一定能战胜血吸虫病”。例如“管理粪便”是阻断血吸虫病感染的有效方法，其常规的、从卫生防疫科学角度出发的叙事逻辑本应该为：

管理粪便→避免污染→消灭尾蚴→阻断传播源→成功防治血吸虫病

但电影《送瘟神》并没有重点说明“如何管理”，而是强调管理粪便的重要意义，其非常规的、从政治宣传需要的角度出发的叙事逻辑演变为：

管理粪便→增加肥料→农业增产→农民吃得饱→新中国比旧中国好

将防治血吸虫病与农民个体的生存发展紧密联系在一起，使农民认为管理粪便是为农业生产服务，也就是为他们自己的生存服务，同时对新旧两个中国社会进行对比，强调只有在共产党领导下的社会主义新中国才能让广大农民治得好病、吃得饱饭、过上有尊严的幸福生活。这种叙事和新西兰卫生部与国家电影局合作生产的18部健康教育短片广泛使用情节的方式不同①，被《光明日报》评论员称赞为是“歌颂防治血吸虫病的伟大胜利”，并认为这种创作模式是“创造中国科教片的革命风格所作的一次成功的尝试”。②

政府还尝试制作了2部情节故事类型的血防电影，分别由著名的故事电影导演岑范和郑君里完成。他们并不认为血防电影属于科学教育类型的电影，而认为应该和故事片一样具有强烈的戏剧冲突和创造性的镜头表现。在电影叙事上，郑君里的《枯木逢春》(1961)通过苦妹子一家的悲欢离合以及在新旧社会的不同命运，表现了政府对群众健康的重视和关怀。岑范的《在血防

---

① Ondine Godtschalk, “A Picture of Health? New Zealand-made Health Education Films 1952—1962”, *Social History of* Medicine, 2015, 25, p.127.

② 《歌颂防治血吸虫病的伟大胜利，科教片〈送瘟神〉获得较高成就》，《光明日报》1966年3月26日第2版。

战线上》(1960)讲述以政府下派的血吸虫病防治干部为代表的先进防治方法和以旧社会中脱离生产实际的落后做法两者的斗争,最终前者说服了后者,意味着无产阶级战胜了资产阶级并一起团结人民群众消灭血吸虫病。然而,这种叙事是以牺牲介绍血吸虫病的致病原理和防治方法为代价的,尽管这不是核心表达主题,但必须存在。为了保证电影的特性,郑君里认为自己应该以“写诗”的态度,怀着“像一些写过歌颂党和领袖的瑰丽诗篇的人们的那种激情”来制作血吸虫病防治电影。①这一做法被后来研究中国电影的学者称赞“为探索中国电影民族化的方向做出努力”。但事实是,血吸虫病流行地区的观众大多是文盲,根本不具备欣赏电影的能力和要求,他们也不在乎镜头如何表现,即便血防电影的镜头非常精美。在城市的观众却能较好地理解和欣赏故事类型血防电影的艺术价值。根据上海海燕电影制片厂宣传科汇编的文件,1962年《枯木逢春》在上海市的新华、国泰、大光明、大上海等影院放映。以城市职工、学生为主的观影者一致认为该电影“有情节、画面又美,又有教育意义”,基本场场客满。②因此,血吸虫病流行地区大部分放映的是情节简单、表现手法朴实的科学教育类型血防电影。湖北省就规定在农村地区放映血防电影的类型要以“科教片《送瘟神》为主,结合放映故事片《枯木逢春》和其他相关影片”。③

政府也会邀请参与血防运动的医护人员观看审核,聘请医学专家苏德隆、吴征鉴、毛守白等为制作血防电影的顾问,他们需要审查防治血吸虫病与电影这种新兴媒介和政治相结合的问题。吴征鉴对岑范制作的《在血防战线上》提出意见认为:

> 影片美中不足的是没有能把血吸虫病防治斗争和整个中国革命斗争联系起来。因而,对这个波澜壮阔的“六亿神州送瘟神”的全民除害灭病的宏伟事业表现得不够深切。④

---

① 郑君里:《温故而知新》,《人民日报》1962年4月11日第5版。

② 《影片〈枯木逢春〉创作总结》,海燕电影制片厂1962年。

③ 《关于在全省疫区免费放映血防电影片的通知》,档案号:SZ115-02-0809,湖北省档案馆藏。

④ 吴征鉴、叶益新、汪钟、单承仕:《“春风杨柳万千条”——〈在血防战线上〉观后》,《大众电影》1960年第15期。

另一方面,医护工作人员也被政府看作是需要接受教育的对象。他们会在银幕上看到自己所做的工作以及带来的效果,会更加激发他们参与防治工作的热情。苏德隆承认:

> 血吸虫病防治电影不仅有助于推动血吸虫病防治工作的开展,也会给我们血吸虫病防治工作者以鼓舞。……当我从银幕上看到一些疫区在开展血吸虫病防治工作以后所呈现的一片光辉灿烂的新面貌,看到我国血吸虫病防治科学研究工作大幅度地进展,心里涌起对党、对毛主席的无限热爱。同时这一切也将鞭策我在血吸虫病防治战线上更好地工作。[①]

三、"斗倒瘟神唱赞歌"[②]:血防电影的放映与宣传

图3　上海科学教育电影制片厂、上海电影发行公司组成的流动放映队到上海郊区青浦县任屯生产大队放映科教片《送瘟神》(1966年,马化民摄)

到目前为止,本文已经探讨了政府选择电影作为辅助血防运动开展的必

① 苏德隆:《阶级教育和血防教育的好教材——影片〈送瘟神〉观后》,《解放军报》1966年3月20日第4版。

② 《斗倒瘟神唱赞歌　齐声呼唤毛主席——青浦县任屯村民畅谈〈送瘟神〉》,《解放日报》1966年3月20日第4版。

要性，以及政府如何保证电影工作者在制作血防电影时不偏离预期。但电影作为“精神产物”，必须通过放映才能实现其社会价值和经济价值。尽管“十七年”间政府并不主要考虑放映带来的经济价值，而是一直特别关注社会价值的获得。为了吸引血吸虫病流行地区的农民观看，政府规定低价或免费放映血防电影，放映成本由省电影公司或当地财政厅补贴。①不仅如此，在放映上除了形成自上而下的发行网，确保血防电影可以送到全国各地的血吸虫病流行地区外，还在放映中融入被界定为“阶级斗争的工具”②的电影宣传，这是放映血防电影的重要工作，主要由电影放映员和当地干部配合完成。

电影放映员不仅是电影放映的技术工作者，还会被政府培训成“优秀的宣传鼓动者”③。5—6名放映员会携带血防电影的拷贝胶片、发电机、放映幕、扬声器等组成一支放映队到血吸虫病流行地区。放映血防电影的消息在他们到达血吸虫病流行地区前已经通知当地干部，并要求干部提前向农民通知。绝大多数农村没有专业电影院，放映员一般会选择在空旷的广场上露天放映。在正式放映前，还需要在广场周边摆放防治血吸虫病的宣传画、实物展览，悬挂醒目标语，有时放映员会制作简易幻灯片，边放映边配合宣传防治血吸虫病。这一系列做法被政府认为是必做的“映前宣传”工作，也使得观看血防电影成为当时血吸虫病流行地区的一项重要文化活动。

为不妨碍农民正常劳作，需要占用农民可以自由分配的晚上来放映血防电影。在黑夜中，没有固定的场所和座位，农民不受任何限制，可以自由交流、走动、吃食物，随时调整自己的观看视线。这为农民提供了更适合他们的观影条件，而这种轻松的观影环境的营造是电影院不可代替的，也是将血防电影融入农民中的必要途径。同时，露天的临时放映场所经过放映员的布置与改造后，已不再是白天农民用来晒农作物的广场，而成为政府规训农民的社会政治

---

① 1965年，湖北省电影公司补贴血吸虫病防治电影放映经费4700元，为145个大队和4个农场免费放映367场。参见《关于在全省疫区免费放映血防电影片的通知》，档案号：SZ115-02-0809，湖北省档案馆藏。

② 《中央宣传部关于电影工作给东北局宣传部的指示》（1948年10月26日），《中共中央文件选集》第14册，中央党校出版社1987年，第369—370页。

③ 《于伶关于中央文化部电影局第二届扩大行政会议的报告提纲》（1950年10月30日），档案号：B72-4-42-33，上海档案馆藏。关于中国政府如何将放映员培训成宣传员，河北省涞水县“三姐妹”电影放映队队长郑义珍详细介绍她培训的过程。参见郑义珍：《毛主席著作给了我们无穷的智慧和力量》，《电影艺术》1964年第1期。

场域,血防电影的放映过程也就成为一个农民日常生活逐步被电影公共化与政治化改造的过程。①

> 当电影上出现毛主席像时,放映场上出现了动人的一幕:男女老少全站了起来,情不自禁地涌向银幕,人们的眼里含着热泪,有的高喊:"没有党和毛主席,哪有今天的任屯村。"②

布敕恩·拉金(Brian Larkin)认为在放映时交融着强烈情感的观影行为是一种"情感实践",③对新政权的印象从观影快感中获得,此前相对疏离与紧张的农民与国家的关系逐渐动摇和缓和,他们开始信任政府可以治好血吸虫病,并带领他们一起消灭血吸虫。下水从不搞防护的"犟劲巴"老农胡七斤"把腿绑起来了",一贯喝冷水的社员李腊芝"不敢再喝了",喜欢在河里游泳的汪金祥"现在放牛也抹药打绑腿了";④人民群众开始坚信政府"全心全意为人民,给我们治疗血吸虫病,我们一定能送走这个瘟神";更有群众深刻地感悟出"只要消灭血吸虫病,才能保障人民健康,建设好社会主义新农村"的道理⑤。

但政府并不满足这种通过外在思想灌输获得的观影体验,只有"双向的互动交流"和融入基层的实践才是最有效的电影宣传。⑥需要让农民通过个体的思考和表达,形成阶级意识,进而实现自我教育,最终真正建立起对党执政合法性的认同。这项重要工作主要由当地乡村干部承担,政府要求在放映后立即组织观众召开"座谈会"。本文从《人民日报》和《江西日报》列举两个具有代表性的案例,分别报道了 1966 年 2 月、4 月在血吸虫病流行最严重的两个地

---

① 相关研究参见朱戈:《电影下乡与新中国成立初期农村社会政治化》,《文艺研究》2017 年第 12 期。

② 《毛主席领导我们送瘟神——上海市青浦县任屯大队社员座谈科教影片〈送瘟神〉》,《光明日报》1966 年 3 月 26 日第 2 版。

③ Brian Larkin, *Signal and Noise*: *Media*, *Infrastructure and Urban Culture in Nigeria*, Chicago: University of Chicago Press, 2008, p.153.

④ 参见《为孝感、江陵、枝江 3 县血吸虫病疫区社教运动提供的材料和建议》,档案号:SZ115-04-0017,湖北省档案馆;胡学林编著:《宜昌市猇亭区政协文史资料》(第 3 辑),无出版社 2016 年,第 235 页。

⑤ 周家瑜主编:《血防之窗——苏州血防案例纪实》,苏州大学出版社 2017 年版,第 172 页。

⑥ 郭燕平认为,"双向的互动交流"是中国政府理解电影宣传在基层的一个重要特点。参见 Guo Yanping, "Film Propagands as Medium of Perception: Early Rural Screening in Maoist China(1949—1965)", The Chinese University of Hong Kong, PhD thesis, 2017。

区——江西省余江县平定公社蓝田大队和上海市青浦县莲盛公社任屯大队在看完《送瘟神》(1961)后召开座谈会的详细情况。对该活动的考察，本文将借助肯尼·普拉莫(Ken Plummer)提出的“故事社会学”研究，它要求我们同时关注座谈内容和座谈行为本身。①

放映完了，他们还迟迟不愿离去，心中有许多话要对党和毛主席说。在这种群众情绪异常激动的气氛中，我们召集了一些干部和社员，开了这个座谈会。②

根据报道描述，召开座谈会是农民的主动选择，而非政府的被动要求，但事实上座谈会是由政府精心策划、组织安排的。被邀请参加座谈会的人员并不是看过血防电影的全体农民，也不是随机挑选，而是有着特殊要求和周密考虑。首先，参会的主体人员须与“血吸虫病”相关，特别是曾患过血吸虫病且在解放后被“毛主席派来”的医疗队治好了的农民是重点。其次，参会者具有特定的代表性，大致可分为三类：第一类是以党支部书记刘金元等为代表的“公家”人员，主要充当座谈会主持人的身份；第二类是普通社员中的先进代表，如邓禾标、姜发莲等，是座谈会的主要发言人；第三类是代表大队工作重心的生产组长或血防工作人员，如姜季万、蔡港华等。这样安排，既保证人员搭配上具有均衡性、普遍性和完整性，同时也确保代表所承担的座谈任务与发言内容既各有侧重分工，又相互补充印证。

保证座谈会能否成功召开的关键是大队(村)党支部书记。考虑到发言的主体是文化水平不高、看电影机会少的农民，因此支部书记必须发挥好引导和启发作用。本文选取蓝田大队党支部书记刘金元的最为关键的发言记录整理归纳如下：

刘金元发言：《送瘟神》说出了我们蓝田坂人的话。电影里那种“万户萧疏鬼唱歌”的景象，不就是蓝田坂从前的样子么？邓家是大家眼看灭绝

① Plummer, K., *Telling Sexual Stories: Power, Change and Social Worlds*, London: Routledge Press, 1995.

② 《看电影，忆当年，齐声呼唤毛主席——余江县蓝田大队社员畅谈影片〈送瘟神〉》，《江西日报》1966年4月14日第3版。

了的。现在,只剩下邓禾标一家。→**邓禾标发言**:说起过去受“瘟神”害,眼泪没处流。→**刘金元插话**:国民党反动派和血吸虫病瘟神一样可恨!→**姜发莲发言**:毛主席呀,我现在享的是你的福,生活过得很好。→**刘金元发言**:看了电影里毛主席派医生下乡治大肚病那场面,我心里真想喊出“共产党万岁”“毛主席万岁”。→大家纷纷回应,同声赞扬。→**邓禾标发言**:我在医院住了三个月,病好了,一个钱也没花。共产党、毛主席真是关心劳动人民的疾苦啊!→**刘金元插话**:要感谢共产党和毛主席,就要把生产搞上去,对国家作出更大贡献。→**姜季万发言**:我们蓝田人有句话“端起金饭碗,看到了白米饭,心里就忘不了毛主席”。→**蔡港华发言**:要提高警惕,做好查螺防病工作。→**刘金元插话**:我们蓝田坂彻底消灭了血吸虫病,目前就怕自满麻痹思想。→在座的人都表示要像电影中那样,管好粪便,管好用水,时时提高警惕,发动大家查螺,永远彻底消灭血吸虫病,并都表示要把党和毛主席的关怀化为力量,在当前春耕生产中大显身手,争取今年农业生产更大丰收。①

刘金元共插话三次,不断引导和转换发言主题:第一次引出对国民党统治下旧社会的仇恨;第二次阐释共产党是如何帮助农民赶走国民党反动派和消灭血吸虫病的;第三次激发农民对共产党领导下新政府的感激,并将这种感激转化为革命生产。这些主题在他精心引导下呈现出一个严谨的逻辑关系:控诉(国民党)→感恩(共产党领导的新政府)→奋斗(未来)。在这个关系中,刘金元利用“过去”和“现在”的对比构成了一个因果性的二元时间框架,解放前农民受苦的原因在于国民党的压迫,共产党领导他们赶走了国民党并治好了血吸虫病,预示新政府赋予了农民新生的权力,通过新旧对比以确立共产党执政的合法性。

对于发言的农民代表而言,他们既是自我教育的对象,同时也是教育他人的主体。生动地“讲故事”对于他们而言不是一个困难的挑战。相反,这是其“擅长”的行为。首先,这些人都有患血吸虫病和被政府派来的医疗队治好的经历,这为他们提供了最基本的故事内容。其次,这些人中有不少是善于讲故

① 《看电影,忆当年,齐声呼唤毛主席——余江县蓝田大队社员畅谈影片〈送瘟神〉》,《江西日报》1966年4月14日第3版。

事的“业余故事员”,[①]曾经有过培训经历的他们非常清楚如何调动起参会人员的情绪和讲出故事的重点。青浦县莲盛公社任屯大队的陈文彩就是一个非常典型的例子。[②]第三,“讲故事”不仅是语言艺术,还是一种身体展演活动。上海市青浦县任屯大队的鲁锦仁在发言时,“拍拍自己身上因晚期血吸虫病做过脾脏切除手术的刀疤,站起来”,开始讲述自己的故事。某种意义上,包括发言人在内的哭泣、身体语言等行为将解放前的苦难转变为可视的身体化影像,个体的苦难成功转化成集体感知。当余江县蓝田大队的农妇姜发莲回忆起自己的悲惨状况时,转而又想起电影中的毛主席:

> “我的眼泪忍不住了。我心里想:毛主席呀,我现在享受的是你的福,生活过得很好。”发莲婆婆的话,像拨开了大家心上的云雾,会场上的气氛马上转变了,大家一个个面带笑容,同声赞扬新社会,歌颂毛主席。[③]

这种集体感知的情绪转化成一种力量,如果将“讲故事”的内容和技巧看作是福柯晚期关注的“权力技术”,那么这种力量所带来的后果则是“自我技术”的问题。这意味着个体能够通过自己的理论进行一系列对他们自身的身体及灵魂、思想、行为、存在方式等的“操控”,以达成自我的转变。[④]正如陈文彩的做法,她开始反思自己以往防治血吸虫病工作中的疏漏,她觉得很羞愧,表示一定要听政府的话,“安心搞好血吸虫病防治工作”。[⑤]而支撑这种行动的重要因素,正是贾斯珀(James M. Jasper)研究发现的“道义”[⑥],亦即党对他们

---

① 20世纪60年代初,为配合政府在农村的各项政治任务、生产斗争以及向广大社员进行阶级教育,各地从农民、工人中培训一批讲革命故事的业余讲故事员,他们在农民中享有很高的威信,被称为“小雷锋”、“红色故事员”。相关研究可参周敏:《群众文艺中的“声”与“情”——以1960年代上海及其周边的“新故事活动”为例》,《文艺理论与批评》2021年第3期。

② 1965年,陈文彩对当时创作的《英雄阮文追》提出了意见,“开头一段,用表的形式不很打动人。如果能通过对阮文追的具体行动的直接描述,来介绍出他的优秀品质,那可能效果更好”,足见其熟知“讲故事”技巧,同时这一修改案例被编入江苏省文联办公室《江苏文艺》编辑部1965年编印的《群众文艺活动与创作的经验》。

③ 《看电影,忆当年,齐声呼唤毛主席——余江县蓝田大队社员畅谈影片〈送瘟神〉》,《江西日报》1966年4月14日第3版。

④ [法]米歇尔·福柯著、汪民安编:《自我技术:福柯文选III》,北京大学出版社2016年版。

⑤ 陈文彩:《〈送瘟神〉是一堂生动的政治课和技术课》,《文汇报》1966年3月22日第2版。

⑥ James M. Jasper, “Emotions and Social Movements: Twenty Years of Theory and Research”, *Annual Review of Sociology*, 2011, 37, pp.285—303.

的“恩惠”使他们产生了“报答”的心理与行为。

蔡翔在论述新中国的政治时指出:“教育与改造,并不完全由国家政治承担,相反,它通过种种中介,比如群众中的‘先进人物’也即‘群众教育群众’的方式来完成。”[①]这也正是受到自我教育后的血吸虫病患者作为发言主体的另一个身份。古斯塔夫·勒庞认为集体情绪在群体行为中能起到很重要的作用,因为感情可以“传染”。[②]这种群体情感的“诱导”与“传染”经过点状散射和链式传播迅速扩善后,很多地方出现“不少亲人之间相互说服积极投入血吸虫病防治运动”的现象就是充分例证。[③]

结 语

利用电影独特的艺术表现手法与媒介传播特点,将科学的防治方法传播给血吸虫病流行地区的农民,农民对电影独有的情感体验使这一传播过程变得通畅无阻,并开始主动了解感染血吸虫病的科学原因,而非之前他们一直坚信的“是‘瘟神’的惩罚”。同时,血防电影还强化了如下理念:政府通过银幕上大量的事实告诉农民,消灭血吸虫病主要依靠农民自己,但要获得最终的胜利,前提必须是中国共产党的领导,也即血防电影要让农民坚信在中国共产党领导下的新政府有能力把他们医治好,并且可以赋予他们鲜活的生命和美好的未来。这为党执政后在卫生防疫工作上做出的成绩提供了“看得见、摸得着”的基础,最终为党在其依靠的农民群体中建立执政的合法性。为了达到这些目的,政府全程干预血防电影的策划与制作,在放映中强调思想政治宣传,并借鉴了此前他们最终能战胜国民党并实现其革命宏图的重要方法——提高情绪(emotion-raising)[④]。大量农民在看完电影后的反应证明,血防电影成功地辅助了作为公共卫生运动和政治宣传运动的血防运动,最终使该运动成为

---

① 蔡翔:《革命/叙述:中国社会主义文学—文化想象(1949—1966)》,北京大学出版社 2010 年版,第 94 页。

② Le Bon, *The Crowd: A Study of the popular Mind*, Marietta, GA: Cherokee Publishing Company, 1982.

③ 周家瑜主编:《血防之窗——苏州血防案例纪实》,苏州大学出版社 2017 年版,第 172 页。

④ Elizabeth J. Perry, “Moving the masses: Emotion work in the Chinese Revolution”, *Mobilization: An International Journal*, 2002, 17, pp.111—128. 同样在学者黄道炫看来,研究中共革命中不能缺少对“情感”维度的关注。参见黄道炫:《心灵和情感缘何八史》,https://www.the paper.cn/news Detail forward_9273281, 2020 年 10 月 13 日,访问时间:2021 年 10 月 1 日。

中华人民共和国卫生史上规模最大、也是最成功的公共卫生防疫实践之一。可以说,政府的强有力领导与支持是血防电影成功的关键。

20 世纪 70 年代以后,随着血吸虫病在中国得到有效控制,血防电影不复往昔兴盛逐渐走向式微,但制作血防电影的经验一直延续下来。特别是 2020 年新冠肺炎席卷全球时,健康教育电影再次受到政府的高度关注。政府在极短的时间内组织一批优秀的摄制团队,制作了《围歼血吸虫》《消灭脊髓灰质炎》《抗疟疾》《灭天花》《鼠疫斗士伍连德》等多部新闻纪录类型的健康教育电影。这些健康教育电影与血防电影的内容一样,表现了在中国共产党领导下的中国政府在极为困难的条件下,是如何带领中国人民、科学工作者、医务工作者完成消灭疾病的任务。表面看,这些健康教育电影表现的疾病与新冠肺炎没有直接的联系,但正如上述健康教育电影的制作一样,核心主题不是为了传播科学的防治方法,而是在面对来历不明、造成极大恐慌的新冠肺炎流行的当前,让人民回忆起政府在当时消灭疾病中取得的成绩,借此让人民坚信政府同样有能力消灭新冠肺炎这种疾病,并且告诉人民,在中国共产党领导下,政府的执政具有科学性和优越性。这也正是当前政府能够在极短时间内成功动员起广大人民群众积极配合工作,实现"封城隔离""快速检测""自觉佩戴口罩""方舱医院建设""医务人员'逆行'驰援"的秘诀,也是中国之所以能在如此快的时间内成功抗击新冠肺炎的重要因素。

"Technological manual" and "Singing Praises": Schistosomiasis Control Film and "Anti-schistosomiasis Campaigns" of New China

Abstract: Based on considerable amount of previously neglected historical data including the published memoirs, local files and the diaries of movie directors, this paper inspects the health education films from 1949—1966 made by the Chinese government on the prevention and control of Schistosomiasis. As an important tool for the propoganda campaign of preventing and controlling schistosomiasis led by CPC, these films have not only reversed the attitudes of the Chinese peasants who were the subjects of the campaign, but also achieved their recognition of the legitimacy of the Communist party's Governanceleading role in the government. These movies have successfully helped the prevention and control of schistosomiasis and politically propagandized the government's significant role in the public health campaign. With a careful examination of the production, the projection and the publicity of these movies, this paper reveals how the Chinese peasants are mobilized/motivated and how the legitimacy of the CPC is established as Governance of the Chinese government. The answers to those two questions can also help disclose the secrets of why China could successfully fight against COVID-19 in such a short time.

Key words: Anti-schistosomiasis Campaigns、Schistosomiasis Control Film、production、propaganda

作者简介:柳谦,西北师范大学传媒学院科研助理;黄勇军,重庆师范大学新闻与传媒学院教授。

共建共治共享与公民治理：中美城市社区疫情防控差异比较[①]

李　月

摘　要：以公民治理为中心和指导的美国社区治理模式在新冠肺炎疫情防控方面面临着诸多困境，不仅社区应急响应小组无力应对，社区组织和志愿者无力进行社区管控，社区董事会无力与政府联防联控，新冠肺炎疫情在美国的失控突显出美国社区治理模式的缺陷。相比之下，共建共治共享理念下的中国社区治理模式实现了网格化、智能化社区管理，应对新冠肺炎疫情时做到了社区封闭有效、排查有序、联防联控、精准防控，杜绝了新冠肺炎疫情在社区的传播，彰显了中国社区治理水平和制度优势。我们要继续保持战略定力，坚持制度自信，坚持坚持党对一切工作的坚决领导，坚持以人民为中心，坚持社区网络化、智能化的治理路径，不断发展和完善中国特色社会主义社会治理体系。

关键词：共建共治共享　公民治理　城市社区治理模式　疫情防控

自1887年德国社会学家斐迪南·滕尼斯（Ferdinand Töennies，1855—1936年）提出“社区”概念以来，如何对社区进行有效治理逐渐成为各国政府普遍关心的问题。美国是最早关注社区治理的国家之一，其对社区治理模式的探索已历经百年，蒙艺、徐宪将这一历程归纳为市政建设模式、宣战贫困模式、商业经济模式、协同治理模式、以人为本模式等五种模式的演进。[②]在这种

---

① 本文为湖南省社会科学成果评审委员会一般课题“共建共治共享与公民治理：中美社区疫情防控差异比较研究”（XSP21YBC142）研究阶段性成果。

② 蒙艺、徐宪：《战略管理视角下美国社区治理模式的历史演进及启示》，贵州大学学报（社会科学版）2017年第2期，第137—143页。

模式的演进中，美国社区治理完成了从“政府主导”向“公民治理”的转变。

中国对社区治理的探索起步较晚，计划经济时代的基层治理以单位制为核心，十一届三中全会之后转换为街居制。但随着改革的深入和社会的转型，街居制在应对新情况过程中存在不堪重负、权力有限、角色被动等诸多问题，[①]探索新型、有效的社区治理模式是中国当前亟待解决的难题。为此，党的十八大提出了建立“中国特色社会主义社会管理体系”的要求。十八届三中全会进一步明确提出要“创新社会治理体制、改进社会治理方式”。十九大提出要“加强社区治理体系建设，推动社会治理重心向基层下移，发挥社会组织作用，实现政府治理和社会调节、居民自治良性互动”。到十九届四中全会，更是对治理理论的精髓进行了全面系统的概括：“必须加强和创新社会治理，完善党委领导、政府负责、民主协商、社会协同、公众参与、法治保障、科技支撑的社会治理体系，建设人人有责、人人尽责、人人享有的社会治理共同体。”与美国不同，中国社区治理的转轨创新以“共建共治共享”为导向，是有中国特色的社区治理模式。

显然，中美两种社区治理模式存在差异。那么，基于各自社区治理模式的中美社区是如何治理城市社区事务的呢？特别是在新冠肺炎疫情全球爆发、社区成为仅次于医院的抗击疫情主阵地的大背景下，中美城市社区在应对疫情上有什么不同？其应对效果有什么差异？学界对此尚未进行过深入探究。有鉴于此，本文试图在前人的研究基础上，在新冠肺炎疫情防控视域下，运用比较的方法，从制度层面探讨中美两种社区治理模式的差异及其在应对新冠肺炎疫情过程中的实际效用。

一、美国城市社区管理模式及其疫情防控效用

1998 年，理查德·C. 博克斯(Richard C. Box)的《公民治理：引领 21 世纪的美国社区》[②]一书出版，该书传达了一个核心理念，即 21 世纪的美国社区治理是以公民治理为中心和主导的。博克斯的这一论断主要是基于小布什政府于 2001 年开始实施的“基于信任的社区自主战略”(FBCIS，Faith-Based and Community Initiative Strategy)，这项战略要求政府逐步减少对社区的干预，全

① 张晓霞：《城市新型社区治理中的权力冲突》，陕西人民出版社 2008 年版，第 58—60 页。

② Richard C. Box, *Citizen Governance: Leading American Communities into the 21th Century*, London, New Delhi, Singapore and Washington D.C.: Sage Publications Inc., 1998.

力扶持和授权社区组织，促进社区组织成为社区治理中提供公共服务的重要主体。[①]虽然美国两党轮流执政，政策多变，但公民治理的社区原则稳定延续了下来。时至今日，美国城市社区治理一直奉行高度民主自治的原则，公民是社区事务的直接参与者、更是社区的直接治理者，由社区居民代表组成的社区董事会是社区的决策机构，社区组织和志愿者是社区治理的执行力量，联邦政府只提供政策支撑和部分财政支持，不直接干预社区内部事务。

在应对灾害方面，联邦政府基于"属地管理"和"民主自治"原则，强调社区在应急管理中的主体作用。2011 年，联邦紧急事务管理局（FEMA，Federal Emergency Management Agency）提出应急管理全社区模式，并颁布了一系列政策文件，要求应急管理人员责任范围社区全覆盖，并赋予社区成员权力，加强有效的日常社区实践，以此提高社区乃至全国的灾害应对能力。相应的，社区董事会会通过教育、培训和志愿服务来利用每个居民的力量。他们通常会召集志愿者组成社区应急响应小组（CERT，Community Emergency Readiness Team），并对成员进行基本的灾害应对技能培训。经过培训的社区应急响应小组比一般志愿者更具专业性，是社区应对灾害的主要救援力量。

然而，新冠肺炎疫情在美国爆发以来，感染人数屡创新高，截止 2021 年 5 月 1 日，美国感染新冠肺炎病毒人数已突破 3200 万，累计死亡人数已突破 58 万。[②]这样的疫情防控成绩单表明，新冠病毒已在美国社区广泛传播。造成这一灾难性后果的原因，除前期准备不足、医疗资源紧张，以及特朗普政府执政时的反智宣传等诸多因素外，社区灾害应对机制在新冠肺炎疫情防控方面并没有发挥应有的效用是最重要的原因。实际上，在公民治理模式下，社区在新冠肺炎疫情防控方面面临着诸多困境。

首先，社区应急响应小组无力应对新冠肺炎疫情。虽然美国公民治理模式鼓励居民广泛参与社区事务，各城市社区为居民集体应对突发事件还专门成立了若干社区应急响应小组。但根据联邦政府的指导意见，社区应急响应小组成员接受应急培训涉及的灾害包括地震、火灾和野火、洪水、酷热、飓风和沿海的风暴、山崩和泥石流、雷暴风、龙卷风、海啸、火山爆发、暴风雪、核泄漏、

---

① The White House, *Rallying the Armies of Compassion: Report to Congress about FBCIS*, Washington. D.C. 2001.

② 数据来源：美国霍普金斯大学新冠病毒数据检测中心（Coronavirus Resource Center），详见该检测中心官方网站 coronavirus.jhu.edu/us-map。

灾害性的原料事故等,[①]传染病防治并不在列。在新冠肺炎疫情面前,社区应急响应小组成员不比一般志愿者更专业,并不具备相应的应急救援能力。

其次,社区组织和志愿者无力进行社区管控。要防止新冠病毒在社区传播,对社区进行封闭管理、所有居民居家隔离、外来人员集中隔离至少 21 天是最直接有效的防控手段。要实现这样的防控显然不能寄希望于社区居民的集体自觉,而是需要强制管控措施。然而,在公民治理模式下的美国社区,一方面,政府在应急管理中只起主导、指挥和协调作用,不能担任"领导"角色,拥有强制执法权的政府部门不能干预社区事务,否则会被视为对民主自由的践踏;另一方面,作为社区治理主体的社区组织和志愿者只是出于公益心和责任感参与社区服务,没有法律赋予的强制管控权。

再次,社区董事会无力与政府联防联控。阻断新冠病毒传播需要全社会联防联控,需要政府统一的行政命令在所有社区有效执行。但美国社区在行政体制上是自治的,与政府并不是下级与上级的隶属关系。社区公民自治机构是社区董事会,其成员由社区居民通过选举产生,其对社区的管理不受政府行政命令干涉。在应对新冠肺炎疫情时,社区董事会在"应急管理全社区模式"框架下与政府联动,但联动的主要内容是社区在政府指导下实现社区已有各种应急资源的综合调配利用与人员协作。政府的行政令在社区的效力极其有限,即使违反也不会受到惩罚。当行政令与社区居民个人意愿相冲突时,社区董事会执行政府行政命令的意愿不强,也无力要求居民遵守。

二、中国城市社区管理模式及其疫情防控效用

与美国社区公民治理模式不同,中国社区治理基于"共建共治共享"的理念,并在此基础上推行了"网格化"应急管理。"网格化"起初是一种社区治理技术,主要关注的是在技术、资源及公共服务之间建立嵌合关系,强调技术服务平台的建立。2005 年前后,"网格化"开始与社会管理体制改革相结合,逐渐广泛应用于社区治理。关于社区网格化管理,学界与政界有着大致相同的理解,通常定义为"以街道、社区为基础,在辖区内以一万平方米左右区域为基准,划分单元网格,建立网格化管理信息平台,实现市、区、专业处置部门与网

① 滕五晓:《社区安全治理与理论实务》,上海三联书店 2014 年版,第 195 页。

格监督员四级联动的管理模式与信息资源共享系统”。[①]推行网格化管理，其目的在于打破以往行政部门条块分割、各自为政、推诿扯皮、权责不明的种种弊端，从而重新整合资源，注重政府与社区利益共享、风险共担、协同共进、均衡发展，最终实现共建共治共享。党的十九届四中全会明确提出，要“健全社区管理与服务机制，推行网格化管理与服务，发挥群团组织、社会组织作用”。网格化管理是中国社区治理模式的创新，是健全和完善社区治理的主要途径。

在应急管理方面，网格化管理下的中国社区依托国家“一案三制”应急管理体系，实行统一领导、综合协调、分类管理、分级负责、属地管理为主的应急管理体制。[②]社区在街道办事处的行政管理下，由社区党支部、社区居委会、业主委员会、物业、社区警务站、网格监督员共同应对社区风险。其中，社区党支部是领导社区工作的核心，负责组织动员体制内资源和社会资源，通过居委会、业委会、物业、社区民警、网格监督员等多元主体的参与，实现社区党组织与社会组织、社区志愿服务、社区警务的深度融合，从而加强防控风险的能力。

新冠肺炎疫情暴发之后，在国家的动员号召下，中国社会开启了前所未有的战疫斗争。根据党中央的统一要求，各级政府的协调部署，社区党支部迅速启动应急管理机制，以网格为单元开展疫情防控工作。而且，针对新冠肺炎疫情的新形势，社区普遍经历了党政机关力量下沉、网格管理升级的过程。田毅鹏教授称之为“超级网格化抗击疫情体系”，[③]这种超级网格化体系从制度上保障了疫情防控工作的有序开展。

首先，政府行政管治下的社区封禁得到了有效执行。街道办事处对社区负有直接行政管理的职责，也负责具体事务的执行，上级政府的社区封禁指令会由街道办事处具体统筹实施。通过社区工作人员的广泛宣传和封闭式小区物业的尽责看护，绝大多数社区居民都能够做到配合居家隔离。同时，社区封禁具有行政强制性，行政追责机制能够促使各级政府全力保障辖区内社区封禁的有效执行。社区民警隶属上级警务部门，拥有社区执法权，能够利用警务力量强力制止违反社区封禁指令的行为。社区封禁有效阻断了新冠肺炎病毒社区内外的相互传播。

---

① 田毅鹏:《城市社会管理网格化模式的定位及其未来》,《学习与探索》2012 年第 2 期,第 30 页。
② 赵子丽:《中国应急管理的新要求和新发展》,《人民论坛》2019 年第 2 期,第 58 页。
③ 田毅鹏:《治理视域下城市社区抗击疫情体系构建》,《社会科学辑刊》2020 年第 1 期,第 22 页。

其次，社区党支部领导的社区排查有序展开。根据上级党组织统一部署，在社区党支部的大力动员和积极协调下，居委会、业委会、物业、网格监督员、社区志愿者联合行动，实现了对所在社区的拉网式严格排查。排查过程中，社区党支部及时向上报告疫情，为上级决策提供科学依据；及时发现和转运感染或疑似病例，阻断病毒社区内传播；及时为封禁状态的社区居民提供必要的生活服务，保障了社区疫情期间的民生稳定，是社区疫情防控的中坚力量。

再次，党政机关力量下沉社区提供有力支援。针对疫情突发，社区防控事务激增，常备治理人员严重不足的问题，党政机关力量及时下沉到社区，在社区党支部的统一领导下，以党员志愿者的身份参与物质调拨、门禁站岗、入户排查、民生服务等各种工作，解决了社区疫情防控工作的实际困难，有力支援了社区疫情防控工作。

最后，智慧城市疫情防控体系的构建为政府与社区的联防联控、精准防控提供了技术保障。在政府的强力推动下，从 2020 年 3 月开始，基于大数据的健康码开始应用于新冠肺炎疫情防控，特别是在疫情好转、社区解封的大背景下，健康码成为了政府与社区联防联控、精准防控的有效手段。值得注意的是，健康码只是智慧城市疫情监控体系的终端，其背后包括数据采集、信息安全、监控预警、风险管控、病例追踪、应急处置在内的一套完整的疫情防控体系，这一体系的运转能够有效保障零星病例的及时管控。区域管控的策略支持，以及社区疫情的应急处置，从根本上杜绝了疫情再次大规模爆发。

事实也证明，在社区层面进行了有效防控的中国，疫情从传播的根源上得到了控制。据国家卫健委官网发布，截止 2021 年 5 月 1 日，中国累计确诊病例约 10 万人，现有确诊仅 536 人，社区已全面解禁，社会生产生活已全面恢复，中国疫情防控形势已有根本性好转。

三、城市社区疫情防控彰显中国制度优势

通过新冠肺炎疫情防控视域下的中美社区模式差异比较，我们不难看出，在社区这一新冠肺炎疫情防控的重要一环，美国的公民治理模式面临社区控制不了、政府不便干预的尴尬局面，在新冠肺炎疫情防控方面不能有效调拨资源、有效配合、合众一心防控疫情。反观中国，共建共治共享下的中国社区在强有力的政府主导下，能够迅速形成上下的合力，组织人员、物资的有效调拨，上下能够密切配合，以网格为基础很快织起一张新冠肺炎疫情防控的大网，最

终成功从社区层面控制住了疫情传播。从根本上说，基于共建共治共享的中国社区治理模式适应了中国国情，体现了社区治理的中国智慧，彰显了中国特色社会主义的制度优势。

第一，坚持党对一切工作的坚决领导彰显总览全局、高瞻远瞩的政治优势。党的十九大报告明确指出："中国特色社会主义最本质的特征是中国共产党的领导，中国特色社会主义制度的最大优势是中国共产党的领导，党是最高政治领导力量。"①习近平总书记也反复强调，办好中国的事情，关键在党。疫情发生后，以习近平同志为核心的党中央高度重视，成立中央应对疫情工作领导小组及时研究部署工作，国务院联防联控机制加强政策协调和物资调配力度，各地区、各党政军政机关和企事业单位、各村镇社区都紧急行动起来，主要领导干部强化担当，广大党员挺身而出，广大医务人员英勇奋战，广大人民群众众志成城，打响了疫情防控的人民战争。中国社区取得新冠肺炎疫情防控胜利的关键在党，是党统揽一切的高度看问题、想问题，清醒地把握大局和应对挑战，是各地党委在党中央的坚持领导和科学指引下不受干扰地快速、高质量的决策，是党组织强大的动员能力和执行效率，才使得人民可以在共建共治基础上共享健康社区。实践证明，党的领导是战胜一切困难和挑战的根本保证，越是面临重大风险，越要加强党的集中统一领导。

第二，坚持以人民为中心彰显众志成城、团结一心的群众优势。人民立场是中国共产党的根本政治立场。习近平总书记特别指出："江山就是人民，人民就是江山，人心向背关系党的生死存亡。赢得人民信任，得到人民支持，党就能够克服任何困难，就能够无往而不胜。"②疫情发生后，习近平总书记多次强调，人民群众生命安全和身体健康始终是第一位的，要广泛发动和依靠群众，紧紧依靠、同心同德、众志成城，坚决打赢疫情防控的人民战争、总体战、阻击战。正是因为人民群众在政府主导下的广泛参与，卫生健康、工信商务、外交外联、交通运输、农业农村、应急管理、财政金融、文化旅游、科技教育、市场监管、社保医保、资源环境等部门和纪检监察、组织、宣传、统战、政法等各条战线才能各司其职，社区治理、医疗求助与民生保障的各个环节才能有序运转，人大、政协以及各人民团体主动担责，大量公务员及时下沉到社区支撑一线疫

① 习近平：《决胜全面建成小康社会　夺取新时代中国特色社会主义伟大胜利——在中国共产党第十九次全国代表大会上的报告》，《人民日报》2017 年 10 月 28 日，第 1 版。

② 习近平：《在党史学习教育动员大会上的讲话》，《党建》2021 年第 4 期，第 8 页。

情防控,保障了社区的物资供给和精神需求,有力支持了抗击疫情的斗争。

第三,坚持社区网格化、智能化治理彰显科学治理的效能优势。社区治理是中国特色社会主义治理体系的重要组成部分,提升基层治理水平是我国“十四五”期间着力解决的重要内容。习近平总书记要求,要持续推进社会治理系统化、科学化、智能化、法治化,不断完善中国特色社会主义社会治理体系。① 社区网格化治理是中国基层治理路径的成功探索和水平提升的重要标志。疫情发生后,社区实行了严格的网格化管理,坚持关口前移、源头把控,开展拉网式筛查甄别,对确诊患者应收尽收,对疑似患者应检尽检,对密切接触者应隔尽隔,切实落实“早发现、早隔离、早报告、早治疗”的“四早”要求,从源头上控制了疫情。以大数据为基础的智慧城市疫情防控体系是社区智能化发展的杰出成果。社区封闭解禁后,以智慧城市疫情防控体系为平台,依托健康码等技术手段,社区与政府实现了疫情防范的联防联控。在政府的有力管控下,在居委会、业委会、物业、网格监督员、社区志愿者等多元主体的联动协同下,上下齐心共同筑牢了社区疫情防控的安全屏障。

古人云,“凡将立国,制度不可不察也”。中国社区治理模式从国家顶层设计到共建共治共享的治理理念,再到网格化、智能化治理的实践,是我们在长期的发展过程中传承历史经验,解决现实问题,逐步形成的有中国特色的制度体系。相比美国社区的公民治理模式,中国社区的共建共治共享理念充满了中国智慧,它扎根于中国大地,符合中国国情,有生命力,有效率,在新冠肺炎疫情的应对上彰显了制度优势,而制度优势是一个国家最大的优势。习近平总书记指出:“这次抗击新冠肺炎疫情,是对国家治理体系和治理能力的一次大考。”当前,在以习近平同志为核心的党中央坚强领导下,在全国上下和广大人民群众共同努力下,全国疫情防控形势持续向好,生产、生活秩序加快恢复的态势不断巩固和拓展,统筹推进疫情防控和经济社会发展工作取得积极成效,这些成就正是疫情防控彰显中国特色社会主义制度显著优势的生动说明。我们要继续保持战略定力,坚持制度自信,发展和完善中国特色社会主义社会治理体系,确保人民安居乐业,社会安定有序,国家长治久安。

---

① 习近平:《习近平谈治国理政》(第二卷),外文出版社 2017 年版,第 384 页。

Co-construction, Co-governance, Sharing and Citizen Governance: Comparison of Differences in Prevention and Control of Urban Community Epidemic in China and the United States

Abstract: Center for citizen governance and guidance of the community governance model in the aspect of COVID-19 epidemic prevention and control is faced with many difficulties, not only the community emergency response teams able to cope, community organizations and volunteers are unable to control, the board of directors of the community is not able to government defense from spreading, COVID-19 outbreak in the United States out of control highlights the defects of the community governance mode. In contrast, the Chinese community governance model based on the concept of co-construction, co-governance and sharing has realized grid and intelligent community management, achieved effective community closure, orderly investigation, joint prevention and control, and precise prevention and control when dealing with COVID-19 epidemic, and eliminated the spread of COVID-19 epidemic in the community, highlighting the level of community governance and institutional advantages of China. We must continue to maintain strategic resolve, have confidence in our system, uphold the Party's firm leadership over all our work, put the people first and follow the path of community network and intelligent governance, and constantly develop and improve the socialist system of social governance with Chinese characteristics.

Keywords: Joint construction、joint governance and shared benefits、Citizen governance、Urban community governance model、epidemic prevention and control

作者简介:李月,湖南省中国特色社会主义理论体系研究中心副研究员,湘南学院马克思主义学院副教授。

澳门近代历史的灾害与应对(1840—1949)①

杨 森

摘 要:澳门自近代以来经历了火灾、风灾、鼠疫、霍乱等林林总总的灾害,这些灾害也深刻地影响了澳门社会的发展。火灾的发生与澳门的爆竹产业结构以及地小人多的环境有着密切的联系。1874 年的“甲戌风灾”更是带来了惨重的人员伤亡和经济损失,并且《申报》将这场风灾与道德审判进行联系,展现了内地社会对于澳门持有较为负面的看法。此外,疾疫灾害同样困扰澳门社会多时,从 1894 年的港澳鼠疫爆发,到后来不断反复出现的霍乱,进一步展现了华人作为二等公民的艰难处境。其中也包含了殖民地时期香港、澳门之间复杂微妙的关系,尽管两地商贸来往频繁交流密切,却也有着相互的角力与较量。

关键词:澳门 灾害 鼠疫 风灾 霍乱

自近代以来,由于战争逃难、经济往来等原因,大量的人口迁入澳门。然而华人居住地面积狭小人数众多,并且公共卫生环境恶劣,因此也引发了火灾、霍乱、鼠疫等灾害,瘟疫也展现了华人在当时澳门所处的地位。同时澳门属于多雨气候,夏季降雨量为全年的一半。夏秋之交受到台风影响,降雨的时段不但较长而且强度也很大,以致容易形成狂风暴雨,因此台风灾害给澳门带来了惨重的代价。关于灾害的定义,学界也有了较多的讨论,孟昭华指出:“灾害是由某种不可控制或未予控制的破坏性因素引起的、突然或在短时内发生的、超越本地区防救力量所能解决的大量人群伤亡和物质财富

① 本文为广州市社科基金项目“穗港澳文学的灾害书写研究”(2021GZGJ242)项目研究阶段性成果。

毁损的现象。”①

本论文将主要讨论近代以来澳门所遭遇的一系列灾害，借由这些灾害折射了当时华人的生存状况，以及瘟疫背后反映的香港、澳门之间矛盾复杂的关系。过往学界多集中于对 1894 年港澳鼠疫的讨论，较为忽视了霍乱对于澳门的影响同样十分深刻。并且相比于瘟疫，火灾、台风灾害对澳门也带来了惨重的人员伤亡与经济损失，因此当时的葡萄牙殖民政府与民间也在透过种种方式来应对这些灾害。

一、火灾与风灾侵扰

（一）火灾的发生

澳门地形狭小而人口众多，当时大部分中下阶层华人居住的房子都以木材为主要原材料，材料十分易燃，并且环境十分简陋，没有相应的逃火通道。同时人口不断增加而导致公共环境持续恶化。夏季澳门气候干燥炎热，是火灾的高发期。因此历史中澳门发生了多次死伤惨重的火灾，如 1865 年莱园坊火灾：“那场大火烧毁了一个狭小的街巷网里，二百间一间接一间的棚屋，使六万人无家可归。”②这样的状况并没有好转，1893 年《申报》记载的火灾焚烧了足有八个小时之久，造成了大量的房屋被烧毁：“下午四点半钟时始，澳门板帐庙相近小菜市，夜间十二点钟止，缘其时河水甚涸水能无从施救加以风力猖獗，后船上兵上岸赶将房屋拉倒以断火路，夜深风定火始息，共焚小菜市及房屋六十幢，亦可谓大灾矣。”③当时澳门都为木屋结构，因此一旦发生火灾就会形成片状，另外借助强劲的风力火势则越来越强。澳门居民深受火灾困扰：“木乃小村，佃民耕户，相聚而居，所集墟市，卑湿低洼，旧称薄鱼地。昔日之薄鱼地，即莲溪庙附近一带地方，多屋蓬寮茅舍，稍不慎火，常召焚如，故火警频传，坊人忧之。”④直到 1949 年仍然发生了长时间的大火：“澳门电厂从八日到九日发生历时十八小时的大火，大部分房屋设备化为灰烬，损失约值三百万葡币，起火原因是线路受飓风影响。”⑤火灾的频频发生，一方面源于澳门的地理环境比

① 孟昭华、彭传荣：《中国灾荒史》，社会科学文献出版社 1989 年版，第 54 页。
② 科斯塔，《澳门建筑史》，《文化杂志》1998 年第 35 期，第 11 页。
③ 《申报》1893 年 11 月 23 日。
④ 王文达：《澳门掌故》，澳门教育出版社 1999 年版，第 155 页。
⑤ 《大公报》（重庆）1949 年 9 月 10 日。

较恶劣，没有比较大的空余区域作为灾害发生时的缓冲地，缺乏抵御火灾的天然屏障。另一方面则源于当时的葡萄牙殖民政府并没有真心实意地建设澳门，只是将澳门作为经济贸易的中转站，并且火灾的发生地主要是中下阶层的华人聚集区，并没有真正波及到殖民者的利益；以及当时的葡萄牙传教士，只是将澳门作为窗口对中国进行传教活动，因此并没有真正关心澳门的发展，正如罗晓京指出："葡萄牙传教士以澳门作为大本营向中国传播基督福音，与后来英国人以武力打开中国大门，在中国倾销鸦片，掠夺资源一样，本质都是殖民主义侵略。"①

此外，爆竹产业一直是近代澳门传统的重要行业。澳门作为爆竹等火药制品的重要生产基地，爆竹、火柴、神香业并称为"三大工业"，其产品广销海外，对于澳门社会经济起着重要的作用。社会上有许多人都参与到了爆竹的制造中，"爆竹制造也很盛行，有 10 个工厂雇用了约 3 万妇人及儿童从事生产"。②然而当时许多生产基地都以家庭作坊为单位，工厂的管理也存在不规范的情况，因此爆发了几次大型爆竹爆炸火灾情形。其中 1924 年的爆炸造成了过千人的死亡："其时有名为'台山爆竹工厂'者，规模最大，生意兴盛，日常到场工作之爆竹工友，逾数千人。可惜为时不久，即祸遭不测，因失慎爆炸火烧，竟酿成一场巨灾！遭难工友逾千人，尸骸遍地，就殓为难，消防救护，忙于应付，当场观众，亦要帮助殓抬，诚澳门之空前浩劫也。"③这场大爆炸带来了惨痛的人员伤亡。然而仅仅相时隔数年，1931 年又发生了弹药库爆炸："澳门二龙喉马路葡政府火药库十三晨爆炸，毙守兵五，伤十余。另毙附近居民四，伤多人。"④这样的爆炸情形在近代澳门可谓频频发生，时间间隔短伤害巨大。1936 年则再次发生了爆竹厂爆炸："澳门附近百达岛之爆竹厂今日下午二时三十分突然爆炸，震动全岛，现死伤确数未悉，但恐不在少数。"⑤爆竹业作为高危行业，带给澳门巨大经济效益的同时，也带来了较为惨重的人员死伤。"澳门有全中国独一无二'爆竹先友坟场'（现在氹仔沙岗市政坟场内，原先是一处独立的墓园）。在那里埋葬数百具被炸得不可辨认，或是躯体支离破碎的爆竹工人尸体。"⑥尽管爆竹业危害极大，然而殖民地政府为了经济利益，以及

① 罗晓京：《试析 1846 年以前葡萄牙管理澳门的历史特点》，《广东社会科学》1998 年第 2 期。
② 张海鹏主编：《中葡关系史数据集》（下卷），四川人民出版社 1999 年版，第 2092 页。
③ 王文达：《澳门掌故》，澳门教育出版社 1999 年版，第 164 页。
④ 《申报》1931 年 8 月 14 日。
⑤ 《申报》1936 年 3 月 13 日。
⑥ 金丰居士：《福隆新街泰兴公司氹仔联谊会》，《讯报》2010 年 6 月 11 日。

当时许多中下阶层华人都依靠着在爆竹厂工作谋生，因此爆竹业在澳门的发展直到 20 世纪 50 年代仍然兴盛不衰，并且形成的家庭工作坊模式进入了鼎盛时代，当中带来的爆炸与火灾危害也持续了很长的一段时间。

（二）台风的肆虐

澳门处于太平洋热带风与台风登陆频繁的珠江口地段中部，因此十分容易遭受台风的正面袭击。一般在 5 月到 9 月期间，都是澳门主要的台风季节。台风吹袭次数多、强度大，狂风暴雨，极易酿成巨灾。由清代印光任和张汝霖合著的《澳门记略》，透过民间实地调研和翻阅档案，最早对当时澳门的台风进行了记载："访民藩（番），搜卷帙，就所见闻者记之，冀万一补志乘之缺。"①从 1 月到 12 月记录了 42 种台风，将其进行命名，并观测到了台风侵袭澳门的规律。《澳门记略》中将台风称为飓风，带有令人恐惧的意涵，并指出这是一种违反正常方位反常的大风："失其位（方位）与时（时令），则风之变，厥名飓。故曰飓者具也，其四方之风也。又惧也，始惧其来，终惧其后作也。"②台风灾害给澳门带来了惨重的人员死伤和经济损失，尤其是 1874 年爆发的"甲戌风灾"最为严重：从 9 月 22 日至 24 日，台风吹袭了一连三日，港湾内大小船只纷纷沉没，岸上的房屋成片倒塌，花王堂受电击起火，火光冲天，烧毁大量的房屋。《申报》的"详述澳门风灾"一文对这场风灾进行了详细的报道："北风渐大而港内各船中，惟闻风浪汹涌如万马奔腾，有断练者有走锚者有互相衡撞者，有忽而复沉者，山摇岳动俄而城内屋顶皆蠕蠕动摇，瓦片横空飞击。忽风从东转，于是海浪益怒吼，腾聚涨上岸，犹不觉也突然湧一巨浪如天河倒泄奔腾而来。巨石亦皆漂激如浮木，葡人炮台所置巨炮被怒浪冲击早已不知去向。"③这场台风也是澳门史上遭受过最严重的风灾，并且由于当时救援机制落后，灾害发生过于迅猛，造成了大量的人员死亡，并由于尸体过多无法及时安葬，人们只能用最简单快速的方式进行处理，以防止出现滋生瘟疫的危险："澳门于风灾后其因此而毙者约有五千至万人之多，现从水陆两处收获者其尸首已有二三千具，或土埋或火化不一，若迟之又久则尸气逼人恐滋疫。"④从《申报》记载可见这场风灾造成了五千至一万人的死亡，也是澳门史上最多人死亡的风灾。

① 赵春晨：《澳门记略校注》，澳门文化司署，1992 年，第 15 页。
② 赵春晨：《澳门记略校注》，澳门文化司署，1992 年，第 52 页。
③ 《申报》1874 年 10 月 1 日。
④ 《申报》1874 年 10 月 8 日。

澳葡当局为了纪念这场灾害的死难者，将 9 月 22 日定为澳门的“天灾节”。透过纪念日的确定，也是一种灾害记忆和经验的重复，从而提醒人们对于灾害保持警惕。

此外，这场灾害也展现了内地社会看待澳门的复杂心态。一方面上海各界积极组织善款救济灾民：“澳门风灾之后，凡被难之人风餐露宿，啼饥号寒者交错于道惨不忍言，现译西报云将劝募申之西商大发慈悲广为捐助，以为赈济抚恤之用。”①另一方面《申报》的《论风灾》中，则将这场风灾视为上天对香港、澳门的惩罚，因为当时的澳门在葡萄牙殖民统治下，作为贩卖“猪仔”的重要基地，将苦力贩卖至全世界，而这些苦力大多来自内地的穷苦人民。运营这样一种畸形不人道的暴利产业，这也使得澳门的形象极其不佳。“今观香港、澳门两处之风灾，可以恍然于天恢恢疏而不漏矣，香港、澳门两处自通商以来日新月盛，穷奢极欲天下莫比。香港尚仅淫奢呈其大诈奸，未有大害于人之处。澳门之贩卖猪仔开设博场，为粤东冠其轻人之身倾人之家，每岁不止万计，恶贯亦可谓满盈。能长享升平毫无灾害者有是理乎？各处均受其害，而两处独享其利，恐亦无此事。”②从中可见，《申报》将这场风灾延伸到了对于港澳地区的批判，尤其是对澳门进行了较为严厉的道德审判。由于近代以来澳门的产业主要为赌博、贩卖人口、妓院等，因此澳门的形象在人们印象中一直都较为负面。直到 1946 年《和平日报》仍以“罪恶之都”的称呼介绍澳门：“澳门素有‘远东蒙特卡洛’之称，为一罪恶之都。妓院多于学校，赌场多于妓院。”③《华侨社》则以标题《澳门：赌窟、烟国》进行报道④。从中可见近代澳门的形象一直不佳，而借由《申报》对“甲戌风灾”发表的社论，进一步揭示了澳门在人们心中的地位。

并且由于当时科学技术较为落后，人们普遍将灾害的发生与上天的旨意进行连接：“绝大灾异多人之当遭劫难乎，抑上天之震怒以示警耶夫，亦曰非常之变而已矣。”⑤这种观念在民间更是广泛流传，因此人们需要借助宗教信仰进行心灵上的慰藉。妈祖信仰是澳门历史中长盛不衰的民间信仰：妈祖原本是一个多方面的地方保护神，由于澳门位于沿海台风频繁，因此妈祖也逐渐成

---

① 《澳门灾赈来沪书捐》，《现译西报》1874 年 10 月 8 日。

②⑤ 《论风灾》，《申报》1874 年 10 月 2 日。

③ 《罪恶之都——澳门》，《和平日报》1946 年 2 月 22 日。

④ 《华侨社日报》1946 年 9 月 18 日。

为了风灾保护神，妈阁庙也成为澳门重要的风水神圣之地。此外，还有许多不同的风灾保护神，包括建于1860年的谭公庙、1895年重建的澳门凼仔三婆庙："从来拖船来往，必藉神力以匡扶。庙貌辉煌，每因人心之振奋。我等家居港澳，舟泊龙湾，风雨调和，灾祥预告，揆厥原由，皆清惠三婆暨列神之力所至也。"[①]这些各式各样的寺庙都是民间华人的心灵寄托。此外，殖民者同样深受台风困扰，因此葡萄牙人在澳门修建了自己的风灾保护神。圣老楞佐教堂又名"风顺堂"，据《澳门记略》记载，也称为"风信堂"，"番舶既出，家人日企其归，祈风信于此"。[②]如彼得·贝格尔所说："人类建造的世界是十分脆弱的，必须通过一块神圣的帷幕才能予以保护，宗教正是这块帷幕。"[③]涂尔干指出宗教一般含有信仰和仪式两个基本范畴[④]，人们通过各种仪式的开展："渔船返航回澳门，经过妈阁庙前面的海面时，也要举行燃烧纸钱元宝、放鞭炮等仪式，以感谢天后赐福，使其满载鱼虾，平安返航。"[⑤]从而认为这样可以缓解甚至化解灾害，并且仪式的进行可以让群众形成一种"危机化解"的潜意识，这也有利于很大程度缓解危机带来的社会恐慌。

二、疾疫与澳门社会

（一）鼠疫的爆发

疾疫一直是深刻影响澳门社会的重要灾害，尤其是1894年爆发的鼠疫。关于这场鼠疫学界已有了较多的研究，郭卫东以澳门的公共性防疫为主题，分析了1894年的鼠疫之所以未在澳门大规模流行，原因在于其防疫有普遍性、全民性、制度性、公益性这些全民参与的特性。[⑥]然而到了1895年这场鼠疫再次出现，对澳门社会带来了沉重的打击，街上人烟稀少，受困于疫情，人们纷纷居家不出。随着疫情蔓延，染疫而死的人还是在不断增多。"每当夕阳初落，楼阁上灯，则店皆闭户，少行人，市情之冷清，为数十年所未睹。而福隆新街、宁居里一带繁华盛地，更门庭冷落，车马稀疏，十室九空，无几存者。而关闸门

① 谭棣华等编：《广东碑刻集》，广东高等教育出版社2001年版，第1015页。

② 赵春晨：《澳门记略校注》，澳门文化司署，1992年，第89页。

③ [美]彼得·贝格尔著，高师宁译：《神圣的帷幕：宗教社会学理论之要素》，上海人民出版社1991年版，第2页。

④ [法]涂尔干著，渠东、汲喆译：《宗教生活的基本形式》，上海人民出版社2006年版，第76页。

⑤ 徐晓望、陈衍德：《澳门妈祖文化研究》，澳门基金会，1998年，第96—97页。

⑥ 郭卫东：《应对鼠疫：1894—1895年的港澳》，《历史档案》2011年第2期。

外，新冢累累，素冠载道，更为目不忍睹，耳不忍闻。”①并且借由此次鼠疫，更进一步突显了澳门的阶层分化。当时的澳门分为了“基督城”和“中国城”，相比于洋人居住的基督城干净整洁，华人聚集的中国城则成为了肮脏、疾病的代名词。正如土生葡人飞历奇对于华人聚集区“雀仔园”写道：“雀仔园自从作为住宅区开始存在的时候起，它的名声就不怎么好。那里肮脏不堪、疾病蔓延，也是流氓、恶棍这些人类渣滓的避风港。女人则大部分当佣人、织布女、扫地工、梳头妇、洗衣女、担水妹等。”②由于华人区的卫生条件恶劣，甚至时常出现人畜混居的情形：“本报主人查得十六柱黄元宝材之宅，养有大小肥猪数头，深虑气息秽恶，吹播邻民，易生疾病。”③鼠疫在此爆发的情形尤其严重，这与香港发生的鼠疫情形相似。因此在死亡人数之中，华人的人数占据了绝大多数比例。④并且感染鼠疫而死的情形也较为骇人：“生在腋下颈旁则不甚苦，若肿至气管则巨矣，有时亦能肚腹作疼。殆是肚内之核胀痛耳，意大利姑娘所患时，则系肚疼而毙死，后剖验则肚内之核内有一颗涨甚巨。”⑤

对此，包括当时的报纸与后世的研究都指出之所以华人染疫众多，主要源于华人较为落后的公共卫生观念：“现闻所死亡众，华人多，西人少，其故何哉？华人多不顾其住居，不理其服食，每屋之中常至岁尾才一涤之，其衣之污，几欲生虱，竟不思洗。更有屋窄人多，略开小窗，又常扃闭，此皆致病之由也。试观疫盛之地，常在最污之处，可以思矣。”⑥对于华人进行了较为严厉的批判。然而如果仅仅将原因都归咎于华人，这样的论断却也显得过于片面。尽管当时的澳门社会人口比例绝大部分由华人组成，但是在殖民者的压榨下，占人口总数百分之九十的华人只能被迫搬到最差的地区生活。直到疫情暴发以后，殖民政府才真正下定决心改造华人聚集区的卫生状况。由于当时的华人主要从事的是中下阶层工作，收入较低受教育程度有限，没有太多的决策权，因此将

---

① 澳门基金会等编：《镜海丛报》，上海社会科学院出版社 2000 年版影印本，第 257 页。

② 飞历奇：《大辫子的诱惑》，河北：花山文艺出版社 1996 年版，第 3 页。

③ 澳门基金会等编：《镜海丛报》，上海社会科学院出版社 2000 年版影印本，第 202 页。

④ 根据官方的记载，疫症造成 1063 人死亡，包括 380 个男人、382 个女人、301 名儿童；死者大部分是华人。《镜海丛报》所报道死亡人数则超过两千人：“共计疫死人众，英人沾得是症者，计共十一名，死去二名；日本十名死去六名；小吕宋一名，西父而华母者三名，马薀三名，西印度一名”；“计共染疫二千六百十九名，死去二千四百四十七名。”澳门基金会等编：《镜海丛报》，上海社会科学院出版社 2000 年版影印本，第 256 页。

⑤ 澳门基金会等编：《镜海丛报》，上海社会科学院出版社 2000 年版影印本，第 216 页。

⑥ 澳门基金会等编：《镜海丛报》，上海社会科学院出版社 2000 年版影印本，第 203 页。

聚集区的恶劣卫生状况都归咎于华人并不妥当，很大程度仍然是澳葡政府前期没有引起重视和及时整治。并且随着疫情的不断蔓延，从每天几个人染病到后来数十人因鼠疫而死亡，人数不断呈直线上升。虽然此时澳葡当局采取了必要的医疗措施，但对于疫症的蔓延似乎束手无策。民众的恐慌与日俱增，尤其是大三巴一带的灾情最为严重，因此民众自行建立了庙宇供奉哪吒神像，希望哪吒能避邪祛除瘟疫。这样的情形在当时的粤港澳三地同时出现，香港的深水埗疫症最为严重的时期，当地的居民从广东惠东恭迎三太子到港出巡，并集资建立了庙宇。广州则同样出现了神明巡游场景，正如《申报》记载："广州城厢内外，瘟疫流行，死亡之多，真有目不忍见者。某日南(海)、番(禺)两邑宰竭诚往波罗南海神庙恭请铜鼓回省，口以仪口口乐各处巡游，意欲仗此神威，以除斯夭厉。"①一方面民众透过宗教的方式，对疾疫引发的公共危机进行"解厄"，有利于维护社会稳定。另一方面也说明了民众对于政府仍然心存疑虑，当科学理性无法对疾疫展开行之有效的施救时，民众只能以"复魅"(re-enchantment)的方式，重新召唤出神话/宗教进行自救。尤其在港澳地区兴起带有浓厚中国色彩的神话/宗教行为，明显与殖民政府的防疫措施相违背，这也在很大程度说明华人民众对于英国、葡萄牙官方措施的不信任。这场疾疫给澳门带来了较为沉重的打击，直到 1895 年 6 月 26 日，《镜海丛报》才以"时疫已静"为标题，宣告了此次鼠疫的暂时平息。

(二) 霍乱的反复

此外，除了鼠疫带来的灾害，霍乱同样对澳门带来了深远的影响，这也是过往研究较为忽视的。霍乱最早始发于 1817 年，成为 19 世纪危及人类社会最严重的疫病之一。1819 年第一次世界性霍乱在印度暴发，并随之扩散到了全世界。当时的医学界对于此种疾疫了解甚少，西方派到中国的第一位基督教传教士马礼逊，他的第一任妻子就是在香港因感染霍乱而去世。澳门作为重要的港口城市，人员、货物来往频繁，这也加速了病毒的传播。鲍曼在《流动的现代性》中提及，资本以光速的方式在全世界扩散，同时人们借由现代交通工具可以进行远距离不同空间的快速迁徙。高效率的现代性也成为了一把双刃剑，带给人们便捷生活的同时，却也使得病毒的传播更加地迅猛。1888 年

① 转引自曹树基：《1894 年鼠疫大流行中的广州，香港和上海》，《上海交通大学学报》(哲学社会科学版)，2005 年第 4 期。

的霍乱源于抵达葡萄牙的船舰“印度号”，船上有在香港感染霍乱的人。随着带有病毒的人前来澳门因此爆发了霍乱，这也开启了霍乱在澳门漫长的传播史。随后每隔一段时间澳门就会爆发霍乱灾害，直到疫苗出来以前都没有办法进行根除。1916年澳门再次发生霍乱：“澳门电云八月一号至十六号止，人民死于霍乱症者共十五起。”[①]毗邻的香港也在第一时间封锁了澳门公民和船只进入。然而值得玩味的是澳门总督此时却致电驻港的葡萄牙领事，告知霍乱是由广州传入与澳门无关：“澳门霍乱症盛行，香港为防止传染起见，宣告不准澳门人入港。澳门总督致电至驻港之葡萄牙领事，否认澳门有霍乱症之事，并谓前曾有染此症之人十四起，均由广州来者。目下患此症者日减，故无恐慌之必要。”[②]这也展现了人类的社群认同下，将病毒视为是“他者”，影射了自我以外的他人。香港、澳门都将瘟疫看作由不洁的“他者”传播而来，正如苏珊·桑塔格在《疾病的隐喻》中指出：“对瘟疫的通常描述有这样一个特点，即瘟疫一律来自他处。梅毒，对英国人来说是‘法国花柳病’，对巴黎人来说是‘日耳曼病’，对日本人来说是‘支那病’(Chinese disease)。在对疾病的想象与对异邦的想象之间存在着某种联系，它或许就隐藏在有关邪恶的概念中，即不合时宜地把邪恶与非我(non-us)、异族等同起来，污染者总是邪恶的。”[③]瘟疫之下也深刻地展现了粤港澳之间复杂的关系：香港比较亲近于广州，而对于澳门则较为疏远。早在鼠疫期间香港允许省城的人进入，却唯独排除了澳门人，这也让澳门人愤愤不平：“港督不查省轮而独禁澳人之往其意何居，赴港今乃宽于省而严于澳。”[④]正如前文所述，当时的澳门由于赌博、走私、妓院昌盛，导致形象一直不佳，因此当瘟疫爆发以后，人们潜意识中将澳门视为具有威胁的他者，将对疾疫的恐惧投射到具体的地理空间上；而这样一种对地理空间的污名化，反过来又强化了民众对疾疫的惧怕。“那便是排拒(exclusion)措施本身的意义，这个顽固不去、令人生畏的形象在社会群体中的重要性，人们在排除它的同时，亦必定在它四周划上一道圣圈。”[⑤]人们对于深感恐惧的区域筑起了无形与有形的边界，因此每当霍乱爆发时，殖民时期的香港都在第一时间禁止

① 《益世报》(天津)，1916年8月21日。
② 《益世报》(天津)，1916年8月18日。
③ 苏珊·桑塔格：《疾病的隐喻》，程巍译，上海译文出版社2003年版。
④ 澳门基金会等编：《镜海丛报》，上海社会科学院出版社2000年版影印本，第220页。
⑤ 福柯：《古典时代疯狂史》，林志明译，时报出版社1998年版。

澳门公民入境。

随后1927年广州、澳门又发生了霍乱，当时也将霍乱译作“虎烈拉”：“东方社十一日香港电广州、澳门之虎疫至今尚极盛，广州尤烈日死十余人。”①针对霍乱的反复出现，澳葡政府也采取了更加严厉的措施进行控制。当1939年再次暴发霍乱，此时的香港作为根源地，世界各地纷纷将香港列为疫区，澳门同样将香港列入疫区，意味深长的是反过来香港在同一时间也将澳门列为疫区。尽管声明表面说的是为了防疫措施，然而当时澳门的霍乱并没有太严重，背后更多地蕴含了两地政府之间的角力。“本港霍乱疫症渐次蔓延，医务当局虽已推行防疫运动，但仍未能根绝霍乱之传染，以致本港被远东各阜宣布为霍乱传染阜。澳门亦于上周宣布香港为霍乱疫症阜，限制由港赴澳之旅客。本港当局为联同澳门政府实施防疫步骤起见，经决定采行澳门政府所颁布者相同之办法，前（十六日）发出通告，正式宣布澳门为霍乱传染阜。”②可以看到，港澳两地相互限制了双方的人员流动，规定必须持有注射了疫苗的证件方可往来：“自一九三九年六月十九日起，所有由澳门来港或由港赴澳搭客，必须谓有效之预防霍乱法射证书，始准登岸。”③由于人数众多，轮候注射疫苗的时间漫长，这也对两地的人员流动带来了极大的不便，更为重要的是对澳门的经济发展带来了沉重的打击：“由港赴澳之搭客，须持有葡籍医生签发或本港政府医生签发之防疫证书，始能发生效力，唯每日赴澳者逾数千人，故镇日在各葡籍医生及政府医生候注射防疫及签发证书者，达数百人之众，有守候终日，仍未轮到者，手续异常麻烦。澳门方面，亦有同样情形发生。每日由港赴澳搭客，比未施行入口检疫时，顿减十分之三四，澳门各商场受此影响，生意顿形冷淡，其影响最大者，为旅店、赌场、娱乐场所、食物店等云。”④包括计划当年7月在澳门举办的赛马会，由于部分骑士没有来得及注射疫苗而无法及时入境澳门。经过赛马会主办方协商，澳门方面同意接纳，然而香港方面却以条例不便更改为由予以拒绝：“澳方卫生当局，澳方对此固允予接纳，惟以港方之港口医事卫生署，则未便将条例更改。”⑤经过港澳政府洽谈仍未达成一致，最终不

① 《申报》1927年8月12日。
② 《大公报》（香港）1939年6月19日。
③ 《申报》（香港版）1939年6月18日。
④ 《申报》（香港版）1939年6月24日。
⑤ 《申报》（香港版）1939年7月1日。

得不将赛马会进行延期。因此出于经济发展等多方面考量，1939 年 8 月澳门就撤销了香港入境需要疫苗的规定："据本港医务署公布，澳门政府经已决定，自本月二十六日起，由港赴澳之旅客，不需携备预防霍乱注射正式证书。"[①]可以看到，这场霍乱的传播与两地的人员往来，背后也包含了港澳殖民政府之间的角力。然而由于澳门毕竟城市规模较小，经济上对于香港的依赖度较高，因此当香港对人员往来进行限制以后，对于澳门的冲击较大，这也胁迫了澳门放弃继续将香港划为疫区。同时也展现了当时港澳之间复杂的关系，二者虽然商贸、人员来往密切，但是香港呈现出了更加强势的地位，双方更多是一种若即若离的关系。每当澳门爆发瘟疫之后，香港都在第一时间将澳门进行隔绝。然而当香港发生瘟疫之后，面对澳门将香港宣布为疫区，香港则在同一时间进行反制。港澳两地之间复杂的关系，背后则更多是两个殖民地英国与葡萄牙两国之间的较量，由于当时的英国势力较大，因此在每次斗争中基本都处于上风。

此次霍乱直到 1940 年 10 月才逐渐销声匿迹："特设立防疫注射处多所，每日注射者达六千人，卫生局主任对记者称，现时霍乱症已消灭，自动到医生局注射防疫针者，已由六千人减至三百人。"[②]并且随着疫苗的出现，也有利地遏制了霍乱的传播。此时澳葡政府采用的仍是自愿注射疫苗的方式。不过随着 1941 年霍乱的再次蔓延，并造成了 435 人死亡[③]，政府则规定此次必须强制注射疫苗，并且如果疫苗证书超期三个月以上，也需要再次进行注射："现当局为防范疫症蔓延，特施行第二次强迫注射，由卫生局派出卫生人员，分在市内执行注射，并规定以前所发之防疫证书，如逾期三个月者，则需再度注射。"[④]可以说霍乱灾害对近代澳门带来的影响并不亚于鼠疫，并且已经发展成了风土病，在固定的时节都会再次造访，这也让澳葡政府头痛不已。然而随着疫苗的出现，也让人们看到了希望，透过强制人们注射疫苗，以及对于伪造疫苗证书等行为进行重判等方式，最终逐渐控制住了霍乱在澳门的传播。

三、结　语

本文主要探讨了近代以来澳门发生的种种灾害，当中包含了火灾、风灾、

① 《大公报》(香港)，1939 年 8 月 25 日。
② 《大公报》(香港)，1940 年 10 月 18 日。
③ 《大公报》(香港)，1941 年 8 月 26 日。
④ 《大公报》(香港)，1941 年 7 月 16 日。

鼠疫、霍乱等。火灾的发生源于澳门人口不断扩充，然而地小人多，房屋多为简陋的木屋结构，夏季的澳门气候干燥炎热，极易发生火灾，当时的救火设备技术极其落后，因此一旦发生火灾都会造成严重的伤害。并且爆竹业作为当时澳门的重要经济产业，有着大大小小的工厂和家庭作坊，爆竹业作为高危产业，时常发生爆炸引发火灾等情形，然而殖民地政府为了经济效益并没有加以制止，因此爆炸与火灾危害也持续了相当长的一段时间。与此同时澳门地处沿海，每年都会面对台风的侵扰，早在清代的《澳门记略》中，就已经有了详细的台风记录。台风给澳门社会带来了惨重的人员伤亡和经济损失，尤其是1874年爆发的“甲戌风灾”最为严重，造成了五千至一万人的死亡，甚至出现了尸体也来不及清理的情况。并且更值得注意的现象，在于《申报》对风灾的讨论中加入了道德审判的意涵。这也源于近代澳门的产业主要是赌博、走私、妓院等，尤其是将内地劳苦大众贩卖至国外做苦力，这也使得当时的内地民众对于澳门总体观感不佳。因此认为此次风灾是上天的惩罚，包括澳门民众同样如此，对此人们透过祭拜妈祖等方式，以寻求内心的慰藉。这也是重大灾害发生以后，宗教所起的抚慰人心功用。

疾疫也是威胁澳门的重要灾害。1894年鼠疫的爆发，进一步突显了阶层的分化。这场疾疫给澳门华人带来的伤害最大，当时的媒体与后世的研究，多将其归咎于华人落后的卫生观念。这也忽视了近代澳门特殊的历史背景。华人作为被殖民者成为了二等公民，尽管人口众多却被排挤到环境最差的地区，对此则出现了“基督城”与“中国城”之分，中国城也就意味着贫穷与疾病，这样的情形与英殖民下的香港类似。因此由于恶劣的生存境况，鼠疫给华人带来了沉重的打击。这也是为何当时的港澳地区，同时出现了旧时驱赶瘟疫的宗教行为出现。这样一种明显违背殖民地政策的行为，恰恰说明了当地民众对于殖民政府的不信任。此外，霍乱灾害也对澳门带来了深远的影响，这也是过往研究所较为忽视的。霍乱后来逐渐发展成了风土病，时常在固定的时节进行传播，这也给民众生活带来了极大的影响。并且霍乱也进一步反映了当时港澳之间复杂而微妙的关系，由于澳门彼时名声不佳，因此一旦爆发疾疫，香港都将其视为不洁的“他者”，对澳门第一时间采取封锁状态。同时也展现了当时粤港澳三地之间复杂的关系，包括早在鼠疫期间，香港允许来自省城的人进入，却唯独排除了澳门人。然而反过来到了1939年香港爆发霍乱，同年6月澳门将香港列为疫区之后，尽管澳门的疫情并没有太严重，香港仍然采取反制措施也将澳门列为疫区，需要出示两地的疫苗证书才能来往，这给港澳民众的通行带来了极大的不便，甚至同年 7 月举行的大型赛马会也不得不延期。但是澳门城市规模较小，对于香港的经济依赖度较高，不得不在 8 月就撤销将香港列为疫区，此项政策只实行了短短的两个月时间。因此透过疾疫灾害也可以进一步看到，当时港澳之间复杂的关系，当中包含了两地殖民政府之间的角力，背后则更是葡萄牙与英国之间的博弈。霍乱的不断反复出现，对于澳葡政府的管理带来了很大的考验，直到霍乱疫苗的出现，澳葡政府透过强制注射等政策，才逐渐将霍乱灾害进行根除。

Disasters and Countermeasures in Macao's modern history(1840—1949)

Abstract: since modern times, Macao has experienced numerous disasters such as fire, wind, plague, cholera and so on. These disasters have also profoundly affected the development of Macao society. The occurrence of fire is closely related to Macao's firecracker industrial structure and the environment with small land and large population. The "Jiaxu storm" in 1874 brought heavy casualties and economic losses, and Shenbao linked the storm with moral trial, showing that the mainland Society held a relatively negative view of Macao. In addition, the plague also plagued Macao's society for a long time, from the outbreak of the plague of Hong Kong and Macao in 1894 to the recurrent cholera that further revealed the difficult situation of Chinese as a two class citizen. It also included the complex and delicate relationship between Hong Kong and Macao during the colonial period. Although the two places had frequent business exchanges and close exchanges, they also had mutual struggles and competitions.

Key words: Macao、Disasters、Plague、Wind disaster、cholera

作者简介：杨森，广东财经大学湾区影视产业学院讲师。

文化空间与殖民权利:土山湾孤儿院与上海社会研究(1864—1945)

李　健

摘　要:土山湾孤儿院在上海历史的书写上地位非同一般。土山湾孤儿院是天主教耶稣会在上海创办的一项慈善教育事业,内部设有各工艺场,在其慈善、教育背后蕴含着巨大的文化空间。土山湾孤儿院作为西方文化传播实践的重要空间:一方面诠释西方文化某些领域的独特性与实用性逐渐同中国传统文化融合的过程,对海派文化形成及上海社会变迁产生重要冲击;一方面体现西方文化的扩张性与殖民权力的强制性。孤儿院与殖民权力密不可分,始终得到法国本土、上海公董局的支持,是一种政治化的力量。土山湾孤儿院成为法国、日本殖民争夺的政治空间,由此表明列强为掠夺在华权益,无视中国主权。

关键词:土山湾孤儿院　文化空间　殖民权利　上海社会

法国文化传入是中国西学东渐思潮的一个重要组成部分。纵观法国文化自 17 世纪以来在中国的融合发展历程,不难看出法国文化的传播始终是借助天主教这个媒介慢慢渗透。正如陈旭麓先生所言:"在近代中国,洋教比商品和大炮更多输过来'西学'并影响着中国的一代知识分子。从这个意义上说,它曾是中西文化交汇的中介之一。"①土山湾孤儿院(T'ou-se-we Orphanage)在上海徐家汇(Zi-ka-wei)地区存在近百年,是天主教耶稣会(拉丁语:Societaslesu)在近代上海创办的一个慈善教育机构,内部设有各类工艺场。最

① 陈旭麓:《近代中国社会的新陈代谢》,中国人民大学出版社 2012 年版,第 188 页。

初“收养孤儿或因贫困被圣婴善会[①](l'OEuvre de la Sainte-Enfance)收养或买来的男童”,[②]后来孤儿院的男孩一部分来自拯之会(Auxiliatrices)的圣母院,[③]年龄一般在六至十岁之间。

学界关于徐家汇土山湾孤儿院研究不乏专著、论文问世。[④]囿于原始史料的缺乏及发掘难度,对于特定历史语境下土山湾孤儿院与上海社会及中外重大事件的关系方面则鲜有涉及。有鉴于此,本文拟在前人研究基础上,利用耶稣会、江南传教区、巴黎外方传教会等相关资料,中、英、法、拉丁文近代报刊等文献,从文化与殖民的视角来考察探究土山湾孤儿院由最初引进西方技艺到发展成为海派艺术源地、军事化性质、法日之间的殖民争夺等诸多面相,以期对土山湾孤儿院有更准确的认知,对海派文化研究,近代上海社会及中、法、日

① 圣婴善会,该修会由加禄·福尔般·杨松(Forbin-Janson)主教于1842年创办于巴黎,主要目的是帮助传统天主教国家的孩子接触信仰。巴黎总部根据各个教区的需要和传教事业规模给予财物资助,如为处在死亡边缘的外教孩子提供救济和每年发展付洗男女的维持费用。该会救赎了不计其数的弃孩,使其免于死亡或者犯罪,成为一个诚实的人。

② Gouraud, Julie, *Les oeuvres de charité à Paris*, J. Albanel(Paris), 1867, p.303.

③ La Servière, Joseph de(S.J., Le P.), Croquis de Chine, G.Beauchesne(Paris), 1912, p.16.

④ 国内方面:2004年李天纲在《人文上海:市民的空间》一书中有文《徐家汇——上海的拉丁区》,聚焦徐家汇地区,将徐家汇的天主教建筑分成四类:宗教建筑、教育建筑、科学文化建筑和慈善事业建筑,提出徐家汇很像上海的“拉丁区”的观点。周小燕、苏智良在2008年召开的“土山湾历史论坛”中有论文《土山湾与上海城市发展》,论述土山湾作为本土文化与外来文化交融的典范,在近代文化史上有举足轻重的作用。2009年高蓓的博士论文《“土山湾孤儿院美术工场”研究》,从近代天主教美术在华传播史的视角,还原当时工场内部管理、师资传授、生产经营等情况。2011年李天纲在《基督宗教研究》第14辑中有文《徐家汇——土山湾:上海近代文化的渊源》,认为土山湾是19、20世纪全球化过程中产生的优秀文化的一部分,属于世界文化遗产。2012年张伟和张晓依合著《遥望土山湾——追寻消逝的文脉》,从整体上介绍土山湾的美术天地、土山湾印书馆、中西文化交流的一座桥梁等,牵涉出与土山湾相关的人与事。2015年蒋杰在《上海学》第1辑发表论文《抗战时期上海“虹桥——徐家汇军事区”研究(1937—1940)》,查阅法国国防部的档案,探讨徐家汇军事特别区的形成、管理与开发,法国当局扮演的角色,军事区的解体等。2020年苏智良著《中西邂逅徐家汇》一书,从城市史的角度,生动的讲述徐家汇在中西文化交流中的历史。国外方面:1912年法国人史士徽(P. de la Servière)在《中国概况》(Croquis de Chine)一书中,以独特角度展现当时中国的状况,相较以往外国学者多是宏观介绍整个中国的粗略概况,该书则是把目光聚焦在中国江南的一个区域,即上海徐家汇地区,其中包括在土山湾孤儿院、圣母院参观的见闻等,重点描绘徐家汇繁荣的教会生活细节,具有相当高的史料价值。1914年土山湾印书馆出版史士徽的《土山湾孤儿院:历史与现状》一书(L'origine de T'ou-sè-wè: son Hisoire son etat présent),该书回顾土山湾孤儿院的起源,重点论述1914年以前土山湾孤儿院的发展历程,特别是对1914年土山湾孤儿院各工场的情况做出较为全面详细的描述。2014年法国学者安克强教授(Christian Henriot)和伊望先生(Ivan Macaux)合著《中国民间生活:上海土山湾孤儿院人物木刻》(Scènes de la vie en Chine Les figurines de bois de T'ou-Sè-Wè)问世,通过对偶然在木箱中发现的109个不同职业的土山湾木雕人物进行研究,查阅法国外交部档案、法国教会档案和上海博物馆的相关资料,再现20世纪30年代上海社会的面貌和市井风情。

关系研究有所裨益。

关于上海土山湾(T'ou-sè-wè)名字的由来,是因"土山在法华乡徐家汇南里许,徐文定公筑塘时积土成山,清光绪间天主堂削平建屋乃叠石一堆以志,遗迹今名土山湾"。①土山湾孤儿院最早起源横塘孤儿院。1849 至 1850 年冬,洪水引发了整个江南饥荒。②法国神父施于民(P. Alexandere Rose)在离上海约 12 公里的横塘(Wang-dang)建立神学院。1849 年神学院的学生带回一个即将饿死的四岁中国男孩,他是孤儿院的第一个孩子。此后相继有孩子被带回,四个月后横塘孤儿院成立,共收养 60 名孤儿。同年 6 月,横塘孤儿院搬迁到蔡家湾(Tsa-ka-wè)③。蔡家湾孤儿院由赵方济主教(MgrMaresca)建立,最初有 139 名男童,第一个会院由圣婴善会出钱建造,④1860 年 8 月 17 日,太平军逼近孤儿院,孤儿院主任意大利神父马理师(P.Massa)遇难,孤儿院停办,院内孤儿迁居到上海小南门孤儿院。1864 年小南门孤儿院搬到距"法华东南二里许,向为沪西荒僻地"⑤的徐家汇,法国耶稣会建立土山湾孤儿院。

1867 年土山湾孤儿院建成许多排房屋和慈母堂,为孤儿提供住宿、教育和职业训练的场所。孤儿院形成最初框架,故时人也认为土山湾孤儿院诞生于 1867 年。⑥土山湾孤儿院为解决孤儿日后生存问题,对收养的孤儿不但"衣之食之,还教以工艺美术"。⑦耶稣会神父"给予孩子所必须的教育和指导,教授各种技艺以及拉丁语、法语和英语,使他们成为沟通中国和欧洲各国之间重要中间人,某种程度上讲,培养了一代中国本土的天主教神职人员"。⑧

一、由技艺到艺术

土山湾孤儿院内设有画馆、木工部、印书馆、五金部等各类工艺场,传授西

① 江家瑂、姚文枬:《民国上海县志》(卷二),1936 年,第 39 页。

② P. J. de la Serviere, *L'Orphelinat de T'ou-se-we, 1864—1914, Son histoire Son état présent*, Imp. de l'orphelinat de T'ou-se-we, 1914, p.2.

③ Terrible incendie à l'Orphelinat de T'ou-sé-we, *Relations de Chine*, Compagnie de Jésus(Paris), 1918—1920, p.343.

④ P. Henri Havret, La Mission du Kiang-nan, son histoire, ses oeuvres, impr. de J.Mersch(Paris), 1900, p.70.

⑤ [清]胡人凤续辑,许洪新标点:《法华乡志》,上海社会科学院出版社 2006 年版,第 3 页。

⑥ Terrible incendie à l'Orphelinat de T'ou-sé-we, *Relations de Chine*, Compagnie de Jésus(Paris), 1918—1920, p.343.

⑦ 张璜:《徐汇纪略》,土山湾印书馆 1933 年。

⑧ Gouraud, Julie, *Les oeuvres de charité à Paris*, J. Albanel(Paris), 1867, p.303.

画、木雕、泥雕、印刷、装订、照相、冶金、木工、彩绘玻璃等技艺和工艺，因此涵养萌生的文化成为海派文化和上海现代性的源头。

土山湾画馆：1852年西班牙雕塑家范廷佐修士(F. Jean Ferrer)在徐家汇画室的基础上创办徐家汇工艺美术学校，他邀请意大利画家马义谷神父(P. Nicolas Massa)教授孤儿油画技艺和油画颜料的制作工艺。1872年秋，范廷佐的学生中国修士陆伯都(F. Petrus Lo)、刘必振(F. Simeon Lieu)将“徐汇之画馆搬至土山湾”，[①]称为土山湾画馆，陆伯都任画馆第一任主任。土山湾画馆引进水彩画、铅笔画、油画等绘画技艺，[②]同时引进人像雕塑、石雕、木雕、木刻等西方雕刻技艺，引进石膏模型、石膏像等西方制作工艺。

土山湾画馆各种题材的绘画，以人像，尤其是圣像、风景、静物与宗教历史画为主，并有代人修补放大照片等业务。[③]画馆制作的宗教画符合中国人的审美情趣。[④]耶稣会神父延续王致诚神父[⑤](P. Jean Denis Attiret)的传统，培养了中国年轻艺术家，创作出比但丁地狱图更恐怖的地狱图画，以及极具中国特征、却惟妙惟肖、几乎出神入化地流露出温和纯洁的圣母像。客观来讲，当时中国的艺术尚未进入宗教的精神境界，但在此方面的尝试，已经巧妙地展现出绘画技艺正处于朝气蓬勃、优雅美丽的萌芽时期，通过艺术家用净化和提升的方法吸收再创造，可以达到永恒的精神高度。[⑥]土山湾画馆供应各种颜色和尺寸的画。可绘制北京主教堂订购的巨幅圣母像，亦可翻印布阿斯-莱贝尔(Bouasse-Lebel)公司授权提供图案的小幅圣像卡；可绘制曾拜访过土山湾的皇叔毓朗亲王(le prince Yu-Ian)的肖像，亦能将时任安徽巡抚的照片放大十倍制成图画。[⑦]1913年土山湾画馆“新添彩绘玻璃制造所，将人物鸟兽油画于玻璃上，后

---

① 钟鸣旦等编：《江南育婴堂记》，《徐家汇藏书楼明清天主教文献》第5册，中国台北县辅仁大学神学院，1996年，第2504页。

② 张璜：《徐汇纪略》，土山湾印书馆1933年。

③ 《上海第一个孤儿院——土山湾孤儿院巡礼四》，《申报》1943年7月28日。

④ P. Henri Havret, *La Mission du Kiang-nan, son histoire, ses oeuvres*, impr. de J.Mersch(Paris), 1900, p.69.

⑤ 王致诚(Jean Denis Attiret)(1702—1768)，法国人，天主教耶稣会传教士，自幼学画于里昂，后留学罗马。工油画，尤擅人物。清乾隆三年(1738)来华，参酌中西画法，别立中西之新体，与郎世宁、艾启蒙、安德义合称四洋画家。著有《十骏图》册，《阿尔楚尔之战》图等。

⑥ Missions étrangères de Paris, *Annales des Missions étrangères de Paris*, 1930, pp.62—63.

⑦ Henry DUGOUT, Visite a T'ou-Sé-Wé(Lettre du élèves de Marneffe), *Relations de Chine*, Compagnie de Jésus(Paris), 1908, p.396.

置炉中煨炙,以使彩色深入玻璃”,[①]供各大教堂及商行装饰,被誉为“中国彩绘玻璃第一出品处”。[②]1938 年土山湾彩绘玻璃工场为澳门两个大教堂制作两块彩绘大玻璃,[③]至今在澳门主教座堂的正祭台后面依然可见,颇具艺术价值。

土山湾木工部:1864 年由细木工场和雕花间合并而成。早期木工场以设计建造江南地区的教堂为主,并提供圣像、祭台等,同时“发挥中国文化以塑造历史人物,比如孔子、佛教菩萨人像,还制作许多国家军人、英雄的雕像等”。[④]1894 年德国建筑师葛成亮修士(F. Aloysius Beck)始任木工部主任,“他在德国专精木雕工艺,将在慕尼黑所学的技术专长带到土山湾,在几年内增设家具部门。他热爱中国文化,收藏一系列中国古书和古董,再以木雕创作了许多独特的艺术品”。[⑤]他曾设计并汇集木工部、五金部、画馆等部门 300 余名工匠制作比利时莱肯宫中式小楼和八角亭,雕刻有中国历代人物故事、民俗传说及各式祥兽和吉祥图案,堪称一部中国传统文化史册。[⑥]宝塔是中国文化的标志,他负责制作土山湾中国宝塔等大型木雕作品,“在制作宝塔模型时,放弃了宝塔的完美结构,而保留毁坏的细节,只为求科学的‘客观性’和‘考古’真实性”。[⑦]该作品 1915 年在旧金山参加巴拿马——太平洋万国博览会上获甲等大奖章。

土山湾印书馆:土山湾孤儿院印刷部对外称土山湾印书馆,中西科技文化在这里重组构建,显示近代上海文化多种元素形成的复合性特点。1867 年土山湾印书馆在孤儿院内形成独立机构,由印刷部和发行部组成。[⑧]1869 年董家渡的印刷所迁入土山湾,正式合并为印书馆,又称土山湾印刷部。“1874 年土山湾印书馆产量已可观,开始使用活体铅字印刷技术,产品价格下降,知名度提高。”[⑨]次年,印书馆引进德国人阿尔贝特(Joesph Albert)发明的珂罗版技

---

① 胡人凤续辑(清),《法华乡志》,1922 年,第 154 页。
② 张璜:《徐汇纪略》,土山湾印书馆 1933 年。
③ Orphelinat de T'ou-sé-wé, Zi-ka-wei, Shanghai,《土山湾》,1939 年 9 月,第 4 页。
④ Christian Henriot 安克强 Ivan Macaux 伊望:*Scènes de la vie China*, *Les figurines de bois de Tou'-Sè-Wè*《中国民间生活:上海土山湾孤儿院人物木刻》,éditions des équateurs, 2014,第 68 页。
⑤ Mee-Seen Loong, Jeffrey Hantover, *A Collection of Pagodas 1915 Panama-Pacific International Exposition in San Francisco*, Mee-Seen Loong Fine Art LLC, 2014, p.35.
⑥ 宋浩杰主编:《影像土山湾》,上海文化出版社 2012 年版,第 244 页。
⑦ Mee-Seen Loong, Jeffrey Hantover, *A Collection of Pagodas 1915 Panama-Pacific International Exposition in San Francisco*, Mee-Seen Loong Fine Art LLC, 2014, p.40.
⑧ 邹振环:《土山湾印书馆与上海印刷出版文化的发展》,《安徽大学学报》2010 年第 3 期,第 2 页。
⑨ L'incendie de l'Orphelinat de T'ou-sè-wei, *Relations de Chine*, Compagnie de Jésus(Paris), 1918—1920, p.340.

术。“1876年开始使用石印技术,由法国人翁寿祺(Casinir Hersant)和中国人邱子昂主持,该馆是最早将石印技术传入中国并进行应用的文化机构。”①同时积极引进大石印机、大型凸版印刷机和铅印圆盘机等现代印刷设备。至20世纪初,土山湾印书馆已采用机械排版,使用外文铸排机。1930年进口一台西文浇铸排机。②“土山湾印书馆装配有开展各项业务的设备,印刷报纸、杂志、黑白照片、彩色照片、宗教书籍、学术书籍以及有关语言、道德和中国土壤的中国书籍或者法文书稿。”③据1937年数据统计,印书馆平均每年生产50种欧洲图书,约7.5万册和50种中文图书,约35万册,装订的图书整洁且具有独创性,专业且精美的装订技艺被欧洲人广泛赞誉。④

1894年土山湾印书馆设立照相制版部,“为上海所最早开办,制铜锌玻璃等版,凡人物所摄影及五彩各像皆可制版精印,比众优良”。⑤照相制版部用最先进的技术制作印书馆出版物的插图,包括弥撒书籍、历史和地理学作品、教区双周刊及中国刊物的插图。在制作过程中,将底片在装有氯化物的脸盆里浸湿一下,而后在锌版两面会出现如法国总统法利埃⑥(Fallières)的头像或英国国王爱德华七世⑦(Edouard VII)的肖像,⑧原汁原味地还原再现各种图片。

土山湾五金部:从1880年开始,土山湾孤儿院根据整个修教区各教堂和住院的需要做铁器。1901年建成冶炼车间。1907年建成铸铁工场。1908年建成五金工场。⑨工场除生产和修补各类圣教器皿,在仿制中西日用器具方面也毫不逊色,擅长银制镀金,或铜制镀金、镀银、镀镍,雕镂花彩,其中“镀金、镀银最为优美”。⑩1911年法国飞行员环龙的飞机飞到上海,发现零件受损需要重新制作和修理,后在五金部修整一新。此外,五金部风琴作为各教堂和学校

---

① 史梅定主编:《上海租界志》,上海社会科学院出版社2001年版,第557页。

② 邹振环:《土山湾印书馆与上海印刷出版文化的发展》,《安徽大学学报》2010年第3期,第13页。

③ Piolet, Jean-Baptiste, *Les missions catholiques françaises au XIXe siècle*. A, Colin(Paris), 1900—1903, p.226.

④ *A Guide to Catholic Shanghai*, T'ou-sè-Wè press, 1937, p.61.

⑤⑩ 张璜:《徐汇纪略》,土山湾印书馆1933年。

⑥ 法利埃(Fallières),1906—1913年任法国总统。

⑦ 爱德华七世(Edouard VII),1841—1910年任英国国王。

⑧ Henry DUGOUT, Visite a T'ou-Sé-Wé(Lettre du élèves de Marneffe), *Relations de Chine*, Compagnie de Jésus(Paris), 1908, p.396.

⑨ P. J. de la Serviere, *L'Orphelinat de T'ou-se-we, 1864—1914, Son histoire Son état présent*, Imp. de l'orphelinat de T'ou-se-we, 1914, p.36.

修造大小风琴，工料坚久，声音洪亮。[①]1920 年五金部笪光华修士(F. Damasio)和李鸿富修士管理的翻砂工厂内新增设"制造珐琅部"，在产品生产思路上开始走精品发展路线，力求挖掘五金部的潜力，打造艺术特品。不论金、银、铜质物件均可饰配珐琅，向北方采购原料，别出心裁、改良制法、颜色鲜艳、花样新奇、取价从廉。[②]珐琅产品是土山湾孤儿院五金部的艺术特品，延请名匠督造五金货物，加以珐琅彩绘，花巧玲珑、巧夺天工，出售圣堂中应用的苦相、蜡台、花瓶和屏障等器，无奇不有。[③]珐琅产品除行销中国市场外，孤儿院还极力将其推广至外国，被罗马教宗纳受喜爱，驰名中外。1925 年土山湾五金部制作一件挂屏，中间镶嵌丝绒十字，灿然可观，上海仁爱会副总院长恩利(Henry)姆姆带至罗马呈献教宗，教皇欣然纳受，放置在御用小堂。[④]

土山湾孤儿院以中国传统文化为土壤，依靠中国人的聪明才智和努力，通过传教士教师的引导，引入西方的技艺、工艺以及先进的技术、设备，创造了东方艺术奇迹，打开中国艺术走向世界的大门，孕育出颇具土山湾特色的文化，成为海派文化的发祥地之一和中国现代艺术的摇篮。

二、带有军事色彩

1534 年西班牙人圣依纳爵·罗耀拉(西班牙语：Ignacio de Logola)等人在巴黎创办，该会是天主教会的主要男修会之一，同时也是一个中央集权的全球性修会："1540 年 9 月 27 日，教宗保禄三世下达御旨批准耶稣会成立。"[⑤]耶稣会士发愿后"有义务服从修会的旨意，特别要服从教宗的旨意，奔赴世界各地，必须时刻准备前往教会利益所在的任何角落"。[⑥]修会要求会员对修会和教廷的命令绝对服从，严格的军事化管理、绝对服从等特点使土山湾孤儿院的管理模式带有军事色彩。

---

① 胡人凤续辑(清)，《法华乡志》，1922 年，第 154 页。

② 《土山湾孤儿院五金部新增珐琅部》，《圣教杂志》第 9 册，1920 年第 11 期，线装书局 2010 年版，第 485 页。

③ 《珐琅品件出售》，《圣教杂志》第 10 册，1921 年第 5 期，线装书局 2010 年版，第 224 页。

④ 《土山湾珐琅品》，《圣教杂志》第 15 册，1925 年第 12 期，线装书局 2010 年版，第 311 页。

⑤ (德)彼得·克劳斯·哈特曼(Peter C. Hartmann)：《耶稣会简史》，谷裕译，宗教文化出版社 2003 年版，第 5 页。

⑥ (德)彼得·克劳斯·哈特曼(Peter C. Hartmann)：《耶稣会简史》，谷裕译，宗教文化出版社 2003 年版，第 13 页。

(一) 制定严明的院规院纪

在人员构成方面,土山湾孤儿院由神父、辅理修士和孤儿男孩三部分人员组成。神父分理家神父、管账神父、普通神父三类。孤儿院在很长一段时期仍未独立于徐家汇的会院,“故只有一位神父负责,称为理院或主任,有数名辅理修士协助院务”。[①]后设理家,俗称当家。在 1923—1928 年孔明道神父负责期间,土山湾孤儿院独立于徐家汇会院,设立院长职位。神父通常负责行政工作,其中有一名为理家神父,在孤儿院未独立于徐家汇会院之前,理家神父是孤儿院实际上的院长,负责组织安排工作和各个工场的产品销售。有特殊专长的神父另外负责具体工作。孤儿院由耶稣会的辅理修士负责日常管理。辅理修士不需要读神学,将来不会升神父,通常会有一技之长,俗称办事相公,他们主要负责处理庶务。[②]

孤儿院院规严明,院内布置清洁、井井有条。[③]孤儿院强制性要求送男孩到这里学艺的父母签署小孩交付到工场的证明,期间有宗教信仰的自由直到学徒结束被接回。因为孩子太小容易被亲人诱惑再次返回家中。为避免此种情况,故有必要采取预防措施。[④]有些孩子的监护人不想提供给他们教育或者父母不想履行其职责,孤儿院则要求签订一份家属放弃男孩抚养权的声明。[⑤]孤儿院制定各项规章制度,学徒必须无条件的服从。学徒学艺期有明确要求,在“艺院规条”上规定一条,学艺期为六年。[⑥]按照土山湾孤儿院“送徒习艺据”规定:学徒应受师管教,如有违拗犯规,任凭训责惩儆,倘有不测,听从天主上命,家中不得枝节生言。孤儿院每天工作时间满 10 小时,有时增加到 12 小时以上。[⑦]孤儿除学习、做工外,还参加课外活动和文艺演出。[⑧]如若有中途放弃学艺者,家人需要偿还食宿费。“以抗战前规定为例,每月要还大洋二元五角。”[⑨]为防止孤儿逃跑,孤儿院专门印制大批所谓“保送据”,每名学徒要有

---

① 张化:《上海天主教会的重要机构——土山湾孤儿工艺院》,http://tsw.xuhui.gov.cn/xsdetail/cid/6/id/141。

②④ La Servière, Joseph de(S.J., Le P.), *Croquis de Chine*, G. Beauchesne(Paris), 1912, p.26.

③ 《徐家汇素描》,《中华(上海)》1937 年第 50 期,第 24 页。

⑤ P. de Bascher, Le régime des orphelins à Tou-sè-wè, *Relations de Chine*, Compagnie de Jésus(Paris), 1936, p.412.

⑥ 刘非:《土山湾孤儿院真相》,《上海的故事》,上海人民出版社 1982 年版,第 153 页。

⑦ 刘非:《土山湾孤儿院真相》,《上海的故事》,上海人民出版社 1982 年版,第 154 页。

⑧ 宋浩杰主编:《影像土山湾》,上海文化出版社 2012 年版,第 29 页。

⑨ 刘非:《土山湾孤儿院真相》,《上海的故事》,上海人民出版社 1982 年版,第 156 页。

一个保人。“保送据”规定：“倘该孩不驯服教，托辞逃跑，则仍由保送人寻获送院，否则该孩在院之衣食等费，按年月结算，由保送人赔偿。”①孤儿院各工场收工时，每个学徒要交出规定数量的货，交不出要挨打。②此种作法有效规范学艺者言行。孤儿们都知道，只要谨守土山湾孤儿院的纪律，将来便能在上海社会得到一定的尊重。

此外，上课、用餐、休息等都有严格规定。“吃饭时间，大批工人从工场出来，被指挥到附近废弃的街上，目的是将人员在这片人口众多、工作繁忙的教徒聚居地有序分散开。”③土山湾孤儿院老人张永林曾回忆到：“土山湾的生活非常有秩序，都是集体行动，到教堂去和到饭厅吃饭都是排好队，神父或老师说一声‘感谢主恩’，就散掉了，就可以自由活动了。”④“孤儿们的大宿舍在二层，简陋但整洁。”⑤土山湾孤儿院因为人口众多，所以进行集体活动时要事先安排规划好，以确保秩序井然，提高每一个环节的效率。在1919年土山湾孤儿院的火灾中，正是由于秩序井然的逃生方式，才挽救了孤儿生命。据《中国通讯》记载：“当大家被钟声召唤下楼时，孤儿们已经到院子里，衣服穿一半的小孩子和可怜的小聋哑人在睡梦中被转移出来，而火焰已经烧到毯子。孤儿没有一点意外且非常有秩序的逃生是这次火灾中最大的成功。”⑥有一次，为迎接法国中士到访，小工人停下手边工作，临时在院子里组织操练。屠恩烈神父(P. Henry DUGOUT)在参观土山湾工场时恰好遇到这一幕，他回忆起当时的情景：“为迎接法国中士到访，军号一响，第二排工人听到训练指令，立刻在车间里散开，迅速移动，穿好欧洲军队制服，在里院集合并开始训练。”⑦男孩们平日里接受严格教育与管理，工作时间不允许私自走动，因此屠神父才会认为“若能在参观土山湾孤儿院的一小时里与孩子们一起散步，

① 刘非：《土山湾孤儿院真相》，《上海的故事》，上海人民出版社1982年版，第156页。

② 刘非：《土山湾孤儿院真相》，《上海的故事》，上海人民出版社1982年版，第154页。

③ P. Henri Havret, *La mission du Kiang-nan, les trois dernières années(1899—1901)*, orphelinat de T'ou-sè-wè, 1902, p.86.

④ 据土山湾老人张永林口述，土山湾博物馆音频资料，土山湾博物馆藏。

⑤ P. Henri Havret, *La Mission du Kiang-nan, son histoire, ses oeuvres*, impr. de J. Mersch(Paris), 1900, p.70.

⑥ L'incendie de l'Orphelinat de T'ou-sè-wei, *Relations de Chine*, Compagnie de Jésus(Paris), 1918—1920, p.342.

⑦ Henry DUGOUT, Visite a T'ou-Sé-Wé(Lettre du élèves de Marneffe), *Relations de Chine*, Compagnie de Jésus(Paris), 1908, p.397.

会是莫大的快乐”。[1]

(二) 构建规范化的管理体系

孤儿院的经营管理逐渐走向标准化，制度化。据记载：“土山湾孤儿院接受上海其他修会的订单，订单必须经由上海账房神父签字，因此订单应该寄送往爱多亚路5号(Avenue Edouard VII)。订单应当单独列于一页纸上，并附上邮寄方式的要求。账房神父要确认订单是由传教区账房神父批准，而且含有正确的邮政地址，根据中国邮政唯一接受的拼音和中文，检查订单的邮寄地址是否准确。同会兄弟们都被恳切地要求遵守指示，以避免邮寄和传教区账目的各种混乱。”[2]账房[3]设在爱多亚路5号(Avenue Edouard VII)，可知该修会属于天主教遣使会。土山湾孤儿院接受其他修会订单，要求单独列一张纸，并有邮寄方式说明，邮政地址书写要符合中国人书写规范，表明孤儿院管理逐渐走向标准化、规范化。为避免邮寄过程中出现差错，账房神父需要确定订单是否已被传教区神父认可，旨在确保教区账房神父对驻上海办事处的账房财务情况有记录，便于统计遣使会传教区的财务状况，最大程度较少工作失误。

土山湾孤儿院依据现实需求推进规范化管理。1913年11月土山湾印书馆根据邮政司的规定发布通知：“定于民国三年阳历四月一号起，概用中华民国新邮政票，从前所有大清邮政票号(加印中华民国四字者)及各种纪念邮票均不通用等，因本馆限定于明年阳历正月一号起凡属大清邮票(无论已加印未加印者)及各种纪念邮票一概不收，如届期仍有此种邮票来本馆，即将原票挂号寄还，其寄费由寄来之票内扣，黏至中华民国，新邮票仍旧收用。”为使通信规范，[4]1920年11月《圣教杂志》上刊登一则土山湾印书馆发布的紧要启示：“敝所常接只有西文姓名、地址之信，或因字迹不清或者拼音误会，每致无从答

---

① Henry DUGOUT, Visite a T'ou-Sé-Wé(Lettre du élèves de Marneffe), *Relations de Chine*, Compagnie de Jésus(Paris), 1908, p.397.

② *Société des missions étrangères*, *Bulletin de la Société des missions étrangères de Paris*, Société des missions étrangères(Hongkong), 1922, p.684.

③ 账房是由各个修会设立的办事机构，负责管理传教区财政、接待往来于国外和内地的传教士。解放前有13个在内地传教的修会在上海设有账房，如方济堂、首善堂等，负责在上海管理传教区的资产、投资房地产以供内地传教区开销、招待从国外来及内地传教士学习中国文化、接待由内地传教区回国的传教士中转等。

④ 《紧要广告》，《圣教杂志》第2册，1913年第11期，线装书局2010年版，第196页。

复，遗误良多，今请凡欲向敝所通信接洽诸君，务乞将中文姓名地址详细开明，以免误事，所至盼。”①

土山湾孤儿院产品逐渐走向世界。以出口欧美各国为例，在交易过程中统一采用支票作为支付方式。在 1937 年 9 月《土山湾》杂志上明确写道：“商业发票是以美元计价，如果在纽约用支票支付，收款人是土山湾孤儿院，不给具体的持票人。在伦敦和巴黎也接受英镑和法郎的支票，但要以当地银行的汇率计价，若要用汇票，请另外加 4%的兑换损失费。”备注信息部分还用拉丁语特别提醒到：“照片和书籍在相同部门出售，订购的出版社和其他相关信息写在同一页纸上。而其他东西，如电影放映设备，写在另一张纸上，以便分别寄送给不同责任人。”②

(三) 加强自卫和保卫力量

近代上海徐家汇是耶稣会买下的重要地产，在租界边缘地带建立自给自足的小城区，包括土山湾孤儿院、徐家汇大教堂和藏书楼等机构，在这特殊城区内耶稣会士需要保障自身安全并得到外界保护。③

1. 土山湾军训

1900 年在义和团运动期间，土山湾孤儿院利用课余时间对孤儿展开为期数月的军事训练。④每周日在固定的时间，负责保护上海法租界的海军陆战队对土山湾孤儿院的男孩进行军训，⑤一名修士在法国军人协助下指挥队伍。⑥士兵们充满热情，严格按照部队的纪律展开训练，男孩们很快理解法语口令并精准执行。在法军士官带领下，四支队伍佩带木枪，准确地操练军校里最复杂的动作，由同伴们推选的“小领袖”用法语喊出各种口令。法国总领事及夫人在主教陪同下曾参观徐家汇各机构，期间受到土山湾孤儿院这支队伍的欢迎。男孩们身着统一绣红条制服，身上洋溢着军人般的神采。法国总领事情不自禁地赞美土山湾“小军人”庄重仪表和军人气概。当他们离开时，合奏《向旗帜致敬》(au drapeau)，总领事感动地向两侧的中法军旗致敬。⑦

---

① 《紧要启示》，《圣教杂志》第 9 册，1920 年第 11 期，线装书局 2010 年版，第 434 页。

② Modus Solvendi，《土山湾》，1939 年 9 月，第 58 页。

③ Des volontaire chinois defendent le Jésultes du Yang Tsé, *La Croix*, 1930/09/26.

④⑤⑥ P. Henri Havret, *La mission du Kiang-nan*, *les trois dernières années* (*1899—1901*), orphelinat de T'ou-sè-wè, 1902, p.76.

⑦ P. Henri Havret, *La mission du Kiang-nan*, *les trois dernières années* (*1899—1901*), orphelinat de T'ou-sè-wè, 1902, p.77.

土山湾孤儿院为何要开展军训活动？第一，舞刀弄枪是男孩的天性，军训活动自然受到男孩们欢迎。第二，当时的中国与欧洲相同，最流行的话题都是战争。“即便不在学校谈论政治，但是外面传来的风声，以及中国现状给孩子们带来的痛苦使他们对军事操练产生浓厚的热情。”①第三，通过军训增强体质。“每逢秋天‘脚肿’病流行，尽管使用各种方法，在有病患的乡村采取预防措施，但地区性的疾病仍夺走数名儿童的生命，自从有了军训，孤儿们的不满和患病明显减少。”②最后也是重要的原因是自卫需要：“法国人在中国是外国人，异国生活艰难，无阵营，无朋友，对中国了解不多，没有人能保护他们。”③综上所述，军训活动无论对男孩身心发展还是对整个孤儿院的安危都显得尤为重要。

2. 徐家汇保卫团

“徐家汇保卫团始设于 1924 年齐卢之战，最初保卫团不过百人，皆勤于职守，守望相助，历次兵灾均得幸免。当张允明失败时，兵队抢劫，适当其冲，故未遭池鱼之殃。”④在不同时期所要对抗的对象不同，类似于租界万国商团。⑤1927 年的《图画时报》记载：“徐家汇保卫团第一团长章良才君历次维持地方治安异常出力邻里莫不感之”。⑥“徐家汇保卫团系属法国天主教徒组成”，⑦成员并非专职武装人员，平时各做各的营生，在训练时、受阅时或有紧急行动时则穿上军装，带上武器，俨然一支军队，枪支通常是通过法籍神父在驻沪法国兵舰上购得。徐家汇保卫团在时局不宁时发挥重要作用。“每逢中国爆发战争，上海附近地区的军队溃退，徐家汇保卫团在烧杀抢掠中发挥重要作用，这支队伍装备精良，保护该地区的居民和财产免遭袭击。”⑧

---

① P. Nestor Boucherie, Petits nouvelles au malou, *Le petit messager de Ning-po*, 5/1916, N°5, p.128.

② P. Henri Havret, *La mission du Kiang-nan*, *les trois dernières années(1899—1901)*, orphelinat de T'ou-sè-wè, 1902, p.77.

③ P. Henri Havret, *La mission du Kiang-nan*, *les trois dernières années(1899—1901)*, orphelinat de T'ou-sè-wè, 1902, p.85.

④ 章良材：《苏省名胜之摄影：徐家汇保卫团之摄影》，《天民报图画附刊》1926 年第 9 期，第 2 页。

⑤ 1853 年 4 月 12 日成立万国商团，又称是地方义勇队，是负责上海租界治安和保卫任务的一支重要的武装力量。曾多次镇压过上海人民的反帝爱国斗争。它下设有英、美、日、德、葡、中等队，总人数超过 2000 人。1942 年 3 月 29 日解散。

⑥ 《图画时报》，1927 年第 416 期，第 2 页。

⑦ 《上海市政府指令第六二四五号：令保卫团整理委员会：为饬将徐家汇保卫团隶属问题妥酌情形拟议收回办法由》，《上海市政府公报》1930 年第 61 期，第 30 页。

⑧ Des volontaires chinois défendent les Jésuites du Yang-Tsé, *La Croix*, 1930/09/26.

徐家汇保卫团作为一支精英队伍,尽管全力以赴做好保卫工作,但同时也引起上海市政府的不安。1930年7月15日上海市政府发布指令:"以徐家汇保卫团为本市行政权之一,断难任命外人擅自组织,质疑主权。且向不受本市保卫团管辖,无从查究据情,拟议收回。"[①]上海市政府曾"试图解散这支保卫团,但由于神父坚持保留,最后双方相互妥协,上海市政府控制保卫团,国民党军官进入其参谋部,但是允许保卫团继续从事保卫工作"。[②]1930年10月9日,上海市政府向保卫团整委会发出指令:"十月份后追加接收该团预算。"[③]由此表明保卫团已获得国民党政府的许可,获得合法地位,承担保卫徐家汇的使命,土山湾孤儿院自然是其保卫的对象。1931年1月《中国通讯》记载:土山湾孤儿院工人和徐家汇天主教徒继续组建保卫团,保卫团发挥警察两倍的作用,有效地阻止抢劫事件发生,步枪等武器由法国领事馆提供。[④]

3. 法国海军

上海法租界公董局是土山湾孤儿院的重要保护人。法国驻上海海军陆战队发挥了重要作用。1911年爆发辛亥革命,内战开始。富庶的上海及周边城镇成为掠夺者的主要目标。"土山湾孤儿院位于法国海军保护的边境地带,经常遭遇危险。若土山湾附近出现可疑团伙,打电话到法国总领事馆便会解决。一个排海军被安置在土山湾孤儿院的会客室,组织安排巡逻队,以肃清这片土地上的不速之客。"在1919—1929年十年中,由于法国海军训练有素且镇定自若的保卫工作,土山湾孤儿院没有一个中国人死亡,保证各工场能够在安定的环境中继续开展工作,而相邻城镇则是充斥着可恶的绑票和抢劫。[⑤]1914年法租界扩展到徐家汇镇后,俨然视土山湾为军事要地,驻扎了整个炮兵连和海军陆战队,并设有武器库。[⑥]

1925年1月29日第二次江浙齐卢之战结束后,以张宗昌为代表的奉系军阀和以孙传芳为首的直系军阀两军进入对峙状态,据1925年2月1日《申

① 《上海市政府指令第六二四五号:令保卫团整理委员会:为饬将徐家汇保卫团隶属问题妥酌情形拟议收回办法由》,《上海市政府公报》1930年第61期,第30页。

② Des volontaires chinois défendent les Jésuites du Yang-Tsé, *La Croix*, 1930/09/26.

③ 《上海市政府公函第一九〇九号:据保卫团整委会呈报徐家汇天主堂保卫团延不移交函请查照转饬交还由》,《上海市政府公报》1930年第69期,第47期。

④ Les oeuvres de Zi-ka-wei, *Relations de Chine*, Compagnie de Jésus(Paris), 1930—1931, p.322.

⑤ Servière, Nécrologie, *Relations de Chine*, Compagnie de Jésus(Paris), 1929, p.484.

⑥ 沈毓元:《土山湾与孤儿院》,《上海轶事》,上海文化出版社1987年版,第197页。

报》载:“徐家汇华界方面,本有天主堂即圣母院、圣衣院内住男女教友甚多,尚有土山湾天主教分堂中西教士驻堂者亦属不少。此次奉浙两军遥遥对峙,各教友恐慌益甚,咸请神父设法保护,并援上次江浙战事时办法,各将贵重衣物箱笼寄存堂内,业经理家神父呈准法总领事,于前日调到法水兵四十名分驻徐家汇天主堂圣母院内,分班荷枪保护。土山湾分堂亦派有法水兵。”①实际上,在徐家汇周围发生过的数次抢劫事件中,法国海军士兵始终负责巡逻,并通过晓之以理、动之以情、树之以诚的交流沟通使掠夺者逃离而去。②1937 年在淞沪抗战中法国远东海军总司令毕果(Le bigot)指挥皮克特号(Lamotte Picquet)军舰驻上海的官兵,有效地防卫法租界,保障当地难民和百姓的生命安全,特别是在保护徐家汇地区时的出色指挥,赢得了上海百姓的爱戴。③

土山湾孤儿院因出身和上海特殊的政治社会环境而带有军事化色彩。在对内人员管理方面,院规院纪严明,带有一定的强制性和严苛性。构建规范化的经营管理体系,以确保孤儿院各项工作能够秩序井然地开展。在对外安全保卫方面,土山湾孤儿院组织男孩积极开展军训活动,此外,孤儿院始终得到法军的保护,保卫团在徐家汇危难之时也倾力相助。在加强自卫力量的同时,寻求外界保卫力量,从而使孤儿院能在战乱中生存并不断发展壮大。总之,土山湾孤儿院在管理、保卫方面所带来的西方契约精神、纪律观念和标准化、国际化和安全保卫意识,客观上催生了现代上海社会的契约规范与秩序。

三、法日角逐的政治空间

土山湾孤儿院建立时期正处在中国由传统而现代型的过度中。一方面,欧洲主要国家已经完成工业革命,正积极向海外扩张。同时,法国耶稣会传教士们试图在世界各地建立天主教社区。“从 1861 年占领区越南西贡(1975 年西贡改名为胡志明市)开始,耶稣会在当地殖民地协助下,重建神学院、教堂、建造孤儿院和学校。在整个远东地区,徐家汇是最繁荣的天主教社区,足以与法国相媲美。”④土山湾孤儿院正是法国天主教棋盘中众多棋子中的一枚。

---

① 《张孙两军对峙中之消息》,《申报》1925 年 2 月 1 日。

② A ZI KA WEI, *Relations de Chine*, Compagnie de Jésus(Paris), 1925—1927, p.98.

③ Christian Henriot, Ivan Macaux, *Scènes de la vie China*, *Les figurines de bois de Tou'-Sè-Wè*, éditions des équateurs, 2014, p.55.

④ Bourgeois, Émile, *Manuel historique de politique étrangère*, E. Belin(Paris), 1932, p.565.

1844 年中法签订《黄浦条约》，规定法国人可以在五口建造教堂、坟地，清政府有保护教堂的义务。至此法国耶稣会在中国获得了传教的合法地位。法国驻华公使罗淑亚[1](Julien de Rochechouart)曾公然宣称："教会正是法国在华势力的最好支持"[2]，实际上"洋教成为一种政治化的力量"。[3]正如陈旭麓所言："政教分离对于政教合一的否定，曾是欧洲资产阶级革命的历史性胜利之一，然而，欧洲资产阶级在中国却为教会争得世俗的权利。"[4]二战期间，土山湾孤儿院俨然成为法日政治势力角逐的舞台，牵动法、日关系的重要神经。

1939 年 8 月 30 日下午 5 时，土山湾孤儿院院长安国栋神父[5](P. Fanciscus Lebreton)于该院楼上卧室内被人谋杀，凶手逃逸，此事成为法日两国矛盾升级的导火线。历史中的许多现象总是比我们想象的要复杂得多，笔者试图利用相关中、法文史料加以佐证，以还原历史现场。此案行凶者共五人，三人在外望风，两人假借叩询安神父几天前领来的孤儿是否能收留一事，乘机直扑安神父，掐住他的咽喉，按住双腿，将其拴在铁床上，并用红色绳子和白色绳子像打包装一样绑住他的双手，手帕塞住嘴，最终在地板上将其杀害。[6]发现时"安神父已僵卧多时，颈部有血"。[7]报警后，"已经卧床多日的法国领事署司法庭长国富门(M. Rivelain Kaufman)、法租界警务处(俗称巡捕房)总监和刑事处警员立即前往土山湾调查案情。"[8]安神父的意外死亡惊动了法国在沪殖民当局的权利阶层。法国驻沪海陆军长及大使馆、公董局各高级人员均亲自前往视察。"此前在土山湾孤儿院设立岗哨的法国殖民军总司令雷梅里(Rémery)亲

---

① 罗淑亚(Julien de Rochechouart)，1868 年 10 月 30 日任法国驻清朝公使，1872 年 7 月 26 日离任。

② (法)史式徽:《江南传教史》(第一卷)，天主教上海教区史料译写组译，上海译文出版社 1983 年版，第 3 页。

③④ 陈旭麓:《近代中国社会的新陈代谢》，中国人民大学出版社 2012 年版，第 190 页。

⑤ 安国栋(Fanciscus Lebreton)(1884—1939)，法国神父，中文字号桂卿，1912 年来华，为人耿直、忠厚、谨慎，敦厚，一生致力于慈善事业，深受上海人崇敬和仰慕。他曾在震旦大学教授法国文和历史，编有《大清史》一书。1929 年后被委派照顾土山湾孤儿院事务。1937 年抗战爆发后，他曾在孤儿院附设"战时难童救助机构"，并添设水泥瓦厂，为难童提供工作机会。1939 年任孤儿院院长。

⑥ Mort tragique du Père Fr. Lebreton, *Relations de Chine*, Compagnie de Jésus(Paris), 1940, p.274、p.276;《安神父被谋毙案情离奇法当局殊重视》，《申报》1939 年 8 月 31 日;《安神父昨入殓生前一身尽瘁慈善事业此次被暗杀殊不可思议》，《申报》1939 年 9 月 3 日;《谋杀安神父凶犯昨解法院鞫讯》，《申报》1939 年 9 月 13 日。

⑦ 《沪图财害命案安神父遇害》，《大公报》(重庆版)1939 年 9 月 1 日。

⑧ Mort tragique du Père Fr. Lebreton, *Relations de Chine*, Compagnie de Jésus(Paris), 1940, p.274.

自到安神父的灵房送花吊唁。官兵与徐家汇军区警察一起为安神父献上一个又大又漂亮的花圈。”①

1939 年 9 月 9 日 9 时，经法巡捕房多日的严加侦查，一位凶犯到巡捕房自首为帮凶，主犯在逃。自首者名为鞠百郎，年幼时由该堂抚养并至成人，八岁时被介绍到土山湾印书馆工作。据鞠百郎供述：他结婚时曾多次向安神父索要津贴，因 1939 年 2 月已被院方开除，故索要未果。嗣后他对安神父极为不满并经常出言恫吓。②鞠百郎对安神父的确存在作案动机。时间选在 8 月 30 日，按照常人推测，多是因“孤儿院工艺厂定于每月底发给薪工，总数约四千余元，凶手料定安氏早已将该项工款预备齐全，故特早一日下此毒手”。③这似乎也如 1939 年 9 月 1 日《大公报》所说：“似系盗案。”④鞠百郎等人劫财害命似乎有一定合理性，但蹊跷的是据 1940 年的法文资料《中国通讯》记载，“安神父桌子抽屉里只丢失 200 多美元”。⑤鞠百郎则供述仅“将抽屉中之现钞二百元劫去，但该项钞票大半属华北省份，故在本埠不易使用”。⑥暂且不考虑法方记载的损失 200 多美元还是鞠百郎供述的只拿走 200 多元外埠钞票哪一个属实，事实是“安神父室内之铁箱所储现钞全部（一万元）未动”。⑦难道此事另有隐情？

首先，《申报》上给出的解释是鞠百郎结婚没有拿到孤儿院的二十元津贴，所以要谋财害命，这显然作案动机不足。笔者认为按照常理，他从小在土山湾孤儿院长大，孤儿院对他有养育再造之恩，“若不是遭人唆使，不会用抢劫的手段报复孤儿院”，⑧更不至于做出谋杀院长之事。其次，为何鞠百郎杀人后要去自首？难道只是因为“自知罪无可逭”⑨或者是“有妻儿老小不能度日”⑩这么简单吗？1937 年 11 月 12 日，中国军队退出上海，上海除租界外都被日军占领。1938 年 10 月汪伪政府市政府正式成立。在租界政权、华界伪政权以及

①⑧ Mort tragique du Père Fr. Lebreton, *Relations de Chine*, Compagnie de Jésus(Paris), 1940, p.275.
② 《安神父被人谋毙案凶手投案自首》，《申报》1939 年 9 月 11 日。
③ 《安神父被谋毙案情离奇法当局殊重视》，《申报》1939 年 8 月 31 日。
④ 《沪图财害命案安神父遇害》，《大公报》（重庆版）1939 年 9 月 1 日。
⑤ Mort tragique du Père Fr. Lebreton, *Relations de Chine*, Compagnie de Jésus(Paris), 1940, p.274.
⑥ 《谋杀安神父案法捕房昨发表案情》，《申报》1939 年 9 月 12 日。
⑦ 《法文报载父被害经过室中一万元仍为完璧　获案之嫌疑犯仍无线》，《申报》1939 年 9 月 1 日。
⑨ 《谋杀安神父案法巡捕房发表案情》，《申报》1939 年 9 月 12 日。
⑩ 《谋杀安神父凶犯昨解法院鞫讯》，《申报》1939 年 9 月 13 日。

日本势力并存的上海，杀人逃逸是常有之事。最后，鞠百郎是土山湾的工人，若是直奔钱财，肯定会竭尽所能打开箱子，但“铁箱亦无被毁之痕迹，万元仍在铁箱中”，[①]这些细节足以表明他行凶的目的主要是谋杀安神父，夺取钱财只不过是障眼法。那么到底是何人要谋害德高望重的安神父？由于案件疑点重重，笔者认为指使鞠百郎行凶的幕后黑手是日本势力。

第一，在案件发生前三个月，法日在沪矛盾激化。日方对法方私自接管土山湾地区管辖权一事非常不满，要求交还被拒后，法方反而更进一步，派法水兵驻防该地，戒备森严，公开对抗日方。1937 年 11 月淞沪抗战接近尾声，国军因无力抵挡日军三面夹击而逐步西撤。法国驻沪防军见沪西地区即将落入日军之手，遂以“保护教产”之名进驻徐家汇，在徐家汇开辟了一个军事缓冲区防止日军侵占该地区，即所谓的“虹桥——徐家汇军事区”（La Zone Militaire Hundjao-Zikawei）。[②]据 1939 年 5 月 20 日《申报》载：“土山湾天主堂区，于国军西撤时，曾由法当局征得国民政府暨市政府同意，划入法租界管辖。最近日方曾向法当局抗议，要求交还该区，但业经法当局严词拒绝，法国驻军当局为防患未然计。昨晨特派法水兵二百名，驰往该区增防，同时法捕房并加派华、法、越、俄等探捕七十余名，协同驻守，戒备异常严密。法捕房中西探捕，在孝友里·海格里·徐家汇镇老街及海格路·虹桥路一带，向商店住家挨户搜查，同时法国驻沪海军陆战队及铁甲队往来梭巡并检查行人车辆，土山湾天主堂及虹桥路封锁线口防务尤为严密，临时加派哨岗，周围布铁置丝网。”[③]又据 1939 年 6 月 22 日《申报》：“徐家汇土山湾天堂附近，时人称为堂租界者，经法租界当局暂时设立新巡捕房业，已正式成立开始办公，以期确保该地市民安宁。兹悉日伪方面，对于法当局处置极不愉快。昨六时，大批日伪军警，武装驰赴交界地点，有包围该新巡捕房趋势。法方法捕华捕越捕等，目击局势严重，立时报告该捕房，续派大队探捕，协同防守。该捕房并即报告总巡捕房，铁甲车武装探捕多量驰至，形势似极紧张，但未几双方撤退，严重局势顿告平稳。惟法租界当局，对于该地极端重视。日昨有卡车多辆，满载小工及砖石水泥等物，

---

① 《神父被害经过》，《申报》1939 年 9 月 1 日。

② 蒋杰：《抗战时期上海“虹桥——徐家汇军事区”研究（1937—1940）》，周武主编，《上海学》第 1 辑，上海人民出版社 2015 年版，第 255 页。

③ 《两租界严重戒备》，《申报》1939 年 5 月 20 日。

驰赴新巡捕房相近，即予建筑坚强防御工事。”[①]从上述材料可知，日方要求法方将占领的徐家汇地区交还，遭法当局严词拒绝后表示强烈不满。土山湾地区又属于日军军事战略要地，“沪闵公路土山湾系日军运输总站，日军所需粮食弹药，胥由该处运出，为江南日军之生命线”。[②]法西斯气焰正浓的日本岂会甘心将徐家汇地区拱手让人？日方势必会采取包括战争在内的一切手段抢回该地。又因法新巡捕房开始办公时，遭日伪军警包围，法日矛盾已升级至剑拔弩张之势。此次孤儿院院长被杀事件，对于在沪法国公董局、海军而言是一次警告，更是日本对法国在沪权威的挑衅。

第二，日本人利用鞠百郎与安神父之间的小矛盾，加以收买，指使其行凶。因鞠某更了解孤儿院内部情况及安神父的日常起居，方便动手。事件一旦发生，在社会舆论看来，孤儿院的管理者与工人之间的矛盾已经激化到谋害院长的程度，显然会对孤儿院的社会形象造成恶劣影响。同时孤儿院院长被谋杀对孤儿院的内部人员而言，足以让人惶恐不安。

第三，若是一桩谋财害命的普通刑事案件，为何迟迟侦破不了？1939 年 9 月 30 日由“特二院廖order庭长莅刑一庭提讯”，审讯结果为“该案侦查未毕，且尚在查缉在逃羽党”，[③]1939 年 11 月 30 日案情似乎有了新进展，但开庭之日，“被告等指定辩护律师王恒愿及选任辩护喻兆麟律师等亦到庭候示，经庭上向被告等讯问后，以出事地点徐家汇，对管辖上有问题，须呈请上级指定，遂本案改期听候核办，被告等均还”。[④]出事地点在徐家汇，管辖权为何有问题？1940 年 1 月 21 日与 2 月 11 日又两次开庭，均因管辖问题无果。

那么徐家汇的管辖权到底归属于谁？“1912 年公董局董事会决议，要求法国领事向中国政府提出扩张法租界的要求。次年法国公使康德(Maurice de Conty)正式向北洋政府外交部提出法租界外马路警权问题。当时，法租界已有越界筑路 20 余条，所谓警权问题，是要北洋政府承认法租界扩张的既成事实。当时革命党人已成袁世凯的心腹之患，他们大多数聚集上海租界。外交总长孙宝琦向袁世凯建议：法国方面既然阳以划清警权为名，而阴行扩充租界

① 《土山湾新巡捕房加强防御前日下午日伪军警有包围该捕房趋势》，《申报》1939 年 6 月 22 日。

② 《游击队再接再厉便衣队入闸北北新泾方面亦有活动土山湾日运输站被袭》，《申报》1939 年 3 月 26 日。

③ 《谋毙安神父案延期侦查尚在查缉羽党》，《申报》1939 年 10 月 1 日。

④ 《谋毙安神父案管辖有问题》，《申报》1939 年 12 月 1 日。

之实，不如因势利导，承认他们已辟之路归法租界警察管辖：作为条件是将藏匿于法租界内的革命党驱逐出界或逮捕移送，以消除对北洋政府的隐患。”①1914年4月袁世凯接受孙宝琦的建议，中法双方就此事达成共识：“法国终于扩充租界至徐家汇，范围较原有的法租界扩大二十倍，这是租界的第三次扩张。”②直到1937年抗战爆发，徐家汇名义上归华界管辖，而实际属法方的势力范围。1937年8月13日淞沪抗战爆发，11月国民政府溃败后，汪伪市政府继承国民政府的衣钵，徐家汇的管辖权应属汪伪政府，实属日本。但国民政府溃败西撤之际，法租界当局征得国民政府暨市政府同意，“以该地一带设有难民区，且法国天主教会在该区产业甚多，故派军警进驻”，③将徐家汇这块区域划入法租界管辖。

至1940年3月4日，案件终于有结果：“案经特二法院邢庭长廖埲迭次开庭研讯，催以出事地点系属华界，对管辖上有问题经呈请最高法院批准，指定仍由该院管辖在案宣告判决，主犯周月楼一名则被逃逸无踪，由捕房请求法院出票通缉在案，鞠百郎杀人处无期徒刑，蒋永庆、徐根弟帮助杀人，各处徒刑八年，沈杏堂同罪，处徒刑五年，王桂荣无罪。”④随之真相逐渐浮出水面。

自1939年8月30日案发到1940年3月4日结案，已9月有余，经数次审判，最终结果与鞠百郎自首时所述情况别无二致，五名帮凶被抓，惩罚最重者只有鞠百郎被判以无期徒刑，其他人分别处以五年和八年有期徒刑，而唯独“整个阴谋的策划者、异教徒主犯仍逍遥法外”。⑤实际上在案发前他已策划好整个作案及脱罪程序，“五名帮凶每个人举报一名同伙，而主犯只需要摆脱最后一位举报者便可逃脱”。⑥那么斡旋许久，到底审出了什么？答案便是出事地点徐家汇管辖权之争最终判定属华界。这意味着由来已久的法日两国对徐家汇地区的争夺，以日本的胜利而告终，在司法层面日本当局赢得了对徐家汇地区名正言顺的管辖权。孤儿院院长安国栋神父被谋杀案只是日本蓄意制造的导火线，日本假借中国人之手杀害安神父，安神父成为法日两国之争的牺牲品。

---

① 史梅定主编：《上海租界志》，上海社会科学院出版社2001年版，第111页。

② 褚绍唐：《上海历史地理》，华东师范大学出版社1996年版，第21页。

③ 《汪记“特务机关”觊觎沪法租界伪军已在土山湾区布岗沪西“特警署”即可成立》，《大公报》(香港版)1940年6月26日。

④ 《谋毙安神父案昨日宣判》，《申报》1940年3月5日。

⑤⑥ Mort tragique du Père Fr. Lebreton, *Relations de Chine*, Compagnie de Jésus(Paris), 1940, p.275.

综上所述，日本借土山湾孤儿院院长安神父被杀案挑起事端，在司法层面上与法国争夺徐家汇地区的管辖权，日后占领公共租界和法租界夺取英法在沪权益，均体现日本法西斯侵略本性。但从实质上讲，更表明殖民权利的强制性，列强无视中国主权，当时的中国成为列强瓜分宰割的对象。

余　论

“在中国开放通商口岸中，世界政治、经济格局的变化，列强各国力量的消长、纷争，各国关系的调节都对这些座城市的社会、政治、经济产生影响。”①二战爆发后，上海已然成为帝国主义势力的角逐场，而徐家汇地区俨然成为二战参战国实力此消彼长的晴雨表。自 1939 年 9 月 1 日德国闪击波兰，9 月 3 日英、法对德宣战，德、日法西斯势力甚嚣尘上。考虑到欧洲大陆法国母国战争形势的岌岌可危，法国在沪当局与日本的关系不能再被激化，否则若与德国和日本双线同时作战，恐分身乏术，于国家利益角度考虑实在得不偿失。正值法、日在徐家汇地区争夺愈演愈烈之际，日本制造了安神父谋杀案，以此为契机日本赢得对徐家汇司法层面的管辖权。而法国并没有就此罢休，1940 年 3 月 11 日，即安神父谋杀案结案的第八天，法租界当局“除对西区之徐家汇・土山湾・东西法华镇边境及全境分派华、越、俄捕及法越驻军执行维持全境治安任务外，并对西区及南区进入租界行人予以密切之注意”。②1940 年 6 月 22 日德国向法国发起总攻，法国向纳粹德国投降。自 6 月 24 日夜 12 时起，在徐家汇“法方表示让步，将防军及捕房撤租界内”。③法国本土“由于对德战争失败，维希政府采取了顺应日本（德国盟友）意愿的政策，同时承认与日本合作的南京汪精卫政府”。④至 6 月 25 日晨 9 时“沪法租界派驻徐家汇土山湾之兵士及巡捕正式完全撤退，同时伪军即行布岗。该区内市民，陆续向租界内迁徙”。⑤1941 年 12 月 7 日太平洋战争爆发后日本占领上海的法租界和公共租界。

土山湾孤儿院对于近代上海、近代中国产生多方面而非单一的影响。纵观以上考察，有关土山湾孤儿院与上海社会，可以得出以下结论：第一，土山湾

① 堂振常：《近代上海探索录》，上海书店出版社 1994 年版，第 129—130 页。

② 《法军加紧边区戒备不允续开各铁门》，《申报》1940 年 3 月 11 日。

③⑤ 《汪记“特务机关”觊觎沪法租界伪军已在土山湾区布岗沪西“特警署”即可成立》，《大公报》（香港版）1940 年 6 月 26 日。

④ Christian Henriot 安克强，Ivan Macaux 伊望：*Scènes de la vie China*，*Les figurines de bois de Tou'-Sè-Wè*《中国民间生活：上海土山湾孤儿院人物木刻》，éditions des équateurs 2014 年，第 70 页。

孤儿院作为耶稣会在近代上海创办的慈善教育机构，其慈善与教育背后蕴含着一个文化空间。无论是传授绘画、雕刻、装订等技艺，教授镀金、镀银、制作彩绘玻璃等工艺，还是采用西方先进的活体铅字技术、石印技术、珂罗版技术，以及制作极具中国特色的圣母像、融合中国文化的木雕宝塔模型等雕刻艺术，一定程度上讲，对上海乃至中国近代技艺、工艺、技术和艺术文化具有民族启蒙作用。在管理方面，从孤儿入院签订的保送据、孤儿院制定执行各项规章制度，再到徐家汇保卫团、法国海军和土山湾军训所带来的军人般的纪律和精神，以及孤儿院产品在销往国内外过程中所形成的交易流程及支付方式，这一切所带来的西方契约精神、纪律观念和标准化、国际化意识，客观上催生了现代上海社会的契约规范与秩序。诚然，传教士带来的艺术文化相较于西方巅峰时期的作品显得浅显和滞后，但西方文化与中国几千年的传统文化及中国人勤劳、聪颖的精神相融合，便成为海派文化的源头之一。第二，但从本质上讲，土山湾孤儿院的存在始终与殖民权利密不可分，法日矛盾在此升级。1939年土山湾孤儿院院长安国栋被杀害，由此引发徐家汇管辖权问题，日本趁机在司法层面夺取法国在徐家汇的管辖权。安神父被谋杀案是日本蓄意制造的导火线，安神父成为法日两国之争的牺牲品。山湾孤儿院得到法国在华势力的支持，成为一种政治化的力量。在此问题上，看似土山湾孤儿院成为法国、日本殖民争夺的政治空间，实则表明列强无视中国主权，掠夺在华权益。

Cultural Space and Colonial Rights：T'ou-se-we Orphanage and Social Studies in Shanghai(1864—1945)

Abstract：T'ou-se-we Orphanage has an extraordinary position in the writing of Shanghai history. The T'ou-se-we Orphanage was a charity education undertaking founded by the Jesuits in Shanghai. It had various arts and crafts fields，which contained a huge cultural space behind its charity and education. The T'ou-se-we Orphanage served as an important space for the practice of Western cultural propagation. On the one hand，it interpreted the process of the gradual integration of western culture with Chinese traditional culture，especially the uniqueness and practicability of some fields in western culture. Therefore，it had an important impact on the formation of Shanghai style culture and the social change of Shanghai；On the one hand，it reflected the expansiveness of western culture and the mandatory requirements of colonial power. The orphanage was inseparable from colonial power which made it a political power. It was supported by France and Shanghai French Concession. The T'ou-se-we Orphanage had become a political space contested by the French and Japanese colonies, which showed that these colonial powers ignored China's sovereignty in order to plunder their rights and interests in China.

Key words: T'ou-se-we Orphanage、cultural space、colonial rights、Shanghai society

作者简介:李健,上海工会管理职业学院讲师。

艺术中的都市文化

“共生”与“共情”

——20世纪七八十年代贵阳诗歌与艺术的两个瞬间

蓝庆伟

摘　要:20世纪七八十年代,西南地区作为中国当代艺术发展的重镇,除“四川画派”之外,贵州当代艺术以其鲜明的地缘文化、粗狂豪爽等特点,形成了中国当代艺术发展中的“贵州现象”。1990年第6期《美术》杂志以“‘贵州现象’面面观”展开专题讨论,形成了贵州美术发展的高峰。在“贵州现象”的形成过程中,以1979年的“贵阳五青年画展”和1983年“第三代诗人”诗人唐亚平到贵阳为标志性的事件,充分体现这一时期贵阳诗歌与艺术“共生”、“共情”的两个瞬间。除了艺术家个人的独特创造力之外,作为“都市漫游者”的诗人与画家所形成的艺术与诗歌之间的特殊关系,及不断前往贵州之外中心城市北京举办展览是美术“贵州现象”的重要文化内涵与表现。

关键词:20世纪七八十年代　诗歌与艺术　美术“贵州现象”　中心与边缘　都市漫游者

1990年第6期《美术》杂志“本期特辑”中,以“‘贵州现象’面面观”为题对艺术界所出现的“贵州现象”展开讨论,这与当时的贵州在地缘关系上的边缘、在经济发展上的落后形成了鲜明的对比。在《编者按》和该杂志中其他关于“贵州现象”的文章中,我们可以找到“贵州现象”之所以被《美术》杂志以专题形式讨论最为直接的原因——就在1990年前几年,贵州的很多艺术家都在中国美术馆或北京的其他地方举办个展或群展;在艺术特征上,贵州艺术家所呈现出来的艺术个性以及作品的粗狂豪爽和创造意识,引起了艺术界的思考;在文化层面，“借助特殊的地缘文化即多民族的文化特点”、“充分利用地方工艺的成果”、“竭力发掘材料的独特性”①是“贵州现象”的共同特征。自此，“贵州现象”成为贵州艺术发展的一个典型特征和高峰，这与贵州艺术家们的共同努力不可分割，也与20世纪70年代末和80年代初贵州艺术家在北京等地的先锋探索不无关系。作为“贵州现象”重要推动者和艺术家的贵阳市首任美协主席董克俊在谈到这些先锋探索时，认为“贵阳五青年画展”“这个事情给贵州画家一个启示：要跳出贵州，造成影响，北京是个很重要的地方。”②而在这个特殊的启示中，艺术与诗歌的关系成为贵阳当代艺术“中心与边缘”一种特殊的风景，“贵阳五青年画展”的举办和“第三代诗人”唐亚平到贵阳又成为诗歌与艺术“共生”与“共情”最为精彩的两个瞬间。

1980年8月20日，第二届“星星美展”在中国美术馆三楼举办。能在中国美术馆举办展览，既得益于1979年“星星美展”艺术家们的努力和影响，也得益于“星星画会”在北京市美协注册后的合法化象征。在这一年之前，“星星美展”的处境还是艰难无比，1979年9月27日“星星美展”第一次展览在中国美术馆东侧小花园举行，但这一露天展览在9月29日遭到禁止，艺术家们在10月1日为争取举办展览的权利而走上街头。艺术家们的展览诉求，得到了时任中国美术家协会主席江丰和北京市美术家协会主席刘迅的同意，同年11月23日在刘迅的帮助下，“星星美展”的延后展在北海公园画舫斋——北京市美术家协会常设展览馆——举行。而第二届展览在中国美术馆举办正是江丰的建议。“星星美展”在短时间内所获得的影响除了展览作品的现代意识、“星星事件”先锋性之外，《美术》杂志的报道则尤为关键。1980年《美术》杂志的第3期刊发了“本刊记者栗宪庭”《关于“星星”美展》的文章，文章以1979年11月23日—12月2日在北海公园画舫斋举办的“星星”美展为讨论对象，以一种客观记述展览不同意见的方式呈现。虽然展览中23位艺术家的163件作品包含了中国画、油画、版画、木雕等不同形式，但栗宪庭将展览的作品仅归为两类，“一是干预生活的作品，一是对形式美的探索”③。如果说《美术》杂志的报道给“星星美展”带来的是学术上影响，那么1979年11月24日《人民日报》的展览广告刊登给“星星美展”(北海公园画舫斋)带来的则是大众影响。王克平

---

① 邹文：《“贵州美术模式”之透视》，《美术》1990年第6期，第15—16页。

② 管郁达：《图像与社会中的艺术家董克俊：1960—2004》，贵州人民出版社2005年版，第80页。

③ 栗宪庭：《关于“星星”美展》，《美术》1980年第3期，第8—9页。

在《"星星"往事》中如此记述:"十一月二十五日,星期日。上午门票售出一千七百多张,下午门票售出四千多张。"①这与11月23日上午五百张的售票情况有着明显的不同。这样的观众影响持续到了第二届"星星美展",王克平也在《"星星"往事》中描述了现场的情况:"每天早上,美术馆大门前出现了少有的动人景象,几百人排成长龙等候买票。美术馆觉得门票收入可观,竟主动提出给我们延长展期三天,展至九月七日。"②

与第一次中国美术馆东侧公园举办的"星星美展"相比,在中国美术馆举办的第二届"星星美展"要正式得多,配诗宣传单便是一种体现。在第二届星星美展的配诗宣传单中,记录着参展的艺术家与作品名称,并配有诗人的诗歌。比如参展的贵阳艺术家尹光中的两幅作品是《春天还是春天》、《长城》,江河为之配诗《祖国呵,祖国》:"我把长城庄严地放上北方的山峦/像晃动着几千年沉重的锁链/像高举起刚刚死去的儿子/他的躯体还在我的手中抽搐/我的身后,有我的母亲/民族的骄傲,苦难和抗议/在历史无情的眼睛里/掠过一道不安。"诗歌与艺术家的作品形成一种互文关系,这首配诗更多地是针对《长城》而撰写的,诗人唐亚平记述了尹光中对这件全部使用刮刀创作的作品的介绍:"长城蜿蜒地从遥远的群山间爬来,近景,高大的墙垣中坐着被长城本身捆绑着的裸体男女,男的全身变成了化石,女的上半身肉体正在衍变为化石。他们的四周、逶迤的长城和山脉上全是骷髅,张着大嘴的骷髅……"③《长城》除了强烈的视觉画面之外,所呈现的是对过去的反思,而在这种反思之中充满了对未来的向往。尹光中在第二届"星星美展"中的作品《长城》已不是第一次呈现在北京观众面前了。在一年前的1979年8月29日至9月5日"贵阳五青年画展"在北京西单墙前举办,在这次露天举办的展览中,集合了刘建一(原名刘原)、尹光中、旷洋(原名邝杨)、曹琼德、刘邦一(原名于牛)等艺术家的近百幅作品,展览共分为三个部分:一是"昨天·今天·明天"主题画,包括尹光中创作的《长城》《生命》《谁之罪?》《母亲》,刘邦一创作的《纪念碑》《开拓》《野百合》,刘建一创作的《号角》《渴》《出发》;二是以贵阳景观为写生对象的风景画;三是旷洋撰写的《艺术小词典》,共包含73个艺术关键词。"贵阳五青年画展"中呈现的作品对当时的北京观众来说无疑是充满野生的张力和视觉刺激的。

①② 王克平:《"星星"往事》,星星画会网站 http://www.shigebao.com/html/articles/shiliao/3313.html。
③ 唐亚平:《散落的时光——八十年代贵阳画家印象》,《贵阳文史》2013年第4期,第34—35页。

除了尹光中的《长城》之外，他的另一件油画作品《生命》没有出现人体，却依然充满原始的恐慌——在如风雨来临之前的天空下，旷野中一截砍伐后的树桩上发出了一条笔直的新枝，但树桩扎根的地面乱石嶙峋，如骷髅，如垃圾，如岩浆，总之充满了恐怖感而毫无生气。画面中的一切都在隐喻死的威胁，唯一的生机是那一枝细弱到第一眼几乎发现不了的新枝。此类绘画作品显然已经脱离了叙事的范围，而以情绪和意境的表达为主——死亡、压迫、恐怖、自由、希望……这些表达与当时的文学语境是契合并且可以互相印证的，或者说诗人、作家和画家们对时代变革的感知和表达有许多相通之处。诗人和画家，这两个身份在现代社会中都可以归类为由本雅明确立起来的"都市漫游者"。与之前文学形象中普通的漫游者不同，"都市漫游者"产生于19世纪以来经济高度发达的都市，在日夜运转的商业齿轮中，这些人游离于外，似乎与城市的经济生活毫无关系，但又属于城市的一部分，他们观察着身处的环境和时代，并因此发生感受——顺应或是抗拒，但并不远离。用中国的语言意象来说就是"大隐隐于市"。都市漫游者们隐匿于城市的建筑和街市之间，向人们不常留意到的角角落落探出自己的精神触角，他们与城市共生。在80年代，诗人和画家这样的人群，因在都市中共同的精神流浪而交集，并发展出实际的交往。①"贵阳五青年画展"中由诗人和画家共同撰写的《艺术小词典》进一步也更直观地印证了绘画与文学之间的通感。

"贵阳五青年画展"和"星星美展"艺术家们之间的关系，并非开始于第二届"星星美展"所处的1980年，在此之前他们早已因诗歌而有了交集——贵阳与北京两地的诗人通过民间诗刊、书信的方式早早地便开始了联系，贵阳诗人们更是在1978年10月便开始了多次进京展示诗歌的活动：在首次进京展示之前，艺术家尹光中在听诗人黄翔朗诵完《火炬之歌》后，即兴为诗人们手绘了一株绿色萌芽立于火炬之上图案的刊头，10月11日，诗人们在北京王府井大

---

① "漫游者本来是19世纪的一个文学形象。他是一个诗人、一个艺术家，最为重要的，他是一个'流浪者'、一个业余的'街头侦探'(Morawski 1994；Shields 1994)。他漫无目的地，同时又似乎是无声无息地，在19世纪的巴黎这个正在形成的现代城市的空间——特别是在刚刚建成的拱廊街道(arcades)——中行走，以此来消磨时间。但是，通过'流浪'这一行为，漫游者不仅仅在观察城市生活；在本雅明看来，他还在进行着'考古学'活动，发觉着有关现代性的神话和'集体梦想'(collective dreams)(Frisby 1986：224)。于是，漫游就成为一种阅读城市文本的方式，一种发现那些嵌入城市分层构造中的社会意义的踪迹的方法(Featherstone 1998：910)。"——德波拉·史蒂文森(Deborah Stevenson)：《城市与城市文化》，李东航译，北京大学出版社2015年版，第78页。

街展示带有尹光中创作刊头的诗歌。而北京的诗人和艺术家们的关系则更为密切,民刊《今天》便是最为典型的平台,黄锐既是《今天》的发起人之一同时也是“星星美展”的发起人。这种通过诗歌与艺术建立起的联系,让“贵阳五青年画展”和“星星美展”之间更有着一种天然的关系和共同的愿望。这也就解释了为什么 1979 年“贵阳五青年画展”展览时,参展艺术家们已经与北京“星星美展”的成员们有了密切的交集。

尹光中在第二届“星星美展”中的参展,在观众中没有引发特别的情绪,但对于“贵阳五青年画展”的另外四位艺术家和贵阳的艺术圈来说,则让他们充满了惊讶。究其原因还是要从“贵阳五青年画展”说起。1979 年,“贵阳五青年画展”露天展览的过程很是顺利,虽然他们在从贵阳前往北京的筹备过程中,充满着艰辛与担忧,但在北京的整个展览期间并没有遭遇到查封展览或阻止展览的情况,这与在其后举办的第一届“星星美展”的遭遇有着鲜明不同。展览的顺利展出吸引着包括刘迅等官方代表的参观、也引来国外记者的采访、同时也成为贵州在京各界人士的一次聚会,并吸引了“星星美展”成员在内的北京的艺术家们前来参观。这样的效果让“贵阳五青年画展”的参展代表们有了让展览延期的想法,但正当他们打算实施延迟时,却被时任北京市美术家协会主席的刘迅以“认真准备作品、第二年在美术馆举办展览”的许诺劝止了。这样空口无凭的许诺在今天可能会让人心生疑虑,但在 1979 年,这种来自美协领导的集肯定、鼓励于一体的许诺话语,不免让人热血沸腾、深信不疑,并让贵阳青年画家们迅速地从当下延续展览的状态瞬间转换到准备下一届美术馆展览的想象中,毕竟能进入北京的美术馆展览也是艺术家们举办露天展览的重要目的之一。1980 年 8 月,“贵阳五青年画展”的艺术家们遵循刘迅的建议,带着包括第一届“贵阳五青年画展”作品在内的一百余幅左右作品来到北京,满怀欣喜地期盼着约定在美术馆的展览能够实现,但遗憾的是,他们不仅没有得到美术馆展览的机会,甚至连刘迅的人影都没有见到。在北京期间,“贵阳五青年画展”的艺术家们也参观了第二届“星星美展”,在这个展览上虽然几位艺术家没有看到尹光中本人,却意外地在展览中看到了尹光中的作品。然而在此之前,“贵阳五青年画展”的艺术家们刚刚拒绝了“星星美展”艺术家们的参展邀请。关于尹光中为什么注册为“星星画会”成员并参加第二届“星星美展”,在现有资料中没有太多的记述,但这并不妨碍我们对原因展开推测:一是直接原因,第二届“贵阳五青年画展”在美术馆举办无门,再加上“星星画会”成员的邀约及第二届“星星美展”在中国美术馆展览的诱惑，虽然“贵阳五青年画展”已经集体拒绝以并入“星星画会”的形式参加第二届“星星美展”，但在此之后，尹光中还是选择了独自参加“星星美展”；二是客观原因，虽然1979年的“星星美展”在举办的具体时间上晚于同年的“贵阳五青年画展”，但有着《美术》杂志等刊物讨论和报道背景的“星星美展”显然在影响力上大于“贵阳五青年画展”，而且第二届“星星美展”已确定会在美术的最高殿堂中国美术馆举办，这既是一种“成功”更是一次难得的机会；三是个人原因，在学者王娅蕾对尹光中的采访中，尹光中认为贫穷让他总是逆反，并怀疑这个世界。正如最初作为主要发动者发起“贵阳五青年画展”，尹光中有着强烈的作品展现交流的欲望，这让他在第二届“贵阳五青年画展”无法举办的情况下，选择了可以继续展示自己作品的“星星美展”，选择了更为个人化的道路。

与“贵阳五青年画展”相似，“星星美展”在举办完第二届之后，也没能再继续下去。“星星画会”的成员也散落四方，这里既充满着时代的选择、集体的自觉也裹挟着个体的选择，这并不是艺术家们独有的命运，而是有关当时文化情境的隐喻——无论文学、诗歌或是电影，在进入全面商业化的时代之前，都经历过这样的凝聚与消散。站在今天的时间点上回看这一历史瞬间，当时的诗歌与艺术既有“共生”、也有“共情”，两者的遭遇共同为后期艺术的发展提供着养分，而贵阳与北京两地之间的联系也没有终止过。1981年尹光中在北京举办了个人砂陶作品展《华夏诸神》，在当时还没有明确的“策展人”身份称谓的情况下，尹光中选择了由诗人阿城策划，正是因为这个系列的作品，让尹光中与荷兰著名导演尤里斯·伊文思(Joris Ivens，1898—1989)建立起了联系。伊文思称赞尹光中的这批作品深刻准确地表现了中国精神，并邀请尹光中为其最后一部作品《风》制作风神的砂陶雕像用作了片头。“贵阳五青年画展”以及尹光中个人的反叛与自由精神在为自己赢得声誉的同时，也为贵阳的其他艺术家进京展览产生着影响并奠定了基础。

在肖全摄影出版物《我们这一代——历史的语境与肖像》[①]中，有一张小标题为《黄翔　唐亚萍(引者注：应为唐亚平)》的照片留存了贵阳诗歌与艺术之间关系的另一个瞬间。在这张1992年夏天拍摄于贵阳的照片中，黄翔和唐亚平站立于连绵大山的背景前，黄翔伸出的手似乎在提醒怀有身孕的唐亚平

① 肖全：《我们这一代——历史的语境与肖像》，浙江美术出版社2014年版，第434页。

注意脚下。而站在镜头前的人除了摄影师肖全还有一位被肖全称为“曹哥”的曹琼德——“贵阳五青年画展”的参展艺术家之一。曹琼德与照片中的唐亚平是夫妻关系。肖全之所以将黄翔与唐亚平置于同一镜头下，是从诗歌的角度出发的。与黄翔相比，毕业于四川大学的唐亚平、赵野等被称为“第三代诗人”，正如唐亚平在《散落的时光——八十年代贵阳画家印象》中所描述的，以黄翔为代表的贵州诗人在北京发起的诗歌运动和他们的诗歌作品，在全国各大院校学生中传抄。不仅如此，“贵阳五青年画展”中的油印刊物《艺术小词典——非标准的探索》，也在各大院校中广为传抄。正是受到贵阳诗歌、艺术活动的巨大影响，1983 年毕业后的唐亚平选择了到贵阳工作，这与选择前往大城市发展的同学形成了鲜明对比。不同的城市文化对有着特殊感受力的人群发出了感召，而“人”的汇入也在改变城市的文化环境。英国经济地理学家多琳·梅西(Doreen Massey)曾这样阐述：“如果把空间视为迄今为止同时发生的许多故事，那么所有场所就是这些故事的大汇总，具有更广泛的几何空间功能表达。它们的属性，将是这个广泛环境中交叉点的产物，而他们又是这些交叉点的结果。”①贵阳在地理上是一个抽象的场所，而人和人相互交汇的地点是具体的场所，人们在场所中发生的故事像一股股被制造出来的气流，最终改变了整个城市的气候。

在北京而时常回到贵阳的邝阳和张丽达、翟小松和刘索拉、曹力、马建平、刘建一、朱正琳等，再加上到贵阳的翟永明、高行健、顾城、马建、王川、孟湄等，让唐亚平觉得贵阳不但不无聊而且异常地好玩。自 1984 年唐亚平至贵州电视台对外部工作开始一直到 1989 年 4 月，唐亚平拍摄了尹光中、董克俊、田世信、方小石、蒲国昌、刘雍、陈白秋、刘万琪、马正荣、廖志惠、王平、章治华、陈启基、曹琼德(未播出)等艺术家的纪录片，在贵州省电视台播放。这些艺术家给唐亚平留下了深刻的印象，唐亚平对他们有着很高的赞扬：“他们在自己的绘画实践中寻找着自己的艺术道路，他们合而不同，像贵州高原上的山峦一样，以各自的形象坐落在那里，他们是一群热爱生活、热爱自然、热爱自由的人。”②我们不免要将唐亚平描述中的贵阳艺术家与 1979 年“贵阳五青年画展”时的艺术家集体形象进行对比：一是在艺术家作品的个性表达与探索上，

① 转引自黛博拉·史蒂文森：《文化城市：全球视野的探究与未来》，董亚平、何立民译，上海财经大学出版社 2018 年版，第 40 页。

② 唐亚平：《散落的时光——八十年代贵阳画家印象》，《贵阳文史》2013 年第 4 期，第 37 页。

艺术家已经不再使用艺术团体的形式展开，他们已经有充分的空间和自由来表达自己的所想所思，而这种自由与个体表达恰恰是"贵阳五青年画展"所追寻的；二是在诗歌和艺术的关系上，随着社会分工的专业化，艺术家与诗人不再是"共生"的关系，而是充满"共情"的各自独立。

1980 年 8 月贵阳市美协成立之后，越来越多的贵州艺术家有了进京展览的机会。从 1987 年开始，以王平在中国美术馆的个展为开端，贵阳市美协陆续为尹光中、田世信、刘雍、蒲国昌、王建山、熊红刚、陈白秋、陆远明、董克俊、马正荣、刘万琪、曹琼德等贵州艺术家在北京、上海、深圳等地举办个展、双个展或群展，并以此形成了美术的"贵州现象"。这份艺术家名单与唐亚平所拍摄的艺术家纪录片名单有着大量的重叠。不仅如此，唐亚平 1983 年拍摄的《怪才尹光中》、1986 年拍摄的《刻刀下的黑与白——记版画家董克俊》，除了在贵州省电视台播放之外，也在中央电视台播放。在城市文化方面，官方媒体的发声给艺术家们创造了更宽松自由的舆论环境，在信息传播渠道较少的 80 年代，不同城市之间官方媒体的交流也是极其难得的机会。正如唐亚平传抄的《艺术小词典》所起到的媒介作用，唐亚平对艺术家的记录与拍摄，让艺术家们得以通过电视媒介来传播自己的作品与创作理念。所不同的是，在以报纸刊物为艺术报道为主要媒介渠道的情况下，电视媒介以及中央电视台、贵州省电视台的平台有着更大的媒介作用与影响，并且有着更为广泛和更为大众的传播意义。这种独特的媒介机遇为美术界"贵州现象"的出现提供了难能可贵的助推作用。但在官方媒体关注到"贵州现象"之前，"贵州现象"的模式已经发展完善了，这一批贵州艺术家们都已经形成了个人的风格和成就。这一点显然不同于北京、上海等城市艺术家群体与艺术媒体的关系——大多数的中国艺术家与艺术媒体共生，媒体有意识地引导、选择和推动艺术流派的形成和改变，而对于"贵州现象"，官方主流媒体并未起到这么强的作用，他们在其他地区艺术群体前期形成中所起到的作用，由贵州的诗人们实现并取代了。

Symbiosis and Empathy

—Two moments of poetry and art in Guiyang during the 1970s to 1980s

In the 1970s and 1980s, Southwest China acted as an important part in the development of Chinese contemporary art. In addition to the "Sichuan Painting", Guizhou contemporary art, with its distinct geographical culture, rough and bold and forthright characteristics, formed the "Guizhou phenomenon" in the development of Chinese contemporary art.

In 1990, Art Magazine launched a special discussion on "Guizhou phenomenon—Mianmian Guan" in the sixth issue, forming the peak of Guizhou fine arts development. During the formation of "Guizhou phenomenon", the events of "Guiyang five youth painting exhibition" in 1979 and poet Tang Yaping(the third generation poet) to Guiyang in 1983, fully reflected the two moments of "symbiosis" and "Empathy" between Guiyang poetry and art in this period. Besides the unique creativity of artists, an important cultural connotation of "Guizhou phenomenon" was embodied by the special relationship between art and poetry formed by painters and "flaneur"—poets, as well as, continuous exhibition in Beijing.

Keywords: 1970s and 1980s、Poetry and art、Fine Arts "Guizhou phenomenon"、Center and Edge、Flaneur

作者简介:蓝庆伟,成都大学美术与设计学院讲师,艺术学博士。

从六三园看近代园林审美追求的转型[①]

郭润滋　刘旭光

摘　要：上海开埠后，中国园林受西方文化的浸染，古典园林艺术逐渐衰微，近代园林的类型发生转型，出现了租界园林、行商园林和纪念性园林等，营业性私园是行商园林的一种。营业性私园对上海近代园林的营造产生了潜移默化的影响。本文以六三园为例，分析上海近代营业性私园在形式、构成和功能上的转变，探讨近代园林在西方思想的浸淫下所发生的变化，进而分析人们在园林生活中审美追求的转型。

关键词：六三园　近代园林生活　审美追求　转型

中国近代园林建设在西方园林和日本园林的影响下，呈现出一派新景象，出现了公共园林即城市公园、租界园林和营业性私园等，园林风格基本是纯西(日)式风格或中西(日)合璧式。1842年，根据中英签订的《南京条约》规定将上海作为通商口岸，1843年11月，上海正式开埠。上海的大门被西方列强打开后，也打开了外国人来上海谋商的渠道，上海成为中外贸易中心，在社会发展、人民生活需求和审美追求的转变下近代园林发生了转型。郑逸梅在《半淞园往迹》中写道："自欧风东渐，园林趋向简单化，往往一个大草坪，栽些粗枝大叶的树木，树荫下面列着一些长铁椅，供人憩息，如中山公园、虹口公园、复兴公园、人民公园、黄埔公园，都是洋化的类型，没有什么峰回路转，曲径通幽的雅趣和佳境。"[②]

① 本文为国家社科基金艺术学重大项目"中国近代以来艺术中的审美理论话语研究"(20ZD28)的阶段性成果。

② 上海市人民政府参事室文史资料工作委员会编：《历史文化名城——上海：上海地方史资料6》，上海社会科学院出版社1988年版，第118页。

近现代的公园和公共私园成为重要的社会交往和休闲娱乐的重要场所，但缺少了古人闲看庭前花开花落的审美意趣。古人在欣赏文玩和绘画作品时常常是在自家园林中雅集三五好友把玩鉴赏，而如今，文玩古物以一种陈列的方式置于博物馆中，绘画作品以一种展览的方式在美术馆中举行。这种审美方式的转变是什么时候发生的？园林作为一个半封闭半开放的特殊场所是在何时以什么方式完全向公众开放的？古代文人追求峰回路转、曲径通幽的园林雅趣和佳境到近代发生了什么变化？带着这些问题，笔者从六三园入手透析人们在近代园林生活中审美追求的转型。

一、六三园的前世与今生

六三园位于上海虹口区，是在曾经兴盛一时的茶馆——三盛楼的基础上改建而成，是专门用来招待日本人的旅馆。1843 年，上海正式开埠，经历了从一个江南小镇到“十里洋场”的蜕变。清末民初，很多日本人到上海开设茶馆。日本人主要的活动范围是在虹口地区，曾经兴盛一时的三盛楼就是有名的东洋茶社。三盛楼是上海第一家东洋茶馆，位于外白渡桥北(今塘沽路以北、吴淞路与乍浦路之间)。1882 年，日本驻上海领事品川忠道认为东洋茶社有伤日本形象，因此取缔东洋茶社，三盛楼停止营业后被日本长崎商人白石六三郎购买，1900 年改建为六三园。六三园又叫六三亭、六三花园，白石六三郎有时自署白石鹿三郎，该园亦被称为“鹿园”。这是一家日式面店，也是当时上海最大的日本私家花园，还是上海著名的高级日本料理店，号称“室内净洁雅丽、风味高尚清鲜”。六三园具有当时园林共有的餐饮、游乐、休闲和集会功能，也有画展和运动场的特有功能，是上海最初的日式庭院。甲午中日战争之前中日关系的恶化，在上海的日本人数量减少，1892 年园主白石六三郎不得已将六三园的一部分转卖给公共租界的工部局，后兴建了西童公学，即今四川北路 2066 号复兴初级中学所在地。甲午战争后，1895 年中日签署了《马关条约》，允许日本在中国内地设厂，增开通商口岸。于是，在上海的日本人数量大幅度增加，住宿和餐饮业再度兴盛，六三园园主又购置了如今乍浦路武昌路以北的土地，用以增加园内面积。这些新建的园区被称为“新六三园”，原来的部分被称为“老六三园”。二十世纪二十年代，老六三园被改为汉口公寓(今塘沽路 310—330)；新六三园作为旅沪日侨的活动中心，1932 年的“上海之战我军炮轰毁敌军根据地虹口江湾路，日本六三花园被毁”。[①]如今的花园路就是以六三花园命名的。1937年八一三事变后，六三园成为侵华日军的高级慰安所。1945年，日本战败后，北部作为“军人俱乐部”，解放后改建为民居（今乍浦路180弄），南部曾为国民党军队系统的“军友广播电台”（今乍浦路172号），现在为餐馆。[②]

茶楼是中国古代常见的建筑。十九世纪六十年代初，上海的虹口和四马路一带常出现日本茶社，也被称为“东洋茶馆”，上海竹枝词《东洋茶馆》云：“东洋茶馆即花丛，倭女陪人粉脸红。学得苏腔三两语，青蚨数百度春风。”[③]近代上海的三盛楼、五层茶楼、玉川品香社等都是东洋茶馆，在近代社会商风的影响下私家园林转变成营利性的公共园林，其中六三园就是典型的代表。六三园是一座日式花园，也是一座营业性的私家园林，随着中日战争的结束而衰微，经历了最辉煌的各种宴会和展览时期，也经历了最终的战火炮毁。六三园虽是日本私家园林，但为上海及中国近代园林的发展引出了开端，六三园的构成形式和功能与园主人白石六三郎有着密不可分的关系。

二、园林主人白石六三郎

白石六三郎，又叫白石鹿叟，旧姓武藤，明治元年（1868年）出生于日本长崎，家境贫寒，青年时曾在上海至香港航线上的外国轮船上洗碗，后定居在上海。17世纪末至19世纪中期，日本一直处于锁国时代，严重阻碍了海运事业的发展。锁国结束后，日本开始鼓励海运事业：“1875年1月18日，日本内务省命令三菱汽船会社开设横滨至上海的定期航船……每周一回，这是最早由日本人自己开设的海外定期航路。”[④]长崎与上海距离近，交通便利，很多日本的长崎人来上海谋生、经商，虹口地区成为日本人的着陆点，逐渐形成了虹口日侨居住区，上海成为一个特别的“长崎村”。白石六三郎在这个时期随流来到上海。

白石六三郎既是个创业商人又是个书画爱好者。1900年将购买的三盛楼改建为六三园，经营面店、旅馆。当时的日本出现了很多书画展示、交流的

---

① 《炮毁六三花园》，《商报画刊》1932年4月3日。
② 参见王志鲜、段炼：《孙中山上海史迹寻踪》，上海辞书出版社2009年版，第23页。
③ 顾柄权：《上海洋场竹枝词》，上海书店出版社1996年版，第135页。
④ 陈祖恩：《寻访东洋人：近代上海的日本居留民（1868—1945）》，上海社会科学院出版社2006年版，第14页。

场所，白石六三郎引入日本的这种书画交流模式，在六三园中经常雅集中日画家来园内，由此，六三园以承办宴会和书画展览为主要经济来源。白石六三郎擅长结交中国友人，曾与孙中山、康有为、鲁迅、郁达夫、吴昌硕、王一亭等人皆有往来。白石六三郎与王一亭关系甚密，王一亭有着多重身份，兼画家、艺术赞助人和慈善家，他与日本商界和文化界交往密切，是中日美术交流的倡导者。白石六三郎通过王一亭与吴昌硕结识，十分喜欢他的书画篆刻，不仅在六三园中多次招待吴昌硕，还在甲寅九月为当时上海书画艺术的泰斗吴昌硕举办了《吴昌硕书画篆刻展览》，他自己也收藏了很多吴昌硕的作品。此外，白石六三郎也是一个慈善家，《申报》中记载到："闸北慈善团敬谢白石六三郎先生捐助育婴经费洋二百元。"①白石六三郎于 1934 年去世。

白石六三郎是个日本商人，也是个文人，他对六三园的营造无疑深受日本园林的影响。而日本园林也是受中国园林文化的影响，二者有着共通之处。以下从六三园的空间布局、植物造景和建筑营造三个方面分析园林的空间构成。

三、六三园的空间构成

六三园是一座日式园林，在空间布局、植物造景和建筑营造等方面与中国古典园林不同，六三园的营造既受园主人审美意趣的影响，又受当时特殊的社会环境的熏陶，六三园的空间构成带有强烈的时代性和日本民族性。

在空间布局方面，六三园是一座日式私家庭院，园内的空间布局基本上是遵循日式园林造园法，部分建筑采用了西方园林的造园风格。日式园林小巧而精致，一般面积较小，继承了中国的自然山水式园林观。虽然未找到六三园的平面布局图纸，但《上海园林志》中对六三园空间布局做了具体的描绘：花园的北面是园主的起居处和展厅，是一座日式建筑风格。西面是西式建筑，主要用来举办宴会之用。南门入口处是一块草坪，周围是一圈驰道，东南面有一个小池，池底铺有白色的石子，中心是一个喷泉。园的西南面养殖着一些珍贵的动物，在园的中部是一座日本女性雕像。②从以上对六三园的描述可以得知，这是一座受西洋文化影响的日式园林，六三园南门入口处面积约五六亩的草坪、喷泉和西方建筑是典型的西方园林风格。明治维新后，日本庭园受到西方

① 《闸北慈善团敬谢白石六三郎先生捐助育婴经费洋二百元》，《申报》1922 年 11 月 15 日。

② 《上海园林志》编纂委员会编：《上海园林志》，上海社会科学院出版社 2000 年版，第 86 页。

世界的影响，引入了一些西方园林的造园手法。

在植物造景方面，上海作家、文史学家郑逸梅曾亲访过六三园，并留下了珍贵的记录，在《觉园与六三园》中记录到："入门便为一驰道，环一场地，大可五六亩，细草平铺，似展绿毯。其旁植樱树成行，樱花红英灿灼，间有绿的，较为珍希，词人况蕙风见了，大为称颂，赋《临江仙》，多至十余解，为时传诵。对径开轩，依林结宇，大都为纸窗竹扉。间种牡丹、杜鹃，花旁列一石像，低眉慈容，镌有'普叠妙岭'四字，胸前束以红帛上书'奥川敦子'。且有禽囿、鹿栏。过栏为挹翠亭，题额为大正年号，悬一楹联，亦出日本手笔。联云：'天上四时春，看好花不断，明月常圆，缥缈蓬莱几洄溯；座中前途客，尽旧谱留题，新诗覆瓿，大千萍梗话因缘。'"[①]从六三园的正门进入可以看到一组小景观，在草坪上有一尊石像、一棵树和一个石灯笼。"园内有一块面积六亩的草坪，供春秋季节的集会和赏花活动。园内还设有茶屋、凉亭、葡萄园、荷花池、煤油路灯，并种植很多松、梅、竹等日本人视为吉祥的植物。"[②]六三园占地面积二三十亩，草坪面积占有五六亩，草坪周围是一圈驰道，路旁种植着樱花树。当时有人在六三园赏完樱花留下这样的诗词："藐姑生长蓬莱岛，袜尘俣蹴神仙倒。分柯布叶染鞋红，照海摇空媚睛昊，婆娑东府梦初醒，绰约西家风正好。我愁移种惜芳菲。流开莫漫摧春老！"[③]樱花是日本的国花，在日本园林中到处都是樱花，所有日本被称为"樱花之国"。樱花的花期很短，从开花到花残只有七天，日本人认为樱花是刚劲、高雅和独立的精神象征，体现了日本的物哀之美和侘寂美学思想。

在建筑营造方面："六三园在宝山路，与蜀商公所相近，未至天通庵转北即是。乃日商六三亭主人所购。一切建筑，日本式为多，水木清华，亭榭幽胜，樱花甚灿，来自日本，花呈红绿白三色，阴历三月大开，望之若云霞，诚大观也。养牲圈蓄猴鹿，猴有长尾者；又有鹤雉鸳鸯；鸡有长尾鸡、大冠鸡、锦鸡。西北隅有西式高楼，与楼相近有日本神社。日人往游者颇多，华人亦可往游，不取资，惟须给阍者西式名片。"[④]两层木构的日式建筑"有豢养麋、鹤、猴、锦鸡等

① 上海市文史馆，上海市人民政府参事室文史资料工作委员会编：《历史文化名城——上海：上海地方史资料 6》，上海社会科学院出版社 1988 年版，第 121 页。

② 陈祖恩：《寻访东洋人：近代上海的日本居留民（1868—1945）》，上海社会科学院出版社 2006 年版，第 24 页。

③ 罗少松：《六三园看樱花，持志》，上海：持志大学商店，1929 年第 4 期，第 36 页。

④ 王志鲜、段炼：《孙中山上海史迹寻踪》，上海辞书出版社 2009 年版，第 23 页。

的动物园及小池、喷泉分置南部之西东，池东置一木构神社，中部立一日本女子雕像，下镌‘普叠妙龄’四字。园北为日式民居建筑，系主人家居，园西西式楼房，为日本料理、中西菜肴、茶点营业处。专营餐饮与提供会展场地，不售门票”。①由此可见，六三园的建筑营造以日式建筑为主，还伴有西式建筑。

中国古典园林在空间布局上主要是使用欲扬先抑的手法，入口一般设置假山等障景，用以营造曲径通幽的视觉效果。《红楼梦》中的大观园，入口便是一带翠障假山，以营造“迷惑烟灼，纵横隐现”之感。李渔在《闲情偶寄·居室部》中也有“故作迂途，以取别致”的说法。“曲”、“幽”、“迂”是中国古典园林中常用的设计手法。然而在近代园林中，受西方园林的影响，“曲径通幽”的已经在逐渐丧失，入口常布置一块草坪，这块草坪的功能主要是举办运动、展览、集会、演讲等活动。1868 年，日本明治维新后，大力主张西化，建筑方面仿效西欧的建筑，出现了“近代和风”的建筑风格。六三园是在日本建筑的基础上受西方文化影响的产物，因此在空间布局、植物造景和建筑营造方面都有西方文化的影子。

四、六三园与中国近代园林功能的嬗变

十九世纪晚期上海陆续出现了经营性私园，与中国传统园林的封闭性形成鲜明的对比，布局空间的开敞性、服务对象的大众化、公共娱乐设施的世俗化为中国近代园林的发展奠定了基础。当时沪上著名的经营性私园有张园、徐园、愚园和六三园等，这些园林的功能与中国古典园林的传统功能存在差异，以下从六三园的一般功能和特殊功能分析中国近代园林功能上的嬗变。

(一) 一般功能：餐饮、雅集宴会、赏花、游乐

六三园最基本的功能是为客人提供餐饮服务，其功能是在面店的基础上扩展的。白石六三郎擅结交友人，经常在六三园邀请中日好友雅集宴会，六三园是中日交流的重要场所，也是日本人思乡的场所。白石六三郎曾在园内接待过孙中山、鲁迅、郁达夫、吴昌硕和一些日本友人，学者陈祖恩在《寻访东洋人：近代上海的日本居留民(1868—1945)》书中记录道：“1912 年 4 月 6 日，孙中山来上海时，宫崎滔天等人在‘六三亭’为他举行隆重的欢迎会。1922 年 7 月，孙中山经历南方军阀的半边从广州脱险抵达上海后，日本驻上海总领事船

① 王荣华：《上海大辞典　中》，上海辞书出版社 2007 年版，第 1506 页。

津辰一郎也在六三花园设宴为孙中山洗尘。中国文豪鲁迅曾邀请郁达夫等人到六三花园中观赏过樱花，也应邀在那里参加过日本友人的宴请。1935 年 10 月 21 日，鲁迅应日本《朝日新闻》上海支社长邀请，去六三花园。1919 年日本元老、出席巴黎和会议的日本全权代表西园寺公望途经上海时，慕名前往六三花园，并书'兴亦不浅'四个大字赠白石六三郎。"①"1922 年 8 月，日本驻上海总领事船津辰一郎又在这个六三园中宴请孙中山及国民党首脑人物，近代革命党也利用六三园的特殊地位在这里召开会议。"②鲁迅先生在上海景云里时也曾多次受邀于六三园，并在《鲁迅日记》中有过记载。

郑逸梅曾在《觉园与六三园》中记录了当时六三园雅集宴会的场景："场畔到处有灯笼，所以备室外的夜宴。鹿叟很风雅，喜交纳我华名士。有一次，邀请曾农髯、钱瘦铁、王西神、刘亚文、杨树庄、汪英宾、徐秋生作宴饮，西神撰《鹿园歌舞记》，略述其胜，如云：'小山之麓，流泉绕之，琤琤作琴筑声。一溪碎玉，静引禅心，池中铺以白石，清澈见底。'那天的歌舞亦极一时之盛。西神文又云：'主人布席于广场之上，芳草舒茵，飞花朴髯，所制西点极精，诸歌女持杯劝进，酒三巡而歌舞作。歌者十一人，六人高坐，五人趺坐其下，高坐者操弦索，趺坐者击鼓。左右两端，则一人槌大鼓，一人吹玉笛，疾徐中节，全队咸按拍而歌。歌声甫起，即有舞女二人，飞入场中，反腰贴地，软体婆娑，翩若飞翔，焕如霞举，观者咸飘飘然作凌云想。'中日名画家于此陈列固化，有解衣社古画展览会之设。当吴昌硕作古，园中即展出日人所藏昌硕的遗墨，赋有昌硕后人东迈珍藏之品。昌硕的最后绝笔墨兰，也陈列其中，我曾前往观赏，距今已数十年了。"③

（二）特殊功能：画展和运动会

六三园北面的日式建筑是展厅，日本、上海书画家联手、收藏家等名流常举行书画展览，是当时沪北重要的书画鉴赏、展览和交流中心。此外、张园安垲第、愚园、半淞园等都是重要的艺术展示场所。1907 年春，徐园助赈书画会举行书画赈灾活动。传统文人画把玩细品的欣赏方式在陈列展览中逐渐消

① 陈祖恩：《寻访东洋人：近代上海的日本居留民(1868—1945)》，上海社会科学院出版社 2006 年版，第 24—25 页。

② 王志鲜、段炼：《孙中山上海史迹寻踪》，上海辞书出版社 2009 年版，第 24 页。

③ 上海市文史馆，上海市人民政府参事室文史资料工作委员会编：《历史文化名城——上海：上海地方史资料 6》，上海社会科学院出版社 1988 年版，第 121—122 页。

失，美术展览的场所介入使传统中国画发生根本性的变革。吴昌硕是中国最早举办书画展览的画家，这次展览的举办地就是六三园的剪淞楼。吴昌硕晚年的第一次举办个人书画展，展览轰动了整个沪上，作品也深受公众的喜爱，很多日本名人都开始收藏他的书画篆刻，吴昌硕名声大噪，名扬日本，在日本掀起了“吴昌硕热”。民国3年(1914年)九月，白石六三郎在六三园内的“剪淞楼”为吴昌硕举办《吴昌硕书画篆刻展览》。对于吴昌硕的第一次个展，他本人还作《六三元宴集，是日剪淞楼尽张予书画，游客甚盛》以纪之。“民国8年3月下旬，由中日收藏界名流吴执之、冈野等发起，集沪上私家收藏精华的金石、书画、文物在六三园举办展览。民国16年吴昌硕逝世，当年旅沪日本书画界人士即与吴德儿子吴东迈各倾所藏吴氏遗墨，在六三园举办吴昌硕遗作展览，吴昌硕的绝笔——墨兰亦陈列其中。”①可见白石六三郎与吴昌硕的情感浓厚。“日本富三郎氏拟发起开一书画展览会，各收藏家所藏书画陈列一室，以公同好吾国与会，有吴昌硕兼南湖高野侯诸名士以虹口六三花园会所。”②双清别墅俗称徐园，徐园中曾多次举办书画展览，在民国14年3月任伯年、冯超然、王一亭等都在这参加过展览。“中日现代绘画展览会、筹备详情、已志前报、昨日为开幕之期、上午十时、中日两国出席代表暨来宾四百余人、齐集于康脑脱路徐园大礼堂、举行揭幕仪式……”③“自六月十一日起十五日止展览书画五六，有精品□作云。”④

公园和公用私园的特点在于“公”，活动空间的公用化可以扩大人们的使用需求。城市人口密集、土地面积小、生活节奏加快，为满足市民生活需求，休闲娱乐成为园林的主要功能，市民需要开阔的场地，六三园的这块占地五六亩的大块草坪就承担着运动场的功能(图3)⑤，运动场也承载了现代城市广场的功能。“六三花园不仅作为运动场，也作为绿色草坪向沪邦人免费开放。春天是孩子的花祭，长崎名物的风筝在上海的蓝天里飘扬。”⑥“今日(即三日)午后本埠日本侨民开运动会于虹口六三园，届时记者会驱车前往于其盛兹特记者其情形如左。……运动节目颇不乏新颖可喜者，有大鞋竞走一节

① 《上海园林志》编纂委员会编：《上海园林志》，上海社会科学院出版社2000年版，第86页。
② 《六三园之书画展览会》，《小时报》1918年10月25日。
③ 《中日现代画展览开幕》，《申报》1929年11月2日。
④ 《半淞园书画展》，《新闻报》1937年6月9日。
⑤ 王志鲜、段炼：《孙中山上海史迹寻踪》，上海辞书出版社2009年版，第22页。
⑥ 张仲礼：《中国近代城市企业·社会·空间》，上海社会科学院出版社1998年版，第442页。

致足解颐，系令小学生辈著长近二尺之日本式鞋竞走，一种臃肿不灵之态令人忍俊不禁。”①“本届万国竞走比赛，已于七日举行，结果我中华又荣膺冠军，连获三年锦标，殊堪钦佩，至此次胜利非特我国人欣忭雀跃，即外人称赞不止……”②虹口公园是上海重要的运动场所，在原靶子场的基础上扩建而成，《申报》记载：“靶子场虹口公园，为上海最大运动场，会假远东运动会二次，昨日发表，月来之运动人数报告，兹录如下人，打球二五三三人，足球一四八八人，棍球一一二人，游客四一三一人，非游客三六一二人，总共七七四三人。”③1915 年，第二届远东运动会在虹口公园举行，这是首次在我国举办的国际性运动会，受到了社会的普遍重视。它进行了田径、篮球、排球、棒球、网球、游泳等 7 项比赛。

五、近代园林生活审美追求的转型

（一）市民美育

宋代市民游赏之风盛行，促进了公共园林的形成，园林成为以礼制为导向的教化性场所，因此公共园林是市民生活的重要载体，承载着一个时代和一个民族的文化特征与审美范式。近代园林是传统园林向现代园林转变的重要阶段，营业性私园介于传统私家园林和现代公园之间，园林从教化大众到美育的建设，营业性私园起着过渡性作用。鸦片战争后，中国园林在西学东渐的影响下发生剧变。随着时代的演进、社会的发展和人民生活需求的改变，中国园林在继承古典园林的基础上，其内容与形式发生嬗变。西方园林文化对中国近现代园林的营造产生了深远的影响。张謇是中国首创近代“公园”理念的人，他在致力于精英南通城市建设时提出：“公园者，人情之囿、实业之华、教育之圭表也。”1904 年，张謇在校河之西建了公共植物园，第二年在植物园的基础上建造了博物苑，将博物馆与中国园林相结合，这是我国最早的博物馆，也是一座公共园林。张謇认为公园承担着文明、教育之功能。1917 年蔡元培撰写了《以美育代宗教说》并在北京的神州学会发表演讲，可见二十世纪前后王国维、梁启超、蔡元培等人的“美育救国”和“以美育代宗教”的思想对园林的发展产生了重要的影响。

---

① 夔生：《六三园之运动会》，《时报》1918 年 4 月 6 日。

② 《六三花园主人定期欢宴出席万国竞走比赛员》，《民国日报》1930 年 12 月 12 日。

③ 《虹口公园之运动报告》，《申报》1926 年 3 月 16 日。

二十世纪左右在上海的张园、申园、愚园和六三园等园内经常举办画展。如1912年《申报》中记录在张园的金石书画展览："金石书画第四次展览会本定于廿五念六廿七三日在张园赛珍会内陈列兹因会场赛品过多无隙陈列乃改于阳历六月初一初二两日午后二时起六时止仍在张园安凯第楼上展览。"①1918年7月，上海图画美术学校在张园的安垲第大厅举办成绩展览会，学校在张园内举办美术成绩展不仅是为了扩大学校的知名度保证学生的生源，更重要的是将美术呈现在公众的视野，走出校园，走向社会，将美育事业传播给大众。"刘海粟君之'农人''小贩'均为未来派其'予之姊'及汪亚尘君之'□物'则为三期印象派海上繁盛之区俗氛四扰从未有此种新颖美术入人脑际刘君等公开此美术展览会其有裨于美育前途者非细矣。"②"1909年，由上海多位收藏家、鉴赏家发起，中国金石书画赛会假愚园洋房二楼及新厅两处举行。③"这些发生在园林中的画展充分说明了中国园林从传统到近代的功能和大众的审美追求发生了巨大的改变，园林作为展览的媒介和平台为公众提供了一个美育空间和生态景观环境。园林已不再是过去文人主导的私密空间，而是向大众开放，带有美育目的的开放性空间。

（二）公众审美追求

中国园林的造园又叫"构园"，"构园有法，法无定式"。古代构园追求审美意境，王国维在《人间词话》中写道："境非独景物也，喜怒哀乐亦人心中之一境界，故能写真景物、真感情者、谓之有境界，否则谓之无境界。"中国古典园林的造园者一般是文人、画家，因而园林追求诗情画意的艺术境界。隋唐以前古人乐在自然山水中娱情畅神，园林规模恢宏，东晋的王献之也说过："从山阴道上行，山川自相映发，令人目不暇接，若秋冬之际，尤难忘怀。"隋唐以后园林的规模变小，文人士大夫追求在"壶中天地"、"芥子须弥"中"卧游"、"畅神"。近代以来，园林的类型、功能与形式等方面发生了转型，园林的欣赏主体从以前以文人士大夫为主导转变成以市民大众为主体，园林成为为公众服务的公共空间，园林的审美追求从文人士大夫寄情山水、追求天人合一的自省空间转变成以美育、教化为目的开放性活动场所。从六三园具有的举办画展和运动场的功能来看，园林已不仅仅是满足公众休闲娱乐的功能，市民有了更高的审美追

① 《金石书画展览会改期》，《申报》1912年5月25日。

② 《美术展览会今日开幕》，《申报》1919年8月26日。

③ 王敏：《近代上海城市公共空间（1843—1949）》，上海辞书出版社2011年版，第67页。

求，追求更高的生活品质。近代上海的营业性私园是华人重要的社交场所，在这里可以满足游客的雅集宴会、赏花看景、休闲娱乐、展览和运动等多种活动。园林承载了一个时代的人文精神和生态思想，近代园林在继承"天人合一"的造园思想上将美育功能、教化空间、文化氛围和生态景观等功能相融合，对当今时代的城市公园建设具有理论意义和实践价值。

The Transformation of Modern Landscape Aesthetic Pursuit from Liu San Garden

Abstract: After the opening of port in Shanghai, Chinese gardens were influenced by western culture, and the classical garden art gradually declined, and the types of modern gardens were transformed, such as concession garden, merchant garden and commemorative garden, among which commercial private garden is one kind of merchant garden. Commercial private gardens have exerted a subtle influence on the construction of modern gardens in Shanghai. Taking Liu San Yuan as an example, this paper analyzes the changes in form, composition and function of commercial private gardens in modern Shanghai, discusses the changes of modern gardens under the influence of western thoughts, and then analyzes the transformation of people's aesthetic pursuit in garden life.

Keywords: Liu San Yuan、Modern garden life、Aesthetic pursuit、The transformation of garden

作者简介：郭润滋，河北保定人，上海大学上海电影学院在读博士研究生，艺术学理论专业，主要研究方向为视觉文化与艺术创意；刘旭光，甘肃武山人，博士，现为上海大学文学院中文系教授，博士生导师，主要从事美学史与艺术学理论研究。

高校战略绩效管理系统构建研究：基于战略沟通视角①

邓　江　孙　雯　王　镇

摘　要：本文结合全球高等教育绩效管理发展大趋势，面向当今高校战略绩效管理执行过程中暴露出的问题，深挖根源，力图探索战略沟通视角下的高校战略绩效管理改革新路径，从战略规划、战略实施、战略评估、战略反馈角度，提出对高校战略绩效管理系统构建的思考，力图通过开展有效的战略沟通实现在管理过程中达成战略认同、开展战略协同、推动战略应变。

关键词：战略绩效管理　高等教育　战略沟通　双一流

20世纪70年代以来，西方高校治理范式逐渐从"回应民主诉求"向"提升治理绩效"范式转变；"高等教育质量"在全球范围内广受关注，并在20世纪80年代成为各国的普遍共识。②到了20世纪90年代，高等教育质量保障运动在全球兴起，高校绩效评估管理体系的建设在世界各国的实践中不断发展：澳大利亚在1992年成立了"高等教育质量保障委员会（CQAHE）"，并在此基础上于2000年设立了"大学质量委员会（AUQA）"，开展高等教育的独立绩效评估；英国1997年成立了高等教育质量保障署（QAA），在整体管理体系中加入了大学教育绩效管理；日本在2000年由国家学位部门（NIAD）对国内所有公

① 本文为上海市教育科学研究一般项目"高水平大学建设背景下高校战略绩效管理体系构建及其限度研究"（C18081）研究成果。

② 朱家德：《从回应民主诉求到提高绩效：西方大学治理范式的发展演变》，《中国高教研究》2013年第3期，第62—66页。

立大学进行了绩效评估,并作为高校财政拨款的主要依据。①

我国高校的资源配置模式属于"国家中心模式",高校得到的政府拨款和资源匹配往往与高校的办学质量、社会影响力和科研绩效直接相关。2017 年 1 月,教育部联合多部门印发的《统筹推进世界一流大学和一流学科建设实施办法(暂行)》(以下简称"双一流")中提出要"以绩效为杠杆",强化"绩效考核",引导高校不断提高办学水平和综合竞争力,到本世纪中叶"基本建成高等教育强国"的战略目标。②

基于全球高等教育绩效管理范式大趋势和我国"双一流"高等教育新时代背景,在高校内部治理体系完善过程中,构建一套行之有效的高校战略绩效管理系统意义重大、刻不容缓。本研究从现行高校绩效管理中的问题切入,浅析战略绩效管理与高校绩效管理在历史与实践中的适配性,构建以战略沟通为核心的高校战略绩效管理系统的模型,为高校现行绩效管理模式的完善与优化提供可行性建议。

一、高校绩效管理面临的问题与困境

绩效管理起源于西方企业界实践,现今绩效管理作为一种管理工具广泛运用于各行各业。绩效管理作为管理系统中的一部分,为实现组织的战略目标,将员工与组织的绩效有机结合,促进共同参与实现组织目标的过程,③这其中主要包括绩效规划、绩效实施、绩效评估等主要环节④,也有研究将绩效反馈纳入到该体系中。注重绩效结果与执行相结合的绩效管理模式在企业不断实践中逐渐成熟,但在非营利性的公共部门中绩效管理的实践与发展相对较为缓慢⑤。"双一流"高等教育新时代的背景下,高校所承担的人才培养、科学研究和社会服务等职责受到了广泛重视,各高校之间的竞争愈加激烈,在高校绩效管理方面的研究成为了近年的热点。

---

① 薛成龙,邬大光:《中国高等教育质量建设命题的国际视野——基于〈高等教育第三方评估报告〉的分析》,《中国高教研究》2016 年第 3 期,第 4—14 页。

② 教育部,财政部,国家发展改革委:《教育部　财政部　国家发展改革委关于印发〈统筹推进世界一流大学和一流学科建设实施办法(暂行)〉的通知》,教研〔2017〕2 号[EB/OL]. http://www.moe.gov.cn/srcsite/A22/moe_843/201701/t20170125_295701.html, 2017 年 1 月 25 日。

③ 司福亭:《基于平衡计分卡的高校战略绩效管理研究》,《中州大学学报》2014 年第 31 卷第 4 期,第 9—13 页。

④ 郭必裕:《高校战略评估对战略管理调控机理初探》,《现代教育科学》2010 年第 1 卷,第 87—89 页。

⑤ 程卓蕾:《高校绩效管理体系的研究与设计》,中南大学 2011 年。

高校与企业不同，采用企业管理模式中的量化指标形式进行高校绩效评价的难度较大。量化的评价模式表面上看来较为客观公正，但可能使高校绩效管理逐渐陷入“五唯”桎梏，过分重视考核结果，对战略目标和管理过程的重视度明显缺乏，难以长效激发高校发展动能，甚至产生负面影响。究其原因，当前高校绩效管理面临的挑战和问题主要有以下四点：

第一，量化评估模式形成重量轻质的不良风气。量化的评价方式旨在追求指标任务的数量增长，对于一般性科研成果有明显促进作用，但与基础性研究的长期性和高风险性特征不相适应，容易促使高校教师走入集中精力产出“短平快”成果的误区，“宁坐十年冷板凳，不写文章半句空”的科研精神淡化，从而抑制创新性、高质量成果的产出，甚至因追求快速与高产，出现了学术生态被破坏的现象。

第二，二级单位的绩效评估体系同质化现象较为明显。在明确学校总体战略目标后，高等院校往往通过设计一套绩效指标体系作为落实战略目标的重要手段，以二级单位围绕该指标体系产生的绩效来衡量二级单位建设发展的情况和对学校的贡献。然而二级单位的发展定位、学科特性、发展阶段等都是不同的，用“一把尺子量到底”就会频频出现管理对象与指标体系不相适应，难以培育和形成自身特色优势品牌。

第三，绩效评估流程单向，缺乏反馈与沟通。高校绩效考核多为单向考评，目标任务分解缺少战略性、全局性考量，多数情况下要求各二级单位在现有基础上取得一定的增长，那么就会造成任务分解不断向原本工作贡献较大的单位或者进步较快的单位加码，出现“鞭打快牛”现象。而且一些高校片面强调制度和结果的权威性，与教职工之间缺少沟通，反馈渠道等工作并不重视，绩效考核结果的改进意义并未有效传达给相关教职工，以致考评环节浮于流程，导致高校建设的动力不足。

第四，过度重视绩效考核的结果，行政力量主导倾向严重。在绩效推进过程中忽视了对管理中的关键成功因素的发掘，管理者的管理活动在绩效取得过程中的关键角色缺失。追求绩效增长的方式和途径，多以目标牵引、任务分解来实现，以行政力量为主导推动的绩效薪酬改革导致学术力量屈从，从而走入“人人头上有指标”的境地，教师沦为“挣工分”的“技工”。

除了以上问题，高校绩效管理中还存在着指导思想不统一、发展目标不明确、规划与实施脱节、评价周期不合理、指标设计不科学、缺少沟通反馈体系等问题，这些高校绩效管理发展中出现的现实问题，也是“双一流”建设不断推进的过程中亟需突破的瓶颈。高校绩效管理实施过程中，大多院校都主要关注绩效考评方面的发展，缺乏对发展战略目标和管理理念的传递与贯彻，无法将教职工员工个人发展与院校组织的发展充分结合起来。绩效管理只注重结果却并没有达到“管理”的效果，这样的绩效评价并未对教职工个人发展和职业能力提升产生效果。①所以高校的战略绩效管理应当区别于传统的绩效管理模式，在技术创新的加持之下，战略绩效管理在高校战略的规划、实施与评估各环节根据实际情况进行灵活调整，形成较为完善的教职工与学校共同发展的战略闭环，才能更好地将战略管理工具与高校的战略目标相统一，保障战略目标实现。

二、战略绩效管理理论及其在高校中应用的适配性与重要性

将战略绩效管理引入高校管理体系不是随意之举，从 20 世纪中叶开始战略绩效管理理论就进入到了企业管理界，进而不断优化完善。通过对战略绩效管理在管理过程、个人和组织绩效的形成与测量方法方面研究的梳理，厘清其基本内涵与核心思想。从历史发展和高校绩效管理实践角度均能发现，战略绩效管理与高校管理具有一定适配逻辑，对破除高校传统绩效管理中的问题提供了建设性的改进方向。

（一）战略绩效管理理论的基本内涵与思想

战略绩效管理是以战略绩效评价为基础，在管理实践过程中不断改进与创新发展而来的。②最早是在 1938 年由美国的著名经济学家巴纳德把“战略”这一军事化概念带入到企业管理的研究中。③随后，商界和企业界慢慢开始重视“战略”在管理中的重要性，20 世纪 70 年代开始提出了“战略管理”这一概念④，战略思想在管理中的应用从侧重财务方面的预算控制逐渐完善，发展为对企业整体战略的全方位管理⑤。

---

① 韩明：《高校教师评价中的绩效管理》，《华南师范大学学报》社会科学版 2009 年第 8 期，第 133—135 页。

② 周宇霞，龙腾，张勇波：《战略性绩效管理研究综述——基于文献检索角度》，《中国管理信息化》2019 年第 22 卷第 18 期，第 121—122 页。

③ 程卓蕾，孟溦，齐力，刘文斌：《构建测量组织战略绩效的指标体系方法研究》，《科研管理》2010 年第 31 卷第 3 期，第 106—112 页。

④ 刘献君：《论高校战略管理》，《高等教育研究》2006 年第 2 期，第 1—7 页。

⑤ 任浩.战略管理：《现代的观点》，清华大学出版社 2008 年版。

企业的战略管理围绕着组织的战略目标，对战略实施与实施的结果进行考评，战略管理的绩效也就决定着整体企业的绩效。所以，战略性绩效管理主要是站在组织长远发展的战略视角下进行组织长期的战略规划，并对战略实施过程与结果进行战略考评与激励的管理模式，强调战略规化到战略绩效评价的联动。“战略”思想贯穿在绩效管理的整个过程中，推动战略的规划、实施、评估、反馈环节地循环，形成以战略为导向的可持续绩效管理模式。战略绩效管理的内涵主要包括以下三方面：一是依据组织长远的战略目标规划科学规范的绩效管理体系；二是在战略绩效管理模式下，根据组织内部情况分别建立个人与团队的绩效管理体系，定期对组织相关员工进行评估考察；三是依据战略评估结果对个人或组织进行价值分配的战略绩效管理运作。①

学界关于战略绩效管理的研究主要有三个方向的理论基础，分别是战略绩效控制论、战略绩效形成理论和战略绩效评估理论。1)从战略绩效控制理论来看，绩效管理中的实际环境不断在变动，为减少管理误差带来的不便性，需要重视绩效管理中的反馈环节来确保战略目标有效地实现。绩效管理中的PDCA模式通过战略绩效管理流程的循环过程来确保员工达到组织的战略目标，并通过战略绩效评价体系不断提升员工的水平，以实现组织长远的战略目标，这其中具体体现了控制的过程。②2)战略绩效形成理论主要关注的是战略绩效产生的原因及关键影响因素，在组织中往往包含组织层面和个人层面两个层面的统一，因此又可以分解为组织层面战略绩效形成理论和个体层面战略绩效形成理论。美国卡普兰和诺顿提出的“战略地图”理论框架在组织层面战略绩效形成理论中贡献突出。卡普兰和诺顿所倡导的平衡分计分卡(BSC)模式将绩效测量与战略评价行为结合，在企业的战略目标与执行之间形成了清晰且可量化衡量的“战略地图”③。战略地图通过对无形资产与组织战略实施成果之间的关系进行分析，厘清组织中无形资产对战略绩效的影响情况，为战略实施过程提供了有效地指导。而战略绩效管理中组织绩效和目标的完成主要依靠个人绩效的力量，如何在战略管理中有效提高个人绩效的研究也十分重要。个人层面战略绩效形成理论解释了组织中的个人绩效的形成过程和

① 唐东方：《战略绩效管理》，中国经济出版社2012年版。

② 王艳艳：《论战略性绩效管理的理论基础》，《商业研究》2012年第3期，第91—96页。

③ Robert S Kaplan, David P Norton, Strategy Maps: *Converting Intangible Assets into Tangible Outcomes*, Harvard Business School Press, 2004.

影响因素相互关系，其中最为重要的是波特—劳勒激励模型理论框架。①3)战略绩效评估理论关注绩效评价体系的建构，战略绩效管理中个人绩效与组织绩效的测量方式不同但又互相关联，面对如此复杂情况，绩效评价体系更加侧重指标体系的建构。现今，目标管理(MBO)、关键业绩指标法(KPI)、平衡记分卡(BSC)三种指标体系设计理念得到了广泛采纳与实践，其中关注组织绩效的BSC模式在企业、政府和高校中的应用较多。

(二) 高校应用战略绩效管理系统的适配逻辑与价值意义

20世纪90年代开始，起源于西方的绩效管理开始向战略绩效管理方向发展，高校在"新公共管理运动"风靡的时期也引入了绩效管理的模式，同时战略性绩效管理模式也应用在了高等教育管理中，高校绩效管理模式的中心也从评估结果转向了管理过程。②目前这一理论模式已经为许多高校采用，但实践效果并不理想。当前高校绩效管理中普遍存在着指导思想不统一、发展目标不明确、关注绩效结果缺乏质量监督等诸多问题，致使将绩效管理简单等同于绩效考核的情况屡见不鲜，受到广大教职工诟病，一定程度上影响了高校发展的和谐与稳定。

目前国内高等教育机构对战略管理日益关注，对理论的需求日益增加。本研究从当前高校关注的绩效管理出发，丰富了战略管理研究理论。以战略为牵引的绩效管理体系的构建，解决了高校中"管理是什么""如何管理"的疑问，有利于实现高校管理的目标与行动的统一、决策与过程的统一、整体与部分的统一、抽象与具体的统一，是战略管理理论应用于高校的适配性与可行性方面的一种有益的探索和尝试。

高校人才培养、科学研究和社会服务三个方面功能之间动态变化关系模式对战略绩效管理实施与绩效评价在高校的应用有较大影响。将战略绩效管理模式应用于高校管理体系，一方面需明确高校总体发展使命，从长远角度规划高校战略目标，将高校组织与教职工发展切实联系起来，为高校构建可持续性的发展模式；另一方面，依据战略绩效管理建构科学的科研评价体系，提高教职员工对评价方法的理解与掌握，推动高校科研创新效率与水平的提升。

---

① John A. Wagner III, John R. Hollenbeck, *Organizational behavior: securing competitive advantage* (4th edition): Harcourt College Publishers, 2001, p.103.

② 李仕超:《协同创新视角下的高校战略绩效管理体系研究》,《山东青年政治学院学报》2017年第33卷第6期,第12—16页。

同时，战略绩效管理有助于完善高校管理部门基于组织战略目标制定政策，通过建立可信度高、双向交流的评价体系和激励模式，提高高校绩效管理成效与管理水平。

战略绩效管理模式在高校中的应用，有助于推动高水平大学的建设。目前，高校外部发展环境不断发生变化，力求找到更加有效的管理模式和制度创新的切入点，借鉴学习西方大学战略管理思想，结合高校内部和外部情况创造性地将高校战略管理思想进行实践。绩效管理水平的提升对各大高校建设与发展起着重要的作用。构建战略为导向的绩效管理体系，解决高校发展过程中的实际问题，是建设高水平高校的关键举措，为高水平大学建设保驾护航。高校战略绩效管理系统的建构，更有利于维护高校的和谐稳定发展，并创造可推广可复制的实践经验，推动高等教育事业的发展。

三、高校战略绩效管理系统的模型构建：以战略沟通为核心

战略沟通是绩效管理中重要的环节，其在高校战略绩效管理的战略规化、战略实施、战略评估和战略反馈流程中的作用不可小觑。以战略沟通为核心，将战略绩效管理中的各个流程有机联系起来，构建可持续发展的高校战略绩效管理系统。

（一）战略沟通视角在高校战略绩效管理体系中的核心地位阐释

在企业管理实践过程中，科学合理的战略目标的实现离不开战略执行，战略沟通在战略执行乃至整个战略绩效管理过程中都扮演着重要角色。沟通是管理的基础，在战略绩效管理中个人与组织绩效的统一更需要有效的沟通进行协调。许多企业在规划好组织的战略目标之后，并未及时将企业战略目标和内容清晰、有效地传达给员工，导致企业内部对企业战略了解较少、理解混乱等情况的发生，增加了员工间的沟通成本，对企业整体和个人的绩效水平都有一定影响。有效的战略沟通能让企业内部各组织与个人从发展全局出发，向共同的企业战略目标发展，有利于个人和企业绩效正确且高效地达到战略目标。①同时在战略沟通下，企业内部方向一致，个人绩效评估结果也能在战略沟通协助下有效地对员工工作水平进行提升，企业内部形成良好的工作氛围，推动企业可持续性地战略发展。

① 黄惠琴：《基于平衡计分卡的战略沟通》，《特区经济》2005年第1期，第245—246页。

在高校管理实践中，战略目标和规划制定以后，高校往往重视将学校总体目标进行层层分解和传递，这种传递多是自上而下的组织形式，但这个过程忽视了战略沟通本身是双向机制。缺乏行之有效的战略沟通，往往难以取得二级单位以及一线师生的认同，战略推进容易受阻，难以形成合力。因此，高校在推进战略绩效管理过程中要确保战略沟通的充分性和有效性，将战略管理工具与高校的战略目标相统一，保障战略目标实现。战略沟通不仅在战略实施的过程中十分重要，有效地战略沟通将高校的战略规划、战略实施、战略评估、战略反馈环节联系在一起，有助于可持续发展的战略绩效管理系统地构建。高校中可运用会议、宣传册、主题推送、战略地图等方式将战略规划的内容广泛传递给各位教职工，并在战略实施过程中结合技术创新，在新兴的网络办公软件，如钉钉、腾讯会议等的协助之下，对战略内容进行解释与交流沟通。在战略评估之后通过有效的沟通交流将绩效评估的结果问题及时反映到个人或组织决策，让员工和管理层都能从评估结果中获取有价值的指导性意见。高校管理组织通过适宜、有效的战略沟通能将整个战略绩效管理过程高效、持续地进行下去。

（二）高校战略绩效管理系统的目标设定

结合当前高校绩效管理中出现的各类问题，高校亟待从建立战略沟通的视角出发，改进绩效管理模式，构建开放、灵活的战略绩效管理系统，实现“目标—行动”统一、“整体—部分”兼顾、“决策—过程”整合、“评估—发展”结合的重要价值。

从战略执行上实现“目标—行动”统一：将目标的制定贯穿于绩效评价主体与客体的实际行动中，以主客体在现实发展中的表现为基础，以满足学生、教师、社会等利益相关者的需求为目标，充分开展战略沟通，在战略实施过程中适时灵活调整和发展短期目标，实现目标源于行动，通过行动充分发挥战略目标的导向性。

从战略组织上实现“整体—部分”兼顾：在高校的发展过程中，经常会出现一个或几个学科、部门发展迅速或学院中部分教师的成果产出较多的情况，但其贡献度却并未体现到高校整体实力的提高上，高校的排名、影响力并未因此得到有效提升。究其原因是学校发展的战略组织力不足，缺少从战略层面的大平台、大团队、大项目建设的引领作用，诸多个体发展未能在学校整体发展中形成合力。而开展战略沟通则能有效地将部门战略与整体绩效管理相结合，从战略组织上实现部分与整体兼顾，确保两者相互促进、同步提升。

从业务流程上实现"决策—过程"整合：高校的日常管理通常都有明确的发展目标与规划，但往往会忽视决策与计划的实施过程，最终导致战略规划成为一纸空文。自上世纪 90 年代起，我国高校开始重视发展规划工作，纷纷制定相应的五年规划，但真正做到规划决策与日常管理相一致的高校少之又少。基于战略沟通的战略绩效管理体系的构建，有助于从业务流程上有效地实现战略决策与日常绩效管理过程的统一，解决高校管理"如何管"的问题，借助一定的管理工具，将高校的日常工作纳入管理系统中，从而有效地实现决策与管理过程的整合。

从绩效评价上实现"评估—发展"结合：用绩效管理中的评估环节来促进发展效能建设，通过合理设计评估指标，发现工作中的问题，加强管理过程中的沟通与反馈，使其成为"以评促建、以评促管、评管结合"的重要载体。

（三）高校战略绩效管理系统的理论模型

高校的战略绩效管理系统主要包括战略绩效规划、战略绩效实施、战略绩效评估和战略绩效反馈四个主要的流程，同时战略沟通贯穿在整个绩效管理过程中。战略规划过程主要是为战略绩效管理制定战略目标，整个绩效管理过程都将围绕战略目标展开。根据各部门实际情况将实施战略管理，并对高校教职工和院系等进行公平的战略评估，战略评估的结果可能会对战略规划中具体实施计划地制定产生一定影响。与教职工沟通战略评估的结果，能有效将评估结果对应到现实问题中，从量化角度对教职工个人发展提供建议。同时在战略反馈环节中行政部门与教师之间进行双向交流，将行政与学术有机统一，更好地根据实际发展情况完善战略规划，形成不断循环进行的战略绩效管理闭环，推动高校战略目标持续不断推进。

战略规划。整个战略绩效管理中所围绕的便是在规划阶段确定的战略目标，高校应根据所处内外部环境特征以及自身校园文化制定长远的发展战略。我国高校的战略规划应结合时代发展背景制定紧跟国家发展大潮流的战略计划，同时从各高校历史传承下来的文化与使命出发，制定符合本校历来发展方向的战略目标，并与各层级单位、部门等积极沟通，围绕战略目标制定详细的执行计划以及绩效评估计划。

战略实施。按照高校管理层制定的执行计划进行战略实施，其中最重要便是在整个过程中将战略内容有效进行传递。高校中最常见的沟通模式就是各类会议，疫情之后网络技术在高校管理中的运用逐渐加深，钉钉、ZOOM、腾讯会议等办公软件极大地提升了高校战略实施的效率，也拓宽了管理层传递战略内容的场景，教职工对战略内容的了解与把握程度得到了提升。同时部门、员工间的沟通也在技术的加持下变得更加便利，降低了战略实施过程中一些不必要的沟通成本。基于对战略内容的正确理解，高校的科研、教务、财务等各部门之间有效协调，更加高效地完成战略目标。

战略评估。根据高校战略绩效管理计划，形成高校战略评估的指标体系。高校的绩效评估多以"效率优先"为宗旨，考评中过多强调项目、成果、竞赛等内容的重要性，但不同学科之间的科研差异性并未考虑在内，以致周期长、难度大的项目少有人触及，高校科研产出数量上提升但质量与创新能力并未得到发展。在战略绩效管理中，高校各部门之间积极进行战略沟通，平衡效率与公平的关系，力求建立高效率、高质量、多样化的战略绩效评估体系，[①]切实发挥评估对教职员工能力的培养与提升的功用。

战略反馈。在高校发展中科研与行政统一的发展模式是最为和谐的，在高校管理过程中过于强调行政地位，教师在高校发展中的地位降低与高校建立初衷相悖，长期下去可能会阻碍高校学术建设。通过战略反馈在高校的科

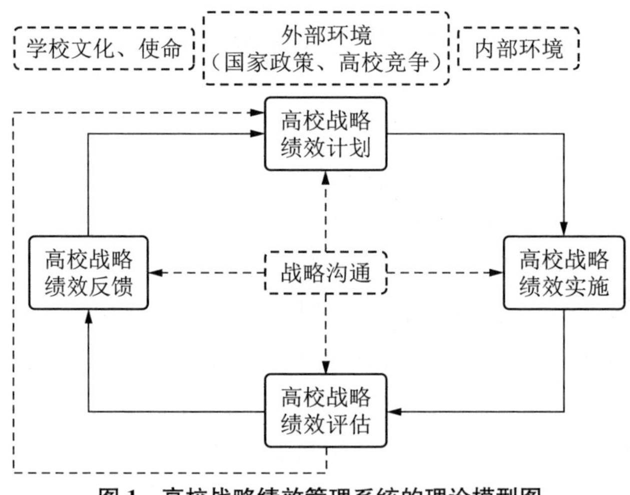

图1　高校战略绩效管理系统的理论模型图

① 祁占勇:《高校绩效管理的本质特征及其价值取向》,《教育研究》2013年第34卷第2期,第92—96页。

研与行政之间建立沟通的桥梁，纠正高校行政化单向管理的模式，让教职工对战略绩效管理的疑问与意见能反馈给行政管理部门，推动高校发展战略和计划不断完善。同时，战略评估的结果所反映的有待解决的问题或者个人发展方向的偏差都能在双向反馈过程中得到有效的沟通，有利于个人和高校能力和绩效的提升。

四、战略沟通导向下高校战略绩效管理系统构建的路径建议

相较于传统绩效管理，战略绩效管理最大的优势在于其系统性和计划性，它不仅将绩效管理上升到战略发展的高度，而且重视战略的制定、实施、控制、反馈等各环节，而每一个环节，战略沟通发挥至关重要的作用。通过战略沟通，最大限度地获得战略认同、推动战略协作、建立战略控制，方能最大限度提升战略执行效果，实现战略目标。

（一）与利益相关者建立有效战略沟通，促进战略认同地达成

规划制定的科学性决定着规划能否顺利实施。在传统绩效管理的过程中，战略规划制定的起点是对内外部环境、自身定位、发展目标有清晰的认识，从而为规划的落地实施提供前提和保证。通过运用各类战略分析工具，如SWOT分析法、PEST分析法、价值链分析法和波特五力模型等，深入了解高校自身竞争优势和发展定位，为学校发展战略地制定提供科学依据。解决高校战略发展中“我是谁”“我在哪里”的问题。

我们应当在上述分析的基础上，侧重思考“谁是利益相关者”以及“他们需要什么”以上问题的提出和解决将有效提升战略规划制定过程的需求导向性。这里的需求不仅仅指我们传统意义上说的对接区域经济社会发展，因为我们的“利益相关者”概念拓宽了，学生、教师、家长、用人单位、上级主管部门、政府等均为利益相关者，那么人才培养、师资队伍发展、用人单位满意、科研攻关能力、政产学研融合等等都成为办好一所大学应当实现的目标。以人才培养目标设定为例，从“学生自身发展需要什么”“用人单位需要什么样的人才”“区域经济发展缺少什么样的人才”的角度去思考，就能够解决规划中“要培养什么样的人”的命题，以此为起点找准高校发展的战略定位，才能提升规划制定的科学性，目标设置的精准度，找到一条适合本校发展的特色路径，避免高校建设普遍追求学科门类大而全、发展定位普遍倾向于研究型的办学同质化倾向。

(二) 与管理对象进行战略沟通,从战略选择、流程设计和能力匹配维度,推动战略协同

在传统绩效管理的执行过程中,高校通常采用围绕学校目标设计对高校教学、科研起到关键作用的核心指标(KPI),又将核心指标转化成关键任务和举措,向职能部门和二级学院进行任务分解,以此保障战略目标的实现。

高校在战略执行过程中应着重关注"向利益相关者传递价值应选择什么样的战略""执行战略需要选择什么样的流程""巩固这些流程需要什么样的能力"等问题的解决。在战略执行阶段,抛开以考量成果性指标为主的KPI,转而以更多精力思考战略选择、设计组织流程、提升组织能力,有助于协助规划主体部门在有限的资源下做出合理、符合实际的决策:一是考虑应该重点做什么、放弃什么?有所为,有所不为;二是将战略执行过程中的想法作一个系统化的梳理,把握目标实现的关键,优化组织流程;三是从人员、实践、技术、平台等角度出发,不断强化组织能力提升。以上三个方面的思考可以直观有效地帮助规划主体启动智慧,提升规划的可实现性。这在很大程度上弥补了传统绩效管理中过分关注成果指标的考量,忽视了管理过程考核的缺陷,促使管理者在管理过程中发掘关键成功因素,以管理水平的精进促进建设效益的提升。

(三) 与管理对象建立过程性评价与反馈调整机制,实现战略应变

绩效的评价与反馈是绩效评估体系的收尾环节,关系到整个绩效管理系统能否形成有机统一的"闭环"。高校在进行绩效评价时可以借助评价结果及时沟通反馈到战略实施过程中,进行过程控制,把握个体发展方向。对不同阶段性成果及时进行沟通反馈调整,以保证最终战略目标的达成。

传统的绩效评价模式过于强调评估的结果,以结果来决定资源的分配。这种模式适合短周期绩效管理,如果应用到中长期战略管理中,则有明显的短板。在绩效评价中,我们不妨引入教育学中"过程性评价的理论",过程性评价注重"沟通反馈学习质量水平、肯定成绩、找出问题",其功能更是重在于反应学习情况后的反思总结促进,其"过程"是相对于"结果"而言的,并非只关注过程而不关注结果。对绩效管理单位进行过程评价,促使各单位对绩效管理实施过程进行深入思考和总结,促进交流、查摆问题,以利于二级单位根据检验结果采取行动,发挥优势、调整不足,明确下一阶段战略发展方向和工作重点,形成发展的新动能。

结 语

在“双一流”高校建设和“高水平大学建设”发展需求下，破除现行高校绩效管理模式中重量轻质、关注结果忽视过程、缺乏双向沟通等发展困境，才能重新激发高校发展与创新的活力。本文通过对战略绩效管理理论与高校绩效管理之间历史与社会的适配性进行研究，提出以战略沟通为核心的战略绩效管理模式，破除高校绩效管理现今的困境，为高校绩效管理体系研究提供新的方向，充分调动个人和组织的绩效能力，推动高校高水平发展进程。

Research on the construction of university strategic performance management system: Based on the perspective of strategic communication

Abstract: Based on the development trend of global higher education performance management, this paper explores the new path of university strategic performance management reform from the perspective of strategic communication, aiming at the problems exposed in the implementation process of university strategic performance management, and puts forward some thoughts on the construction of university strategic performance management system from the perspectives of strategic planning, strategic implementation, strategic evaluation and strategic feedback, Through effective strategic communication, we can achieve strategic identity, carry out strategic coordination and promote strategic response in the process of management.

Keywords: Strategic performance management、Higher Education、Strategic communication、“Double First-Class” initiative

作者简介：邓江，博士，上海大学继续教育学院书记兼党政办副主任；孙雯（通讯作者），硕士，上海大学新闻传播学院人事干事；王镇，硕士，上海大学学术委员会秘书处主管。

电影“城市性”视域下横店的文化面孔

周达祎

摘　要：电影“城市性”理论外延极广，对研究城市与电影之间的双向互动关系，具有启发性的方法论意义。横店的影视产业发展已走过二十余年，形成了独特的文化面孔。影视产业深刻地改变了横店的物理空间，将其塑造成了一个以密集的仿古建筑群为主体的“蔓延的异托邦”。从到影视拍摄基地，到影视旅游主题公园，再到影视产业实验区，横店影视产业朝着“华莱坞”的定位不断深化发展。同时，横店作为一个文化空间，也被看作是一个“逐梦之地”，在电影中被搬演。

关键词：电影“城市性”　横店影视城　影视旅游　影视产业

所谓电影的“城市性”，是指电影从其城市母体因袭的城市禀赋、城市韵味、城市影响、城市文化痕迹等特征。①这一概念是由福建师范大学张经武教授引入、概括、深发和倡导的，近年来引起国内学界的广泛关注。他在加拿大学者乔治·梅内克基于影像层面提出和探讨的电影“城市性”——一种电影作品中的“城市光晕”(City's Aura)②的基础上，认为电影的“城市性”不仅体现在电影影像之中，它外延极广，所有关于城市与电影互动的现象，所有城市施加给电影的影响，所有电影对于城市的反作用，所有电影与城市相通的属性，它

---

① 张经武：《电影的“城市性”理论》，《北京电影学院学报》2019 年第 9 期，第 45 页。

② George Melnyk, *Film and the City: The Urban Imaginary in Canadian Cinema*. Edmonton: Athabasca University Press, 2014:23.

都可指涉。①

尽管电影的"城市性"理论作为一个学术构想目前尚属新鲜,但毫无疑问该理论的提出是具有概括性、创新性和跨学科意义的。它在某种程度上回应了世纪之交美国著名电影理论家大卫·波德维尔引发的那场关于当前电影研究中存在着过度依赖"宏大理论",从而走向学理驱动、拼凑论据、联系性思维和阐释学中心主义的潜在危险的讨论。②波德维尔认为,面向"后理论"时期的电影研究应当回归一种更加侧重电影问题本身的"中间层面(Middle-Level)的研究",它既是经验主义的,同时又不排除理论性。③可以说,电影"城市性"理论的逻辑起点和指涉范围,都契合了波德维尔所说的"中间层面的研究"。它拓展了传统电影研究偏重电影文本内部研究的模式,而将其引向文化学、社会学、城市学、传播学、旅游学、文化产业等不同学科的研究,是从整个电影文化系统的维度对电影进行考察,对研究一系列城影双向互动现象具有方法论意义。

横店影视城,因其规模庞大的仿古历史建筑群和每年海量的影视剧拍摄制作而闻名遐迩,被认为是中国最具代表性的影视产业基地。横店影视城作为一个客观的现实存在,早已深入中国社会的文化地理谱系,根植于人们的日常社会经验之中。电影的"城市性"理论的适时引入,则给我们提供了一个更宽广的视域,从不同维度去认知影视与横店之间复杂的城影互动现象。

一、蔓延的异托邦:横店的空间生产

横店位于浙江省中部东阳市(县级市)境内,距离市府18公里。横店地处半山区丘陵地带,人多地少,土地贫瘠,资源匮乏,在相当长的一段历史时期中,横店只是一个默默无闻的小乡村。20世纪70年代末以来,随着人民公社的解体和家庭联产承包制的实行,原先在公社制度下受到抑制的生产力得以解放,我国农村经济开始大发展,城镇化进程加速。关于采用"城市化"还是"城镇化"的争论由来已久。国际上通常较多使用"城市化",即

① 张经武:《电影的"城市性"理论》,《北京电影学院学报》2019年第9期,第45页。

② 大卫·波德维尔:《当代电影研究与宏达理论的嬗变》,见大卫·波德维尔、诺埃尔·卡罗尔主编:《后理论:重建电影研究》,麦永雄、柏敬泽译,北京:中国社会科学出版社2000年版,第26—37页。

③ 大卫·波德维尔:《当代电影研究与宏达理论的嬗变》,见大卫·波德维尔、诺埃尔·卡罗尔主编:《后理论:重建电影研究》,麦永雄、柏敬泽译,北京:中国社会科学出版社2000年版,第38页。

Urbanization;而在我国的语境之下,更加关注镇集,关注农村发展,因此较多使用“城镇化”。①

1983年,横店的行政区划改公社为乡,1985年又改为建制镇。与中国许多城镇一样,横店正是在改革开放后的城镇化浪潮中兴起的新型城镇。城镇是一种新兴社区,是乡村向城市发展的过渡形态,它标志着乡村的工业化和聚落功能的不断完善。90年代中期,在龙头企业横店集团的带领下,横店已经完成了初步的工业化,进入了全国“百强乡镇”之列。面向未来更加深入的城镇化,横店开始寻求第三产业的发展。根据横店集团创始人徐文荣回忆:“其实早在1990年代,我们就意识到文化不仅是影响长远的软实力,还是可以直接产生经济效益的硬实力,这就是文化产业。我想通过当时五村六馆一陵园的建设,加上横店原有的八面山、屏岩洞府等自然景观,以此为基础,培育出文化旅游产业,作为横店新的经济增长点。所以,那个时候我们就成立了文化旅游公司。”②然而,由于交通不便,又缺乏具有特色的旅游景点,横店的文化旅游产业起步艰难。

与此同时,70年代末以来,我国的电影事业悄然复苏。“第四代”导演探索了现代化的电影语言,谢晋的“伤痕三部曲”反思了时代给人们造成的创伤;“第五代”导演大胆则用革新的影像风格,将中国电影带向了国际舞台。进入90年代,随着市场经济的不断深入,中国电影开始走向市场化改革和商业化转型,充当这场转型“排头兵”的就是古装历史题材的电影。中华民族有着五千年多年文明史,对于影视作品的取材而言,中华民族历史上留下的无数辉煌灿烂的文化遗产是一个取之不竭的宝藏。一方面,历史故事的讲述符合了中华民族伟大复兴的时代精神,另一方面历史故事的传奇性也迎合了市场化的需求,同时也给文艺创作者留下了重新想象和表述历史的空间。然而,古装历史题材电影拍摄遇到的最大难题之一,就是历史上曾经出现过的空间,已随时间流逝而消失,或只存留遗址,或不再适合影视拍摄。这种空间的缺失与横店寻找特色景观的需求一拍即合,促成了影视与横店的联姻。

1996年,谢晋导演为筹拍庆祝香港回归的献礼片《鸦片战争》寻找能够展现晚清广州风情的外景,得知消息后徐文荣马上与谢晋接洽,达成了在横店建

① 胡际权:《中国新型城镇化发展研究》,西南农业大学博士学位论文,2005年,第11页。

② 徐文荣、孙是炎:《徐文荣口述——风雨人生》,上海文艺出版社2011年版,第214页。

设“广州街”拍摄基地的协议。为了满足谢晋对实景拍摄的艺术效果追求，横店集团组织工程队，经过四个多月的紧张施工，在荒山野水之间建起了横店的第一个影视拍摄基地。“广州街”占地面积319亩，大小建筑160余座，整个景区分为三个部分：作为珠江口的人工湖；包含官府、民宅、酒肆、茶楼、烟管、妓院在内的南国风情街；象征当时西方列强驻广州办事处的十三夷馆。

随着《鸦片战争》的全国公映，横店的影响力逐步扩大，不仅有参观拍摄基地的游客慕名而来，更吸引了一些剧组陆续进驻。1997年，为了配合陈凯歌导演的电影《荆轲刺秦王》，横店集团又筹建了“秦王宫”拍摄基地。“秦王宫”仿造的是两千年前咸阳秦始皇的王城，占地800亩，由主殿“四海归一殿”等27座宫廷建筑组成，此外还有城墙、广场、角楼、九十九级台阶等不同景观，气势恢宏、威严肃穆。此后，为了满足更多影视剧的拍摄需要，横店又先后建成了多个拍摄基地，包括仿造故宫修建的明清宫廷建筑群“明清宫苑”、以宋代汴梁风情画为蓝本修建的“清明上河图”、具有民国风情的“香港街”、适应武侠剧拍摄需求的“大智禅寺”等十几个影视拍摄基地。就这样，横店从无至有，从小到大，建成了规模巨大的影视城。1999年，美国著名杂志《好莱坞报道》发表了长篇图文，详细介绍了横店影视城，并称其为“中国好莱坞”，横店也因此名声大噪。

考察横店影视城的空间物理形态，有如下三个特点：第一，从形式上看，横店影视城是规模化的历史建筑群，它根据历史文献的记载和影视美术师的设计图，等比例还原了不同朝代的建筑。第二，从结构上看，横店影视城既有完整的独立空间，例如“秦王宫”既是一个封闭的王城，又有开放的、混杂的空间集合，例如在“清明上河图”基地，梁山好汉盘踞的山寨和汴梁的娱乐设施樊楼比邻而居。第三，从功能上看，横店影视城的空间可以满足各类影视剧拍摄的实景应用，保证了一个建筑无论是拍摄远景、中景、还是近景，都有合适的机位，变换角度和景别时，也不容易穿帮。例如，春秋—魏晋的城楼和民居群，虽然和唐代的建筑隶属同一片园区，但通过摄影角度的调整，就可以很容易地挡住不同风格的建筑。同时，影视城中各建筑的空间布局也是经过设计的，满足影视拍摄的灯光布置和摄影角度的需求。例如，“四海归一殿”，其大殿的顶棚是完全镂空的，由玻璃幕墙组成，遮光的黑色幕布附于其上，这样在拍摄时，剧组可以通过对幕布的覆盖面积的调整，获取所需要的光源。

横店影视城的空间，是一个典型的福柯所说的“异托邦”（又译作：异质空间)。福柯认为,“异托邦”是一个既虚幻又真实,既开放又封闭,能同时容纳不同的时间、历史、文化维度,又超越日常生活经验的空间。[①]福柯以近代以来的男子中学、精神病院、监狱、公墓、博物馆、度假村、教会殖民地等地点为例论述“异托邦”,揭示了一个现代社会的空间演化与生产的逻辑——自地理大发现和工业革命所以来,人类所处的世界是不断被压缩的,人们对于空间的感受程度大大提升了,并且可以通过改造空间,来改变对于时间的感受,这就是“异托邦”在现代社会被不断生产的原因。

横店影视城的空间生产,是将物质的自然山水,改造为人化的古代建筑,通过对不可复原的古代建筑的仿建,提取一种凝缩的古代空间,从而获得历史的时间感。历代建筑和陈设被密集地并置于同一个空间之中,人身处其中,获得的是一种“往事越千年”的时空穿越感,历史的感受油然而生,横店影视城的物理空间也因此获得了文化意义上的价值。空间的文化价值,是吸引剧组前来拍摄的内在动力,空间适于影视拍摄的物理功能才得在实践中体现。可以说,横店影视城是空间的物理性、精神性和社会实践性三者的有机统一。

正如法国学者列斐伏尔“空间生产”理论所指出的,空间生产作为资本推动的实践方式,既是空间生产主体凭借技术与空间发生的物质交换的生产力,又是空间生产主体以自然空间和社会空间为载体建构的生产关系。[②]横店对影视城的投资与兴建,是将自然空间改造为了可以转化为经济效益的文化资源,体现了在城镇化进程中,乡镇企业自觉利用和改造自然空间的智慧。

二、华莱坞:横店的发展定位

“华莱坞”是近年来被学界广泛谈论的一个概念,它既是物质层面上的具体性的空间、地方和电影媒介、电影产业,也是精神层面上的抽象性的符号、历史、文化和愿景。[③]电影作为文化产业,对于城市形态的塑造和经济文化的促进,早已成为全社会普遍接受的共识。“莱坞”并非美国的专属,而是跨国电影工业的通用指称。[④]“华莱坞”概念的提出越来越受到学界和社会的认可,承载

① 米歇尔·福柯:《另类空间》,王喆法译,《世界哲学》2006年第6期,第54—57页。
② 孙胜全:《列斐伏尔“空间生产”的理论形态研究》,中国社会科学出版社2017年版,第77页。
③ 邵培仁等:《华莱坞电影理论——多学科的立体研究视维》,浙江大学出版社2014年版,第2页。
④ 袁婧华:《从“美国梦”的好莱坞战略思考“中国梦”影视传播的华莱坞战略》,《江苏师范大学学报》(哲学社会科学版),2016年第4期,第45页。

了新一轮全球化语境下，大众对深度发展的具有国际影响力的中国影视工业的形成和崛起的期许。

如今，影视产业已经成为了横店新的“名片”，横店影视城也获批成为国家首批5A级旅游景区和首个影视产业实验区。可以说，影视产业深刻地改变了横店的城镇化形态。然而，这种产业塑造并非是一蹴而就的，从单一功能的影视拍摄基地，到辐射全产业、具备国际竞争力的“华莱坞”，横店走过了一段漫长的道路。

影视产业的影响首先来自其对旅游业的带动。横店影视城的主体建筑群建成之后，陆续又有《英雄》《无极》《汉武大帝》《满城尽带黄金甲》等多部具有重大影响力的影视剧在此拍摄。2004年，横店影视城的年游客接待量达269万人次，此后逐年递增。针对日益增长的游客人数，横店影视城也开始逐步转变自身的功能，从影视拍摄基地，转型为影视旅游主题公园。

2001年，横店集团浙江旅游公司成立，专业从事影视旅游经营，推动了横店影视旅游的规范化和产业化发展。横店旅游公司重点开发了“秦王宫”“明清宫苑”“广州街—香港街”“清明上河图”“梦幻谷”五大景区，具体措施如下：第一，将重点景区划分了供剧组使用的封闭的拍摄区和供游客游览的观光区，同时开辟“春秋—唐城”等可供剧组长期布景拍摄的半封闭拍摄区，合理规划、错峰安排、协调剧组统筹拍摄计划，确保了剧组的拍摄和游客的游览可以双规平稳运行。第二，对重点景区的旅游项目进行设计，例如“秦王宫”的东偏殿，就保留了电影《英雄》中拍摄场景的陈设，游客可以在这里重温电影中残剑（梁朝伟饰）在沙盘写字的经典场面。学者黄钟军借用理论家约翰·尤瑞的“旅行者的凝视”理论，认为在影视旅游中，游客所看到的风景都是被设计和安排好的，是旅游部门认为他们会喜欢的影视剧中主人公的行走路线，或者影视剧拍完后遗留下来的某个场景地，建构的一些新景点或者在原来的景点基础上重新建造改观。[①]在这样的观光过程中，游客虽然让渡了选择的主体性，但同时也使游览过程更加合理，兼顾了游客的精力和游玩的体验，体现了一种影视旅游产品化的产业思维，并通过产品设计加快了文化产品的使用率和流通率。第三，在重点景区推出了多个特色鲜明的实景演出，例如：“秦王宫”的“梦回秦汉”、“清明上河图”的“汴梁一梦”、“明清宫苑”的“八旗马战”等。影视实景演

---

① 黄钟军：《影视、旅游与旅行者的凝视》，《浙江传媒学院学报》2013年第2期，第85页。

出是一种将影视剧中的创意元素提取出来，与戏剧、音乐、舞台、特效等相融合创造出的一种全新表演形式。这种表演形式既满足了观众对于影视剧拍摄过程的猎奇心理，又带给观众一种有别于影视剧的在场性艺术感受，是对影视资源的二次加工和深度开发。

在法国思想家鲍德里亚看来，人类文明的演进是通过不断创造出越来越多的“拟象”完成的。他将“拟象”分为三个历史阶段：最初人类是通过对自然的“仿造”(counterfeit)制造“拟象”；到了工业时代人类通过“生产”(production)制造“拟象”；而进入“消费社会”之后，是通过对“符号”的生产和控制进行“仿真”(simulation)的。①人类社会进入了“拟象”的世界，关于真实的符号代替了真实本身。②横店影视城旅游项目的不断发展，也符合了这种“拟象”演变的逻辑。一开始它是通过对历代空间的仿真制造“拟象”，而后来转变为了对影视剧经典场景的“拟象”，通过这种“拟象”的深度化，制造了不同层次的真实感。当游客进入景区空间，游览景区景观时，一方面拥有了来自仿古空间的真实感，另一方面拥有了来自对影像符号记忆的真实感，进入一种互动性的沉浸式体验，同时还获得了随时可能“偶遇”明星的若即若离的真实感。影视主题公园的转型，使横店影视城完成了从物质性的文化资源到可增殖的文化资本的转换。

影视对横店产业的塑造，还来自体系化的影视全产业链的发展。2000年，横店集团宣布对前来拍摄的剧组实行“免场租政策”，该政策推出后，立刻吸引了大量的影视剧组前来取景拍摄。2003年12月，经研究审核，国家广电总局正式批准建立浙江横店影视产业实验区。随着实验区的建立，包括华谊兄弟、博纳影业、慈文传媒、新丽传媒、唐德影视、光线传媒、世纪欢瑞、花儿影视等多家全国知名影视企业纷纷进驻园区。政策与投资的落地，有效地激活了影视产业的活力。器材租赁、服装租赁、道具加工、后期制作、广告传媒、演艺经纪等影视配套服务，也很快在横店发展起来。截至2015年，影视产业实验区已吸引了超过600家的影视企业、影视相关企业以及超过200家的艺人工作室进驻，涵盖了包括上游的影视项目的策划、剧本开发，中游的影视拍摄、后期制作，下游的影视剧发行宣传的一条较为完善的产业链。2015年园区入

---

① 鲍德里亚：《象征交换与死亡》，车槿山译，译林出版社2006年版，第67页。

② 鲍德里亚：《仿真与拟象》，见汪民安、陈永国、马海良主编《后现代性的哲学话语》，浙江人民出版社2000年版，第330页。

区企业实现了营业收入 132.68 亿元，上缴税收 15.07 亿元，占 2015 年东阳市百强企业年纳税大户百强企业总额的 25.89%。①同时，凭借影视和旅游产业带来的大量人流量，园区附近的餐饮、住宿、休闲、经贸行业也得以迅速发展起来，如今横店的主干道万盛街、康庄街都已成为了商贾云集、车水马龙的著名商业街。

此外，为了进一步促进横店的影视产业转型，2008 年，横店集团浙江横店影视制作有限公司成立，实现了横店集团从单一提供影视拍摄场地，到自主开发影视项目的跨越式转变。公司成立后，先后投资拍摄了《叶问前传》《镖行天下》《搞定岳父大人》《大圣归来》等多部影视剧，并且积极参与跨国影视项目的合拍计划。同年，国家广电总局批准成立了横店电影院线，这标志着横店的影视产业进一步向全国辐射自己的影响。经过十年的探索和发展，如今"横店电影城"已遍布全国，建成了近百家影院，跻身全国电影院线前十强之列。横店影院某种程度上可以被看作是横店影视城的一个外部空间延伸，它是文化符号和空间实体的结合，并融入其他城市的地理坐标，通过人们的观影与消费行为，在一座城市留下自己的文化印记。

同时，为了保证影视产业能够有稳定而持续的血液注入，横店影视产业实验区也十分注重影视人才的建设和管理。2003 年 7 月，横店组建了演员公会，对数以万计的"横漂"提供规范化管理和服务。演员公会隶属横店影视城有限公司，是全国唯一非盈利性服务群众演员的组织，也是目前全国唯一的演员同业公会。演员公会是剧组和"横漂"之间的桥梁和纽带，一方面为剧组推荐和组织群众演员，另一方面向"横漂"提供拍戏机会、代发工资，并帮助维护"横漂"的个人权益。②不仅如此，横店还于 2006 年在浙江横店科技专修学院的基础之上，筹建了浙江横店影视职业学院，持续为影视产业培养人才。影视教育不仅需要理论和审美观念的培育，同时也高度依赖片场的拍摄实践。横店影视职业学院的建成，充分发挥了横店影视产业的优势，是影视教育产学研协同创新发展的一个典范，体现了影视对教育的反哺和辐射。

---

① 浙江省横店影视文化产业实验区管委会、浙江师范大学文化创意与传播学院编著：《2015 横店影视文化产业发展年度报告》，中国电影出版社 2016 年版，第 18 页。

② 浙江省横店影视文化产业实验区管委会、浙江师范大学文化创意与传播学院编著：《2015 横店影视文化产业发展年度报告》，中国电影出版社 2016 年版，第 9 页。

三、逐梦之地:电影中的横店镜像

电影是关于空间表现的艺术,这一观点早已成为人们的普遍共识。大卫·波德维尔认为:“有些媒体的叙事只重视因果及时间关系,很多事件并不强调动作所发生的地点。然而,在电影中,空间是个相当重要的因素。”①电影中的空间呈现和空间的文化表征,历来备受学界关注,例如:电影中的上海就常被视为一个摩登的、视觉的现代都市空间,②而陈凯歌电影中荒凉而静止的“黄土地”则被看作是对停滞的、循环往复的传统古老中国的象征。③空间和电影叙事融合,成为了影像化的景观(spectacles)。法国学者居依·德波认为,当代社会的真实存在是通过景观的大量堆积实现的。④景观常能指涉现实世界,景观与现实互为镜像。当真实的世界变为纯粹的影像之时,纯粹影像就变成真实的存在。⑤那么,电影中出现的横店镜像,又承载了什么样的文化想象呢?

目前,以横店作为叙事空间,表现“横店故事”的电影,主要是两部,即尔冬升导演的《我是路人甲》(2015)和周星驰导演的《新喜剧之王》(2019),两部电影都不约而同的将表现的对象对准了著名的“横漂”群体。所谓的“横漂”,指的是因影视产业的带动而聚集在横店的临时演员和影视文化产业从业者。“横漂”一族,来自全国各地,以年轻人居多。在这里,“横漂”的“漂”蕴含了两层意思:其一,是物理意义上的“漂”,指的是在快速城镇化与工业化的中国社会,年轻人大量地加入了高频次的人口迁徙浪潮之中,他们离开家乡,漂泊在外打工。“漂”作为一种社会现象,可以说是当代中国社会的一个缩影,它既表征了中国经济高速发展所带来的无穷社会活力,也在某种程度上反映了区域发展的不平衡。其二,是精神意义上的“漂”,漂泊常被冠以梦想之名,“横漂”与“北漂”、“沪漂”拥有同样的文化语境,都暗含了年轻人为了追求梦想,背井离乡踏上拼搏奋斗追梦之旅,又因梦想的遥不可及而产生的无所依靠的漂泊感。

《我是路人甲》以多线叙事的表现形式和纪实的影像风格,聚焦了一群为

① 大卫·波德维尔、克里斯汀·汤普森:《电影艺术:形式与风格》,曾伟祯译,北京联合出版公司2015年版,第102页。

② 孙绍谊:《想象的城市——文化、电影和视觉上海(1927—1937)》,复旦大学出版社2009年版,第6—14页。

③ 张慧瑜:《空间隐喻与中国的现代性表述》,《晋阳学刊》2013年第4期,第38页。

④ 居依·德波:《景观社会》,王昭风译,南京大学出版社2006年版,第1页。

⑤ 居依·德波:《景观社会》,王昭风译,南京大学出版社2006年版,第6页。

了梦想在横店漂泊的年轻人的生活，刻画了一组生动的“横漂”众生相。“路人甲”是影视行业的专业术语，原意指无关紧要的人，现广泛指称临时演员。影片从不同侧面，展示了几组“路人甲”艰辛的生存现状，平凡的小人物为了生活和梦想努力奋斗以及他们之间守望相助的脉脉温情令人动容。《新喜剧之王》是周星驰经典作品《喜剧之王》在中国内地的另一版本演绎。影片延续了周星驰一贯的无厘头喜剧风格，以东北女青年如梦在横店打拼的故事为主线，在嬉笑怒骂间，展示了将在底层的“横漂”生态展现得淋漓尽致。如梦秉持了对演戏纯真的敬业精神，却被家人的误解，被导演的辱骂，被大牌演员的嬉弄，被男友的欺骗，在追逐“演员梦”的路上饱尝辛酸。

两部影片都采用了励志片的叙事模式，表达了“有志者事竟成”的永恒主题。励志片与其说是一种类型划分，不如说是基于表达效果的电影题材划分。励志片有相对固定的情节公式：主人公通常是一个平凡的小人物，但却对理想怀揣坚定信念，在不被众人看好的情况下，通过自己刻苦的努力，最终取得成功。在这样的故事结构中，努力奋斗的作用被无限放大了，而奋斗的动力源泉来自对梦想的坚持。因此，这类影片歌颂了追逐梦想的难能可贵，表达了一种积极励志的价值取向，特别容易引起观众的共情。

在《我是路人甲》和《新喜剧之王》中，横店都隐喻了一个“逐梦之地”。在空间呈现上，电影中的横店被分为了两个部分：一边是以仿古拍摄基地为主体的片场，它代表了影视行业的专业性，携带着梦想的光环；另一边是“横漂”蜗居的短租房，条件简陋，是“横漂”生活的真实空间。通过两种空间的并置对比，撕开了梦想与现实之间存在的巨大鸿沟。现实生活中的“横漂”往往面临着收入低、工作环境差、机械化重复劳动、晋升空间小、社会地位不高的处境。临时演员一朝成名的机会渺茫，大多时候只是勉强维持生活。努力奋斗因此也被赋予了一层飞蛾扑火的悲壮底色，“逐梦之地”很可能也是“梦碎之地”。

与此同时，两部电影都穿插了一些“戏中戏”的情节，对影视剧的拍摄现场进行了暴露式的展示。这种类似于“元电影”的方式，一方面是对影视剧创作过程的一种祛魅，另一方面也是创作者心态的自我投射。“元电影”是关于电影的理性认识的银幕呈现，是电影以自身为媒介有意或无意地进行自我反射、自我认识的特殊方式。①这两部电影，与另外两部香港导演“北上”拍摄的电

① 杨抒：《电影中的电影：元电影研究》，中国艺术研究院，2007 年 5 月，第 4 页。

影——取材“北漂”演员生活的陈可辛导演的《如果·爱》(2005)和表现选秀歌手生活的杜琪峰导演的《我的拳王男友》(2019)——形成了一组有趣的互文。四部影片都以影视行业内演员的成长与奋斗的“元电影”的形式进行叙事，倾注了“北上”香港导演对于“北漂”“横漂”这些特殊群体以及电影行业的生态的一种个人化理解。

其实这种“元电影”的叙事，在之前的香港电影中并不罕见，如严浩《咖喱啡》(1978)、关锦鹏《阮玲玉》(1991)、周星驰的《喜剧之王》(1998)、刘国昌的《我要成名》(2006)等。这些电影都表现了从业者的艰辛，也讴歌了他们对影视艺术的热爱。《我是路人甲》和《新喜剧之王》虽然故事发生的语境虽然搬到了中国内地，但同样可以看作是“北上”的香港导演的一种自我指涉。“港漂”导演借助“横漂”的影像，来抒发自己人到中年，“北上”进入内地影视行业打拼的漂泊感，以此自勉。同时，也表达了对远去的香港电影“黄金时代”的一种怀旧。

结　语

横店与影视联姻，至今已走过二十四载岁月。影视以其充沛的动力，深刻地改变了着横店的物质空间，重塑了横店产业形态，影响了横店的文化脉络。如今，中国的城镇化已经发展到了一个更高的阶段，如何进一步提高城镇化水平，成为了摆在每一个像横店这样的中国新型城镇面前的问题。影视行业虽然带来了大量的就业机会和劳动力人口，但因影视劳动力流动性强的特点，许多人来了又走，又成为了制约横店城镇化进一步发展的因素之一。如今，“横漂”作为一个社会存在的现实，也已有十几年的历史，如何让“横漂”不再漂泊，留在横店安家置业，成为常驻人口，真正融入城镇的长期发展，则成为了横店下一阶段城镇化的目标。

毫无疑问，崛起于90年代的横店，顺应了当时时代的发展需求，是时代的产物，这种以空间重建为主导的发展模式具有不可复制性，未来也很难再出现第二个横店了。当下，无论是产业基础还是政策导向，横店依然拥有巨大的优势。但逆水行舟，不进则退，近年来全国各个省份都开始大力发展影视文化产业。面对日趋激烈的竞争，横店应该夯实自己的行业优势，不断延伸影视产业链，突出专业化和科技化在影视生产活动中的作用，进一步促进影视产业的往技术导向转型升级。同时，横店也应该总结过去存在的问题，更加注重区域协同发展，逐步完善城镇的周边配套设施，以人为本，为影视从业者和游客提供更好的服务。面向未来，横店的发展应该更加注重科技、人文、环境、生态的建设，将发展的数量转化为发展的质量。

Cultural Faces of Heng Dian on "Film's Urbanity" angle

Abstract: The theory of film's urbanity is extensive. The theory is revelatory of study between city and film. Film and television industry of Heng Dian have developed more than twenty years, formed special cultural faces. Film and television industry have changed Heng Dian's physical space deeply, made it become a "widespread Heterotopia" with intensive antique buildings. From film and television shooting base, to film and television theme park, to experimental area of film and television industry, Heng Dian developing towards the "Huallywood" continuously. At the same time, Heng Dian always as a "Dreamland" in film.

Keywords: film's urbanity、Heng Dian World Studios、film and television tourism、film and television industry

作者简介：周达祎，男，福建漳州，1991 年生，福建师范大学传播学院，2019 级戏剧与影视学博士研究生，研究方向是电影理论与批评。

关注和凝视:女性影像的生成与嬗变[①]

穆莅晔　张　华

摘　要:摄影史不仅是男性与女性共同创造的历史,同样也是反映女性社会地位急剧变化的一段进程。然而,这一摄影创造史通常被认为是由男性书写的,女性在摄影中的独特价值一直处于被忽视的状态。在摄影创作中,女性与镜头构成了几种关系:镜头前作为被观看者、镜头旁作为协助者、以及在镜头前与镜头后作为自拍者与摄影者。本文通过女性与镜头之间关系的这几种存在形式论述了女性在摄影艺术构成中的价值及其在摄影史中的重要地位。

关键词:女性主义　摄影史　社会性别

一、引　言

纵观摄影史,女性真正被关注、被记录进历史仅是在女性掌握摄影技术之后,绝大多数研究者对女性在摄影史上的研究也仅仅是20世纪后女性开始进行摄影创作之后。早期的社会由男性掌握主导权,女性在多数时间都被排除在外。表现在摄影创作上,早期摄影史中的女性也无法直接触碰到相机成为摄影师。然而,虽然女性无法站到相机背后,但女性一直在镜头前和镜头旁跃跃欲试地表达自己,以作为镜头前被观看者和在镜头旁协助男性摄影师的方式发挥作用。但女性在摄影史上的价值恰恰被大部分研究者们所忽略了,这种对女性作为被观看者在参与摄影创作中的价值忽略在国内外摄影史上都存在。

林路在《摄影思想史》[②]中回顾了摄影历史上的女性琼影,指出女性在摄

---

① 本文是上海市教育委员会和上海市教育发展基金会“晨光计划”项目(20CGB10)阶段性成果。

② 林路:《摄影思想史》,浙江摄影出版社2008年版。

影中经历了从自我审视与自我观看到自我主张，最终变为自我表达，但对这一变化的揭示都是从女性已然成为摄影师的角度来切入的。在《她的视角》[①]一书中，林路虽然提到了女性在早期一直处于被观看的地位，女性会由于好奇的心态不时地透过镜头空间张望野外的视野，但出于社会的限制和生活意识，女性还是会很快回到被观看者的位置上，最后还是由男性摄影师主导按下快门，作为被凝视的角色，凝固在一百多年前的历史画面中。然而，女性在成为摄影家之前作为被观看者的历史依然被忽略了。同样，顾铮在《世界摄影史》[②]和《当代西方女摄影家的摄影探索》[③]中探讨了西方女性摄影家的身体表现、自拍摄影探索试验及其意义，没有提及女性第一次作为被观看者加入摄影对摄影史的价值。

在中国摄影历史的研究中，较有权威的《中国摄影艺术史》[④]以历史唯物主义方法论，研究摄影艺术从1844年至1989年间近一个半世纪的发展历程，以摄影思潮与技术的发展来构筑摄影史，少有从女性主义的视角来分析研究摄影史。赵俊毅编写的《中国摄影史拾珠》[⑤]中记录了1840—1937年的中国摄影史，基本都是以文献研究作为修史基础，在其中一章“民国时期的女摄影群体”提及女性民国时期的摄影群体从开始的不成气候到改革开放后新一代女性摄影群体迅速崛起，很多女性走上了摄影团体的领导岗位，记录了民国时期的女性摄影群体的发展史，这些论述将女性作为摄影师的角度进行研究与分析，却同样缺少以中国女性作为被观看者和协助者的角度来阐述早期中国女性对摄影史的价值。同样的，作为记录中国摄影史的《中国摄影史略》[⑥]主要记录了各个摄影门类发展过程，对中国摄影史做了中国摄影实践的历史性记叙，以经营照相馆为第一部分引出中国摄影技术的发展脉络，后半部分以艺术摄影、广告摄影、纪实摄影、女性摄影等作为切入点分析中国摄影史，其中专门论述女性的部分是在单独划分的第十一章“女性的视点”，这一章按照时间线梳理了“中国第一位女摄影家”到“后期女性意识”的发展，虽然书中以女性主义的角度分析中国摄影中女性意识的崛起，但也仅仅记录了中国女性成为

---

① 林路：《她的视角》，河南科学技术出版社2000年版。
② 顾铮：《世界摄影史》，浙江摄影出版社2006年版。
③ 顾铮：《当代西方女摄影家的摄影探索》，《东华大学学报》（自然科学版）2001年第5期。
④ 陈申、徐希景：《中国摄影艺术史》，生活·读书·新知三联书店2011年版。
⑤ 赵俊毅：《中国摄影史拾珠》，中国民族摄影艺术出版社2013年版。
⑥ 宿志刚：《中国摄影史略》，中国文联出版社2009年版。

摄影家之后对中国摄影史的价值，忽略了中国女性作为被观看者和协助者对中国摄影史做的贡献。

同样，部分国外研究者在分析女性摄影史仅提及："摄影诞生于十九世纪上半叶，和其他艺术领域一样，它是一个由男人主导的领域。长期以来，女性只是被动演员、模特在镜头前被拍摄。"①

女性作为被观看者对摄影史的贡献始终处于被忽略的状态。

无论是内奥米·罗森布拉姆最具权威的《世界摄影史》、②安东尼奥·塞纳的《葡萄牙摄影史》③还是英国的 M. 兰福德早期出版的《世界摄影史话》，④男性摄影师始终处于主导地位，女性摄影师少有被提及，而女性作为被观看者的历史更是处于缺失的状态。罗宾·德里克和罗宾·缪尔所梳理的时尚界的摄影史《看不见的 VOGUE》⑤中记录了一些没有刊登的作品，利用这些作品讲述一部时尚摄影史，书中收录了大量的女性作品，也仅仅是作为图片展示来丰富时尚摄影史，没有从女性作为被观看者或者模特的角度来编写时尚摄影史。作为一名女性评论家，苏珊·桑塔格的《论摄影》⑥也没有将女性摄影进行单独书写，这虽然是为了彰显女性和男性摄影师的平等而非忽略女性摄影师的地位，但也在事实上造成了对女性在摄影史中的价值的忽略。

综上所述，国内外对于女性摄影的研究成果大都是女性已然成为摄影者、成为镜头背后的创作者之时，大部分研究者都默认女性只有在作为摄影家的时候才对摄影史具有价值，几乎忽略了女性作为被观看者和协助者对摄影作品以及摄影史的价值。在笔者看来，摄影作品艺术价值的生成并不是由拍摄者独立完成的，拍摄者、观众以及被观看者三者的互动构成摄影的主要元素。早期女性不仅是摄影中的被观看者，也是摄影作品艺术价值的参与者和男性创作形象的贡献者。虽然女性在早期无法掌控相机，但作为被观看者通过作品表达的无论是女性特有的气质属性或者思想情感都是与男性摄影家共同努力的结果，尤其是早期伶人作为被观看者在镜头前极有表现欲望，她们恰恰是

① Ana M. Muñoz-Muñoz, M. Barbaño González-Moreno, *Women photographers in Europe: a fresh, feminine approach*. Collection and Curation, 2018, vol.37.

② [美]内奥米·罗森布拉姆、罗森布拉姆：《世界摄影史》，包甦译，中国摄影出版社 2012 年版。

③ [葡]安东尼奥·塞纳：《葡萄牙摄影史》，中国文联出版公司 1998 年版。

④ [英]M.兰福德著：《世界摄影史话》，谢汉俊译，中国摄影出版社 1986 年版。

⑤ [英]罗宾·德里克，罗宾·缪尔：《看不见的 VOGUE》，中国摄影出版社 2012 年版。

⑥ [美]苏珊·桑塔格：《论摄影》，上海译文出版社 2010 年版。

以模特或演员的身份与摄影师共同完成了摄影作品的创作。同样，在镜头旁，女性可能并未直接参与到改变摄影作品本身，但是作为男性的缪斯给予他们创作灵感，抑或是协助男性摄影师做一些照片上色加框，或如柴可夫斯基的公爵夫人对男性摄影师的提拔使得他们成为优秀的摄影师等等，都是女性在摄影史上的价值，而这个时期的女性是需要被记录在摄影史中的。

二、女性被观看的阶段——镜头前

1. 自然美的表达者：纪实摄影中的女性

女性对于摄影的贡献主要体现在纪实和创作两种不同形式的风格中。在早期的纪实摄影中，女性作为被观看者的价值主要是通过她的温柔、母性等女性特有的特征而得以实现。在艺术创作中，笔者认为被摄者的价值大部分是从时装摄影开始并且随着女性主义的崛起而发展。然而，女性作为被观看者的价值就相对而言更大，除了柔美的特质以外，更多的是通过她们在画面中的表演素质共同参与到男性摄影师的创作中，且需要女性作为被观看者沉醉在画面中，并协助摄影师将这些女性想要表达的理念展现给观众，而这一切是无法靠摄影师一己之力完成最终作品的。简言之，女性需要通过其自身的表现力来创作，但是，这部分内容被大部分研究者们忽略。从伶人到慈禧、欧洲贵妇，她们都有着极强的表达欲望，有强烈的自我认定和自我定位，在镜头前的想法以及表现力更是超越男性摄影师。甚至可以说，虽然女性作为被观看的模特一直与男性摄影师处于被动和主动、被支配和支配的关系，但摄影史中的部分作品却颠覆了这种支配与被支配的关系。在这些作品中，男性仅仅是作为操作相机的存在来协助女性对被观看者的形象进行创作。因此，女性在摄影史上的价值从很早作为被观看者就已经存在。

在摄影术诞生后的几年，美国人开始沉迷于使用达盖尔摄影来拍摄肖像。1840 年，德雷珀为他的妹妹拍摄了一幅广为人知的作品《桃乐西・凯瑟琳》，这是目前查阅到摄影史中最早出现女性的摄影作品。德雷珀拍摄的作品完全记录了凯瑟琳正面最自然的状态。在他的另一部《弗朗西斯・鲁奎尔夫人》的肖像作品中，人物从正面拍摄，没有掺杂人为的摆拍，也没有戏剧化的光线和夸张的道具，这种自然的风格便是利用女性与生俱来的自然唯美的特征所创作的作品。这是女性第一次作为被观看者参与到摄影创作中并对摄影史产生的价值。

约1841年，一家煤炭公司的合伙人理查德·贝尔德从发明摄影术的达盖尔代理商手中购买到专利权，并雇用懂达盖尔摄影的技师来拍照。从1843年的摄影作品《约伯·霍格在贝德尔的工作室为客户拍照》中可以窥看到早期肖像摄影师使用的器材设备等，其中，相机被放置在洛可可艺术风格的置景中。洛可可的氛围特征为华丽、细腻、温柔和精致美，也是早期对女性的定义，这种风格的置景可能常被用来为女性拍摄肖像。通过这幅早期的记录作品中的场景布置可以发现，虽然女性还未作为被观看者出现在画面中，但是女性已经开始参与进摄影创作中。

同一时期，在德语区的城市，艺术家们开始利用摄影术来制作肖像，并创作了大量成功的作品，例如卡尔·费尔曼·史特尔茨纳于19世纪40年代所拍摄的《亚伯斯妈妈》、以及柏林摄影师古斯塔夫·奥伊默于1845年所拍摄的《三名少女》的合影肖像，这是摄影史早期作品中出现女性的摄影作品，画面呈现出优雅和对称的美感，通过直接捕捉三名少女的眼神，使女性凸显出其他作品少有的存在感。这两幅作品都是早期摄影史中，女性由于社会地位的限制无法掌控相机，作为被观看者参与到摄影创作中。

本着"自然并非自外于人类，而是天生与其本性中"的信念，摄影师开始抓住"最主要的特征和最佳的表情"。索思沃思和霍斯的摄影工作室拍摄了超过1500幅不同人像的肖像，其中较为著名的摄影作品则是《不知名女士》的环形肖像，从不同角度拍摄，很好地捕捉了不同侧面的外貌和精神气质，并且这位女性的眼神和姿态充分展示了女性的特征。鉴于当时女性的社会地位，因此摄影作品中也并没有为这位女性记录姓名。然而，她作为被观看者的女性姿态流露是这幅作品中最具有价值的部分，也是女性作为被观看者对摄影镜头的情感表达，更是女性由于社会地位无法掌握相机从而为摄影史所做的贡献和价值。

在苏格兰，纸基肖像中也开始以女性作为拍摄主题，1845年拍摄的《宾尼小姐们和蒙罗小姐》作品中，画面中人物的表情、柔和的光线以及三名女性优美的站姿，都透露出维多利亚时代受过良好教养的女性所持有的文雅气质。1860年巴黎梅耶兄弟拍摄的《卡斯蒂格里纳伯爵夫人》除了显示出拍摄对象的身份，道具和拍摄姿势还一定程度上成为了解人物性格的线索，从而让画面在视觉上和心理上显得更加丰富：她手持相框遮住眼睛，披肩坦露，作为拿破仑三世的情妇，画面充满了挑逗意味。由此可见，虽然女性处于被观看的状态，但是女性作为柔美和自然的代表也是绝大部分摄影师喜欢拍摄女性的原因。因此，女性身上特有的气质成为早期女性参与到摄影创制中的主要方式。

摄影技术传入中国初期，照相业的影像逐渐超过了画像业。据《中国摄影艺术史》记载，1855—1865 年上海公泰照相馆拍摄的女人像是中国女性首次参与到摄影作品中。早期摄影以记录为主，男性掌握相机担任记录者和观察者，女性作为被观看者进入摄影镜头之中。“在清朝宫廷内出现的掌握摄影技术的女性，仅仅是当时少数皇家贵族中极个别的先进分子。对于绝大多数中国女性来说，她们只能成为被猎奇的对象，被动地成为他人的视觉消费品。”虽然如此，我们不能否认的是，女性之所以被记录还是因为女性不同于男性的柔美特质。

随着摄影技术的发展，部分具有导演成分和创作类型的摄影开始萌芽。由于女性的社会地位仍然处于被男性主宰的状态，男性仍然掌控着相机，女性只能通过在摄影作品中担任模特作为被观看者来抒发情感协同完成创作，发挥对摄影史的价值。

2. 女性自我意识的萌芽：有表现力的女性

大众定义的女性，既是美丽的化身还带有母性的象征，因此成了艺术摄影师的创作题材。各地的摄影师们都喜欢拍摄穿着柔美且带有神秘感的女性，从而突出时尚迷人的气质。在 19 世纪末 20 世纪初，美国以及欧洲艺术摄影师开始尝试拍摄裸体人像，坚持将女性身体用于颠覆性目的的艺术家，其作品通常表达了女性身体所反映的与社会文化、宗教信仰等主题相关的内容，让观者体会到裸体之美以及目的表现。[①]1903 年阿方斯·玛丽·慕夏拍摄的《人体装饰研究 39 号》、1909 年克拉伦斯·H. 怀特拍摄的《裸体人像》等女性裸体摄影作品能传递美感而非情欲。部分摄影师还在作品中将裸体的女性塑造成女神或者精灵的形象，而绝大部分艺术家认为对于女性的裸体无需再遮掩，裸体的女性本身就具有美感。斯蒂格利兹曾经展示过其夫人奥基弗的裸照，两个人的情感纠葛也在这一百多张人体摄影中体现。人体摄影中最为著名的一幅作品就是 1924 年曼·雷所拍摄的《安格尔小提琴》，曼·雷将这位戴着头巾的女性身体作为乐器，并在她背上画上符号后，物化了女性的身体。曼·雷 1922 年拍摄的《吉吉》作品将女性裸体的曲线表现得流畅光滑。这段时间的

---

① 张小艳：《女性人体摄影及其意义探究》，上海师范大学硕士学位论文，2019 年。

女性除了作为被观看者传递女性柔美的特质，还有一部分是在摄影作品中担任意识流露的创作者。无法掌控相机的女性，作为被观看者表达思想，女性被观看者和观者共同构成了创作与欣赏的双向性审美体验。因此，女性在被拍摄的同时就参与了男性摄影师的创作，女性作为被观看者将其表演融入创作，从而主导或者引导观众进入不同的审美感受。

在19世纪末的中国，照相馆服务对象多为男性，而女性则大部分为青楼艺伎和女伶。光绪十年(1884)刻印的《申江名胜图说》写道："自西人有照相之，而镜中取影益觉活泼如生，更不必拈粉调脂，细写名花倩影也。沪上照相馆多至数十家，而以三马路之苏三兴为首屈一指，凡柳巷娇娃，梨园妙选，无不倩其印成小幅，贻赠所欢。"因此，照相馆也会出于盈利目的选址在旅游胜地、商业区、妓院集中地等地点。①其原因在于当时女性社会地位低下，很少单人去照相馆拍摄肖像。同时，由于一般民众视摄影为"奇器淫巧"，多存疑虑缺乏尝试的勇气，而青楼女子则见多识广敢于尝试，并且照片也是她们最好的宣传方式，嫖客们也会争相购买艺妓们的照片。因此，早期的照相馆中妓女的留影是偏多的，不少都抹上鲜艳的色彩。②艺妓作为鲜有敢于尝试的被拍摄者，无疑是推动了摄影在中国的发展，为早期摄影留下了非常珍贵的作品。除此之外，艺伎和伶人有着非常强烈的镜头表演能力，相对于男性摄影师，她们实则完成了照片的创作部分，而男性更多的是操作相机。所以，部分女性在早期摄影中的价值占比甚至是高于创作者的。

太监和宫女作为旧中国封建社会制度的产物在1839—1900年中国早期影像中，由于当时的社会地位大多以帝王身后的陪衬出现。③而在20世纪初期，慈禧晚年被拍摄的大量摄影作品流传甚广，这无疑是中国女性对摄影史意义非凡的价值。慈禧的照片大致分为：单人标准照，化装照，慈禧与格格、外国公使夫人等的合影，慈禧起驾照片。其中，最具有艺术性的照片是单人特写照和化装照。单人特写中慈禧的装束、头饰和周围的陈设都非常具有特色，最终画面的呈现上人物传神，立体感、质感俱佳，极具中国特色，引人注目。化装照最广为流传的是1903年的《慈禧扮观音化装照》，慈禧自比为"大慈大悲救苦

① 宿志刚：《中国摄影史略》，中国文联出版社2009年版，第14页。
② 张伟：《沪读旧影》，上海辞书出版社2002年版，第31页。
③ 韩丛耀、赵迎新、范文霈：《中国影像史·第二卷(1839—1900)》，中国摄影出版社2015年版，第200页。

救难”的菩萨，画面中其他角色也神态各异，照片成像清晰，布局自然。慈禧打扮成观音模样是为了表现唯有她能在清末多事之秋力挽狂澜，自诩普度众生的菩萨。这几张化装照也代表了国内摄影艺术的最高水平。通过慈禧留下的摄影作品也可以了解到，她当初所处的阶层拥有高于当时平均水平的摄影技术，但是当慈禧作为一个女性参与到被观看者的领域中，仍然是被社会性别禁锢的。慈禧作为当时拥有最高权力的当权者，依然选择作为女性层面被观看和记录，男性被记录的照片大都是为了彰显地位和财富，慈禧却依然用社会性别在进行自我塑造。由此可见，无论女性的地位或高或低都被当时的社会地位在无形中固化思想。在笔者看来，《慈禧扮观音化装照》说明慈禧作为女性参与到摄影中，但只是体现了被观看者的存在和女性特质。因此，被观看的慈禧实质上和被观看的普通妇女并无二致，呈现的依然是女性的贤惠、柔美等社会性别赋予的女性特征。早期中国女性作为模特表现其思想参与到摄影创作中。就像美国公使康格夫人与慈禧太后的合影都是晚清时期中外关系史的见证。从女性参与创作的角度来分析，慈禧和欧洲贵妇人作为当时的权贵，强势的地位使得她们有着强烈的表达欲望，所以画面展示的内容也是根据她们的想法来表达，而这就是女性作为被观看者参与到摄影创作和摄影历史中的价值。虽然当时大部分女性被社会性别所禁锢，但不可否认的是，这些中国女性参与的摄影作品依然能奠定女性在摄影史上不可忽略的地位。

中国早期的艺术创作是以仕女图的形式塑造女性视觉形象，并延续到近代。随着摄影技术的引进和发展，女性的形象再现开始加入了女性摄影形象。1911 年创刊的《妇女时报》办刊宗旨是：介绍知识、开通风气。作为中国第一份商业办报的女性刊物，也是第一次采用新式封面仕女图和大规模刊登女性照片作为其报刊的视觉呈现部分，其主要栏目有：图片、时论、知识介绍等。①这也是早期女性作为被观看者参与到期刊中的价值所在，不仅有助于女性肖像意识的形成，而且深刻地影响着人们对身体的现实态度。公众观看到的每一张照片作品，都是摄影者与被观看者以及报刊媒体相互合作的结果。

19 世纪 40 年代到 20 世纪初期，女性长期处于被观看者的位置，大部分男性摄影师通过拍摄女性来记录女性柔美、母性等与生俱来的特质。而摄影

① 姜思铄：《构建现代女性的媒介视觉形象——以〈妇女时报〉的女性摄影形象为例》，《妇女研究论丛》2008 年第 2 期。

开始具有导演成分和创作成分的阶段后，女性仍然由于社会地位的原因仅有少部分富裕女性才能掌握相机，剩下作为镜头前被观看的女性们作为“演员”的存在加入摄影创作中，并通过自己的情感与摄影师协同完成创作，一起谱写摄影史。

三、女性进入泛摄影行业——镜头旁

除了作为被观看者，女性在镜头旁协助男性也是她们在进入摄影前的价值。19 世纪下半叶，商业照相馆开始大量地出现在一些摄影技术发达的国家。在经营方式上，基本是以男性为主角开设照相馆，而妻子协助丈夫一同经营照相馆生意，女性开始进入泛摄影行业。这些频繁接触摄影的女性很快就掌握了当时有些复杂的摄影术，部分女性开始独立进入照相馆这个行业，然而更多的女性还是只被允许从事与摄影相关的职业——从事照片上色、照片加框、修版、布置场景等工作。①虽然当时社会的偏见使女性的创造力难以充分发挥，但是女性帮助男性摄影师开展工作，处于镜头旁的状态是女性在摄影史上的另一种存在形式。

摄影师罗曼·维系尼克是目前最顶尖的显微艺术家，而他有着如此大的成就来源于当时八岁那年，外婆送了他一架一百五十倍的显微放大镜，也是在他八岁之时就拍摄了第一幅显微镜作品，②维系尼克的外婆无意中启蒙了他的摄影意识。维吉是一个一辈子在拍摄凶杀案的摄影师，在他四十七岁那年，一位女性社会工作者威玛·维克斯成为他的经纪人和他的同居者，并把他无业游民似的生活整个调整过来，使维吉事业蒸蒸日上，而维吉死后留下的五千张底片以及一万五千张照片，全要感谢这位女士。③摄影师强·索德克的成名和捷克国家摄影博物馆的女馆长安娜·华诺瓦有着莫大的关系，只要是经由她推介的摄影家，无不很快扬名社会，索德克就是在默默无名时被华诺瓦大力提携，他的摄影集也是由这位文采极高、见地独到的女性为文作序的。④除了强·索德克，还有另一位优秀的摄影师约瑟夫·寇德卡得到了华诺瓦的提拔。当时寇德卡在航空界做了 7 年的航空工程师，在此期间，他遇到了华诺瓦，从

---

① 林路：《摄影思想史》，浙江摄影出版社 2008 年版，第 291—292 页。
② 阮义忠：《二十位人性见证者》，中国华侨出版社 2012 年版，第 84 页。
③ 阮义忠：《二十位人性见证者》，中国华侨出版社 2012 年版，第 119 页。
④ 阮义忠：《当代摄影新锐》，中国摄影出版社 1990 年版，第 81 页。

那时起，寇德卡开始深度地拍摄在捷克斯洛伐克境内的吉卜赛人社区，与此同时，他作为一名自由摄影师开始向杂志投稿。华诺瓦也是最早帮助寇德卡的人，当有外国艺术界人士前往布拉格访问时，她就大力推荐寇德。①华诺瓦多次提携摄影师，勘探到一个摄影师的价值并协助他们发展，使得摄影界有更多优秀的摄影师名留青史，而她所做的也体现了女性从事泛摄影行业时对摄影史的价值。

19 世纪末 20 世纪初，中国的照相馆也有了很大的发展。在 1919 年前，照相馆已经形成相当规范的专业摄影队伍，一些从事照相馆工作的女性开始涌现出来，他们的父辈往往是照相馆的创始人，善于经营、技术精湛，为她们进入摄影界引路，有少部分女性开始经营摄影馆。耀华照相馆由摄影师施德之创办，1900 年前就小有名气。1900 年后，分设有东西两号，东号由施德之主持拍照，而西号则由施德之长女来经营管理，并为此宣传说："以女子而为妇人照相，深合男女有别之礼。"当时父女两人雄峙东西，传为美谈。②

另一方面，女性地位上升后，逐渐进入泛摄影行业，从事与摄影相关的视觉类工作，作为在镜头旁的存在推动摄影业的发展。1915 年创刊的《妇女杂志》是上海商务印书馆九大杂志之一，自创刊以来共有王蕴章、杨润馀、胡彬夏、杜就田、叶圣陶、章锡琛六任主编。在被邹韬奋称为"有革命性的'前进的'女子"的胡彬夏主编时期，《妇女杂志》"图画"栏目刊登的内容分为书法绘画和摄影肖像两大类。该栏中的作品所呈现的形象以女性为主，不仅用图片、照片的形式展现当下国内妇女形象，更展现了世界各地的妇女生活现状。③

综上，女性参与泛摄影行业后，协助男性的摄影工作、从事图像编辑、开设摄影馆，都是女性在镜头旁与男性摄影师共同推进发展的佐证。女性处于镜头旁，进入泛摄影行业，协助男性摄影师一起完成工作，不仅仅为之后女性创作提供了艺术积淀，还体现了女性在早期摄影史上的价值。

四、女性试探性的创作——同时存在镜头前和镜头后

20 世纪初，伴随着第二波女性主义的到来，女性摄影家开始崭露头角。薇薇安·迈尔被公认为美国当代最重要的摄影师之一。她在当保姆时开始用

---

① ［捷］约瑟夫·寇德卡：《谜一样的摄影大师》，《宁夏画报》（时政版）2018 年第 3 期。

② 王天平、蔡继福：《关于上海早期的照相业》，《上海大学学报》（社会科学版）1989 年第 5 期。

③ 崔兰兰：《挣脱"禁锢"的妇女》，安徽大学硕士学位论文，2016 年。

相机有意无意地记录自己的生活,但由于当时没有足够的资金冲洗胶卷,她的作品最终是在二手拍卖市场被人挖掘出来,并被大家誉为传奇保姆摄影师。在笔者看来,薇薇安的作品更多是纪实摄影意识的萌芽,她的作品虽然是女性开始站到镜头后,但也只是尝试性地记录自己的生活,并没有构成独特的女性视角。

20世纪40年代,女性摄影开始呈现颇具个性的色彩,女性的自我意识开始崛起,其典型表现就是部分女性进入摄影行业进行试探性的拍摄——自拍。

早期的女性自拍作品是摄影家伊莫金·坎宁安对自己裸体或者半裸体的一种实验,并通过艺术的敏感传递出私人感情和对身体的疑惧。时值1906年,当时伊莫金·坎宁安正在华盛顿大学的校园中进行摄影创作,她预先做好置景和设计,按下启动快门键的自拍按钮,跑到场景中,躺在草坪上,静静地等待快门声响起。坎宁安的这次自拍举动给女性摄影史带来了非同小可的价值:在20世纪初期,一个女性能忽略当时保守的伦理道德,摒弃世俗的偏见,以创作者的身份将自己女性的身体全权交付给照相机镜头,这幅浪漫的自拍像无疑奠定了女性在摄影史的地位,并且推动了整个现代摄影史的发展。然而,有一大部分女性自拍摄影作品都是以自我裸体为表现形式,其中的原因也是由于男性的凝视,男性认为女性的裸体具有一种柔美的母性的情感,女性裸体是最天然的美的表达。

与一部分依然用原始的身体来表达情感不同的是,简·戴维斯开始放弃那些表现女性柔美特征的自拍,以其自然而不矫揉造作的影像本身和独特的主题触动了公众的神经,加上摄影家对自身感情世界和物质现状的直接展示,立刻成为公众记忆的一部分。戴维斯的自拍作品是那些难得一见的坦诚和弱点的暴露,通过光线和构图的巧妙营造,将观众邀请到自己的生活中。她的作品表现的是女性因肥胖而带来的失落感。画面展示的也是全球女性正在面临的真实问题。戴维斯作品的独特之处是女性对自己的身体进入了成熟期的评价和判断,不再是男性的他者的凝视,更多的是自我审视的力量凝聚。她创作的每一个剧情画面既是摄影师又是被拍摄者,她通过使用自我探究的好奇心,展现自己审视自己,作为一个成熟女性,获取自身艺术价值的权利。

从坎宁安的作品中已经开始带有女性色彩,女性摄影师也从原来单纯记录自己的身体发展到逐渐注入与男性截然不同的女性意识。女性自拍最具有代表性的作品就是辛迪·舍曼自拍自导自演的《无题电影剧照》系列,这些作品不再是简单地记录女性美和生活，而是体现了女性的独立存在。舍曼强调自己不是女权主义而是一位艺术家，她的创作是为了表达自己想要表达的东西，而非强化自己女性摄影师的身份。舍曼的作品表现了自信和恐惧的双重对立空间，解释了被现代媒体包围的人类的心理。她通过解构电影、广告、电视等大众媒介，运用其中的独特元素重新塑造出一个新的画面来阐释她的生存原则和视觉观念。她之所以迥异于其他摄影师，也是由于她触摸到了文化敏感的一面，聚焦在人的身份这样的社会含义层面，使得她的图像具有人本的魅力。在这组电影剧照作品中，夸张的姿态、道具、妆容及场景气氛，都是大部分美国人熟悉的场景。不得不说，这种挪用电影的视觉信息其实更多的是对媚俗文化的反讽，研究者们也认为她这组作品在消解了历史语境的同时又营造了新的语境。

周菁和聂君如在《直视·剖白·超越——当代中国女性自拍摄影实践的梳理与思考》①中通过剖析当代女性自拍摄影认为：女性开始关注自我是女性自拍创作的动机和出发点，女性诱发自恋倾向的表现形式通常会赋予摄影师更多的创作空间去制造幻觉和传达体验，女性从探索自我的身体开始，而后参与社会生活，最后探索更为广阔的社会内涵。顾铮认为，女性会通过自拍这个方式来找回自我和谋求自身的解放，同时还会通过自拍学习与认识自我、接纳与确认自我、建构新的自我。将自己既成为主体又成为客体的办法，将先前被剥夺的表现自我的权利收回来，向观看者们表示自己的主动权，获取表达女性自身对既定文化意见的发言权。②

在摄影发展的进程中，女性长期处在“被看”和“看”之间，这种相互的镜像关系折射出男性对女性的欲望和关注。女性自拍摄影是女性在镜头旁的试探性参与，使女性处于一个特殊状态——既是镜头前的被观看者又是镜头后掌握相机的摄影师。自拍摄影也是摄影诸领域中最接近女性气质的部分，是女性艺术区别于男性艺术的独特的摄影表现方式，深刻体现了女性意识的觉醒，对相机的使用从原先的工具性使用逐渐转变为创作性的使用，女性也通过自拍摄影取得不小的成就。

从身体摄影到观念摄影的女性摄影，大多数女性自拍作品都是以自己的

① 周菁、聂君如：《直视·剖白·超越——当代中国女性自拍摄影实践的梳理与思考》，《前沿》2013年第2期。

② 顾铮：《当代西方女摄影家的摄影探索》，《东华大学学报》（自然科学版）2001年第5期。

身体作为表现内容。这虽然是女性摄影的长处，却束缚了女性摄影更多的表达方式。1970年女权主义运动标志着女性地位的崛起，女性摄影表达开始呈现多元化，女艺术家摄影作品获得了另一种呈现方式：作品中透露的更多是个性的表达；展示自己愿意看到的女性形象，不再以唯美取悦男性；用女性视角来观看和表达社会。

笔者认为，从性别的角度来分析研究女性成为摄影师后的意识突破：自我性别无意识阶段、生理性别阶段、社会性别阶段。

在自我性别无意识阶段的女性摄影师作品更多的是以纪实为主。随着1888年乔治·伊斯曼的小型柯达相机问世，其轻便易携带使得妇女也可以从容地使用相机。并且伴随着妇女在社会上地位的提高，摄影也随之成为最有意义的活动之一，女性摄影师开始站在镜头后和男性摄影师一样记录生活。在男性摄影师主导下，部分早期女性摄影师的创作风格与男性摄影师是相似的。露西亚·莫霍利是著名的匈牙利摄影家拉斯洛·莫霍利-纳吉的妻子，她主要拍摄肖像、建筑等纪实摄影，受拉斯洛·莫霍利-纳吉的结构主义风格的熏陶，露西亚·莫霍利的作品中也显现出这种风格。战争摄影记者丽·米勒也拍摄了许多具有影响力的画面。海伦·莱维特则关注一些稍纵即逝的画面，大部分拍摄的画面是反映儿童生活等。这些女性摄影师都是属于刚掌握相机开始记录生活、社会等，但她们所表现的作品与男性并无二致，作品中还没有明确的女性意识，更多的是以记录为主。

随着女性意识的慢慢崛起，开始迈入生理性别区别的阶段，有越来越多的女性摄影师意识到自己女性创作者的身份，以一个与男性不同的视角来进行摄影创作，在画面创作中糅入了女性特有的细腻、浪漫和幻想。作为F64团体的成员伊莫金·坎宁安，其表现手法和作品充满了细腻柔情，她面对生活的态度是轻松的，但她在创作中又有着非常强烈的表达欲望，在摄影界中以典型的女性姿态出现，她拍摄的女性人体作品和花卉作品《木兰花》《三角形》《躺着的凤凰》等都流露出女性摄影家独特的风格，有着与男性不同的表达视角。女性的幻想空间是无比丰富的，女性也利用细腻这个表现特性作为自己的拍摄优势创作了具有女性意识的作品。比如巴巴拉·摩根，是美国40年代最负盛名的女性艺术家之一，主要拍摄舞蹈演员和儿童的照片，她拍摄时巧妙地将动感舞蹈和静态的人生哲理思考结合在一起，画面中充满了女性细腻的表现力，使舞蹈产生了前所未有的独特魅力。而这就是随着女性意识的觉醒，女性摄影师逐渐萌发与男性摄影师不同的视角，女性摄影师在作品中开始有其特性的体现。

第三阶段则是女性开始忽略摄影性别，不再单纯强调女性，而是更多强调人性，也不再局限于女性独特的创作方式，开始引领整个摄影界的创作理念，也就是社会性别的阶段。最具有代表性的就是文中提到过的摄影师辛迪·舍曼，她的作品脱离了女性的存在，更多的是在讽刺这个社会，并强调自己不是女权主义而是一位艺术家，她的创作是为了表达自己想要表达的东西。当女性摄影师能达到忽略女性性别从而产生社会性别的意识，这可能是女性摄影师在未来摄影创作中达到的意识形态。女性摄影家蒂娜·莫多蒂的摄影作品中开始出现对政治的欲望，静物作品中还会出现镰刀、子弹带和铁锤等，带有明显的政治倾向性，最富有政治倾向性的作品则是有关于木偶拍摄的作品，暗指政治的操控。克鲁格的摄影作品呼吁公众能够更多地关注像身份、社会经济、种族、欲望、性别、消费主义和大众媒介。①

五、结　语

当一个演员念着哈姆雷特的独白"活着还是不活"的时候，他只是形式地报告别人的思想和执行导演指示去做外部动作吗？不是的！他所要做的多得多，他要把自己的一切——自己对生活的看法、自己的心灵、自己的情感和意志都放在角色的台词里。②同样的，女性作为被观看者在早期无法操纵相机，但女性除了被观看者有女性特征的表达，还有对形象创作的思想认知，女性一直被男性限制在艺术创作之外，只能通过作为被观看者的形式参与摄影画面创作。虽然早期女性没有掌控相机的权利，但她们的情感流露和思想表达是对整个画面的创作价值。

笔者从性别的角度再次梳理女性摄影史。从镜头前、镜头旁与镜头后三种存在形式来论述女性对摄影史的价值，女性自摄影术诞生以来就一直在协助男性完成创作，虽然无法直接掌控相机，但也通过作为被观看者、图片编辑、艺术馆馆长等多种存在形式发挥她们早期的价值。

而女性成为摄影师后，笔者仍然通过性别的角度将女性摄影师的作品分为：自我性别无意识阶段、生理性别阶段以及社会性别阶段。全文从性别的角

① 许琛：《芭芭拉·克鲁格作品中的"文字艺术"》，《大众文艺》2010 年。

② [苏]玛·阿弗烈齐阿诺娃：《斯坦尼斯拉夫斯基体系精华》，李珍译，中国电影出版社 1990 年版，第263 页。

度重新梳理了女性在摄影史上的价值地位和发展。

Attention and Gaze: The Generation and Transmutation of Female Image

Abstract: The history of photography was made by the joint efforts of men and women. Women's social position, meanwhile, has changed drastically. However, the history of photography is usually considered written by men, and the unique value of women in photography is commonly igonred. During photographic creation, women have several relations with the lens. In front of the lens, they are photographed subjects. Beside the lens, they are helpers. In front of and behind the lens, they are self-photographers and photographers. This paper discusses the value of women in photographic art and their important role in the history of photography through these relations between women and lens.

Keywords: feminism、history of photography、gender

作者简介:穆莅晔,女,上海师范大学人文学院博士研究生,主要从事都市传播学研究;张华,上海师范大学影视与传媒学院副教授,硕士生导师。

新媒体艺术在都市文化建设中的应用意义浅析[①]

盛思梅

摘　要:随着艺术形式多元化,新媒体艺术将艺术家的理性、感性思维和对艺术的理解、认知及感悟与新的科学技术相融,逐渐成为都市文化建设的主要载体。新媒体艺术在国内外发展迅速,具有连接性和互动性特征,与都市文化建设相辅相成。都市文化为新媒体艺术创作提供了灵感设计的元素和大众参与体验的实践,新媒体艺术创作也对都市空间的规划和展示设计、对社会情境的表达、艺术公共符号的形成等都具有重要意义。新媒体艺术来自新技术、新材料、新模式为艺术领域带来的实践变革,为都市空间提供了价值提升的强大可能,是未来都市文化建设实际应用的主要发展趋势。

关键词:新媒体艺术　都市文化　公共空间　艺术公共性

随着中国发展阶段的转变,都市的繁荣已不仅仅表现在它的富裕程度和经济增长速度上,更表现在它对人的吸引程度上。一些走在发展前列的城市和城市群逐渐意识到以文化为根基的品牌建设对其长远发展的重要意义,在发展规划上逐渐着墨于都市文化内涵的深入挖掘和文化品牌的打造。人们生活水平不断提高,对都市文化品位要求也越来越高,构建生产力与文化力和谐互动的新格局,是都市发展继生产建设、公共设施建设之后迎来的更高阶段,是都市品牌化的过程。都市文化建设需要以强烈的文化意识指导城市规划、建设和管理的全过程,要发掘文化资源,保持文化特色,引入都市美学,摒弃缺

① 本文为新媒体艺术在都市空间中的应用项目研究阶段性成果。

乏人文含量的浮躁单调的氛围，这时需要更为现代的艺术观念、创新的技术与材料带来的视听冲击力、更充分与大众融为一体的艺术创作来实现。

罗伊·阿斯科特（Roy Ascott）说过：新媒体艺术最鲜明的特质为连结性与互动性。其依托于现代化科技和新的传播载体，是艺术与技术的完美结合，以全新的呈现方式绽放着高层次审美的内涵和感官体验。这样的特质使新媒体艺术愈来愈多的应用于都市文化建设之中，形式不再拘泥于传统的绘画、雕塑、影像等，逐渐与建筑物衔接，展示于公共空间，弥漫在参与者之间，用新的手段表现艺术家们的热情和灵感的迸发，提升了公共空间的审美，提高了都市的品牌形象。同时，在艺术家和参与者之间搭建起"沟通"的桥梁，引起大众的共鸣，增强都市的包容和亲和力。

新媒体艺术在发展的过程中不断渗透到都市文化建设中的各个领域，层出不穷地出现在艺术展、体验馆、公共空间、常规与异形屏幕，尤其是沉浸式展览和交互设计空间中，对我国的都市文化建设具有重要实践意义。

一、国内外相关新媒体艺术发展简述

（一）国外相关新媒体艺术发展简述

新媒体艺术的根源可以追溯到19世纪末20世纪初期的立体派与达达主义。马塞尔·杜尚率先摒弃了传统艺术的束缚，提出艺术等于生活，拉近了创作者和欣赏者的距离，为艺术品的连结与互动开创了一条新的自由之路。在此之后，很多艺术家也纷纷效仿，融合日新月异的新技术和新文化元素，大胆突破传统艺术的思维，进行新颖的创作以及作品崭新的展现形式。在这个不断突破和创新的年代中，西方的新媒体艺术形式与艺术的全新表达方式都得到了空前的发展空间和发展前景①。1956年，韩国艺术家白南准运用索尼出品的便携式摄像机进行新媒体艺术的创意录制，将艺术的表现形式进行开放式创作，并利用成像的装置实现综合艺术作品呈现，新媒体艺术的形式与发展又上了一层台阶，也由此进入一个不断完善的全新时期。

从安迪·沃霍尔的《内与外》到乌雷与阿布拉维奇的《AAAA-AAAA》，进入21世纪之后，新媒体艺术的运用变得更加广泛。在新媒体艺术的发展历程中，欧美日韩都有着相对成熟的早期艺术体系与艺术作品的展现形式。同时，

① 张琪：《影视广告中三维特效动画的运用探究》，《西部广播电视》2016年第2期。

很多品牌企业发现了新媒体艺术所带来的商机，纷纷运用在广告、商业宣传上，融入新的产品设计和市场活动策划当中，利用自身的品牌效应，推动新媒体艺术在时代中的发展历程。如同早期的波普艺术，新媒体艺术也逐渐从传统的艺术品类走向商业化的全新发展模式，逐渐融入都市生活当中，为人们提供全新的感官体验。在商业化的推波助澜下，新媒体艺术作品逐渐突破了局限空间以及文化的基础限制，从少数精英的艺术追求，对接与引导大众文化的方向与发展脉络，发展出一条以都市空间为媒介的设计和创作道路。

国外新媒体艺术创作非常重视其交互性特征。作品多运用感应器件和叙事方式，与观众进行交互，也包括参与者之间的交互和人际之间的交互，利用观众的主动性认知加深对品牌信息的印象，从而有效表达。以成立于 2001 年的日本专注于新媒体艺术创作的（TeamLab）公司为例，其作品多与日本文化和自然环境相关，在交互设计、投影技术、光学技术和软件编程上，都属国际领先水平。团队打造的《花舞森林与未来游乐园》等多个大型都市空间融合的作品，运用数字媒体技术设计制作，与体验者产生互动，形成极具形象力的沉浸式参观体验。代表作品“花与人（Flowers and People）”系列中，随着体验者不断行进的轨迹，呈现一年四季中各种花朵的开放与凋谢。观众能感受到沉浸式的视觉冲击，对生命含义加以自我诠释。（图 1）这些作品向游客们传达热爱环境的观念和认知，以及在大自然中所蕴藏的生存法则，受众群体较为广

图 1 （TeamLab）《花舞森林与未来游乐园》

泛，巡展之处引来众多人参观体验，各个年龄段的游客都会身临其境，以感官和作品进行交互。

（二）国内相关新媒体艺术发展简述

国内新媒体艺术的发展从改革开放后兴起，与其他从国外传入国内的艺术展现形式类似，发展初期内容和表现方式还停留在西方文化基础之上，设计和灵感也多源自欧美文化的启发。但随着对创作技术与思维的深入理解，我国更为悠久博大精深的本体文化成了国内艺术家新媒体艺术创作源源不断的灵感源泉。

近年来，中国在新媒体艺术的创作中融入了不同的地域文化和中华五千年的传统国粹，在此基础上进行创新，同时对于新的数字技术、新的传播载体不断探究，在传统文化的内涵元素上，加以新环境下的思考和实践，都市的规模建设和媒介化也促进了新媒体艺术的快速发展。如录像艺术，起初只是作为一种记录式手段被众人熟知，但中国内地的艺术家进行深入的研究、发展和传播，也通过多渠道逐渐完善，诞生出一批新媒体艺术作品。如 1991 年张培力的录像艺术《水——辞海标准版》、1995 年王功新的装置录像《布鲁克林的天空一在北京挖个洞》、1996 年冯梦波的互动装置《私人照相簿》等。在此后，录像艺术的内容通过多种技术手段和成像载体在多领域进行实践，不再仅仅依存于录像呈现出的影像当中，而是将科技、艺术与空间相互结合，各种墙面投影、灯光秀，互动装置艺术、人工智能艺术作品等不断呈现，符合当代新媒体艺术特征的作品日益普遍。从 2008 年奥运会开幕式到的建国 70 周年、建党 100 周年，在我国举办的多个大型庆典中不断向世界充分展现了新媒体艺术娴熟运用的震撼视听效果。同时随着中国经济不断地发展、实力不断扩大，人文和艺术内涵加快演变也对人们的生活带来全新的改变。从电视机中单向的传播，到电脑等多媒体终端的影像展现，再到现代人人手中离不开的手机，5G 时代的来临、传播渠道的更新也为新媒体艺术创作提供了更大的变革空间。

二、都市空间为新媒体艺术创作提供的机遇

（一）都市文化与空间为新媒体艺术创作带来灵感

艺术家的灵感来自生活。都市公共空间是人文传递的载体，每一幢建筑，每一条街道，每一个天气，历史长河的每一个事件，对于艺术家们来说，都是可塑的主题。钱泓霖创作《景观》（图 2），灵感来自对北京白天和夜晚的对比：摆

图2　钱泓霖《景观》

脱了白天的车水马龙，人潮攒动，放下了那一份分秒必争和拥挤，夜幕降临霓虹初上，整个北京变成另外一副绚丽多姿的模样，正如晚间放松下来的我们，沉浸在自己的世界和时间维度中，观众也会放下一整天的疲惫，全身心体会着城市放空的夜景和都市生活所带来的千姿百态，释放真正的自我。区别于国内纪实主题元素的作品，北欧艺术家奥拉维尔·埃利亚松的作品多与自然主题相连。他曾运用水元素与哲学思想相融合打造了一个装置艺术，名为《纽约瀑布》(*The New York City Waterfalls*)。这个作品的灵感来自在大都市中对人类自身的审视，他把这条瀑布设计在纽约布鲁克林大桥下，纽约市的市民经过高架桥时会看到道路下面宽阔的瀑布喷涌直下。有四个瀑布架在东河(East River)的不同流域，包括脚手架、抽水机和软管层，高达三十多米。水取自东河，利用类似喷泉的技术形成一个寿命四个月的瀑布。城市瀑布是埃利亚松对都市公共空间的一次探索。他曾提及在冰岛登山的体验，不动的时候，对周围的感觉会很模糊，一旦动起来，就会产生远近、大小的感知。正如远方的瀑布，当你觉得它流动很慢时，说明你离它很远，当它流动越来越快，你就知道你与瀑布的距离不断接近了，而瀑布本身的速度并不会改变，只是你与瀑布之间的相对距离发生了变化。瀑布就这样变成了一种测量空间的办法。特别是在纽约这样的城市，在东河上制造瀑布，让市民们感受到布鲁克林和曼哈顿的距离原来是这样的，布鲁克林原来这么大，空间感顿时明显出来。(图3)这样的设计灵感是极具代表性的，整体的创意反映了区域特征，运用自然的力量提升代入感，增强群众的向往。

图 3　奥拉维尔·埃利亚松《纽约瀑布》(*The New York City Waterfalls*)2008 年

艺术家们的灵感来源于不同的生活和经历、体验，在创作时凸显作品的空间感、色彩搭配、流逝速度以及与参与者的交互。都市的历史、政治、文化、自然、人文等信息都是艺术家们的创作理念和灵感源泉，以作品的形式传递出他们对于人、事、物、情的个性化认知，使人产生共鸣。艺术的交互在艺术家们眼中是一种与参与者的特殊交流方式，多种感官和多种形式的交互过程中，参与者结合自身的经历涌现个人情感，在色彩缤纷的光影效果和虚拟现实中，作品营造出的环境感极为真实，使参与者沉浸在作品中①。

(二) 都市大众的互动参与为新媒体艺术创作带来体验需求

新媒体艺术带来的全新体验，在于近距离接触艺术品时，通过各种电子感应元器件，达到人体视觉、听觉、触觉等感官的延伸，对环境的温度、湿度、物理状态等有模拟感受，使得人们对作品有新颖的全方位冲击，且在体验后身心得到了某种感悟或某种释然，这也是艺术所带来的魅力。从发展的角度看，新媒体艺术满足了人们精神层面对艺术的需求和追求，应用的领域增加了广袤的可能性。人工智能 AI、生物仿真、虚拟现实和增强现实等技术的不断发展，根

① 卢元:《浅谈文化产业中新媒体的实际应用与发展前景》,《新视觉艺术》2014 年第 2 期。

据人们不同的需求进行精准投射而被新媒体艺术作品所运用，效果受到都市居民更多的认可和追捧。这也让诸多艺术家和企业找到了商机，以抓住居民注意力为目标，加快对艺术创作的研究推陈出新，使新媒体艺术在都市文化建设中快速应用并收获成果。

埃利亚松在另一个重要作品《天气计划》中，用200枚黄色钠灯在泰特当代艺术馆中制作出一颗巨大的“太阳”。人们被大厅顶部三百平方米的巨大镜面箔牵引到建筑物深处，太阳唾手可得，空气中还弥漫着蜂蜜和糖调制出的特殊香味人造雾，真实与虚幻在此交接，一切无所遁形。作品吸引了两百万参观者，在“太阳”下穿行、发呆、卧躺、感受舒适的氛围，审视镜中的自己，久久不愿离去，充分体验到作品的艺术能量。（图4）

图4　奥拉维尔·埃利亚松《气象计划》(*The weather project*)2003年

三、新媒体艺术在都市文化建设中应用的意义

伴随着数字技术和新移动时代的快速演进，新媒体艺术承载起都市文化艺术和空间艺术的主要创意和灵感的来源，由此改变了都市文化向众人展现的意义，将艺术的原则和内涵通过数字技术的演绎而释放出来，令人们更易于信息的接收并感同身受。目前，新媒体艺术在都市文化建设的过程中以下几种典型形式的意义存在：

（一）新媒体艺术为城区规划提升价值

技术飞速更新迭代的当下，数字媒体技术的应用范围越来越广，而艺术的认知又较为感性，新媒体艺术逐渐被应用到都市文化的建设规划中，为一些老城区重新打造新的商业价值。诸多作品映射出对于某个都市时间年轮中流淌的感情，也借由声光电影像等信息传递给观者，结合自身的回忆，直观的视觉体验加过往经历的回味，延伸出作品的内涵①。

马德里政府为了庆祝(Gran Via)商业街翻新工程的完成及开放，委托(Brut Deluxe)艺术设计团队为城市打造了一场奇妙的灯光装置——《天空中的露西亚》。在灯光装置的巧妙设计中，整条街道变成梦幻般的存在，在夜晚的“幕布”映衬下，蓝调搭配闪烁的彩光，看起来就像是繁星降临。无论从视觉还是氛围感都洋溢着朦胧美，抬手便可触及漫天星辰。（图 5）

宁波市老外滩项目，作品设计中结合城市历史，融入了虚拟现实技术，让原本朴实的老外滩变得生动有趣，充满吸引力。人们在参观的同时充分与作品互动，让宁波老外滩成了网红打卡之地，不仅展现了现代化科技，也演绎了历史，让历史在科技中吟唱，也因此成为富于特色的商业街，为人们创造出良好氛围的都市文化空间，充分展现出新媒体艺术对于都市文化建设所产生的作用。

（二）新媒体艺术为都市空间提供多样化的展示设计

新媒体艺术展现形式的多样性、综合性，新奇的光电效应形成了可与人互动的故事化、场景化、情景化的叙事方式，全新展示手段不仅让人生动地了解现实，也能对未来有可视化的勾勒，所以大量使用在各个都市的规划馆、博物馆、科技馆，企业和政府的展示馆等等。笔者也曾参与过不少都市规划馆的多

① 王宇：《新媒体艺术在商业空间室内设计中的应用》，《信息化建设》2016 年第 11 期。

图 5　Brut Deluxe 团队《天空中的露西亚》

媒体展项的制作，通过幻影成像、全息成像、数字沙盘、虚拟漫游、环幕电影等多种形式，展现各个都市的现下发展和未来规划。更为前沿和具艺术感的展示设计在历届的世博会中表现得尤为淋漓尽致。例如在日本爱知世博会当中，希腊馆利用仿真材料进行场景在现，不仅让参观者感受到了逼真的草原风光，同时还利用微风和音乐帮助参观者更易代入到场景当中①，似乎身临其境，感受草原的风貌。另外，在柔和的灯光下，伴随阵阵鸟鸣，让参观者身心得到愉悦，不由自主的沉浸在艺术家创作出的“真实”场景之中。这种技术看起来富有神秘色彩，但实际操作并不复杂，只是利用多角度、多维度的场景“变现”，虚拟动画设计与现实场景实拍相互结合，最终展现出令人如梦如幻的视觉体验。虽然都是运用新颖的技术进行操作和设置，然而创意设计才是整个

① 吴振志：《关于新媒体艺术在城市公共艺术中的应用与发展》，《美与时代 · 城市版》2017 年第 11 期。

展示的重中之重，需要艺术家懂得充分应用合适的新技术、新材料，完美结合才可以达到想要表达的最佳效果。

(三) 新媒体艺术营造都市公共内容符号

都市文化中的历史、地理、人文等区域特征都是根植于居民内心深处有说服力的公共符号，可以用于新媒体艺术创作的主题元素，更易于突出都市主题文化，打造品牌名片，提升竞争力。同时，由于居民的感受是公共空间建设着重考虑的关键因素，在对都市空间的新媒体艺术创作过程中，善于运用大众熟知、喜爱的符号作为艺术内容，可以更好实现大众良好、积极的互动参与甚至改造，对其具有熟悉感和认同感。激发起大众对于已熟知事物的想象，在好奇心和强烈熟悉感的带入下，积极参与交互的新媒体艺术体验，进而根据自己对这些符号的想象，发挥个体的创造精神，创造出更加符合大众口味的艺术作品。

2016 年(ESI Design)在位于华盛顿特区的(Terrell Place)大堂创作了 1700 平方英尺的运动传感媒体作品。在 1 楼宽敞的大厅空间，最大的媒体墙宽 80 英尺，高 13 英尺，共有 500 万个 LED，每平方英尺有 2900 个 LED，大厅墙壁和走廊入口安装有大型感应媒体，建筑物获得跨越公共区域的连接，带来一种穿梭的即视感。通过红外摄像头系统，路人可以激活主大厅和走廊的漫射式 LED 显示屏。媒体墙包括三种内容模式："季节""色彩游戏""城市景观"。作品提供的一系列场景当中，根据不同的时间和顺序不断进行全新的设定，人们即使每天在同一时间到达和离开，也不会看到相同的场景。这个设计的灵感源自对季节的变化，充分展示了华盛顿特区的标志性符号——樱桃树的生命周期。(图 6)春季，人们在经过时会有树木开花，花瓣飘落以及蝴蝶起舞等动态效果，感受到春暖花开，盛放似锦；(图 7)而在冬季时，树叶则会飘零，树枝也会结冰，雪花漫天，与春季形成强烈的对比，完善了整体画面对于人们视觉的冲击和季节分明的特点。(图 8)色彩游戏主要展示了算法生成的多色线条，这些线条分布在墙壁上，人们靠近时，线条会快速密集，距离稍远，线条便会四散，通过这些色彩斑斓的线条，编织出一个活动的挂毯。(图 9)城市景观主要以标志性的植物、建筑，雕塑和交通场景，向华盛顿特区致敬，并呈现出华盛顿特区的繁荣和文化特征。

(四) 新媒体艺术增强都市空间融合的吸引力

现代都市的公共艺术是否具有视觉欣赏效果以及足够的创意，对于都市

图 6 “春季”——Terrell Place

图 7 “冬季”——Terrell Place

图 8 “色彩游戏”——Terrell Place

图 9 “都市景观”——Terrell Place

文化的建设和发展及文化品质具有重要意义。传统的传播海报标语等采用平面设计，画面感体验一般，一旦超出人们视觉范围，就显现出设计上的缺陷。而运用新媒体艺术，通过电子图像的成像装置，保持画面的立体感和色彩感，利用一些视觉错位的形式，可以达到公共空间图像资源的充分利用，融入生活各行各业，如各种海报、车站宣传栏、光感投屏、互动多媒体显示屏、多种投射面的投影等。由于对空间的开阔运行和占有方式，立体的、多层次的、虚拟和物质相交会，声、光、电交融，近远程传播等特征，新媒体艺术以其强有力的表现性、覆盖性、延伸性、交互性、震撼性和传播性，在公共场域中进行艺术魅力展现最适宜的方式，建构了公共空间的新的现场感，重塑了一种全新的时空经验，成为公众能够广泛被调动和参与的文化传播媒介。

新媒体艺术在都市空间中的实效应用，也在于实现其艺术效果的融合。首先形式多样化，可以将动态与静态画面相互结合加入光学效果，从而实现公共空间中画面效果的综合性分解，影像与呈现影像的电子屏、投影载体等装置共同组成作品的整体，以此来进行立体画面的整合；通过光感调配以及动画虚拟画面搭配，可以促使公共空间艺术的成像效果更加完美，从视觉角度来看更具欣赏价值。①视觉的巧妙应用，在于多维动画弥补传统艺术仅限于平面的即视感，不再只是单一平面的艺术欣赏，而是通过不同角度的全方位沉浸式欣赏体验，更容易使观众有模拟现实感的虚拟空间整体理解，代入进艺术家创造出

① 蒋慧昀：《浅析新媒体装置艺术在城市公共空间中的应用》，《数码世界》2017 年第 8 期。

的主题世界中。

在图形表达的过程中，声音的作用也不可忽视，它可以衬托视觉和空间情境，还利用声波起伏进行情绪递进、同步图像以及将沉浸体验发挥优质效果。“逼真、生动的立体式环境音效是新媒体艺术的最佳标配，普通单声道并不能满足它，优质的音质和音效可以给观众带来极佳的情感沉浸体验。”[①]由于本身是艺术品的因素，所配的音效不同于生活中的各种可以被随意播放的背景音乐，若是音律和音量不够恰到好处，就容易形成噪音以及引起观众不适感。因此在新媒体艺术作品中，音乐应随着特效和情节的变化，以及与观众的互动体验节奏，来进行配乐，从而激发观众的体验兴趣并使其沉浸其中。

（五）新媒体艺术在空间情境中更有效进行情感表达

都市的空间想要表达底蕴和文化价值需要讲的出故事，单纯的自然现象体验会略显乏味，多元化的情节展现才能充分调动观众的情感体验乐趣，并使人沉浸在其中，回味作品蕴含的道理。艺术展览《她的共生》邀请了许多前卫艺术家，以“共生”和女性之间的微妙关系为主题，运用声学和照明装置来配合作品的表现，场景从各个方面诠释了“她的力量”的感性特征，包括形式、色彩、装置、图像。作者使用象征哲学的“白盒子”和象征艺术的“黑盒子”来表达在广阔宇宙中形成的特殊的“共生艺术”，同时通过舞台表演的结合增加故事线，与视听与空间巧妙结合，音乐舞蹈的内容营造了整个作品的情节氛围。

著名的《皇冠喷泉》(Crown Fountain)是坐落于芝加哥千禧公园的公共艺术与互动作品，整组喷泉由两座玻璃砖塔和位于二者之间的黑色花岗岩反射池组成。由计算机控制15米高的显示屏幕，发光二极管(LED)可展示脸部的数位影像，1000张芝加哥市民的肖像按照每小时6张照片的速度进行缓慢播放，并在肖像切换的过程中融入古埃及文化的照片，看起来像是时光在慢慢流淌，又表达了对世界各地游客的欢迎。(图10)这种作品更适宜“平民百姓”的欣赏角度，从一个普通人的内心出发，体现作品的深意和对生活的热情，非常适合都市空间中的应用，表现人文关怀和居住环境的亲和，也赋予了作品充分的价值。

---

① 孟祥傲寒：《浅谈影视动画特效中的情感表达》，《戏剧之家》2020年第36期。

图 10 约姆·普朗萨《皇冠喷泉》(Crown Fountain)2004 年

(六) 新媒体艺术在都市空间中实现艺术的公共性

新媒体艺术除了使大众被动、单向地产生审美愉悦感之外，更注重作品给大众的体验、思考和心灵上的共鸣。从某种程度上说，新媒体艺术的社会功能不仅具有传递文明和提升素质修养的外化的、文化层面的意义，也具备了社会学、政治学上的大众主体地位和权利均等的意义。都市文化以人为本，强调参与的人在整个艺术过程中的作用，很大程度上拓展了艺术原本的社会功能，使其带有强烈的公共属性。新媒体艺术依托新媒体的双向性和交互性，表现出与公众频繁的互动、交流，且伴随着技术的易应用性、易传播性等特点，公众参与艺术过程的频次也越来越高，成为新媒体艺术创作过程中的重要环节。

如加拿大艺术家拉斐尔·海默在鹿特丹做的《Body movies》，把数以千计的肖像照片投影在街道上，并使它们被地面的氙气光冲淡，当有人穿过广场时，过路人的影子会出现在屏幕上，并且只有当路人的影子和肖像重叠时，原先的肖像才会显形，从而触发并产生新的肖像。作品将电子技术与影像追踪技术发挥到了极致，广场四周设置了多台自动控制投影设备，人们可以利用自己的影子与自我本身进行互动，相互嬉笑打闹，在作品中让自己成为主宰自己的主要角色。即使相互不熟悉的陌生人，也可以通过这部艺术作品进行互动，提升了艺术作品带来的趣味性、娱乐性和交互性，得到身心的放松。

伴随着文化的多元化和群众审美的新维度，艺术的形式不再局限于传统绘画、雕塑、影视等领域，越来越多的艺术家通过数字媒介创造出更多的艺术可能性，同时应用在各个行业上，使之更加大众化、人性化。新媒体艺术相比较传统艺术来说，构成形式更加丰富，为人文生活增色添彩，其所具备的时代特点，帮助艺术家们思维更加发散和自由。用各种新技术和新型材料为大众提供更适合交互的空间，也拉近了艺术家与大众之间的距离。

都市节奏频频加快，忙碌的工作和生活中，群众需要更丰富的精神食粮，需要能够放松自我的空间，新媒体艺术的呈现方式可以相当人性化的实现这一点。从光感到线条，从自然到虚拟世界，可以构造出各种个性化主题表达的途径，或通过情感转换营造出轻松愉悦的环境，都是对都市生活压力的一种释放，也表达了都市的精神建设中对群众的人文关怀。强烈的艺术气息以及多元化的文化交流空间成为衡量大众在都市空间生活质量的重要标准之一。

纵观都市文化建设，公共空间需要通过艺术创造不断提升凝聚力，吸引更多群众的参观、参与，从而营造城市竞争力，新媒体艺术应用的前景未来可期。同时，无论从艺术本身的延续，还是科技力量的支撑，抑或者是大众对于居住生活空间的诉求，都市文化建设也都将成为新媒体艺术在未来发展的主要路径。

Application and development of new media art in urban cultural construction

Abstract: With the diversification of art forms, through integrating artists' rational and perceptual thinking, artistic understanding, cognition and perception with new techniques and technologies, new media art has gradually become a medium for developing urban culture. It has developed rapidly at home and abroad and has characteristics of connectivity and activity interaction, complementing the cultivation of urban culture. Urban culture provides new media art with elements of inspirational design and public participation experience, while new media art is also important for the planning, display and design of urban spaces, the expression of social situations, and the formation of public art symbols. New media art comes from the practical changes brought about by new technologies, new materials, and new models in the field of art, provides powerful possibilities for urban space to increase its value, and thus is the main development trend of the practical application of urban cultural construction in future.

Keywords: New media art、Urban culture、Public sphere、Artistic publicity

作者简介:盛思梅,上海戏剧学院教师,上戏资产公司总经理。

光启评论

论跨国当代艺术选择别现代主义的历史必然性

——以蔡国强的艺术作品为例

[美]基顿·韦恩 著 徐 薇 译

摘　要:蔡国强长期多样化和成功的艺术生涯,迫使西方批评学界对跨国当代艺术中不断变化的批评话语产生了怀疑。1999年,蔡国强参加威尼斯双年展;2008年,他在纽约古根海姆博物馆举办了回顾展《我想要相信》。西方批评界发现,他们很容易就陷入了对蔡国强作品的简单化的分类。对早期政治波普的意识形态上的排斥,一个极端是将其看作改良的宣传或是对毛泽东思想的辩护,另一个极端则批判它是模仿西方先锋派而来的商业化的艺术,但这些都不适用于解释蔡国强的艺术项目。围绕他的作品营造的艺术话语太过微妙,不容忽视。他的作品一方面内化了西方艺术的概念策略,另一方面又从深层的文化之井中挖掘历史,而这需要一个重新排列文化权威的权力关系的世界性空间。蔡国强的作品既涉及当代中国复杂交织的现实,又从这样的现实土壤中生长出来。当代中国表现了一个多层次的、复杂的历史时刻,需要更准确地描述,这是中国现代性的现实,也是一种别现代的语境。蔡国强的作品不仅反映了这一现实,也发出了一种批判的声音(别现代主义),体现了一种新的创造性的意识。当人类学、艺术史、艺术批评等不同学科的专家试图解读蔡国强的作品时,会愈加清晰地发现,过去全球化交流的空间已经过时,西方的期望已被颠覆。因此需要一种新的方法和新的语言,而别现代主义或许提供了一种选择。

关键词:当代艺术　别现代主义　跨国空间　中国性

一　跨国性

2019 年 9 月，利物浦泰特博物馆（the Tate Museum in Liverpool）举办了题为“从后殖民到跨国性：重塑艺术博物馆”（From the Postcolonial to the Transnational：Reimagining Art Museums）的会议。这一事件体现了过去十年来艺术界发生的切实的变化。“国际化”和“全球化”这样的术语已经过时，取而代之的是“跨国性”（transnational），它更准确地描述了当代艺术世界新近发展的空间中共享的文化和艺术交流。西方文化掌控全球文化的霸权并将自己的意志强加于欠发达的文化或者缺乏批判性与创造性的文化之上，这样的设想已经一去不复返。全球化语言向跨国性语言的转变显示了对一个越来越公平的竞争环境的认可。著名艺术哲学家诺尔·卡罗尔（Noel Carroll）这样描述：“……我们看到正在兴起的是一个单一的、综合的、世界性的艺术体系，组织上具有跨国性，也就是说参与者无论来自何方，当他们在国际间合作的场馆展览和传播他们的艺术时，也共同分享了交汇或重叠的传统和实践。这基本上是前所未有的。”①现在的艺术世界有许多共享空间，这些共享空间随着双年展的增加不断扩大，其数量最近大约有 140 个。②③

跨国活动的增加使艺术世界的中心发生了转移，不再以历史上的西方权力中心为中心；而且跨国地点展出的艺术作品往往是录像和摄影这一类可移动的非物质的概念性作品。卡罗尔指出：“我们很难抗拒这样一种观点，即许多艺术形式都是建立在某些技术的基础上，这些技术正在把广阔的世界变成一个小世界……所以才有了‘克服’空间的可能性。”④这是一场塑造新型权力关系的工具，形成偏离中心的新舞台的建设运动。这种塑造不是统一的，也不是普遍的，而是由不同层次的跨国交流推动的。许多双年展的形式是在策展人的指导下，通过国家确定的条目来组织的。来自不同国家的各种声音及其身份由策展人通过选择和编辑的过程定义和决定。如今，策展人已经取代了艺术家和评论家，成为了文化的创造者。作为新的跨国空间的仲裁者，策展人

---

① Noel Carroll, “Art and Globalization: Then and Now” in *Subversive Strategies in Contemporary Chinese Art*, Liu, Yuedi, Wiseman, Mary Bittner, Brill 2011, p.379.

② See the website of www.biennialfoundation.org.

③ Thierry DeDuve, *Multiple Culture in a Globalizing World*, lecture at the Parikh Center for the Visual Art, Mumbai, India(14 Feb., 2006).

④ Carroll, “Art and Globalization”, p.385.

将文化原材料塑造成有意义的形式。这两年随着新冠疫情的爆发，艺术话语的传统场所和舞台在很大程度上遭到了破坏。旅行的减少和博物馆的关闭导致了人们转向虚拟的论坛和不断扩大的网上生态系统。在这个系统中，拥有技术的人比没有技术的人更有特权，但这也让艺术体验失去了任何地理上的必要性。这些发展所带来的影响还有待观察，但组织创造性文化的声音将更坚定地掌握在策展人的手中，无论线上的虚拟空间还是线下的真实世界，皆是如此。与疫情暴发前相比，现在这些声音想说什么变得不太确定，因为各种力量正朝着部落主义、民族主义或者更加开放、富有同情心和理解力的方向施压。这个新的、更公平的竞争环境将会是什么样子，参与者将如何在这个环境中竞争，需要我们拭目以待。在这个空间中，新的当代意义可以被构建，而且这些意义可能越来越不符合西方的目的。

艺术展将世界浓缩在小小的影片或者录像中，通过技术超越了空间的有限性，颠覆了原有西方中心的权力关系，构建了新的跨国空间和新型的权力关系。跨国性强调艺术的交流，鼓励多元艺术形式的创造，尤其是技术辅助下的动态的视频艺术，由此呈现了偏离西方中心的当代意义。

二　历史框架

为促进西方现代艺术发展，对非西方资源的殖民开采是特定的切入点和消费点。中国、日本和非洲的文化被用来作为正在进行的现代主义项目的灵感。它们被视为完全的“他者”加以崇拜和利用，但不一定被理解。让马奈、梵高、德兰、毕加索等人感兴趣的不是作品的意义，而是作品不可感知的神秘形式。这些形式仍是原始文化的残留，存在于一个尚未完全形成的民族中。“尚未完全形成”是一种进化的假设和欧洲人优于非西方“原始人”的观念。所有殖民活动都以此为借口寻求自我辩护。在这种观念看来，原始的本性非但没有怎么进化，而且现实的精神正在不断消失。现代人认为这是迷信，但不知何故仍将其看作是必要的。创作者的身份和作品的意义几乎无人问津。

世界现在已经发生了根本的变化。在当前的跨国背景下，这些文化，更具体地说，这些国家已成为拥有共同的数字化技术语言的跨国新兴艺术世界的合作者。在这些新的空间里，新的潜在的社会想象力可以得到发展。这是一个充满活力的新政治空间，新的权力关系正在这里以象征性的形式协商构建。这种变化切实地在当前发生，然而具体地描述这些权力关系不是本文的目的。

值得注意的是，在这个新的政治空间里，尽管中国和非洲都包括在内，但非洲仅仅作为一个大陆而不是一个国家存在，所以它的影响被相对削弱了。在王建疆教授的时间空间化概念中，[①]我们有一种创新的、灵活的语言和概念框架来讨论这种他称之为“思想市场”的新的社会形态。

由于艺术是一种使用象征形式的社会空间，通过这种方式，新的艺术空间与社会空间相关联。在西方，我们是由前现代、现代和后现代作为历史连续体的线性思维塑造的。每个阶段都有自己的社会形态和象征表达。推动我们前进的是人类理性的引擎，它推动西方文明沿线性道路朝着想象中的乌托邦前进。理性使现代成为可能，但它也先于现代，它植根于希腊人的前现代理想主义和罗马人的实用主义。我们必须承认，拥有理性世界观的现代主义虽成功地将我们从传统的前现代范式中分离出来，却仍然植根于前现代的历史中。黑格尔的“世界精神”推动我们走出花园的纯真，通过工业化、媚俗、现代自由民主、现代审美形态的净化，最终放弃了纯粹主义的崇高姿态和艺术作品的物质“存在性”，沿着高速发展的轨道前进。后现代可以看作是黑格尔式的超光速引擎，在技术进步的推动下进入了超光速行驶的疯狂状态，使我们在所有事物的无限增殖中脱轨，造成了真实与复制以及无休止的对没有希望解释或无意义的数据的收集之间的混淆。

后现代所不能做的就是在西方线性历史框架之外构建社会想象。这种历史化框架的自我辩护式的目的旨在提升西方范式，但它也有一个意想不到的结果，即承认其存在局限性。我们无法从这种后现代语境中构建出框架以外的新的、潜在的社会想象。王建疆从一个不同的视角提出并发展了别现代理论和别现代主义，这种跳脱了线性历史框架之外的时间空间化理论可能是更富有成效地讨论艺术的跨国现实的必要关键，否则不大可能解释中国当代艺术的复杂性。“别”(Bie)作为一种包容性的概念，[②]其灵活性和不确定性有助于在新的权力关系形成的当下扩展跨国空间。在后现代主义中，我们被禁锢于线性的模式和叙事，而这种模式对于跨国艺术已不再有效，这是王建疆的时间空间化理论能够更加有效地被用于讨论中国当代艺术或者新的跨国艺术空

① 王建疆在其《别现代：空间遭遇与时代跨越》(中国社会科学出版社 2017 年版)英文《导论》中指出：时间空间化即现代、前现代、后现代的共时性存在，表现为杂糅的社会形态。

② 王建疆在其《别现代：空间遭遇与时代跨越》的英文《导论》中指出：最起码在字面上“别”就有告别、分别、不要、特别、另外、其他、别扭等多种不同的含义。

间的主要原因。“别”的灵活性具有开放包容的特点,能够帮助我们找到新的前进方式。

西方的历史化框架导致了一些盲点,以至于无法恰当地评价中国当代艺术。在这个新的跨国艺术体系中,有一种交流的语言已经从西方的历史框架中发展出来。但随着其他框架进入一个不断扩大的新的互动空间,这个交流的舞台也在日益扩大。有些领域有一致的、重叠的地方,但现在也有一些传统、作品和声音不在西方框架内。由此产生的盲点是你不仅看不到某些现实,而且它们不仅是看不见的,也是不可理解的或不可能的。对有疑问的中国当代艺术家缺乏细致入微的分析,说明欠缺一种解释性的谦逊或开放的解释学(对照在真的不懂的时候认为你懂了,“解释性的谦逊”,即承认你的无知,将会让你更接近于领悟事物的精髓)。他们的作品怎么可能看起来像西方当代艺术,却有我们无法评判的意义呢?①围绕这类艺术家的批评话语也因所使用的解释框架暴露出可能的意义的局限性。西方收藏家和策展人在作品出售或展出前强调特定的必要品质,由此扭转了传统意义上西方的观点。这可以决定和改变西方观众所听到的创造性声音,就像任何国家审查一样深刻。一些西方策展人仍然选择借助西方的历史框架来评价中国当代艺术,但如何呈现却是具体而多样的,也是由与非西方艺术接触的预期结果所决定的。正如著名人类学家王爱华(Aihwa Ong)所说:“许多外国收藏家和策展人参加地下展览,扮演看门人的角色,他们的标准和选择塑造了西方对中国现代艺术的看法。”②尽管这句话是 7 年前说的,但这一原则仍然适用。

随后,西方对中国当代艺术(CCA)的批评回应常常落入可预见的范畴。一种观点认为这些作品采用了西方的形式,仅仅作为一种商业尝试,是为进入西方市场而进行的纯粹的模仿。另一种则把这些作品等同于两极化政治解读的一头,或者是对国家的抗议,或者是为国家软实力起到辩护和宣传的作用。所谓的“感知的政治”(politics of perception)与西方对艺术真实性的关注以及对有关“中国性”(Chinese)的身份政治(identity politics)的理解是密不可分

---

① 那些看起来像西方当代艺术,但又有其独特区别的中国当代艺术,可以参见本文作者基顿·韦恩此前的论文《别现代时期相似艺术的不同意义》,载于《西北师大学报》(社会科学版)2017 年第 5 期,第 29—36 页。

② Aihwa Ong, “What Marco Polo Forgot” Contemporary Chinese Art Reconfigures the Global, *Current Anthropology*, Vol.53. No.4(August 2012), p.474.

的。[①]实际上中国当代艺术的产生有很多原因，而这些原因与西方对中国人或者中国性的界定毫无关联。在这些情况下，艺术作品并没有得到真正的理解或解释，而是完全被西方关于身份的话语或者身份政治所劫持。这些作品因此被吸收进“感知的政治”中，其实质却没有被真正理解。这就可能为建立在不同历史和框架内的更复杂的作品留下了异常狭窄的解释空间。专家们强调需要对中国当代的符号形式进行更有见地、更敏感的解读，这反映了他们对这一系统性问题的认识。别现代理论的发展可能就属于这一类批判的方式。

中央美术学院现任院长范迪安曾说过：“在西方看来，20 世纪是西方艺术，是现代主义艺术。我认为这不公平。西方学者在讨论现代性的同时，也应该讨论中国的现代性。”[②]中国的现代性向我们西方人揭示了不同的现实，而且提醒我们应该敏感地看到这些差异。这一点在对创造性文化的批判过程中表现得最为明显。在 2012 年发表的论文《中国当代艺术动机的变化》(*Changing Motivations of Chinese Contemporary Art*)中，从新浪潮及其实验，到政治波普和玩世现实主义，再到亲密和个人主义的“公寓艺术”，高名潞追溯了自 1980 年以来中国当代艺术的各个阶段的发展。在哀叹市场成功及其对纯粹动机的扭曲影响时，他表示：“然而，我们生活在一个与上世纪 80 年代不同的时代。我们不仅需要一个立场，一个声音，一种写作的方式，一种艺术的创作方式，更需要一种个性，一种思想的思维方式。我们不仅需要批评，也需要自我批评。”[③]北京的艺术评论家兼策展人朱其将这种解释困境描述为“西方盒子里的中国当代艺术”。[④]这个“西方盒子”迫使艺术家、理论家和批评家采用西方的框架。作为一种理论方法，别现代主义的概念有助于在跨国空间中定义新思想的新框架和更容易理解的声音。所谓更容易理解的声音，指的是清晰地交流与表达的能力和言语，也就是说，所述的话语能够易于让听者理解。

跨国间的艺术空间是一种新的社会形态的缩影。西方遵循一种由前现代、现代到后现代的线性的历史时间观，但每一种形态又保留了之前形态的遗

---

① Aihwa Ong, 482.

② Aihwa Ong, 492.

③ Gao Minglu, “Changing Motivations of Chinese Contemporary Art Since the Mid 1990's”, *Journal of Visual Art Practice*: Vol.11 No.2—3(2012), p.216.

④ Zhu Qi, “Two Histories of Art: What Arts Represent China?” *A New Thoughtfulness in Contemporary China*: *Critical Voices in Art and Aesthetics*, ed. Jorg Huber and Zhao Chuan, Transcript Verlag 2014. Accessed Proquest Ebook Central.

留，所以实际上形成了你中有我、我中有你的混融的状态。后现代并不能概括这种复杂交织的新的社会形态，而王教授所提出的以时间空间化为基础的别现代则为人们提供了历史线性发展之外的新的想象。中国的当代艺术呈现了共时性的空间镜像，体现了异质性、混杂性乃至跨国性相杂糅的特征；不仅融合了西方文化和艺术的元素，更是渗透了中国本土文化和传统的基因。别现代则是理解中国当代艺术的很好的切口，它为西方人提供了一种新的思维方式，跳脱旧有的框架和体系，以崭新的眼光和包容的态度看待中国当代艺术。中国当代艺术不仅糅合了不同社会形态的表征，也借鉴了中西方优秀的艺术成果和文化元素，成为了跨国空间的艺术，需要对话和交流来进行意义的言说。（译者注）

三　别现代框架

当我们试图解读特定的艺术作品时，王建疆教授用以描述复杂交织现实的别现代框架变得更加有效。可以说，艺术实践让一切更清楚。蔡国强作品《威尼斯收租院》（Venice's Rent Collection Courtyard）中的挪用和再创造就是一个例子，说明了解读本身可能充满了疑问。1995 年，蔡国强因参加威尼斯双年展（Venice Biennale）而在西方声名鹊起。他以概念为导向的表演《把马可波罗忘记的东西带到威尼斯》（*Bringing to Venice What Marco Polo Forgot*），使一艘满载货物的中国帆船沿着运河航行。从许多方面可见，他在中西之间构建了一座沟通的桥梁。他熟练运用当代艺术策略，同时对道家哲学和风水保持浓厚的兴趣。他的作品参与了上述的跨国空间。蔡国强被西方艺术界视为中国当代艺术的典范。"中国性"（Chineseness）是他的作品解读的关键原则。在这个西方框架中，"身份"是第一位的。这在当今西方社会并不罕见，身份被固化为政治性的元素，艺术家首先由他们的身份来定义，他们往往被描述为（__）的艺术家，在这个空格中可以填入女性、非裔美国人、印第安人，或者是中国人。当这些身份成为预先定义的结构，然后投射到个别艺术家身上，否定他们在被建构的身份之外说话的能力时，这可能会有问题。蔡国强自 1995 年以来一直住在纽约，因此在一些中国评论家的心目中，他被视为"绿卡"艺术家或"香蕉人"，外黄内白，即拥有黄种人的皮肤和白种人的内心。①他对当代艺术策略和

① Erik Eckholm, *Stages of History*: *Rent Collection Courtyard*, *Cultural Revolution*, *Chapter 2 Expatriate Artist Updates Maoist icon and Angers Old Guard*, New York Times, August 17, 2000 Sec. E, p.1.

实践的运用，及其作品在中国所引起的各种反应，揭示了中国当代现实的复杂性。

在 1999 年的威尼斯双年展上，蔡国强雇用了中国和意大利的雕刻家，重现了 1965 年《收租院》（见图 1）的 114 个雕像，他将其命名为《威尼斯收租院》（见图 2）。他将自己对这一社会主义现实主义（Socialist Realist tableau）经典场景的重新创作视为对“时间的流动性”（the fluidity of time）的沉思。[①]在双年展期间，雕刻家们按照原作的照片用雕塑黏土重新塑造了这些雕像，然后随着时间的推移，这些雕像变得干燥开裂、土崩瓦解了。作品的时间性和非持久性

图 1　中国艺术家：《收租院》（1965 年，四川，雕塑）

《收租院》共塑造了 114 个真人大小的雕像，集中再现了封建地主阶级对农民的残酷剥削和压迫。创作者包括四川美术学院的教师、学生以及民间艺人共 19 人。《收租院》于 1965—1966 年间在北京复制展出，曾引起很大反响，其后在海外一些国家展览，也引起广泛好评。《收租院》被认为是中国传统民间塑像手法与西方现代写实雕塑方法结合的典范。

---

① Erik Eckholm, p.1.

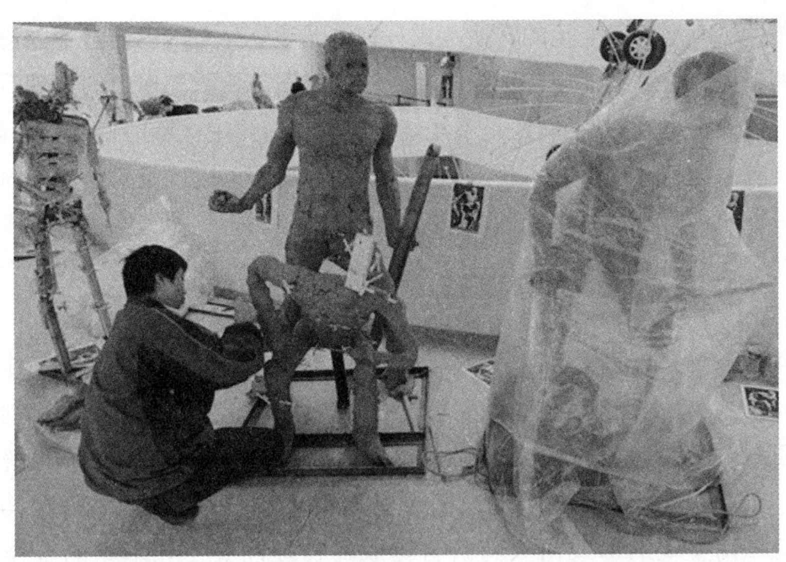

图 2　蔡国强:《威尼斯收租院》(1999 年,威尼斯艺术展,行为艺术)

1999 年,旅美华人艺术家蔡国强以《收租院》为母题,创作了行为装置作品《威尼斯收租院》,并在第 48 届威尼斯双年展上获得国际大奖。《威尼斯收租院》是观念性、表演性的行为艺术,而非雕塑的艺术。蔡国强对《收租院》的重塑,将制作过程变成了一种行为艺术,在东西方艺术对话之间架起了一座桥梁。

是其意义的关键。四川美术学院教授王官乙和其他在 1965 年创作过这部作品的人都感到被冒犯了,认为蔡国强"侵犯了我们的创作权利"。[①]他们希望提起诉讼,但由于问题的复杂性,诉讼并没有成为现实。据王官乙说,出于个人利益对文革艺术家集体努力的剽窃和盗取,对他们来说是一种侵犯,它揭示了一种创造性价值观的改变,一种从集体到个人的世界观的根本转变。2008 年,在纽约古根海姆博物馆(Guggenheim Museum)举办的《我想要相信》(I Want to Believe)的回顾展上,蔡国强重现了这部作品。他聘请了雕塑家来重新塑造这些雕像,而它们再次经历了开裂和崩塌的过程。成形与变形的概念

① 《收租院》的创作者们认为蔡国强未经过他们许可使用了《收租院》作品进行现场复制表演,侵犯了他们的版权。对于蔡国强的《威尼斯收租院》究竟是违反了著作权,还是一种借用别人作品的后现代艺术方法,是这次争论的焦点。蔡国强认为,他请人复制《收租院》雕塑过程的行为是一种以经典作品为背景或母题的观念性的行为艺术。第 48 届威尼斯双年展的主持人哈拉德·塞曼(Harald Szeeman)也认为蔡国强的作品不是《收租院》的复制品,而是对雕塑性价值的一种重新解释,不涉及任何商业利益。译者注。参见朱其《我们对奖都太敏感了!——蔡国强和威尼斯收租院的版权纠纷》(ww.artlinkart.com/cn/article/)。

策略传达了时空阶段变化的转换范式。这些泥塑实际上可以通过中国悠久的具象雕塑传统追溯到前现代。中国艺术中的泥塑与希腊艺术中的大理石人像相似。无论是烧制的秦俑，还是不经烧制的敦煌石窟中优雅的佛像和菩萨，泥塑都具有深远的文化意义。蔡国强的未烧制的泥塑可以说是对当代暂时性观念(impermanence)的一种瓦解，是对敦煌雕塑的呼应。“收租院”的形成和破坏体现了这种永恒的、持续的循环。这是一个前现代、现代和后现代混合交织的现实。

蔡国强对火药的使用是另一个创造性策略的例子(蔡国强擅长制作大型火药爆破艺术并以此闻名，译者注)。火药在时间中展开，具有破坏和创造的双重手段，而艺术家必须放开控制，让对立的元素在意义上找到一种解决的和谐。火药爆炸所形成的波动只能被引导而无法完全控制。爆炸在其烟火的反应中所呈现的形式由火药自身构成的物理性质与艺术家的合作来决定。如果是不同文化下的不同艺术家，那么物质过程和文化意义的和谐就会有不同的意义。观众以有形的方式体验时间，在中国的四大发明之一——火药的爆炸中认识到时间的流逝，并不考虑它带来的是绘画还是景观。蔡国强广阔的职业生涯以及丰富的作品在本文的语境下显然无法得到一一的解说，但即使这些小例子却都反映出一点共识:要关涉他的作品及其潜在意义，一个具备深厚文化知识、富有同情心的解释框架是需要的。以任何其他方式解读他的作品，都将削弱他的个人声音，而且在跨国的体系空间内无法做到公正公平。

蔡国强的职业生涯就像是一个在东西方之间架起桥梁，同时对东西方提出质疑，为其他艺术家在不断扩大的舞台上创造空间的过程。我们可以发现，就像他 1995 年的表演《把马可波罗忘记的东西带到威尼斯》一样，他的作品也带来了很多被西方忽视的东西。仅仅从西方后现代框架出发，那些所谓的盲点和难以理解的内容是什么？王建疆的“别现代主义”，如同“肉与骨的巧妙分离”(“别”的甲骨文字面意义，译者注)，“描绘”、“批判”、“认同更准确的描述和更开放的对话”。如他所说，“建立一种(真正的)独特的现代性”，也许正是新的跨国艺术体系和跨国空间所需要的。①

① Jianjiang Wang, “The Hybridity and Fuzziness of the Bie-modern Society and its Aesthetic Form”. Shanghai Normal University, Lecture(Submitted Feb.28th 2019)

蔡国强在他的作品中对中国的元素进行了挪用和再创造，以揭示中国当代现实的复杂性和流动性。他将前现代、现代和后现代创造性地融合在一起，同时通过质疑批判，展现当下复杂的中国性。他的目的很明确，就是要沟通中西方文化，使西方更加了解中国的文化。形成和破坏，破坏和创造，构成了一种永恒的循环。摒弃西方中心的评价体系，而以一种更加宽容、时间空间化的别现代理论框架来解释跨国空间中的当代艺术将是更加公正的选择。因为后现代理论仅仅指向了非西方当代艺术的破坏、解构与无意义，而忽视了这些艺术中建构、创造的另一面。

The Art of Cai Guo Qiang as a Test Case for the Historical Necessity of Biemodernism in Transnational Contemporary Art

Abstract: The long diverse and successful career of Cai Guo Qiang have forced upon western scholarship a problematic realization of the changing critical discourse in transnational contemporary art. With his inclusion in the Venice Biennale in 1999 and his retrospective "I Want to Believe" at the Guggenheim Museum in New York in 2008, western critics found it difficult to avoid simple categorizations of Cai Guo Qiang's work. The easy ideological rejection of earlier Political Pop as revamped propaganda or Maoist apologetics on one extreme or criticizing it as artistic entrepreneurship via mimicking the Western avant-garde was not easily applied to Cai's projects. The discourse that arises around his work is far too nuanced to be easily dismissed. His work at once internalizes western art conceptual strategies while engaging history from a deep cultural well that requires a cosmopolitan space that reorders the power relationships of cultural authority. Cai's work both engages and grows out of the mixed reality that is contemporary China, a layered and complex historical moment that demands more accurate description a Chinese modern reality a Bie-modern context. Not only does the work reflect this reality it also implements a critical voice(Bie-modernism) that manifests a new creative consciousness. As experts from a variety of disciplines such as anthropology, art history and art criticism attempt to engage Cai's work it becomes clear that past spaces of globalized exchange are obsolete and western expectations have been subverted. There is the necessity for a new methodology and a new language that Bie-modernism may satisfy.

Keywords: contemporary art、Bie-modernism、transnational space、Chineseness

作者简介:基顿·韦恩(Keaton Wynn),上海师范大学人文学院教授,美国佐治亚州阿梅里克斯市佐治亚西南州立大学视觉艺术学院艺术与艺术史教授,佐治亚西南州立大学中国别现代研究中心主任;译者:徐薇,上海工程技术大学外国语学院翻译系讲师。

别现代：新时期“东学西渐”模式分析

庄焕明

摘　要：新世纪西方主流社会“文明冲突论”甚嚣尘上，受此影响，作为新时期“东学西渐”中传播中华民族优秀传统文化的孔子学院被迫在美国关闭15间分院。与此同时，李泽厚“形式层与原始积淀”和王建疆“别现代”理论的顺利“西渐”与孔子学院的遭遇形成了鲜明的对比。因此，我们需重新审视“东学西渐”的历史流变及现状，为新时期“东学西渐”的文化输出顺利实施提供新思路。本文认为，关键在于构建中国本土学术体系和话语体系，甄别西方理论背后隐藏的政治权力色彩和传统文化中不合时宜的落后思想，并坚持个体价值的张扬与公共价值的合理结合。

关键词：别现代　东学西渐　文明冲突　个人价值

2013年9月10日，中国国家主席习近平分别提出建设“新丝绸之路经济带”和“21世纪海上丝绸之路”的合作倡议，即“一带一路”。“一带一路”除了加强中国和沿线各民族、地区和国家的经济合作外，还有人文交流，传递东方文化。即是说，除了经济合作外，开展人文交流和传递东方文化，塑造中国新形象，将有助于“一带一路”更顺畅地进行，共筑中国特色的“全球化”体系，构建人类命运共同体。目前，中国经济的崛起和军事国防科技的快速发展，让西方一些决策者感到不安和不适。这种不安和不适来自资本主义的发展逻辑思维，即大部分国家的崛起，均伴随着某种形式的对外征服和侵略。因此，一些西方国家积极响应“一带一路”倡议，试图搭上中国发展的顺风车的同时，企图淡化中国的影响力或扭曲中国形象。除了所谓“中国威胁论”旧调重弹外，还有文化上的否定和无视。笔者认为,其背后隐藏着亨廷顿所谓的“文明冲突论”。如何消除这种不安和冲突,大部分的学者认为,加强中西文化交流,增进相互了解是一条行之有效的路径:一方面我们要重视西方文化,另一方面也要输出中国文化。正如季羡林所讲的“拿来”和“送去”①,“拿来”是“西学东渐”,“送去”则是“东学西渐”。目前来看,“拿来”和“送去”所达成的反馈是不对称的:中国社会上下热捧西方理论,民众非常熟悉西方文化和西方社会现状;西方主流社会反而忽视中国理论的存在,对“东学西渐”心存疑虑。西方大众对中国形象的了解,大部分仅限于官方媒体的宣传。甚至有些西方民众对中国的认知,依然停留在前现代中国形象或单一的集权国家形象,丝毫不了解中国的现状。

与此同时,李泽厚的“形式层与原始积淀”和王建疆的“别现代”理论,成为中西学术界热议的中国本土理论创新,为西方学术界所认同和吸纳,并无触发亨廷顿所谓的“文明冲突论”机制。为此,我们有必要重新审视“东学西渐”的历史和既有模式,为构建中国本土学术体系和话语体系,在国际上发出自己的声音,使中国学术研究国际化,及新时期“东学西渐”的顺利实施提供新思路。

一

所谓的“文明冲突”,是亨廷顿(S. P. Huntington, 1927—2008)1993 年夏在美国《外交》季刊发表的一篇文章《文明的冲突?》中提出的命题。1996 年,亨廷顿出版了《文明冲突和世界秩序重建》,系统地提出了他的“文明冲突论”。亨廷顿认为,后冷战时代,政治意识形态和经济意识形态均不再重要,文化将起主导作用。全球的政治格局以不同文明/文化划分,如西方文明、东正教文明、拉美文明、中华文明、日本文明、印度文明、伊斯兰文明、非洲文明。他认为只有文明/文化的差异才是冲突的根源。尽管众多学者反对亨廷顿的“文明冲突论”,质疑它的合理性,然而不可否认的是,“文明冲突论”广泛地存在于西方社会,从官方、文艺界到社会,或多或少都认为差异文明之间存在着冲突。例如,在电影方面,《天国王朝》中十字军与被萨拉丁率领的伊斯兰联军的冲突,

① 季羡林:《东学西渐与东化——为〈东方论坛〉“东学西渐”栏目而作》,东方论坛,《青岛大学学报》2004 年第 5 期,第 1—5 页。

《征服1453》中奥斯曼帝国与东正教的冲突，《孟买酒店》纪实恐怖袭击片的文明冲突，《刮痧》的中西文明冲突；在文学作品方面，获得2006年的诺贝尔奖的奥罕·帕慕克作品《我的名字叫红》中的伊斯兰绘画艺术和西方肖像绘画艺术之间的冲突，获得2008年诺贝尔奖的克莱齐奥《沙漠》中的异域文明与主流文明的冲突；在现实世界方面，伊斯兰文明与西方文明的冲突，如西方与中东地区的战争，911恐怖袭击，还有特朗普的建墙、加征关税等等。值得关注的是，2019年，美国国务院政策规划主任斯金纳在出席一个防务论坛时认为中美之间的竞争是“与一个非常不同的文明、不同的意识形态之间的斗争”，“特别引人注目的是，这是第一次我们将面临一个不是高加索人种的强大竞争对手”。斯金纳的言论，在某种程度上代表了西方主流社会当下的思想。因此，“文明冲突论”不是理论上的架构、纸上谈兵，其存在是有现实依据。与其说“文明冲突论”是亨廷顿一家之言，不如说是西方社会普遍存在的潜意识，只是亨廷顿将其升华到了理论层次。

新时期“东学西渐”的中国文化输出也难以摆脱亨廷顿“文明冲突论”的阴影。不同于过去的“东学西渐”，新时期“东学西渐”是在中国强大的经济背景下开展，具有主动性和目的性，以宣传中华优秀传统文化、塑造中国形象为宗旨。其中，作为新时期“东学西渐”中华民族优秀文化代表的孔子学院，自2004年创办以来，全球已有162国家（地区）设立了545所孔子学院和1170个孔子课堂。从中国的角度看，随着中国经济的快速发展和国际交流日益广泛，孔子学院的设立，满足了世界各地对汉语学习的需求，增进世界对中国文化的了解。但屡遭一些西方社会学者、政客的质疑和排除，主要集中在孔子学院的管理体制、教师、教材和教学模式上。其中争议最大的是孔子学院汉办的政府背景和孔子学问与美国宪法之间的冲突。美国认为孔子学院“君臣父子”伦理违背了西方自由的价值观。2019年，美国国会通过一项开支法案，要求不再对开设有孔子学院的大学的“中文领航”教学项目进行资助。[①]美国一些大学出于以上的忧虑，不再开设孔子学院。如马里兰大学的孔子学院在2019年至2020年学年底关闭，这是全美孔子学院设立时间最长的一家。截至2019年9月，全美已有15家大学宣布关闭孔子学院。

与孔子学院所遭遇的困境相反的是，一些中国本土理论却受到西方学术

① https://weibo.com/ttarticle/p/show?id=2313501000014369278856991427.

界的重视。例如李泽厚的“形式层与原始积淀”和王建疆的“别现代”理论。

2010年2月,美国最权威的世界性古今文艺理论选集《诺顿理论与批评文选集》(Norton Anthology of Theory and Criticism),收录了李泽厚《美学四讲》(Four Essays on AWSTHETICS)中《艺术》篇中的第二章,即“形式层与原始积淀”。这套文集由柏拉图的论著选起,一直选到当代。李泽厚是进入这套最为完整、权威、专业的西方文艺理论典籍的第一位中国学者。[①]

2014年王建疆教授提出具有涵盖性的理论“别现代”,引发西方学术界的热议与积极参与,众多的学者撰写了相关的商榷文章和理论研究。如阿列西·艾尔雅维茨、基顿·韦恩、恩斯特·曾科等都撰文参与“别现代”理论研讨。西方大学专门成立了研究中国别现代理论的研究中心:美国佐治亚州西南州立大学于2017年成立了中国别现代研究中心(CCBMS);欧盟成员国斯洛文尼亚皮里莫斯卡大学于2018年成立了别现代主义研究中心(BMSC)。“别现代”是近代以来第一个被西方学者自主建立专题研究机构加以研究的中国本土理论。2019年12月,国际美学协会(IAA)发布的《国际美学通讯》(总第54卷)中推介了王建疆、阿列西·艾尔雅维茨合著的《别现代:话语创新与国际学术对话》,王建疆与基顿·韦恩合著的《别现代:作品与评论》以及王建疆独著的《别现代:空间遭遇与时代跨越》。

孔子学院在海外所遭遇的困境与李泽厚“形式层与原始积淀”和王建疆“别现代”的顺利“西渐”形成了鲜明的对比。李泽厚和王建疆的理论创新,虽然在一定程度上受到了西方学术界的重视与认可,但是,个别现象并不能说明中国本土学术体系和话语体系的成功构建。中国理论大体上在国际学术交流中仍然处于缺席状况,不能发出自己的声音。为此,我们有必要重新审视“东学西渐”的历史和既有模式,为构建中国本土学术体系和话语体系,在国际上发出自己的声音,使中国学术研究国际化,及新时期“东学西渐”的顺利实施提供新思路。

二

从历史上来看,16—18世纪,中国大量的儒家经典和文学作品通过来华

① 季欣:《新版〈诺顿理论与批评选集〉评述——兼及李泽厚的入选》,《外国文学》2010年第5期,第151—155页。

的耶稣会教士译介到西方，在西方社会产生了广泛而深刻的影响，这一文化交流现象被学术界称为“东学西渐”。有意思的是，耶稣会教士来华后发现中华文明中的佛道思想不符合基督教义，与西方文明相冲突。因此，以利玛窦为代表的耶稣会教士刻意忽视了佛道思想的存在，有选择性地只译介儒家经典和文学作品，如《论语》《大学》《中庸》《孟子》《诗经》《书经》《易经》《礼记》《春秋》《乐经》《孝经》和朱熹的著作。这些中国理论为欧洲社会上下带去了思想上的洗礼，成为18世纪欧洲社会启蒙前期思想家们摆脱封建神学政治、寻求现代精神的理论依据。如法国的伏尔泰、莱布尼茨、魁奈等纷纷在耶稣会士译介的中国书籍中发现了梦寐以求的道德、理性、秩序。伏尔泰认为孔子的思想是一种合乎自然和道德的新的“理性宗教”；马若瑟翻译的《赵氏孤儿》经伏尔泰改编成《中国孤儿》，在多国舞台上经久不衰，引起欧洲社会轰动，让西方了解到忠君、舍己为人的中华文明。中华文明优越于西方文明成为欧洲社会普遍的共识，欧洲社会流行一股“中国风”，如饮中国茶、收藏中国瓷器、穿中国丝绸等等，在建筑、园林、家具等方面也借鉴中国元素。狄德罗认为中国人的“文化、艺术、智慧、政治、哲学的趣味，无不在所有民族之上”。[①]河北人民出版社出版的《东学西渐丛书》详尽介绍了中华文明对西方的影响，从造纸术、印刷、火药、指南针到军事技术和兵法，再到文化和哲学，均对西方社会改革运动作出了巨大的贡献，把欧洲从神学的禁锢中解放出来，为西方“现代性”的发展奠定基础。

16—18世纪“东学西渐”之所以能为西方一些思想家所接受，主要有以下几方面：其一，当时的中国是世界数一数二的强国，中华文明才备受西方推崇。其二，儒家思想的伦理道德政治制度设计有助于西方社会寻求打破宗教的神权枷锁。其三，为了避免与基督教义相冲突，传教士有选择性地译介中国理论。

与16—18世纪“东学西渐”相比较，新时期的“东学西渐”所传播的“东学”更为全面，其传播路径更多。其一，海外汉学家对中国传统文化思想和现当代文艺现象进行研究。其二，由政府引导，提供政策资助，通过项目招标的方式，翻译成外文，在国外权威出版机构出版中国哲学社会科学研究优秀成果。其三，设立海外孔子学院。三者中，海外孔子学院最能代表中华文化，其影响力

---

① 刘海翔：《欧洲大地的中国风》，海天出版社2005年版，第73页。

最大。

新时期的“东学西渐”大体上与16—18世纪“东学西渐”的内容并无太大差异，可以讲是一脉相承。然而从美国15家孔子学院的被迫关闭和一些西方舆论对孔子学院质疑的声音来看，新时期“东学西渐”任重而道远，荆棘满途。笔者认为，新时期“东学西渐”之所以遭遇“文明冲突论”，主要是西方文明的需求和定位发生变化。

16—18世纪，由于前现代中国传统文化的强大生命力，尽管耶稣会教士给中国带来了大量的西方科技方面的书籍和文化思想，但这些外来文化丝毫无法撼动中国传统文化，中华文明的发展停滞不前。西方社会经过17—18世纪的启蒙运动后，彻底摆脱前现代枷锁和宗教神权禁锢，快步进入资本主义时代，建构了现代文明最核心的基本标准，即是理性主义、进步主义和自由民主。西方随着“现代性”的发展，建立起现代化体系，经济快速发展，军事日益强大，文化日趋繁荣。西方文明逐渐成为世界文明的中心，成为世界其他地区现代性思想的发源地和输出地。因此，吉登斯认为“现代性”就是西方文明，“现代性指社会生活或组织模式，大约17世纪出现在欧洲，并且在以后的岁月里，程度不同地在世界范围内产生着影响”。[①]今天，西方文明对世界话语权基本围绕着理性、进步、自由和民主。凡不符合“理性、进步、自由和民主”标志的文明，都属于西方社会所划分的落后文明范畴。新时期西方的需求必然是要对“现代性”有用的。

中华文明的优越感在晚清被西方的坚船利炮轰碎后，中国意识到西方现代文明的先进性和自身封建制的落后。自此，西方现代文明成为中国“现代性”建构的参考对象。中国开始大规模地有目的地实施“西学东渐”战略，从政治、军事到文化，无一不以西方现代文明为标准，如工业体系、现代农业、商业模式、教育模式到生活模式等等，即使中国的学术研究也不例外。20世纪以来，中国学术界有关中国学术的研究，基本在西方理论框架里挪移，比较有价值的学术研究基本都依附西方理论。另一方面，中国“现代性”建构，并未能如西方启蒙运动时期彻底与前现代思想割裂，依然留存前现代一些遗毒。至今，中国社会依然可以看见中国前现代思想的阴影：迷信、官本位、专制、腐败等等。中华优秀传统文化反而被割裂，未能为中国“现代性”的生发和成长提供

---

① 安东尼·吉登斯：《现代性的后果》，译林出版社2011年版，第1页。

母乳。如果说西方“现代性”是在西方前现代中烈火重生的话，中国的“现代性”则是在外来武力介入之下产生，不是自身生发。这就构成了中国“现代性”的先天不足，只能不断地借鉴外来文化。例如，1919年—1949年，我们关注的是西方理论(欧洲)。1949年—1979年，我们关注的是苏联文艺理论和马克思主义。1980年至今，我们关注的是欧洲和美国的前沿学术。同时也产生了一个弊端，即中国的“现代性”易受西方现代文明的影响，中国的学术研究无法离开西方现代理论体系，易成为西方现代理论的注脚。离开西方现代理论，中国的学术研究则容易陷入曹顺庆所讲“失语症”的问题。另外，中国“现代性”建构过程中，又遭受西方“现代性危机”——后现代的解构。因此，中国的“现代性”进程面临着两大难题：前现代遗毒和后现代的解构。中国离真正的现代化尚有很长一段路要走，这才有王建疆“别现代”理论应运而生，用以甄别中国真伪“现代性”，一针见血地指出中国是“不同于现代、后现代、前现代，但又同时具有现代、后现代、前现代的属性和特征的社会形态或社会发展阶段”。①中国政府也清楚地认识到这一点。党的十九大报告提出2035年基本实现现代化，在此前，现代性的建构依然在进行，尚未完型。新时期中国又在提倡传统文化的复兴。但是民族性的不一定是世界性的，如西方学者认为孔子学院“君臣父子”伦理违背了西方自由的价值观。中国当代哲学社会科学研究优秀成果大多又囿于西方学术框架内的研究、直接移植西方理论，中国的学术问题研究只能是西方学术的注脚和再阐释。

李泽厚的“形式层与原始积淀”和王建疆的“别现代”理论之所以能为西方学术界所接受，在于他们的原创性，有益于西方学术的进一步发展。顾明栋认为，李泽厚构建的自成一体的美学体系及其理论具有原创性，这是他作为中国文艺理论最醒目的学术符号得以出现在《诺顿理论与批评选集》中的根本原因。②普利莫斯卡(Primorska)大学人文研究学院院长伊利亚拉卡尔(Irena Lazar)在普利莫斯卡大学别现代研究中心(CBMS)揭幕式上指出之所以成立别现代研究中心，在于别现代能补充他们发展当代艺术以及更广泛文化与社会活动的研究与处理。不仅如此，他认为别现代(Bie-modernism)研究将艺术学、历史学、地理学以及文化学相互作用联系起来的跨学科研究与教育能够提

① 王建疆：《“别现代”：话语创新的背后》，《上海文化》2015年第12期，第5—9页。

② 季欣：《新版〈诺顿理论与批评选集〉评述——兼及李泽厚的入选》，《外国文学》2010年第5期，第151—155页。

升研究的质量和普利莫斯卡大学的国际知名度。

即是说，即使有李泽厚的“形式层与原始积淀”和王建疆的“别现代”理论的成功“西渐”。新时期“东学西渐”的文化输出或理论输出，大体上仍不契合西方文明的真正需求，甚至在有些方面相抵牾。尽管当代中国在经济上取得举世瞩目的成绩，但中国本土学术体系和话语体系依旧是短板，与中国的经济地位不匹配，在国际学术交流中仍处于“有理说不出，说了传不开”的困境。2016年5月17日习近平总书记《在哲学社会科学工作座谈会上的讲话》中指出我们不仅要让世界知道“舌尖上的中国”，还要让世界知道“学术中的中国”“理论中的中国”“哲学社会科学中的中国”，让世界知道“发展中的中国”“开放中的中国”“为人类文明作贡献的中国”。

为此，我们有必要思考中国本土学术体系和话语体系的构建，立足中国现状，吸收中华优秀传统文化资源合西方前沿理论，改变中国本土理论在中西交流中的缺席现状，让中国本土理论为中国说理，为“东学西渐”保驾护航，避免所谓的“文明冲突论”。

三

在全球化语境里，众多学者认为，构建中国本土学术体系和话语体系应中西内外结合。对内，继承中华文明优秀的传统文化思想，摒弃不利于中国现代化发展的传统糟粕部分；对外，应积极参与全球化进程，吸收西方前沿理论。两者缺一不可：缺少传统文化，中华文明的伟大复兴将无从谈起，遑论本土理论的创新；缺少或拒绝西方前沿理论作为建构现代化的借鉴，容易陷入狭隘的泛民族主义。从历史的经验看，这些尚不足以产生出具有原创性和创新性的中国本土理论。改革开放以来，中国学术界在大力引进西学的同时，逐渐重视中华文明优秀的传统文化思想，然而依旧有“是中国美学还是美学在中国”的质疑声。“别现代”理论认为，主要原因在无视中国过去的和现在的社会形态，忽视了这些社会形态之于不同审美形态的关系，因而不可能找到解剖中国审美形态并建立中国审美形态理论的切口。[①]从中国的现实中寻找和解决中国问题是理论创新的切实可行路径。中国经验和中国问题何以生成、衍化不同学科不同背景的原创理论？笔者认为，重视个体价值和身份识别是核心问题，

---

① 王建疆：《别现代：研究中国问题的切口》，《贵州社会科学》2018年第4期，第5—11页。

才能让本土理论建构得以百花齐放百家争鸣，避免朝着肤浅化、一致性和同质性方向发展，也是中国经验和中国问题能够抽象到理论层次的关键。

从哲学思辨讲，本土理论创新需要个体拥有理性思维与感性思维相结合，用思辨的眼光看事物。纵观西方学术史的发展，从欧洲的启蒙运动到美国60年代的"多元主义"思潮的兴起，无一不是解放个体思想、尊重个体价值。近代中国的个体价值启蒙，早在五四新文化运动甚至更早之前已开始，王国维1904年发表于《教育世界》上的《论孔子之美育主义》一文。在该文中，王国维盛赞席勒使美育成为"最高之理想"："最高之理想存于美丽之心（Beautiful Soul），其为性质也，高尚纯洁，不知有内界之争斗。而唯乐于守道德之法则，此性质唯可由美育得之。"①鲁迅先生也发表类似观点："然欧美之强，莫不以是（物质文明）炫天下这，则根柢在人，而此特现象之本，本原深而难见，荣华昭而易识也。是故将生存两间，角逐列国是务，其首在立人，人立而后凡事举；若其道术，乃必尊个性而张精神。"②然而，在民族危亡的处境下，五四新文化运动个体价值的反思与改造就戛然而止了，包括后来的"文化大革命"，个体价值启蒙一直被遮蔽，直至中国完成了民族国家思想启蒙和现代市场经济思想启蒙后，现代性个体价值启蒙乃至个体思想解放才得到重视。

构建中国本土学术体系和话语体系的主体是个体，构建中国本土学术体系和话语体系不可能在个体价值被遮蔽的状态中生根发芽，因此，中国现当代本土理论创新孱弱现象不能不说与个体价值的遮蔽有一定关系。西方知识霸权和西方主义的现象，其本质也是西方个体的强势，抑或西方个体思想解放的必然趋向。这是别现代理论提出在中西马的对立中突出"自我"的本义之所在，王建疆认为："突出中西马我中'我'的个性和原创性，只有这样，才能真正解决思想欠发达的问题，否则，将永远陷入抽象的民族主义与世界主义之争而于事无补。设想如果法国不是在这半个多世纪以来出现了一大批独立的思想家，那么，法国人的民族主义又怎能转变为世界主义。"③

然而，纵观西方现代化的历史过程，个人价值的张扬不一定会按照最初的理论设想发展，到后期会泛滥成极端的个人主义。反思欧洲的启蒙运动和美

① 王国维：《王国维文集》（第3卷），中国文史出版社1997年版，第157页。

② 鲁迅：《鲁迅全集》（第1卷），人民文学出版社2005年版，第58页。

③ 王建疆：《哲学、美学、人文学科四边形与别现代主义——回应阿列西·艾尔雅维茨教授》，《探索与争鸣》2016年第9期，第80—86页。

国 60 年代的“多元文化主义”思潮，我们发现，个人价值启蒙发展到一定程度，容易陷入极端的个人主义至上。如毫无限制地满足个体的欲望诉求、沉溺于感官享受、无信仰等等道德价值沦丧的境况。丹尼尔·贝尔曾表示过类似的担忧：“现代主义文化是一种典型的‘惟我独尊’的文化”①。这也是西方后现代的一种表现，即个体价值与集体价值（共同价值）的协调出现问题，这其中也有共同价值的问题。

相比之下，中国的个体价值的阐释又不一样。儒家思想里，个体价值是“克己”乃至“修身”，以克制个体的欲望为要旨；即使到五四新文化运动追求“个体解放”时期，仍保留传统文化的儒家观念；然而到现代市场经济启蒙后，“个体解放”扩大成为纯粹的世俗享乐，“虚无主义”“拜金主义”“拜物主义”泛滥，缺乏形而上的思考，缺乏个体价值的观照和反思，造成中国当代思想创新不足。远不是弘扬传统伦理道德和西方人文精神所能解决。因此，重塑中国的个体价值不能走西方个人利益和权力至上的覆辙，也不能回到中国古代遮蔽个体价值的“存天理灭人欲”。新世纪中国，在中华民族伟大复兴和西方中心主义泛滥的复杂情况下，本土化理论创新，必然要在坚持共同价值的基础上张扬个体价值，没有共同价值，个人价值将很难实现。中国当代的共同价值也要超越传统的伦理道德和西方人文精神，在两者间取舍或杂糅成新的准则，这样，个体价值才是安顿生命的落脚点和思想解放的活源头。

结　语

全球化语境中，中国学者清楚认识到，中国本土理论的建构，是维护中国学术界自主性和话语权的基础，也是在全球化语境中拒绝同质化、同一化，要求差异化的多元文化的诉求。西方理论和传统文化思想作为学术资源是没问题的，但要甄别西方理论背后隐藏的政治权力色彩和传统文化中不合时宜的落后思想，并坚持个体价值的张扬与公共价值的合理结合，这也是“别现代”理论的诉求和坚守。只有这样，新时期“东学西渐”的文明差异问题才不会走向文明冲突问题。文明的差异是必然存在的，任何的中心主义或狭隘的泛民族主义都无益于文明间的交流。只有做到原创性、创新性、互相了解，文明的交流才能平等、畅顺。面对问题，应积极寻找和解决问题，而不是消灭问题。

① 丹尼尔·贝尔：《资本主义文化矛盾》，生活·读书·新知三联书店 1989 年版，第 182—184 页。

Bie-modernism: An Analysis of the Model of "eastern learning spreading to the west" in the New period

Abstract: In the new century, the "Clash of Civilizations" in the mainstream Western society has been raging. Affected by this, the Confucius Institute, which is spreading the excellent traditional culture of the Chinese nation in the new era of "eastern learning spreading to the west", was forced to close 15 branches in the United States. At the same time, Li Zehou's "formal layer and primitive accumulation" and Wang Jianjiang's "beyond modern" theory smoothly "developing to the west" formed a sharp contrast with the experience of the Confucius Institute. Therefore, we need to re-examine the historical evolution and current situation of "eastern learning spreading to the west", and provide new ideas for the smooth implementation of "eastern learning spreading to the west" in the new era. This article believes that the key lies in the construction of China's indigenous academic system and discourse system, screening of the political power hidden behind Western theories and outdated ideas in traditional culture, and insisting on the reasonable combination of individual value and public value.

Key words: Bie-modernism、eastern learning spreading to the west、Clash of Civilizations、personal value

作者简介:庄焕明,上海师范大学人文学院博士研究生。

“别现代”理论建构及其文艺批评探索经验①

张 逸

摘 要:“别现代”基于问题导向意识对中国社会现实状况作出前现代—现代—后现代交织并存的判断与分析,提出有别于西方从前现代到后现代再到后现代的“断代式”发展的“别现代”路径及方式,既着眼于从理论上建构“别现代主义”思想体系、理论体系、话语体系,又立足于从理论践行与实践探索上推进“别现代”艺术创作及其批评发展,在一定程度上体现中国特色与中国经验,具有理论创新及其文艺实践探索的价值意义。

关键词:别现代 别现代主义 别现代艺术 文艺批评 中国经验

改革开放40年是中国人民艰苦奋斗、砥砺前行的40年,也是在大国崛起、民族复兴以及“现代化”与“全球化”进程中取得辉煌成就的40年。在这一举国欢庆的关键时间点上,学界不仅需要回顾发展历程、梳理线索脉络、盘点家底、展示成绩,而且也需要总结经验、反思不足、吸取教训、探讨问题,更需要面对现实、面向未来坚持和深化改革开放,开创新时代中国特色社会主义发展新篇章。在改革开放时期的林林总总的众多研究成果中,“别现代”及其“别现代主义”格外引人注目,引发学界热烈讨论与激烈论争,产生猛烈的学术冲击波及其理论创新与实践探索的连锁效应。本文拟从中国特色理论建构及中国经验总结角度探讨“别现代”及“别现代主义”的理论价值与文艺批评探索意义。

① 本文为2018年国家社会科学基金重大项目“改革开放40年文学批评学术史研究”(18ZDA276)的阶段性成果。

一、立足于问题导向意识的"别现代"理论的现实意义

改革开放40年,中国突飞猛进的发展与翻天覆地变化都得益于改革开放这一具有总体性意义的指导思想及根本方略,由此推动中国现代化进程中的生产方式变革、社会转型、思想解放、观念更新、制度创新、体制改革、机制转换,形成改革开放时代特征。十八大以来进入中国特色社会主义新时代,坚持和深化改革。开放仍然是中国发展坚定不移、始终如一的动力源及方向目标。

毋庸讳言,改革开放40年尽管取得令世人瞩目的成绩,但也存在这样或那样的不足及问题,存在如何防微杜渐保持清醒头脑以作进一步反思问题,存在如何面临新时代的挑战以进一步推动理论与实践创新问题。基于问题导向意识的提出问题与解决问题同样重要。因此,无论对"别现代"有何质疑、有何争议、有何困惑,都难以遮蔽其提出问题、发现问题、反思问题的价值意义。何况学术论争正需要"百家争鸣",不仅有利于交流对话、取长补短、求同存异,而且"真理越辩越明",问题指向也会越来越清晰,这也在一定意义上证明了"别现代"提出引发学界关注及热议的必要性与合理性。

其一,"别现代"基于中国社会现实状况而提出问题与发现问题。"别现代"具有鲜明的现实问题意识,立足于回应中国是个什么社会形态并处于哪个历史阶段的问题、如何解决学术思想欠发达问题、如何突破"中国美学"还是"美学在中国"问题、中国文论批评及美学上的"待有"问题等,其实质就是中国人文学科如何与中国作为世界第二大经济体相匹配的问题。基于现实问题导向意识,"别现代"相对于"现代""现代性""后现代"而提出的一个描述中国社会现实状况的概念,也是针对这些带有现代社会描述与概括的"现代"之"别",既非告别之义,也非另类之义,而是旨在说明中国作为发展中国家、正处于现代化进程中的社会现实状况,实际上是一个涵盖"前现代""现代""后现代"交织并存的"别现代"社会现实状况。也就是说,中国社会现实状况并非简单类似或雷同于西方发达国家从前现代到现代再到后现代的发展历程,即阶段性、断代性、突破性的历时性发展过程,而是形成"前现代—现代—后现代"共时性并存结构形态,故是有别于西方现代社会现实状况的"别现代"。虽然西方发达国家在遵循"前现代""现代""后现代"界定及其划分观念的同时,也还在艺术发展中存在难以绝然切割的边界模糊状况,但其整个社会结构与中国等发展中国家还是有着截然不同的地方,其关键就在于其主导性的、决定性的历时

态结构与后者共时态结构和功能的不同，而非某个局部的相似。因此，以“别现代”标示中国社会现实状况，且不论“别现代”之“别”的界定是否完美无缺，就其对中国社会现实存在状况的描述与概括而言，已经显示其“有别于”的现实性与真实性价值意义所在。

其二，“别现代”在一定程度上反映中国社会现实状况的复杂性与矛盾性，也在一定程度上反映中国现代化进程的艰难曲折性与反复多样性。中国不仅是一个地大物博、人口众多的大国，而且也是历史悠久、传统深厚的文明古国。从鸦片战争的改良主义运动到“五四”新文化运动，从辛亥革命到新民主主义革命，从抗日战争到新中国社会主义革命，直至新时期以来的改革开放时代，中国现代化进程艰难曲折而又砥砺前行。尽管中国经历从站起来到富起来再到强起来的过程，也意味着经历过从前现代到现代发展过程，但并非意味着现代化进程的完结，也并非意味着“现代性”具足。从当前社会现实存在问题及其不足与弊端角度看，从新时代所面临的挑战角度看，从坚持和深化改革开放角度看，就足以证明中国社会现实状况的复杂性与矛盾性，诸如制度性弊端及贪腐枉法问题、精神信仰危机及诚信缺失问题、发展不平衡所造成的贫富阶层差距扩大问题、多元化价值追求所形成思想观念碰撞及矛盾冲突问题、民主法治与人的现代化过程中所反映出来的深层次思想观念陈旧保守问题、形形色色的“伪现代”以及对“现代性”困惑质疑问题等。因此，中国现代化进程仍然面临诸多问题及矛盾冲突，仍然任重道远，仍然艰难曲折。基于此，以“别现代”指称“前现代—现代—后现代”交织并存的现实状况及其结构形态确实是客观存在现象，最恰贴地反映出中国社会现实的复杂性、矛盾性与多样性特征。

其三，“别现代”具有特殊性与普遍性统一特征及中国特色意义。“别现代”从一定意义上说，是中国特色抑或中国式的现代社会、现代化、现代性的一种表述方式，也是对中国特色社会主义思想理论的一种阐释方式及具体运用方式。“别现代”之“别”具有特别、区别以及别具一格、别有洞天、别具特点的内涵与外延。因此，“别现代”亦可谓颇具中国特色的“别现代”，表征出中国现代社会、现代化、现代性的特殊性。但“别现代”的特殊性并非意味着排斥其普遍性，特殊性与普遍性统一为一体，表现为特殊性中蕴含普遍性、普遍性蕴含特殊性的辩证关系。也就是说，“别现代”是以“别”的方式指向“现代”发展目标，指向现代社会、现代化、现代性发展趋向，指向人类社会发展的共同追求指向。因此,"别现代"不会告别现代、现代化、现代性,而是殊途同归走向现代与走向未来。

其四,"别现代"是改革开放40年中国经验总结及其表述的一种方式。改革开放40年所取得的成绩成就需要实事求是地进行总结,需要概括提炼为中国经验,需要从中发掘体现中国道路、中国精神、中国智慧的中国特色内涵及底蕴。毫无疑问,改革开放就是具有总体性意义的中国经验,"别现代"就是在改革开放的总体性经验基础上形成的中国经验总结及表述方式。因此,"别现代"是对改革开放以来的特定历史阶段的一种表述方式,也是对中国文论批评及美学发展状况的表述方式。由此可见,"别现代"不仅是基于当下中国社会现实存在状况的实事求是分析和判断的结果,而且也是改革开放40年所取得成绩成就的经验总结的结果,更是基于问题导向意识的反思问题、反省自身、吸取经验教训的结果。基于此,"别现代"亦可谓改革开放40年艰难探索、砥砺前行的水到渠成结果,也是不断深化认知觉悟与不断批判超越的文化自觉与自信的必然结果。

二、着眼于理论建构的"别现代主义"价值

在立足于现实问题导向意识提出"别现代"的同时,更着眼于"别现代主义"的理论建构,王建疆针对学界对胡适提出"多研究些问题,少谈些'主义'"的误解,大胆地提出别现代主义(Bie-modernism),意在既要立足于问题研究又要着眼于主义的建构。同时,这也是针对"主义的喧嚣与缺失"的百年中国美学问题及其批判的一个角度。也就是说,"别现代"问题的深入探讨必然引发"别现代主义"建构,因此"别现代主义"正是基于"别现代"问题探讨的理论建构结果。从学术研究角度看,冠以"主义"亦可理解为某种学说、学问、学派,代表某种理念或有较为完整体系的思想、理论和信念,甚至也可视为实现不同目标的不同方法。"主义"其实也离不开思想体系、理论体系、知识结构、学术谱系、范畴系统及话语系统等构成内容。关键在于我们常常囿于从政治角度理解"主义"的思维定式,一方面对"主义"所裹挟的政治化与运动化胁迫仍心有余悸,另一方面对空谈"主义"而生厌恶之情,再一方面视"主义"高不可攀而生畏惧之心。因此,中国学者冠以"主义"的学说及理论模式确实鲜见,而弥漫于中国学界的"主义"的喧嚣通常为舶来品。从理论建构角度看,"主义"并非一蹴而就,"主义"亦非仅仅在于冠名及自成体系便可大功告成,而且还应该顾及

其创新性、学理性与影响力。也就是说,但凡“主义”形成都是在建构过程中不断丰富和完善的,也是能够以其独创性获得普遍认同及产生广泛影响的。关键并不在于是否能够以“主义”命名的问题,而关键在于其思想体系、理论体系、知识体系、话语体系能否在不断建构过程中具有广泛而持久的生命力与影响力。因此,不必过多苛求和纠缠于能否提出“主义”及其是否合适恰当问题,而更应该考虑中国学界有否“主义的诉求”及其这种诉求的合理性与必要性问题,更应该看到“别现代主义”只不过相应或相对于“现代主义”“后现代主义”而提出的一个符合中国国情的概念而已。

王建疆旗帜鲜明地打出“别现代主义”旗号,在学界虽难免引发争议及论争,但也引发关注与讨论。“别现代”自 2014 年提出就引起学界高度关注,吸引国内外学者参加研究和讨论。国外学者艾尔雅维茨、恩斯特·曾科、基顿·韦恩等,国内学者夏中义、吴炫、刘锋杰、王洪岳、陶国山等,近年来分别在欧洲名刊《哲学研究》和国内学术期刊《学术月刊》《文艺理论研究》《探索与争鸣》撰文参与别现代问题讨论;国外《媒体与艺术研究》(*AM Journal of Art and Media Studies*)开辟了“China and the West: Zhuyi and -isms”专栏,讨论别现代问题;美国佐治亚州西南州立大学成立“中国别现代研究中心”;欧盟成员国斯洛文尼亚普利莫斯卡大学成立了“别现代研究中心”;上海师范大学成为“别现代”研究重镇,持续引发“别现代”热议。

学界有关“别现代”讨论中有不少论文针对“别现代”的主义建构问题展开论争及争鸣,陆续发表艾尔雅维茨《主义:从缺位到喧嚣——与王建疆教授商榷》《对王建疆别现代主义再评论》、基顿·韦恩《差异的现代:别现代时期相似的艺术与不同的意义》、王洪岳《精神建构的彷徨与出路——兼与王建疆先生商榷》、夏中义《学术史提问与‘新世代’焦虑——兼回应王建疆教授》等学术争鸣论文。王建疆一方面积极回应各种质疑声,既拓展深化了“百家争鸣”的学术论争空间,又推动其“别现代主义”理论的不断建构与完善;另一方面他发表一系列论文,如《中国美学:主义的喧嚣与缺失》《中国美学:主义的缺失与重建》《别现代:主义的诉求与建构》《别现代:美学之外与后现代之后》《别现代:跨越式停顿》《思想欠发达时代的学术策略——以美学为例》《别现代:中国美学和文论上的“崇无”“尚有”与“待有”》《别现代:话语创新的背后》《别现代:人生论美学的学科边界与内在根据》《别现代:时间的空间化与美学的功能》《哲学、美学、人文学科四边形与别现代主义——对阿列西·艾尔雅维茨〈评论〉的评论》《别现代:别在哪里?》《别现代:国际学术对话中的哲学与美学》等对"别现代"阐释及"别现代主义"理论建构。如果说这一系列论文是对"别现代主义"的理论专题研究的话,那么从近期出版著作《别现代:空间遭遇与时代跨越》以及《别现代:国际学术对话》《别现代:作品与评论》等可谓其"别现代主义"理论整体研究及其理论建构与艺术实践探索的代表作与集大成成果。

其一,提出符合中国社会境况及现实要求的理论问题。"别现代"基于中国社会现实境况提出一系列理论问题,如"相对于西方的现代取代前现代而后现代又超越现代的断代式发展,中国是现代、前现代、后现代三个不同时代在同一空间中的共存或时间的空间化"问题,"跳出'是中国哲学/美学还是哲学/美学在中国'的'崇无'与'尚有'之争,提出'有待'的问题,即中国哲学/美学还缺少什么的问题,从而突破了西方在此问题上的话语设定",由此从"别现代"理论分析入手着力解决诸如学术思想欠发达、主义的喧嚣与缺位、主义的诉求与建构、主义与问题之争等理论问题,力图以哲学四边形及中西马我、时间的空间化、跨越式的停顿、跳出"崇无""尚有"之争以"有待"、超越问题与主义之争而提出"主义的问题与问题的主义"等路径与方式,立足于提出问题、发现问题、分析问题、解决问题,由此推动理论创新及理论体系重构。

其二,提出"别现代"范畴及其范畴群。王建疆认为:"名称是识别标志之首,欲行文化创新、思想创新、理论创新,就不可不重视新概念的创造。与'名者,实之宾'相反,名在现代学术中有着极为重要的功能。"因此,基于名副其实、名正言顺的规则要求强调:"别现代不是对外来术语的翻译,而是受到古代汉语和现代汉语的词义启迪之后的创造。别现代起因于汉语中没有'另'字,'另'字的意思皆由'别'来表达。如'教外别传''别开生面''别裁''别体''别传'等。同时,别现代也是一次灵感的碰撞与对接,与德里达式解构主义的'延异'不谋而合……但别现代的思想内涵却恰恰与后现代解构主义相反,是建构主义,即在西方话语霸权中努力发出自己的声音。"①在阐明"别现代"所具有中国特色的话语特性及其范畴的独特性特征。以"别现代"为基础建构起话语系统、范畴群以及相关词组与理论命题,如别现代、别现代主义、别现代性、具

① 王建疆:《别现代:空间遭遇与时代跨越》,中国社会出版社 2017 年版,第 81—82 页。王建疆相关论述引文皆见于此书,不再赘注。

足现代性以及别现代美学、别现代艺术、别现代绘画、别现代批评等；描述状态性范畴，如“多级跨越”“跨越式停顿”“和谐共谋”“时间空间化”“四边形的中西马我”“囧现象”等；清理与转换西方理论范畴，如前现代主义、现代主义、后现代主义、现代性、后现代性、现代化、全球化等；重释与转化中国传统理论范畴，如“别裁”“别传”“别材”“别趣”以及阴阳、虚无、意境、气韵、滋味、和谐、和合、神韵等，在立足于会通融合古今中外理论资源基础上着眼于建构符合中国社会现实实际与需求的新范畴，初步构建起以“别现代”为基础与核心的范畴群及其话语体系。

其三，形成较为系列化与系统性的理论命题。王建疆在阐释“别现代”内涵外延、性质特征、目的意义的同时提出自己观点，并在论证过程中形成理论命题，如时间空间化、空间并置、转换时空、时代跨越、断代式发展、跨越式发展与跨越式停顿、和谐共谋、发展四阶段、形态优先、崇无—尚有与待有、主义问题与问题主义以及中西马我主张、借鉴与创新中的切割理论等，使其观点凝练及提炼为概括性较强的理论命题，并使之构成相互关联的系统性。如其所云：“别现代的时间空间化理论并没有停留对社会形态的性质和特征的概括上，而是在时间的空间化现状中引入了辩证发展的历史观。由于现代与前现代的根本对立，后现代与前现代的天然隔膜，现代与前现代、后现代处于既和谐共谋又矛盾冲突的历史进程中。在这一历史进程中，出现了和谐共谋期、对立冲突期、和谐共谋与对立冲突交织期、更新超越期四个阶段。”由此将“别现代”的时间空间化命题深入到发展四阶段命题的拓展。

其四，建构“别现代主义”理论体系及美学体系。尽管“别现代主义”是从美学及文艺理论创新角度提出问题，但并非仅仅局限于学科研究范围内讨论，而是将其放置在社会、历史、时代、文化的更大范围中讨论，拓展深化理论研究空间。“别现代主义”理论建构，一方面立足于夯实“别现代”的社会现实存在论与本体论基础；另一方面着眼于夯实“别现代主义”的认识论、价值论、实践论哲学基座及理论与方法论基础；再一方面着重于建构“别现代主义”美学理论与文艺理论，旨在进一步解放思想，坚持和深化改革开放，推动理论创新及学术创新，重构和建构具有新时代中国特色的哲学思想、美学思想、文艺思想体系。尽管“别现代”概念提出仅仅不足五年，“别现代主义”理论仍然处于不断丰富完善的建构过程中，但已抓住了“纲”，由此可以纲举目、举一总万，理论体系建构应该水到渠成、顺理成章。

"别现代"问题提出后，引发学界关注及持续研究，陆续发表一系列论文，如基顿·维恩《别现代时期相似艺术的不同意义》、恩斯特·曾科《平等带来的启示——评王建疆的别现代主义及中国美学的发展》、康勇《别现代时期的中国文学理论危机与应对策略》、李隽《文化全球化语境下的中国理论世界旅行——从王建疆的"别现代"理论所引起的国际反响谈起》、郭亚雄《"声音"与"言语"界分的祛魅——别现代语境下中国哲学话语创新问题再思考》、张剑锋《现代困境中的别现代时刻——兼论别现代从"声音"到"语言"的转换与"哲学四边形"的建构》、赵诗华《新时代本土学术话语创新的实践和尝试——论"别现代"理论创构及其对推进新时代学术话语创新的启示》等，推波助澜形成"别现代主义"思潮及其理论模式建构的持续发展之势。

三、着手于理论践行的"别现代艺术"批评

"别现代主义"发展不仅需要不断丰富完善和改革创新的理论建设，而且需要理论运用于实践的应用、验证和印证。诚如梁启超《学与术》曰："学也者，观察事物而发明其真理者也；术也者，取所发明之真理而致诸用者也……学者术之体，术者学之用。二者如辅车相依而不可离。学而不足以应用于术者，无益之学也；术而不以科学上之真理为基础者，欺世误人之术也。"①即表明"学术"应该具备学以致用特征。近年来，"别现代主义"研究日益走进和贴近文艺创作、欣赏及审美实践，构成"别现代主义艺术""别现代批评"形态及其样式模式，开拓和扩展文艺创作及批评的"别现代"视野、视域、视角，构成"别现代"艺术及批评特征与优势，由此形成文艺创新及批评创新的推动力。

其一，蓄势待发的"别现代主义艺术"潮流萌动。"别现代"理论必须植根于文艺审美沃土，既需要通过文艺审美实践探索不断丰富完善理论，也需要以文艺思想理论指导实践探索。为此，在 2015 年上海举办"'别现代'时期思想欠发达国家的学术策略"高端专题研讨会和 2016 年上海"艺术与美学的话语创新暨别现代高端专题国际学术研讨会"召开的同时，举办"别现代作品展"，展出绘画、雕塑、建筑、装置艺术、电影海报招贴画、门神画等多种体裁的视觉艺术作品，"这些作品的共同特点正如每件作品的中英文简介词中所说的，具有别现代的时代特征、社会特征和风格特征，是别现代的形象展现，是别现代

① 梁启超：《学与术》，《饮冰室合集·文集》之二十五。

的艺术盛宴"①。2017 年在美国佐治亚西南州立大学召开的"艺术:前现代、现代、后现代、别现代"国际学术会议;2017 年召开"全球视野中的别现代艺术和人文学科国际学术研讨会";2018 年 9 月举办的"跨越时空的创造:别现代理论探索与艺术实践国际学术研讨会",同时举办"全球别现代艺术作品巡展",在上海师范大学美术馆、华东师范大学图书馆、天津杨柳青庄园展出,并正在向美国和欧洲的大城市延伸巡展。标举"别现代主义艺术"的创作及其作品展览、国内外巡展等活动方式,无疑有利于"别现代"主义、思想、理念、理论、学说的传播和影响,也有利于当代文艺思潮、运动、流派、风格的形成及打造,促进"别现代主义"理论与文艺创作实践紧密结合,推动新时代中国特色文艺创作及批评的创新发展。

其二,理论运用于实践的"别现代主义批评"。"别现代"理论必须具有实践性品格,也就是必须将理论运用于实践,将"别现代主义"转化为"别现代批评"。"别现代批评"立足于文艺作品思想内涵与艺术特征,着眼于从"别现代"理论方法确立批评视角,使理论能够自觉地介入批评现场。王建疆近期陆续发表一些"别现代批评"论文,如《别现代时期"囧"的审美形态生成》就是针对《港囧》《人在旅途之泰囧》《人在囧途》等"囧"系列影片的文艺批评。他首先揭示"囧"现象的别现代文化内蕴,继而将"囧"作为别现代语境中的一种新的审美形态,具有别现代时期和谐共谋与紧张对立的矛盾结构、中西共享的滑稽中凸显中国式的冷幽默、以俗取乐的俗乐形态特征,进而从和合文化影子、乐感文化灵魂以及大团圆结局等角度揭示囧类电影的前现代文化根基,从而使"囧"形态具有较强的内在张力及其文化反思性与批判性。《别现代:"消费日本"与英雄空间的解构》是针对近期影视剧源源不断出现的"抗战神剧"现象所作文艺批评。该文以"消费"作为切入点,实则旅日物质消费与影视精神消费的反差与矛盾冲突所形成悖论,将消费、娱乐、消遣、搞笑、离奇、荒诞与爱国主义、民族主义、英雄主义拼贴糅杂,呈现消费市场化与意识形态化共谋主导下的"别现代"文化心理的复杂矛盾状况,进而解构英雄、崇高、神圣、悲壮的美学价值,将英雄置换为碎片化与拼贴式的"后现代之后的英雄空间"。这可谓是对"后现代"境遇中的"抗战神剧"的解构,旗帜鲜明地表达历史反思与文化批

① 王建疆:《别现代:艺术的发言——写在别现代作品展前》,《美学与艺术研究》第 7 辑,武汉大学出版社 2016 年版。

判立场。此外，运用“别现代”理论进行文艺批评的论文还有：王建疆、赵诗华《〈我不是药神〉：一部别现代社会生存危机的教科书》、徐薇《穿越剧与别现代》、李隽、刘海杰《别现代主义与中国当代艺术——以陈箴装置艺术为个案》、关煜《别现代视阈下中国当代美术的跨越式停顿——以张晓刚作品为例》、王维玉《别现代：转型中国的现代影像与尊严坚守——以贾樟柯电影为例》、杨增莉《别现代：水墨与水墨艺术》、杨增莉《批判与自我更新——莫言小说〈蛙〉的别现代主义倾向》、胡本雄、李坤《印记：中国当代艺术的一种别现代阐释》、肖明华《别现代：有文化自觉与文化自信的中国理论》、左文强《别现代视域下的石舒清小说研究——以短篇小说集〈伏天〉为例》等一系列论文，形成“别现代”创作、批评、理论互动格局。

其三，艺术介入“别现代”的“艺术在发言”意义。艺术家用艺术说话，以其艺术思想感悟与创作经验及其作品参与和介入“别现代”讨论，形成“艺术在发言”的艺术思潮与“别现代”理论思潮合流趋势。2016 年的“别现代作品展”的重头戏就展出了徐冰、王广义、张小刚、岳敏君、方力钧、曾梵志等“四大天王”“五虎上将”的代表性作品。拟象油画家要力勇也以其创作感悟及作品说话：“我曾将拟象油画与世界各国各时代主要代表人物的绘画从精神层面上做了深入的探究和比较，又与中国各个时期传统绘画的代表人物的作品做了精神层面的研究和对比，发现拟象油画确实是别样之美。它可以很清晰地与先前所有的绘画形式区别开，是全新的‘别现代’绘画。”为此，要力勇创作《爱》《混沌》《坤》《情》《赎》《威》《义》《桃花源》《思》《再思》《三思》等一系列拟象油画作品，表现出突出鲜明的“别现代”特征，“拟象油画拒绝追求逼真效果，拒绝写生，他将绘画当作思维图谱，而不是人体各部分的组合图谱。对他来说，绘画的过程是将思维内容翻译成色彩和拟象的过程。所以每一次绘画之前和之后，他会用大量时间来思考。如果说‘现代’‘后现代’是‘物化’的艺术，‘别现代’的拟象油画已经告别了‘物’，进入了反思化的精神领域，将精神变成拟象成为其绘画的方向和目标”。[①]显然，“别现代”艺术与理论的对话和互动，既提供“别现代”理论的实践性品格及其对艺术实践探索的指导意义，又提供艺术实践对理论的印证与检验及其推动理论不断丰富完善的建构意义。

综上所述，“别现代”基于问题导向意识对中国社会现实状况作出前现

① 李华秀：《拟象油画的“别现代”特征》，《文艺报》2017 年 11 月 15 日。

代—现代—后现代交织并存的判断与分析，提出有别于西方从前现代到现代再到后现代的“断代式”发展的“别现代”路径及方式，既着眼于从理论上建构“别现代主义”思想体系、理论体系、话语体系，又立足于从理论践行与实践探索上推进“别现代”艺术创作及其批评发展，在一定程度上体现中国特色与中国经验，具有理论创新及其艺术实践探索的价值意义。

The theoretical construction of "Bie-Modernism" and its exploration experience in literary criticism

Abstract: Based on the problem-oriented consciousness, "Bie-modernism" makes a judgment and analysis of the social reality of China, which is interwoven between pre-modernism, modernism and post-modernism, Put forward different from the western modern to postmodern to post-modern before "date type" the development of the "modern" path and way, focusing on both theoretical construct "don't modernism" ideology, theory system, discourse system, and based on the exploration from theory to practice and practice on promote the development of "don't" modern art creation and criticism, to a certain extent, it embodies Chinese characteristics and Chinese experience, and has the value of theoretical innovation and literary practice exploration.

Key words: Bie-modern、 Bie-modernism、 Bie-modernist art、 Literary criticism、 China's experience

作者简介：张逸，广西师范大学设计学院动画系副教授。

别现代性与中国学术的原创机缘[①]

王晓华

摘　要：由于王建疆教授具有创造性的命名，一种独特的历史状况——别现代状况——获得了指称和确认。别现代性的最重要特征是前现代性、现代性、后现代性共存，而这三者的相互纠缠造就了异质混杂的文化空间，形成了复杂而暧昧的现实语境。在由此产生的间隙状态中。传统的线性历史观失效了，已有的表述已经失去了阐释力，而能与其复杂性相匹配的新理论尚未诞生，因此，汉语学者不得不克服意义生产的空白状态。从学术建构的角度来说，这恰恰意味着原创的机缘。

关键词：别现代性　异质混杂　意义空白　中国人文学术　原创机缘

1997年，汪晖发表长文《当代中国的思想状况与现代性问题》，提出"反现代性的现代化"这一具有悖谬意味的说法，强调"中国语境中的现代化概念与现代理论中的现代化概念有所区别"。[②]后来，这种说法升格为对"中华现代性"的渲染，支撑着影响至今的民族主义思潮。在后者和相关实践的影响下，中国的现代性建构被抛入更加复杂的格局中。由于各种力量的反复博弈，中国形成了前现代性、现代性、后现代性异质共存的局面。对于由此产生的间隙状态，王建疆教授将之命名为"别现代"。[③]从历史分期的角度看，别现代性(Bie-

---

① 本文系国家社会科学基金项目《主体论美学视野中的西方身体艺术研究》(17BZW067)的阶段性成果。

② 汪晖：《当代中国的思想状况与现代性问题》，《天涯》1997年第5期。

③ 王建疆：《别现代：主义的诉求与建构》，《探索与争鸣》2014年第12期。

modernity)的最重要特征是前现代性(pre-modernity)、现代性(modernity)、后现代性(post-modernity)共存,而这三者的相互纠缠造就了异质混杂的文化空间,形成了复杂而暧昧的现实语境。在由此产生的间隙状态中。传统的线性历史观失效了,已有的表述已经失去了阐释力,而能与其复杂性相匹配的新理论尚未诞生,因此,汉语学者不得不克服意义生产的空白状态。从学术建构的角度来说,这恰恰意味着原创的机缘。

一、非线性时间与先/后秩序的松动:中国学术原创的契机

根据王建疆教授的定义,“别现代”是一个类似于解构主义范畴“延异”的汉语命名。①这是个意味深长的表述,涉及同一性和非同一性的复杂关系。它借鉴了解构主义的用法,但具有不同的语境和所指。德里达(Jacques Derrida)所说的“延异(differance)”属于后现代场域,它首先“表达了延迟”的意志,其目的是推延(put off)“空间化和时间化间隔(interval)”,“直到在场者被否认,可能变得不可能”。②相比之下,中国文化非但没有完全进入后现代区间,而且没有完成与前现代性的告别仪式,因此,属于它的“延迟”牵连出更为复杂的言说策略和建构实践,而这种难以名状的暧昧性恰恰蕴含着原创的机缘。

有关“别现代”的言说首先意指“别现代状况(Bie-modern condition)”。后者与利奥塔(Jean-Francois Lyotard)所说的后现代状况(post-modern condition)迥然有别。在“别现代”区间中,前现代、现代、后现代不再是简单地位于向前递进的序列中,而是处于彼此纠缠的混在状态。这种“别现代性”对应着的是非线性的时间结构。由于松动了先/后秩序,它以吊诡的方式既强化又消解了中国学者的“追赶者”形象,继而逼迫他/她向着一个难以命名的世界开放。在此历史区间,中国学者所面对的主要问题不是与西方同行竞争,不是如何在后殖民语境中发出自己的声音,而是怎样超越生存意义的空白状态。

别现代的最根本特征不是意义的过剩,而是意义的缺失。它首先意味着一种跨时代的叠加。在人们的词语仓库里,前现代、现代、后现代概念彼此混杂,被以随意的方式使用,但多元主义并未因此应运而生,因为对话的基础并未建立起来。几乎就每个事件而言,意义的冲突随时都会发生,撕裂成为日常

---

① 王建疆:《别现代:主义的诉求于建构》,《探索与争鸣》2014 年第 12 期。

② Julie Rivkin and Michael Ryan eds., *Literary Theory: An Anthology*, London: Blackwell Publication, 1998, p.385.

交往的常规状态。由于这种冲突和撕裂总是被遮蔽，所以，达成共识的机缘被不断错过。这是一个暧昧的时代。它难以名状，无法表达。意义的缺失造成了艾斯林(Martin_Esslin)所说的荒诞感："那些认为世界已经失去了其中心解释和中心意义的人，不可能再接受仍然以继续使用已失效的标准和概念为基础的艺术形式，也就是说，这些标准和概念失去了这样的可能性，即根据人在宇宙中的目的所揭示的确定性，而在一个坚实的基础上来推断并了解行为法则和终极价值。"①每个人都被抛到本体论的间隙，位于价值观的断裂带。在有识者中间，反讽成为一种占主导地位的修辞学技艺，黑色幽默四处弥漫，但所有这些都伴随着至深的无意义感和荒谬意味。

就此而言，挑战恰恰来自我们所站立的地方。它需要命名、阐释、理论化。就此而言，有关"别现代"的言说已经回应了一个海德格尔式的追问："在一个暧昧的时代里，学者何为?"只有投入意义的生产，我们才能为自己的生存重新奠基。当且仅当这种生产进入原创状态时，它才足以克服别现代的困境。

二、历史层面的异质混杂与多元共存：中国学术原创的张力

在前现代、现代性、后现代性异质混杂的情境中，一系列问题凸显出来：如何阐释这三者的关系？怎样确定有效的行动策略？是沿着前现代—现代—后现代的理路前行，还是停留在多元共存的暧昧状态？换言之，前现代、现代、后现代混杂是一种过渡状态，还是一种可能的新常态？需要强调的是，协调这三者并非易事：后现代性中内蕴的多元主义立场既与前现代性中的等级话语和整体主义叙事相冲突，又与现代性中内蕴的启蒙立场(如进步逻辑和宏大叙事)不无抵牾。

按照已经形成的模式，别现代处境的人们应该倡导"差异的诗学"与"间性话语"。后两者强调多元主义，要求超越线性历史观，但这种后现代立场同样具有无法遮蔽的悖论品格：如果完全否定"进步"语境的合法性，那么，前现代、现代、后现代的划分就失去了依据，理论建构就无方向可言，因而多元主义最终难以避免自我否定的困局；与此同时，肯定历史的矢量性又会重建等级制，既难以为后现代立场所容，又违背启蒙话语中的平等原则。由于上述三者的博弈，一种立场互否的局面已经形成，中国当代人文学术面临着合法性危机。在这种理想的冲突中，单纯强调差异和间性于事无补，我们或许必须进行必要

---

① 黄晋凯主编：《荒诞派戏剧》，中国人民大学出版社 1996 年版，第 15 页。

的路径选择："别现代就是否定和超越前现代，完成现代思想启蒙和制度建设，又超越和否定后现代的离散和解构的一种建构。"①不过，这种表述同样面临着合法性困局：如果"别"类似于"异"，那么，我们就必须否定线性历史观，但王建疆教授显然又设定了前现代—现代的秩序，因而不能不小心地避开由此产生的悖论。

从某种意义上说，"别现代"意味着两难境地。譬如，不借助"进步/落后"等二分法，它就无法敞开自己的方向意识，而征用此类词汇又可能会重建等级制。再如，它能否完全回避宏大叙事？如果不能，应该如何策略性地使用相关编码？如何超越这类悖论？就我所阅读所及，王建疆教授的别现代理论主要是一种现代话语，因此，它很可能与后现代理论存在某种冲突。譬如，它对"进步"的强调很容易引起多元主义者的质疑。这可能引发一个悖论：倘若不能涵括后现代主义，"别现代"就停留在"前后现代"阶段，难以实现其整合三种时代性的雄心；要整合后现代，就需要放弃"进步"理念，而这又有悖于"别现代"所蕴含的启蒙立场。由于这种微妙的逻辑，介入博弈的前现代性经常装扮自己，以现代性乃至后现代的名义言说。它征用后现代主义的多元原则，建构起日益精密的修辞术，试图完成对自己的合法性证明。这意味着别现代理论的建构必然进入荆棘丛生的领域。它的倡导者既要冒险前行，又不能不时刻反思自己的话语配置。

在解决此类问题时，我们又不能不维持必要的平衡：对于中国学者来说，现代叙事仍是未成之书，尚存在大面积的空白之页；如果不完成现代叙事，中国的后学只能是悬空的乌托邦，但相应的理论筹划必须进入多元主义语境之中。这无先例可循。只有通过原创性建构，它才能获得破解。

三、超越别现代性：中国当代学术的原创筹划

在别现代这种命名诞生之际，一种超越的意向已经显现出来。它暗示我们已经进入了没有现成理论可以阐释的空白地带，被抛入意义的空无之中。就此而言，挑战恰恰来自我们所站立的地方。它需要命名、阐释、理论化。就此而言，有关"别现代"的言说已经回应了一个海德格尔式的追问："在一个暧昧的时代里，学者何为？"

---

① 王建疆：《别现代：主义的诉求于建构》，《探索与争鸣》2014 年第 12 期。

与已经完成现代化的西方相比，中国的确尚处于从前现代到现代的转折中（如启蒙还有待展开），但从前现代到现代的转折并不存在固定的路径。该完成的必须完成——这毫无疑问；更重要的是如何完成——要解决别现代状况所带来的问题，中国学术主体既要回到汉语思想资源的源头处，又要参照世界现代文明已经达到的高度，而最终的出路在于进行别具一格的理论创造。只有建构出与其独特性相称的原创理论，文化层面的别现代困局才能被克服。事实上，这种超越意志也曾显现于西方的转折时期。从文艺复兴到启蒙运动，西方也长期处于前现代性和现代性并存的局面，而相应的理论建构则具有清晰的原创性。在回顾这段历史时，我们会发现一个伟大人物的系列：笛卡尔、培根、卢梭、伏尔泰、狄德罗、康德，等等。正是由于他们成功地超越了西方的别现代性，曾经存在的困局才被克服。

对于当代中国学者来说，这无疑是意味深长的暗示：我们完全可以实现原创性的理论筹划。剩下的问题是如何在建构和解构之间维持必要的平衡，怎样有效率地进行意义生产。从这个角度看，别现代性既意味着契机，又意味着挑战。

Title：Bie-modernity and the Original Construction of Chinese Humanity Academic

Abstract：Because of the creative naming of Professor Wang Jianjiang，a unique historical condition—the Bie-modern condition—has been referred and confirmed. Just as he has pointed out，the most importance features of Bie-Modernity is the coexistence of pre-modernity，modernity and post-modernity. The entanglement of them creates heterogeneous cultural space，forms the complex and ambiguous reality. In the gap resulted from this ambiguous state，the existing expression has lost its explanatory power，and the new theory that can match with its complexity has not yet been born. Therefore，Chinese scholars have to overcome the blank state of meaning production. From the perspective of academic construction，this just means that the opportunity of creative practice.

Key words：Bie-modernity、Heterogeneous state、the blank of meaning、Chinese humanities study、the opportunity of creative construction

作者简介：王晓华，深圳大学人文学院教授，博士生导师。

广场舞:正·别·思[①]

史 红

摘 要:广场舞是现代大众参与的群体性公共娱乐活动,形成一种自由的狂欢。它具有一些值得肯定作用与意义,促进社会人与人之间的和谐共处,宣传积极向上的思想理念,提升人的生命价值与意义,内含多重的解放精神。同时,它也有一些别样的差异,表现为模糊不清的性质归属,杂糅混淆的舞蹈形态,未经规训的身体动作,平面展开的内容铺陈,狂欢快乐的情绪宣泄,庸俗浅薄的审美趣味,自我陶醉的幻想媚世,可以被视为是别现代意味的身体行为表达。在广场舞发展趋向上,应该思考如何在草根性与专业性的对峙中,既能够保持维护并延续自身的特点又能产生雅俗融合;如何与主流文化形成良性互构并共存,在与主流文化的张力中保持平衡;如何从提高城市生活品质、文化品质出发,谱写大众广场舞者的美好生活的篇章。

关键词:广场舞 别现代

如果对舞蹈的历史进行溯源,就会发现原初时期的人类舞蹈大多是集体性的、群众舞蹈,像青海省大通县上孙家寨出土的“彩陶舞蹈纹盆”上的整齐划一的舞蹈,就是早期人类的“原生态型广场舞”绘画形象再现。历史延续下来的民间舞蹈也基本都是带有不同目的与动机的群体性的舞蹈。现在我国大地上从城市到乡村出现的广场舞,俨然已经成为大众最喜爱的、参与人数最多的

① 本文为2019国家社科基金艺术学重点项目《“舞蹈北京”——北京舞蹈生态与全国舞蹈文化中心建设研究》(19AE004)阶段成果之一。

群众文化，它以欢快的节奏、简单的身体动作、热烈的群体氛围、自由的形式、松散的组织赢得了大众“芳心”。大众如此大规模地共同参与一种公共空间的艺术活动，形成一种群体的、自由的狂欢，这种明显的社会、文化、艺术现象值得关注、研究。对广场舞可以有多种研究方法，而从“别现代”作为一个类似于解构主义“延异”的汉语创造的研究方法出发，可以挖掘出某些新的内涵，则别有深意。“别现代既是后现代之后的历时形态，又是前现代、后现代、现代共处的共时形态。”[①]别现代是由多种社会形态交织、矛盾、互补所构成的张力性结构。在别现代视域下对广场舞进行审视，可以把它看作是一种典型的别现代意味的身体行为表达。

一、广场舞之“正”

我国经济的飞跃发展、城市的快速扩张、传统空间的日益瓦解、公共空间的不断挤压，使得公共性群体活动少之又少。但是广场舞却一枝独秀，它的绽放、兴起与流行，与当今特定社会形态发展、变革、转型不无关系，是现代人对这一急遽变化的时代复杂、综合的身体行为表现与反映。广场舞产生的主要原因，一是现代人在时代快速变化中所产生的巨大生存压力之下需要排遣出口的缘故。当今社会快速发展，生活速度加快，同时出现的是人的压力增大，人与人关系疏离，交流减少，个体在城市中出现无意义感、无价值感、无存在感。而缓解压力手段有休闲活动、体育运动、艺术等。广场舞以其轻松快乐、简单易做成为人们用于减压的良好手段之一。二是中老年人的职业境遇和家庭关系的变化以及个体生命历程的结构性变迁使她们对存在价值的产生新追求的结果。目前我国普通人的退休年龄约在50—60岁之间，这意味着人的原来的生活习惯、经济收入、地位名誉等都发生变化，不适应退休的人往往会引发心理障碍与不良情绪，如孤独寂寞、情绪消沉、失落无助等。但是现在中老年人退休以后，大多身体状态良好，旅游、唱歌、跳舞就成为他们缓解退休综合征的自我调节的手段。三是外来人员尝试融入新城市获得新的认同的所选择途径的结果。现代城市既吸引着外来人员，又排斥着外来人员，外来人员要想融入城市的生活，是较为困难的，广场舞不失为一条适宜的获得认同感的途径。无论是退休人员试图重新获得自己的个人主体存在价值与意义，寻找到

① 王建疆：《别现代：主义的诉求与建构》，《探索与争鸣》2014年第12期。

新的人生归属感也好；还是外来务工人员希望融入繁华城市之中，取得城市本地人群的默许与认可也好，其中都蕴含着社会观念的种种变迁，体现着社会文化的结构转型。自广场舞出现以后，我们看到它具有一些值得肯定作用与意义，此为“正”具体表现如下。

广场舞促进社会人与人之间的和谐共处之“正”。传统中国社会是“熟悉人社会”，现代社会是“陌生人社会”。尤其是城市的发展，越来越多的陌生人加入城市，人与人之间由熟悉渐变得陌生、疏离、隔阂。广场舞者因舞结缘，故而在群体内部自我建立起了新的集体归属感，彼此之间形成新的社会关系。在这一新社会关系网络内部，陌生人之间有了互动，有了相熟的机会、空间、途径，使大家成为“半熟人”，获得了生活与感知的公共性。原来人情冷漠状况有所改观，出现和谐共处、友好礼貌、相互适应、避免冲突等积极因素。对本地人而言，广场舞再造新的集体生活，特别是退休人员的群体，更希望在舞蹈中与他人建立具有共同兴趣爱好的社会关系，有别于工作关系、同事关系。广场舞也促进社区邻里之间的团结，让人与人之间的交流频繁而自然，关系变得和谐而融洽。对外地人而言，广场舞有助于结识新友、寻找老乡，重建新的异地—故乡社会关系网络。对这些人来说，广场舞加强了人的社会化程度，成为参与社会的一种娱乐方式，而这一舞者小社会是开放的、包容的，舞者之间不仅是强身健体、开心娱乐，更主要还可交流各种社会信息。再从舞者身份来看，广场舞者虽为社会各阶层大众，但主要还是本地城市的退休人员、外来的务工人员，如家政服务人员等，基本是弱势人群、边缘人群，她们的相同特点在于有较多的、闲暇的可自由支配时间。这些广场舞者舞蹈动机是多重的，诸如强身健体、运动减肥、人际交往、自我释放、寻找价值等。广场舞者们构成一个特殊“场域”。布迪厄认为，在高度分化的社会里，有着相对自主性的社会小世界，这即是“场域”。“一个场域可以被定义为在各种位置之间存在的客观关系的一个网络（network），或一个构成（configuration）。”[①]广场舞者在关系结构层次上，有领舞人、召集人、联络人、若干位骨干、群舞者。一般领舞人接受过一定的培训，就形成“场域”里的权威人物，其他人则向其模仿、学习。但是这一关系组织形态往往是松散的、自发的、自由的、开放的，没有太多规则约束，流动性大。以组织发起者或领舞人为核心、结构单一。

① 布迪厄：《实践与反思》，李猛、李康译，中央编译出版社 1998 年版，第 134 页。

广场舞宣传积极向上的思想理念之“正”。这主要有：其一是共享快乐理念，这种共享是一起舞蹈、一起快乐、一起体验。这种共享观念具有强烈的感染性、传播性，使舞者加入即接受。其二是互相交流理念，以自娱为主的广场舞没有观众和演员之分，大家可以轮流展示，也可以切磋交流。其三是自由自在理念，广场舞没有专业舞蹈的复杂与高难技巧要求，没有特别的动作规范的“到位”严格要求，每个人不论身材的高矮胖瘦，不论男女老少都能自由地跳舞、表达自我，没有跳的好与坏。但是这一自由观念里又存在着某种悖论，当舞者融入一群体中，实际又失去了自由，集体成为对个体的自由的限制藩篱。动作一致性、整齐性就成为新的要求。其四是多元包容理念，广场舞可以容纳各个舞种，民族的、民间的；外国的、中国的；古典的、流行的，舞种丰富，风格多样，形态各异，但是又和谐并存。在广场舞的理念中，隐藏着超越自我、展示自我、自我完善、率性表达、无拘无束、自由快乐等精神追求，反映的是舞蹈的民主化，体现的是平等、参与、自主、宽容的特点。所有人，不论其民族、性别、地位、身份、年龄等，只要喜欢舞蹈，都可以加入。舞者条件是均等的，舞蹈机会是均等的。所有人也都有参与舞蹈的权力，舞者本身就是参与主体。舞者拥有选择自己爱好的舞种、时间、地点等权力，即拥有充分的自主性。多样舞种的互不干涉的存在，显示出民主化的情形，也表现出广场舞的兼容性、开放性、接纳性。

广场舞提升人的生命价值与意义之“正”。在传统社会观念中，退休意味着一个人身体的衰老、意志的消沉，但是现在的退休意味着压力的解放、主体的自由。唱歌、跳舞、旅游的退休人员俨然成为社会大众中最快乐的人群，她们在广场舞中获得了生命的延长、生命的肯定，也领悟了生命的真谛。从单位退休即是脱离原来集体，本是一种失落，感情、尊重和自我实现的需求成为退休人员的主要追求，广场舞使他们的心理需求得到满足，他们在一个共同的情感体验中获得慰藉、理解。广场舞也让普通大众充满了生命活力，点燃了生活的热情，让消极、抑郁、内向的人们变得积极、乐观、开朗，升腾起对美好生活的向往与追求。广场舞为人们原来单调的生活方式增加了鲜艳的色彩，使静态休闲方式变成了动态娱乐方式，舞蹈代替了观看电视，人们走出了家门，使公共活动空间具有了特别的功能与价值。角色与身份的改变也会改变人对生命的看法，退休人员在表现着活力与激情，以舞蹈艺术爱好者面貌示人；外地务工人员在表现着与本地市民的融合与无隔，以城市人自居。他们都力图改变自己的角色与身份，希望获得新的认同，重新更换生活方式。广场舞给予了他们一种适宜的角色转换与身份认同的载体。

广场舞内含多重的解放精神之"正"。首先，规训身体的解放。在我们传统社会里，我们的身体受到许多社会规训，要遵守各种身体的礼仪规范。不同时代的身体审美观念不同，如"细腰之美""缠足之美"等。国家的制度设置的对身体要求不一，如清朝要求"剃发易服"。日常生活中的身体规训性别要求更为具体，如要求女性身材苗条、皮肤光滑，男性身体魁梧强壮、高大威猛。随着我国社会生活发展、进步，以往附着在身体上的一系列束缚趋于消解，身体的自主化倾向明显，世俗化的身体观占据上风。特别是女性的身体从私人空间走向公共空间，个体的身体成为公共的身体。敢于在广场上起舞，将身体行为暴露于大庭广众之下，就是现代中国人身体解放的标志。舞者通过舞蹈生产新的"自我"，通过舞蹈证明自己的身体价值，展示一种新的自由、自主身体的意义。其次，艺术的解放。广场舞作为大众休闲娱乐的载体与手段，瓦解了大众对专业舞蹈高难技巧的畏惧，迎合了大众对舞蹈的审美需求。它的意义在于用简易化的方式填补了专业舞蹈与群众舞蹈之间的鸿沟，让舞蹈融入大众的生活，并使舞蹈与大众之间的疏离关系向无隔关系转变，形成大众文化的象征。在当代社会中，日常生活的艺术化是美学争论的热点。艺术成为日常生活不可分割的组成部分，艺术在生活化，生活在艺术化，其中包括公共场所的艺术化、生活方式的艺术化、日常用品的艺术化等几方面。显然，艺术僭越了自身的边界并向生活外溢。广场舞是在公共场所进行的公共活动艺术化的典型代表。英国文化学家费瑟斯通认为"日常生活艺术化"的表现为：艺术亚文化消解艺术与日常生活的界限；将生活转为为艺术作品的谋划；充斥于当今社会日常生活之经纬的符号与影像。①广场舞的舞者可以看作是日常生活艺术化的建构者、参与者、欣赏者，他们营造了浓郁的日常生活的艺术化氛围，构建了一个日常生活的审美活动场域。再次，女性主体的解放。广场舞者存在着严重的性别比例的失衡情况，女性远多于男性。女性处于紧张工作与焦虑生活双重负担下的生存困境之中，比起男性为家庭付出的劳动更多，但是也正是她们成了广场舞的主力军。广场舞者的性别比失衡的原因，这一方面是女性天生喜爱舞蹈，优美的舞蹈更适宜女性，可以塑造女性的审美形象；另一方

① 迈克·费瑟斯通：《消费文化与后现代主义》，刘精明译，上海译文出版社2000年版，第95—98页。

面，女性以艺术为手段进行的社会交往也优于男性，她们更加开放，更加接纳新事物。广场舞基本就成了女人的天下，女性重建了主体价值，在广场舞中获得的性气质、自我认同、自信心等都多于男性。参与广场舞的男性是稀有的另类，大多男性不参与广场舞，一是广场舞动作较为女性化，二是社会性别观念有“舞蹈会减弱男性气质”之说，故而男性多为旁观者而较少加入。

二、广场舞之“别”

广场舞虽有许多正面价值与意义，但是还有一些受到争议、批评之处，这不完全是否定之“非”，而是“别”，是与专业的、纯粹的、艺术舞蹈不一样的“别样”，此为“别”。它也可以被看作是王建疆提出的“别现代”之“别”。“别现代理论之‘别’，实质上是一种差异性哲学，即从事物的真相中发现自身的个性和差异性。”①广场舞之“别”主要在以下方面展开。

模糊不清的性质归属。就广场舞性质而言，它是归属于舞蹈，还是归属于健身操？这似乎是模糊的、难以确定的。1995 年，国务院颁布的《全民健身计划纲要》有广场舞。1996 年，国家体育总局群众体育司的调查发现“扭秧歌”位列大众参与度最高的十大健身项目之内。从 2000 年开始，国家体育总局创编了第一套健身秧歌，以后不断推出直至第八套。2001 年，举办全国健身秧歌培训班和健身秧歌大赛。显然，国家体育总局给予广场舞以健身舞蹈身份。但是广场舞名字意即“广场的舞蹈”，又有舞蹈性质，也被舞蹈界划归为社会舞蹈、群众舞蹈。

杂糅混淆的舞蹈形态。根据群体参与的广泛性、社会性，广场舞应归属于社会舞蹈。而根据其具体的舞蹈种类进行划分，则难以区别清楚，混淆的舞种身份成为一个争议问题。在广场舞的种类里，有民族民间舞蹈，如“扭秧歌”“跳锅庄”“腰鼓”“扇子舞”“花灯舞”等；有社交舞，如国标舞、拉丁舞；有外国民族民间舞蹈，如“肚皮舞”“印度舞”“草裙舞”等；流行舞，如“鬼步舞”“水兵舞”等，其中以这两个舞蹈最为流行。“鬼步舞”即是澳大利亚墨尔本的“曳步舞”，它主要有快速有力的踢、踩、跳等动作，但是又没有指定的动作，舞者也可以自由发挥。舞蹈充满欢快、动感的气氛，音乐强悍有震撼力。“水兵舞”又叫“吉特巴”，原来是美国军舰上的水兵跳的一种舞蹈，最开始是两位男士对跳。随着美国海军的远征，水兵舞也被带到了世界各地，并成为男女对跳的一种舞

① 王建疆：《别现代之别》，《江西社会科学》2019 年第 6 期。

蹈。它每小节六拍或四拍，四拍跳起来更加欢快。主要动作是脚尖向前、向后和踏步。“水兵舞”因其动作刚劲有力、热情奔放、充满活力、富有朝气而深受大众的喜爱和追捧。根据有关调查发现，各地的广场舞种类是各式各样的。上海市的广场舞大多跳“社交舞”，西安市兴庆公园门口的广场舞跳“扭秧歌”，东北佳木斯市的广场舞跳“快乐舞步健身操”，青海的广场舞跳“锅庄舞”，乌鲁木齐的广场舞跳“新疆舞”，云南红河的广场舞跳“烟盒舞”“金钱棍舞”。这些广场舞既有地域的地方特色，也有民族的文化特色、时代的流行特色等。除芭蕾以外，广场舞几乎涵盖所有舞种、舞步、舞姿，鲜明地体现出大杂烩、大拼盘特性。作为自娱性的舞蹈，广场舞也没有任何限制，没有显要的舞蹈动作部位，没有典型的舞蹈动作，只有一些简单的舞词、舞句，没有完整舞目。在舞蹈语言上没有构成专属的、特有的舞蹈语汇系统，只有对其他舞蹈语言的挪用、组合搭配构成舞蹈动作。有的广场舞是对民族民间舞蹈动作进行加工、简化以后，选择一些典型动作，再进行一些组合、搭配而成。如云南省玉溪市新平彝族傣族自治县的广场舞，就是从当地彝族、傣族的民族舞蹈改编而来。它也没有专业舞蹈要求的造型、结构、叙事等其他形式要素，更没有主题、意义的要求。其舞蹈形态是简单的情绪型舞蹈。这些广场舞表现的是在舞蹈艺术惯例的具有业余性、边缘性特征的形式，存在着一种被专业舞蹈艺术霸权排除在外的东西。

未经规训的身体动作。广场舞不受时间、空间等限制，只要有音乐、有空间，人们就可以手舞足蹈，自由地舞动自己的身体。现代舞蹈追求的是身体的回归，不以故事性叙述为核心，如现代舞就放弃对传统情节性的追求，强调动作本身。汉娜说：“舞蹈是人体的一种行为。人的身体通过对脑接受的刺激做出反应并释放其能量。由动作组织起来的能量就是舞蹈本质。”①现代舞的身体形态是有意味的、有隐喻的身体。与现代舞相比，广场舞的身体形态就不寄托太多的意义、象征。广场舞对身体要求不像专业舞蹈严格，它表现为没有舞蹈技巧训练如压腿、下腰、旋转的身体，也是没有太多社会规训的身体。在广场舞者中，只有领舞人稍讲究一些技巧，其他参与人员基本没有舞蹈技巧。跳舞人数多寡与舞蹈动作的难易程度同步，舞蹈动作越简单易学、节奏性好，选择的人越多。最多是流行舞蹈，其次是交谊舞者，再次是民族民间舞。由于没

① 朱狄：《当代西方艺术哲学》，人民出版社 1994 年版，第 207 页。

有舞蹈技巧性表现，所以广场舞的动作是类型化的、模式化的，不断地机械重复、直至固化，没有专业编导对动作、舞蹈结构进行特定的设计与编排。编导的缺席使得广场舞没有专业舞蹈的艺术性，也没有舞者个人的自由的发挥、即兴的表现、激情的展示。但是广场舞者们有统一的舞步，有统一的节奏。整体动作、重复律动、节奏规律就是广场舞的律动特点。

平面展开的内容铺陈。广场舞在内容上没有“宏大叙事”，没有崇高的主题，没有严肃的表达，没有思想、没有深度、没有韵味，意义被消解，内容被抽空，只有简单的、肤浅的情绪表达。其所显示的娱乐化、感官化特性，造成其内涵在平面的空间性上进行发展，而没有在立体的意蕴性上的发展。这种具有平面化、虚幻化的特点，类似德国艺术哲学家韦尔施所谓的“浅层审美”。它也类似“杰姆逊(Jameson)所描述的许多现象(如尚平易、无深度、反内容、不求表达等等)，均属文艺商业化之‘极度现代’”。[①]广场舞的现象若使用这一“极度现代”来定性，还不如用“别现代”更为恰当。

狂欢快乐的情绪宣泄。现在流行的广场舞有“开心快乐是首歌”“怎么开心怎么活”“小苹果”“骑马舞”等，它们是感性愉悦的、动感强烈的、轻松活泼的、消遣娱乐的。朱光潜先生曾经评价大众文化为“剥夺了艺术的一切理性内容和一切时间活动和社会生活的联系，把艺术降到最单纯的最基层的感性认识活动，亦即表现个人霎时特殊心境或情感的意向”[②]。广场舞的快乐纯粹是悦耳悦目的快乐、情绪释放的狂欢式的快乐。以巴赫金的狂欢理论看广场舞，它符合“第二种生活”——“狂欢式生活”，表现的是广场式的自由自在的生活，脱离常规，营造了狂欢快乐、平等自由的气氛，否定一切日常生活的等级与权威。巴赫金认为，狂欢化是民间文化的灵魂和核心。广场舞给普通大众提供了精神宣泄、自由快乐的空间，她们在广场过着“第二种生活”，“第二种生活”成为日常闲暇生活不可或缺的组成部分。广场舞的群体性狂欢建构了一种真实的群体性共同存在现象，这是对个体化时代的孤独的人拉近人与人关系的推动。舞蹈本身就具有宣泄价值和释放受压抑的情感功能。赫伯特·斯宾塞(Herbert Spenser)指出，当一种不安的情绪无法自然地向外界流露和释放时，这种紧张压抑的情感便会加剧，因此必须通过一些其他的渠道和发泄途径释

---

① 李泽厚：《人生艺术之真义》，《人民日报》1988 年 8 月 8 日。

② 朱光潜：《西方美学史》，人民文学出版社 1964 年版，第 304 页。

放这种情绪。[①]广场舞者遵循着快乐生活哲学,无意解构专业舞蹈。广场舞的狂欢具有大众参与性、节庆性与颠覆性等共同特征。当然,广场舞的这种娱乐是潜藏着大众心中的长期被压抑的快乐需求现实性迸发,张扬个性、缓解生存压力、表现大众对真实的渴望等。她们在这一狂欢中有一种情绪释放的满足感、自赏自美的陶醉感、现实幻想的认同感。但是这种舞蹈集体性又抑制了个体的自我张扬和个性化特征。

庸俗浅薄的审美趣味。布尔迪厄认为,趣味就是一种人们经由教育等外部因素所形成的内在"习性"。"趣味的表征实际上是对规则的一种无意识内化,它在潜移默化中成为人们的'习性'",[②]广场舞背后也折射出人的审美趣味的问题。现代大众的审美趣味的特点是刺激、激烈、热闹、简单、快乐,广场舞张扬的就是这一趣味。大众对这一趣味产生特有的喜爱,并在群体中形成归属感。在这种趣味耳濡目染和浸泡中,人会潜移默化地改变感觉方式、情感结构,形成不同的性情倾向系统,并重构人的习性。它会扭转如对优美的、纯正的舞蹈审美趣味的欣赏,减弱对芭蕾舞、古典舞等高雅舞蹈的审美接受度。正是大众趣味缘故,使得专业舞者对广场舞不屑一顾。但是广场舞一方面以世俗方式冲击殿堂级的专业舞蹈,对专业舞蹈形成一种反向挤压,另一方面广场舞也向专业舞蹈靠拢,有的广场舞经过艺术加工后以审美观赏性方式登上了舞台,拉近了与专业舞蹈的距离。詹姆逊对后现代主义的文化特征作基本描述时说:"一些主要边界或分野的消失,最值得注意的是传统的高雅文化和所谓的大众或通俗文化之间的区别的消弭。"[③]这种距离的消除意味着艺术与生活的同一。但是阿多诺却认为,审美应避免与现代生活同一,艺术品的审美品位取决于它离现实生活的距离,现代艺术应蕴含"非同一性"。"非同一性原则给现实的审美活动提供了一个自律的审美模式,即通过非同寻常的描述和表现去达到寻常生活中所失落的绝对。"[④]这就是说,专业舞蹈的高雅在于与大众生活的距离,越是远离大众的专业舞蹈如芭蕾,越是显示出审美趣味的高

---

① SPENCER, PAUL. *Introduction*: *Interpretation of the dance in anthropology*[C]//Society and the Dance: The Social Anthropology of Process and Performance. Cambridge: Cambridge University Press, 1985:4.

② 周宪:《文化表征与文化研究》,上海人民出版社 2015 年版,第 211 页。

③ 弗雷德里克·詹姆逊:《文化转向》,胡亚敏等译,中国社会科学出版社 2000 年版,第 2 页。

④ 俞吾金、陈学明:《国外马克思主义哲学流派新编——西方马克思主义卷》,复旦大学出版社 2002 年版,第 178 页。

等级。广场舞之所以趣味庸俗，关键在于它没有与生活形成“非同一性”，恰恰形成了同一性。另外，广场舞的舞者外在形象受到非议、令人担忧，她们随意的服饰、夸张的装扮等被暴露出为审美趣味存在的问题。明代画家徐渭却赞同大俗大雅，他认为曲中之歌就是应浅，“夫曲本取于感发人心，歌之使奴、童、妇、女皆喻，乃为得体”，①“点铁成金者，越俗越雅，越淡薄越滋味，越不扭捏越自动人”。②

自我陶醉的幻想媚世。西方美学现有一流行的新范畴“媚世”(kitsch)，③意指迎合流行趣味、装模作样、沉溺情感、哗众取宠、华而不实的低劣文艺作品④。“媚世”特征是：“1.廉价且大为流行；2.溺情而难称真情；3.无品而自我品味。”⑤它是都市化大众文化的美学特征，阿多诺(Theodor Adorno)、布来赫(Hermann Broch)、格林伯格(Clement Greenberg)等对媚世进行了严厉的批判。布来赫写有《媚世》(1933)和《媚世问题札记》(1950)，格林伯格写有《先锋与媚世》(1939)。“媚世”其“媚”为媚钱、媚众、媚权、自媚。⑥广场舞的特征几乎与“媚世”特征一样。就专业舞者眼光看，广场舞不在专业舞蹈艺术范围之内，是可笑的、喜剧的，但是广场舞者却是自得其乐，她们为自己的舞蹈行为而自媚、自美、自悦。广场舞是社会生活审美化的舞蹈场景，大众认为似乎学会了舞蹈，就拥有了艺术，她们是在跳“艺术”而不是跳“动作”、跳“体操”，形成自豪、自信。广场舞与专业舞蹈只是在形式上有相似之处，缺失舞蹈最核心、最关键的情感。闻一多在《说舞》里说：“舞是生命情调最直接、最实质、最强烈、最尖锐、最单纯而又最充足的表现。”广场舞之“情”主要是“情绪”而非“情感”，更多是表现情绪色彩而非抒发内在情感。另外，广场舞不是以超功利态度而跳舞，为艺术而艺术，而是夹杂太多功利动机，或健身、或交友等，满足的是感官享乐，遵循的是功利理性，它远离专业舞蹈对纯粹性、超越性、理想性的审美

---

① 徐渭：《南词叙录》，见中国戏曲研究院编，《中国古代戏曲论著集成》(第三册)，中国戏剧出版社1980年版，第243页。

② 徐渭：《题昆仑奴杂剧后》，《徐渭集》，中华书局1983年版，第1093页。

③ “媚世”kitsch与“垃圾”同义，与kitschen(街上拾烂)和verkitschen(制造廉价)相关，其意在英语为sketch(廉价市画)，法语为chic(趋时)，俄语为keetcheetsya(装大头)。《英语牛津词典》解释kitsch是：矫饰作样且自命不凡而实无价值之事物。“媚世”为张法译法，见《媚世(kitsch)和堪鄙(camp)——从美学范畴体系的角度看当代西方两个美学新范畴》，《当代文坛》2011年第1期。

④ 见《科林氏英语词典》。

⑤⑥ 张法：《媚世(kitsch)和堪鄙(camp)——从美学范畴体系的角度看当代西方两个美学新范畴》，《当代文坛》2011年第1期。

追求,自我沉浸、陶醉于群体狂欢之中。广场舞实际上反映的是美好快乐生活的假象,“媚世,作为一种社会之美,是社会通过大众美学给自己制造一个美的假象(它并不通向美的本质),让人们认同这个社会(忘掉社会的本质,忽略社会的丑象)”。①

三、广场舞之思

英国著名艺术史家T.J.克拉克(T.J.Clark)提出了一个“异轨”概念,来论证库尔贝对农民形象和资产阶级形象的双重破坏。“异轨”(detournement)是一种“严肃的滑稽模仿”,即“通过揭露暗藏的操纵或抑制的逻辑对资产阶级社会的影像进行解构”,对先前表述体制价值的一种反转、颠覆与否定。德波在《异轨使用手册》里谈到,异轨的主要方式是对流行的艺术品与文本进行拼贴、挪用与置换,也就是将原始元素放在一个新语境中,期待能够向人们警示出日常生活中的革命潜力,这也是“迈向文学共产主义的第一步”②。广场舞所谓的“异轨”,是对专业舞蹈以及舞蹈艺术惯例的颠覆,具有否定性。它突破舞蹈、体育的类型界限,将健身、娱乐、休闲融为一体。它无视专业舞蹈对情感性、艺术性、技术性、意蕴性等的审美要求,把各种不同舞蹈元素的各种杂糅、拼贴、组合,形成似是而非的多重交响与大众文化拼盘。这种杂糅虽然获得大众青睐,但却是对专业舞蹈的对抗。从专业水平方面来看,广场舞是低级别的、不规范的、业余的,是草根舞蹈,在舞蹈领域里不处于生态高位,而处于生态低位。舞蹈生态学认为任何一个舞种在诸多的环境因素中,都有一个所占据的功能位置,即“生态位”,它表达的是舞蹈的不同层级水平。虽然广场舞处于舞蹈系统的生态低位,但是它又是不可缺少的。大众舞蹈是专业舞蹈的基础,它与专业舞蹈形成互补关系。生态低位的广场舞并不意味着生存困难,反之,它不仅具有广泛的大众资源,而且由于对环境、场地要求不高,使其更易生存。广场舞的生态位是其功能与外部舞蹈环境互动的结果。位居基础生态位的广场舞由于没有其他竞争性舞蹈,且内容、舞者的巨大包容性,使其具有了极大的扩散能力,这也是广场舞在全国迅速蔓延的重要原因。在广场舞的发展中,艺术性的审美诉求逐渐出现,有了向专业舞蹈靠拢、提升“生态位”的倾

---

① 张法:《媚世(kitsch)和堪鄙(camp)——从美学范畴体系的角度看当代西方两个美学新范畴》,《当代文坛》2011年第1期。

② 居伊·德波:《景观社会》,王昭风译,南京大学出版社2006年版,第13页。

向。一些专业舞蹈编导开始介入，有意识地引导广场舞向更高层级“生态位”发展，如明确主题、加强结构编排、突出层次等。有的广场舞经过艺术加工后增加了审美性、表演性，有的还登上春晚舞台，如《小苹果》《最炫民族风》《辣妈》等广场舞。广场舞分化明显：一部分舞者自觉审美意识增强，舞蹈动作趋于规范，舞蹈队形趋于整齐，舞蹈服饰趋于精美，频频出现于舞台、媒体等；另一部分则依然保持着自娱性、世俗性、民间性，不做审美层次的提升。专业舞蹈对广场舞往往会进行引导和规训，但是广场舞太过于艺术化，就会失去大众性。广场舞有其特有的舞蹈模式、审美原则与表现习惯，过多的艺术化改造，就会淡化其原生态特性。广场舞如何在草根性与专业性的对峙中，既能够保持维护并延续自身的特点又能产生雅俗融合，是广场舞发展趋向的思考之一。

以文化形态角度看广场舞，它与主流社会存在着疏离，属于亚文化。希伯狄格（Hebdige）认为，亚文化经常以间接的和象征的方式来实现对占统治地位的社会秩序的抵制。但是亚文化的表达形式通常通过两种主要的途径被整合进占统治地位的社会秩序中去：第一种途径是在一个意识形态的整合过程中，“由统治集团—警察、媒介、法院系统—对异常行为‘进行命名’并加以重新界定”；第二种是通过“把亚文化符号（服饰、音乐等）转化成大众生产对象”的商品形式来实现这种整合。①按照伯明翰学派的看法，亚文化是社会结构矛盾的产物，是发生在符号层面的对霸权和主导文化的抵抗。广场舞虽然是社会大众阶层的亚文化，但是也是社会文化结构中的重要组成部分，也并非完全抵抗主流文化，只是没有过多的意识形态性，在对主流文化的疏离中又暗合主流文化对热爱祖国、振奋民族精神的情感表达的要求，如“我的祖国”、“唱颂中华”、“今天是你的生日祖国”等广场舞，也受到大众欢迎。实际上，广场舞亚文化对主流文化的理性做了感性的转化，增强了主流文化的大众接受度。如何与主流文化形成良性互构并共存，在与主流文化的张力中保持平衡，是广场舞发展趋向的思考之二。

广场舞的审美活动场域是一个具有城市文化特征的空间，或商业中心广场、或街心花园、或社区空地。这些空间往往会形成城市人群休闲、娱乐、聚集、交流的活动空间，它也是城市文脉传承的载体与都市风采展现的舞台，亦是城市大众百姓进行广场舞的最佳场所。同时这也是舞者进行自我调适、重

---

① 鲍尔德曼等著：《文化研究导论》，陶东风等译，高等教育出版社 2004 年版，第 348 页。

建个人价值与意义世界的重要公共场域。舞者与城市广场的空间形成一种“镜像关系”，舞者与所在的城市广场空间互相映射。舞者在塑造城市广场空间，城市广场空间也因广场舞也获得社会意义。广场舞形成一个城市美丽生活的新现象，形成一种城市的审美氛围与感染力。广场舞作为一个城市生活品质的名片，以舞蹈塑造一个城市活力形象。为了提升城市的生活品质，政府应该关注广场舞的生态境遇，改造、拓展广场舞活动空间，满足舞者的场地需求，为广场舞提供必要的公共服务。如何从提高城市生活品质、文化品质出发，谱写大众广场舞者的美好生活的篇章，是广场舞发展趋向的思考之三。

总之，广场舞有其缘起因素、价值追求、表现方式、功能效应，它的多元杂糅特性使我们对它的分析不能只限定于舞蹈，把它放置于更大的文化层面剖析，就会发现它更多的隐喻性的意义与内容。

Positive factor, Distinctive features and ponder about Square dancing

Abstract: Square dance is a mass public entertainment in modern times, which forms a free carnival. It has some positive effects and significance, can promote the harmonious coexistence between people in the society, promote positive ideas, enhance the value of human life and significance, which contains multiple liberation spirit. It also has some differences, such as ambiguous attribution, mixed and confused dance forms, undisciplined body movements, flat content expansion, revelry and happy emotional cathartic, vulgar and shallow aesthetic taste, narcissistic fantasy and infatuation. It can be seen as an expression of physical behavior in a sense from bie-modernism. In terms of the development trend of square dance, we should think about how to maintain and continue its own characteristics as well as produce the integration of elegance and vulgarity in the confrontation between grassroots and professionalism. How does it coexist with the mainstream culture and maintain balance in the tension with the mainstream culture? How to start from improving the quality of urban life and cultural quality, and write a chapter of a better life for dancers in the public square.

Key words: square dance、bie-modern

作者简介：史红，首都师范大学哲学系，教授。

图书在版编目(CIP)数据

建筑、美学和城市/苏智良,陈恒主编.—上海:上海三联书店,2021.12
(都市文化研究丛书)
ISBN 978-7-5426-7636-8

Ⅰ.①建… Ⅱ.①苏… ②陈… Ⅲ.①城市学-文集
Ⅳ.①C912.81-53

中国版本图书馆CIP数据核字(2021)第257492号

建筑、美学和城市

主　　编/苏智良　陈　恒

责任编辑/殷亚平
装帧设计/徐　徐
监　　制/姚　军
责任校对/王凌霄

出版发行/上海三联书店
　　　　(200030)中国上海市漕溪北路331号A座6楼
邮购电话/021-22895540
印　　刷/上海惠敦印务科技有限公司

版　　次/2021年12月第1版
印　　次/2021年12月第1次印刷
开　　本/710mm×1000mm　1/16
字　　数/380千字
印　　张/23
书　　号/ISBN 978-7-5426-7636-8/C·619
定　　价/88.00元